平远年鉴

PINGYUAN YEARBOOK

2015

（总第24卷）

平远年鉴编纂委员会 编

SPM
南方出版传媒
广东人民出版社
·广州·

图书在版编目（CIP）数据
平远年鉴. 2015 / 平远年鉴编纂委员会编.
-- 广州：广东人民出版社，2015.10
ISBN 978-7-218-10431-7

Ⅰ. ①平… Ⅱ. ①平… Ⅲ. ①平远县—2015—年鉴 Ⅳ. ①Z526.54

中国版本图书馆CIP数据核字(2015)第253059号

平远年鉴（2015）
平远年鉴编纂委员会 编

出 版 人：曾 莹
责任编辑：余小华 黄炜芝
责任技编：周 杰 黎碧霞
装帧设计：梅州市集标广告传媒有限公司

出版发行：广东人民出版社
地 址：广州市大沙头四马路10号（邮政编码：510102）
电 话：（020）83798714（总编室）
传 真：（020）83780199
网 址：http://www.gdpph.com
印 刷：梅州市强鑫印务有限公司
开 本：787mm×1092mm 1/16
印 张：19.5 插 页：15 字 数：600千
印 数：1—2000册
版 次：2015年10月第1版 2015年10月第1次印刷
定 价：200.00元

如发现印装质量问题，影响阅读，请与出版社（020-83795749）联系调换。
售书热线：（020）83795240 83791487 邮购热线：（020）83781421

平远县行政区域图

北
比例尺 1:100000
福建省
江西省
蕉岭县
兴宁市
梅县区
至武平县
至寻乌县
差干镇
仁居镇
上举镇
泗水镇
八尺镇
河头镇
东石镇
中行镇
大柘镇
石正镇
热柘镇
长田镇
黄田水库
冷水坑水库
富石水库
长田水库
平远公园
五指石风景区
竹岭电站
热水温泉
图例
镇政府驻地
村民委员会
县内主要公路
水库

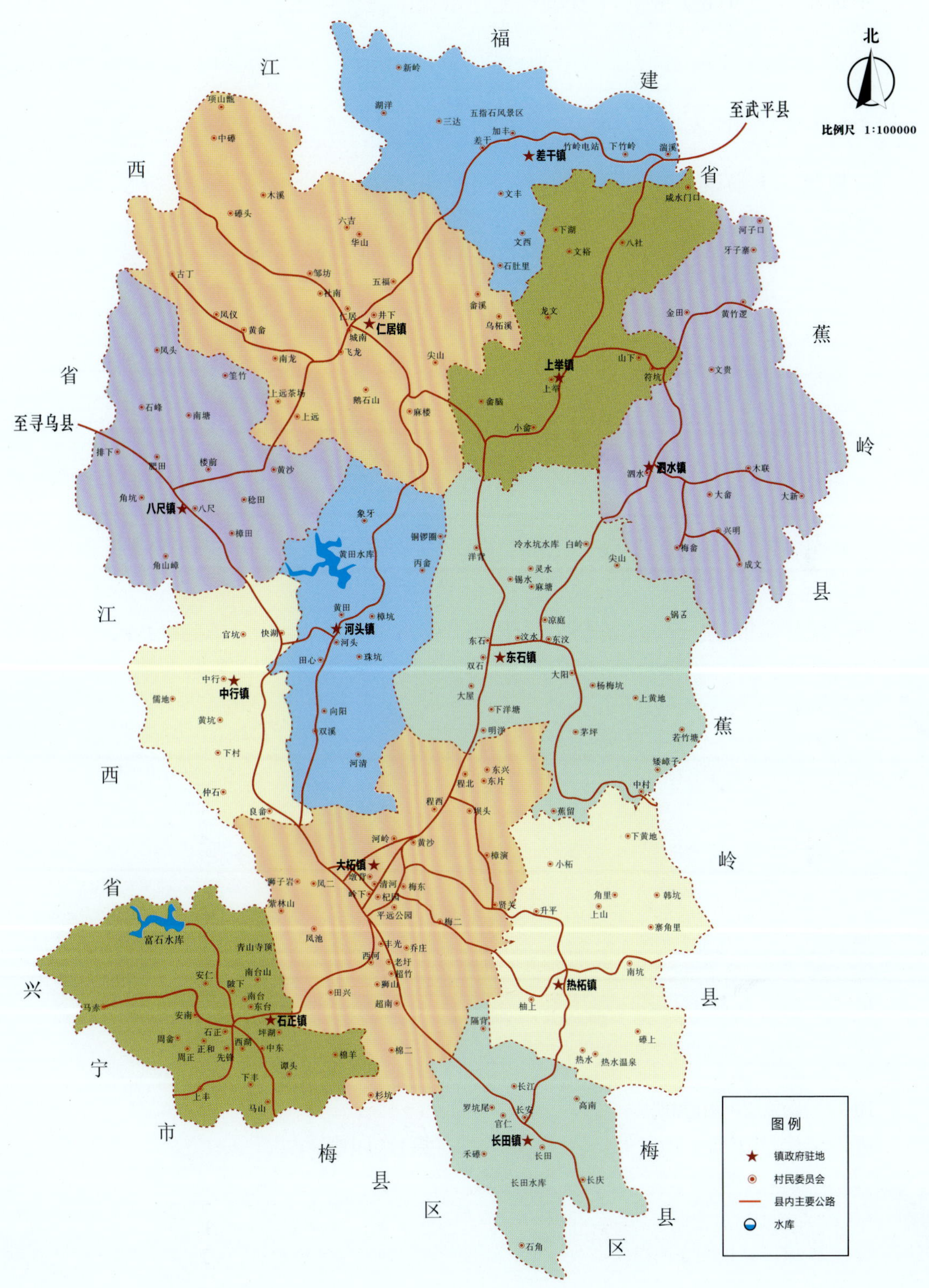

致读者

《平远年鉴》是综合记载平远县自然、经济、政治、社会各方面资料的年度性工具书，具有很强的实用性。一方面，它为各方人士了解和研究历史，为平远招商引资、对外文化交流等提供丰富的信息资料；另一方面，为各级领导进行科学决策、发展经济提供翔实的资料依据。由于年鉴纸质本印数较少，传播渠道相对狭窄，信息利用率偏低，有悖于年鉴编写出版的初衷，故平远县人民政府地方志办公室从2007年起，与清华大学中国学术期刊（光盘版）电子杂志社合作，将《平远年鉴》各年版本均编入电子期刊《中国知识资源总库》的《中国年鉴全文数据库》（China Yearbook FuII-text Database简称CYFD）中，以互联网的形式传播，并与《中国知识资源总库》中其他数据内容关联整合，向公众提供全文搜索、浏览、下载服务。这将为《平远年鉴》信息传播打开广阔的空间，充分发挥其“存史、资治、教化”的功能。

CYFD网站：http://www.cnki.net

编辑说明

一、本年鉴系中共平远县委、平远县人民政府组织编纂的一部地方性综合年鉴。自1992年起每年出版一部，公开发行。出版事务由平远县人民政府地方志办公室、平远年鉴编纂委员会、平远年鉴编辑部负责。

二、《平远年鉴(2015)》为总第24卷，主要记载2014年平远县社会经济发展和精神文明建设等方面的情况，供有关单位和各界人士了解和研究平远时参考使用，既是为平远经济建设和社会各项事业发展服务，亦为下届编修县志积累资料。

三、本年鉴采用述、记、录、图、表等体裁，图文结合，以文为主。本年鉴正文采用分类编辑法，以类目、分目、条目组成主体，条目为基本形式，其标题以黑体字加“【 】”表示。不同层次的标题，以不同的字体、字号和版式加以区别。正文设特载、2014年平远大事记、概况、中共平远县委员会、平远县人民代表大会常务委员会、平远县人民政府、政协平远县委员会、中共平远县纪律检查委员会、人民团体和工商联、平远县人民武装部、政法、农业·农村工作、工业、信息产业、公路与汽车运输、商业·贸易、旅游开发、财税·金融·保险、城建·市政管理、综合经济管理、行政管理、教育·科技、社会科学、文化·传媒、卫生·计划生育·体育、各镇概况、光荣榜、文献法规选编、附录等类目。全书约60万字，彩页25版。

四、本年鉴资料来源，由各镇、县直各单位（部门）及省、市属驻平单位提供年度工作总结、有关资料及年鉴专稿(凡提供专稿的单位，均在稿末注明撰稿人姓名)，由年鉴编辑部人员分工编纂，主编负责总纂，修改后形成征求意见稿，反馈给各单位修改、补充，年鉴编辑部汇总修改后，打印成本，进行集中评议后，形成第二次征求意见稿，交由年鉴编纂委员会委员修改和补充，最后由年鉴编纂委员会主要领导同志审查定稿。

五、数字、标点运用等，一律按国家的有关规定执行。计量单位，除个别(如“亩”“担”)便于表述和世人所理解使用市制外，其余均使用法定计量单位。所用统计数据来自平远县统计局和有关单位确定上报的数字。所用照片除署名者外，均为本编辑部或各有关单位提供。

六、为促进各部门工作及保存人事资料的需要，本年鉴继续收录局级以上单位正、副职及副局级单位正职负责人名录和各镇党委、人大、政府领导名录。具体名单由县直各单位及各镇提供。

七、本年鉴特设系列彩页。为反映全县重大活动和各行各业新貌，部分彩页照片年限可延至2015年。

八、本年鉴的编辑出版工作得到县有关领导、部门、单位、社会各界的大力支持和协助，在此深表谢意。由于编辑水平有限，书中难免有疏漏或不当之处，敬请批评指正。

平远年鉴编纂委员会

平远年鉴编辑部

胡春华到平远调研

2014年9月24～25日，中共中央政治局委员、广东省委书记胡春华率队到平远县调研。胡春华先后到平城花园宜居小区、济广高速公路平远段大柘标段施工现场、东莞塘厦（平远）省级产业转移园三期建设现场、平远中学、广东富远稀土新材料公司、上举镇畲脑村、平远县红军纪念园和仁居镇社会治理服务中心等地调研，深入了解平远山区的交通基础设施建设、中心城区扩容提质、产业转移工业园规划建设、基层党组织建设、新农村建设、教育“创强”、文化保护与开发以及群众生产生活等情况。省委常委、常务副省长徐少华，省委常委、秘书长林木声，省委常委、广州市委书记任学锋，省委副秘书长、办公厅主任刘可为，省委政研室主任张劲松，省发展改革委主任李春洪，省交通运输厅厅长曾兆庚，省委办公厅副主任郭跃文，梅州市委书记黄强，平远县委书记曾尚忠、县长刘许川等陪同调研。

胡春华（右一）到平城花园宜居小区调研。平远县委书记曾尚忠（右四）等陪同调研

（朱双玲 供）

胡春华（右一）到东莞塘厦（平远）省级产业转移园建设现场调研。平远县委书记曾尚忠（右二）、平远县县长刘许川（右三）等陪同调研 （朱双玲 供）

胡春华（前左二）到平远中学调研。平远县委书记曾尚忠（前左三）等陪同调研 （朱双玲 供）

2014年6月23日下午，广东省人大常委会副主任肖志恒（前左二）一行在平远县委副书记凌声宏（前右一）等陪同下，到长田镇调研基层人大工作开展情况

（朱双玲 摄）

2014年7月24日，中共广东省委第七督导组组长陈继兴（正面前左一）在平远县委书记曾尚忠（正面右一）等陪同下到平远督导党的群众路线教育实践活动开展情况

（朱双玲 摄）

2014年3月20日，团中央书记处书记徐晓（前右）等领导到平远县石正镇参加解放军青年林植树活动（吴乃宾 摄）

2014年9月1日，广东省军区司令员盖龙云（正面前左一）和军分区司令员、政委等参加平远县“阳光征兵”定兵工作现场会（朱双玲 摄）

2014年9月17日，广东省副省长刘志庚（前左二）在平远县委书记曾尚忠（右二）、平远县县长刘许川（右一）等陪同下到平远县调研产业园区和高速公路建设情况

（朱双玲 摄）

2014年10月13~14日，广东省副省长邓海光（右二）率省政府副秘书长颜学亮、省农业厅厅长郑伟仪、省林业厅厅长张育文到平远县调研 （来自网络）

2014年8月21日，梅州市委书记黄强（左二）到东莞塘厦（平远）省级产业转移园调研 （朱双玲 摄）

2014年2月26日，梅州市委副书记、市长谭君铁（中）一行到平远县调研农村改革、造林绿化工作情况 （朱双玲 摄）

2014年6月4～5日，广州南沙区区长袁桂扬一行到平远县考察并举行南沙区•平远县共建产业园签约仪式。图为县委书记曾尚忠（左一）等陪同袁桂扬（中）到平远县工业园区考察调研 （朱双玲 摄）

2014年12月30日，广东威华集团董事长李建华（前右）捐资1500万元给平远县设立刘宪奖教奖学金。图为捐赠场景 （朱双玲 摄）

2014年2月14日，平远县党的群众路线教育实践活动动员部署大会在县迎宾馆召开（朱双玲 摄）

2014年11月21日，平远县第十届慈橙文化旅游节开幕式暨农特产品展销会在县人民广场举行。图为开场歌舞“橙行天下”（朱双玲 摄）

2014年9月30日，平远县开展烈士纪念日系列活动。图为干部群众到县文体中心展厅参观“纪念黄梅兴、姚中英、姚子青等抗日英烈事迹展” （黎锴 摄）

2014年1月15~17日，县委书记曾尚忠（中）率考察团携38个县、镇、村三级建设项目赴广州市南沙区开展对口帮扶“一对一”交流对接工作。图为考察团成员在南沙区黄阁镇政务服务中心考察 （朱双玲 摄）

平远县卫生和计划生育局

狠抓落实　服务群众

文/图：县卫计局供

梅州市委书记黄强（前右二）与平远县委书记曾尚忠（前右一）到八尺镇卫生院调研

近年来，平远县卫生和计划生育局以坚持计划生育基本国策和深化医药卫生体制改革为抓手，坚持以人为本，走好群众路线，狠抓服务质量，拓展惠民服务，开创卫生计生工作新局面。

一、夯实卫生基础，优化环境

“十二五”期间，先后投入2470多万元，全面标准化建设和改造全县12间镇级卫生院，至2012年，建起门诊综合大楼12幢和住院大楼4幢，新建成医疗业务用房面积11374平方米，根本改善群众看病就医环境。2014年，成功申报中央扩大内需投资卫生建设项目2个，计划总投资3666万元，规划建设改造规模6710平方米。投资1.5亿元的县医疗养生保健中心医疗卫生区正式动工；投入3000多万元的县人民医院新住院大楼和投入170多万元的120急救指挥中心已全面投入使用。

二、深化医药改革，提升质量

按照省、市统一部署，先后完成2009～2010年医药卫生体制改革重点工作、2011～2012年基层医疗卫生综合改革、2013～2014年公立医院改革、2015年县镇医疗卫生一体化试点改革等各项医改工作任务，初步形成强基层、保基本、建机制的医改工作目标。“十二五”期间，平远县卫计局争取政府逐年加大卫生投入；以药品零差率销售为突破口凸显医疗机构公益性质；以绩效考核激发卫生人员工作积极性；以公开招聘优秀人才的方式发展壮大医疗卫生队伍等等。目前，以医院联办、管理联动、知识联学、骨干联训、病患联诊、效益联创的“六联”机制为框架的平远县医疗卫生服务管理县镇一体化改革试点工作运行有序，八尺镇卫生院新建公共卫生服务区和“中医药服务区”，成为全县首家“群众满意医院”；石正镇中心卫生院完成标准化第一阶段建设工作，标准化改造中药房和中医诊室，并建成中医药文化宣传长廊。

三、提升服务质量，汇聚民心

落实公共卫生服务人员、公共卫生服务项目绩效考核评估，足额配套基本公共卫生服务经费，免费向城乡居民提供11项基本公共卫生服务和6项重大公共卫生服务。各项基本公共卫生服务指标均合格。拓展平价医疗服务，县人民医院（中医科）、中医医院（内科）、妇幼保健院（儿科）设立3个“平价诊室”，全县12间卫生院全部开展“平价药包”工作，“平价药包”储备总数约5000个。开展生育关怀行动，每年免费孕前优生健康检查2500多名群众，提高独生子女伤残家庭和失独家庭的扶助标准，2014年全县累计确认各种奖励对象5502人，发放奖励扶助金395.89万元。全面启动“广东省卫生县城”创建工作，2014年全县创建12个省卫生村、16个市卫生村。至2015年上半年，全县累计获得1个省级卫生先进镇、2个市级卫生镇、15个省级卫生村、64个市级卫生村等荣誉称号。

梅州市委常委张丽霞（前左一）到八尺镇卫生院调研医联体进展情况

市卫计局局长林雨兰（中）到八尺镇卫生院调研

副县长姚小玲（左二）、局长凌征新（左一）为平价药品商店挂牌揭幕

县人大调研卫生计生工作座谈会

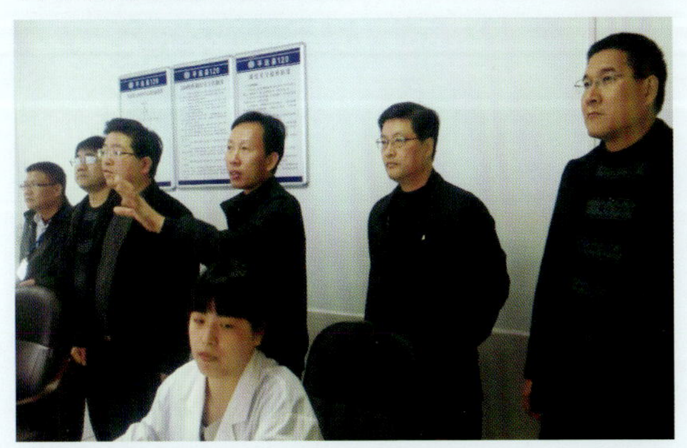

局长凌征新（左四）陪同县长刘许川（左三）到120急救指挥中心调研

县委常委肖桂华（正面右二）调研人口与计划生育工作

平远县农业机械管理局

做好本职工作 提高为农服务水平

文/图：县农机局供

县农机局领导班子在研究工作（中为局长韩小荣）

近年来，平远县农业机械管理局全面贯彻落实党的十八大和十八届三中、四中全会及习近平总书记系列重要讲话精神，围绕振兴发展主题，按照县委、县政府“一城两区”为主战场的工作大局，以发展现代农业的总体要求，加快新技术、新品种、新农机的研发与推广应用，发挥积极作用。

一、农机装备持续快速健康发展，农机社会化服务稳步推进 农业机械保持快速发展态势，全县农机原值1.35亿元，农机总动力达到11.13万千瓦，全县水稻耕种收综合机械化水平达53%，机耕率90%，机收率57%，机插秧面积375亩，全县拥有各类机械22693台（套），各项指标全面实现年初制定的目标。全县农机专业户5000户，其中农机大户500户，开展农机社会化服务已成为机手、农户和社会的共识，整合农机资源，形成规模效益，积极引导和组建农机专业合作社，先后成立农友农业机械服务专业合作社6家，真正达到民办民营民受益的效果。

二、积极争取项目资金，大力促进农机推广，提升农机装备水平 平远县争取国家农机购置补贴资金933万元，完成补贴金额933万元，拉动农民投入资金3800万元，拉动效应比为1:4，全县推广农机补贴机具10000台（套），在所有补贴机具中，联合收割机290台，大型拖拉机2台，小型拖拉机1500台，旋耕机200台，微耕机300台，插秧机6台，茶叶机械400台，农产品加工机械1575台。补贴机具全部投入各项生产作业，农机装备水平得到进一步提高，有效解放劳动力，提高劳动生产效率，促进农民增产增收。

三、狠抓农机安全监督，创建和谐平安农机 坚持“安全第一，预防为主，综合治理”的方针，牢固树立以人为本、安全发展的理念，全面贯彻实施《农业机械安全监督管理条例》等法律法规，以提高农机“三率”（注册登记率、检验率、持证率）为重点，深入开展农机安全生产执法治理和宣教“三项行动”，以提高监督能力为抓手，切实加强农机安全生产法制体制机制、保障能力和监管队伍“三项建设”，以创建全国“平安农机示范县”为目的，进一步提高安全监管水平，规范监理业务，树立良好形象，促进平远县农业机械化健康协调发展。全县拖拉机、联合收割机注册登记1276台，注册登记上牌率达95%；年检审1216台，年检率95.3%；驾驶员人数1075人，驾驶员总计在册人数1035人，持证率96.2%。全县拖拉机、联合收割机等农业机械“三率”水平年平均数为95.5%。同时加大对上路拖拉机的监管监察力度，联合交警执法，严厉查处上路拖拉机违法载人、无牌无证、未年检审、超速超载等交通违法行为。至目前，共查处拖拉机各种违法行为15起，检查各种车辆100台次，发放宣传资料3500多份，通过开展多项行动，加强机手安全防范意识，有效杜绝农机事故的发生，确保农机安全生产。

全省山地水果生产机械化技术示范现场会在八尺楼前召开

市县农机部门领导检查农业机械质量情况的现场

创建全国“平安农机”宣传工作

开展农业机械驾驶员的培训工作

市县农机部门领导到东石镇锡水村调研拖拉机使用情况

副县长林忠云（右四）参加创建全国“平安农机”示范县工作会议

平远县司法局

构建公共法律服务体系　推进法治平远建设

文：马育芳 黄忆慧　图：县司法局供

平远县司法局“纾矛盾，暖民心”法律服务活动在全县铺开。图为县司法局局长谢婷章（正面左一）在仁居镇服务活动现场

近年来，平远县司法局致力于抓好构建全面覆盖城乡的公共法律服务体系，深入实施育民、便民、和民、惠民和安民服务工程，有力推进法治平远建设，为平远加快振兴发展提供了法律保障。2015年，平远县先后获评全省和全国“法治县创建活动先进单位”。

一、普法育民，增强全民法治意识

利用“普法宣讲团”和法制副校长资源，深入各中小学校开展“点单式”法制宣传，提高在校学生学法、守法、用法的自觉性。举办以“领导干部运用法治思维和法治方式能力的养成”为专题的法制报告会，组织律师为全县镇村干部上专题法制辅导课，提升各级领导干部的法治能力。举办“平安家园、法治梅州”法制文艺晚会，以艺术形式向全县干部群众普及法律知识。在公园、美丽乡村建设中注入法治文化元素，与公园景点、景观生态有机相融，让广大百姓在休闲娱乐中受到法治文化的熏陶。

二、服务便民，满足群众法律需求

2015年1月，全县143个村（社区）实现法律顾问全覆盖，村（居）法律顾问认真履行职责，身兼普法宣传员、法理讲解员、帮矫辅导员、涉法事务员等多项职务，在强化基层依法治理中发挥着引领带动作用。至2015年上半年，全县20名村（社区）法律顾问接受群众法律咨询940多人次，审查有关合同53份，参与调解纠纷35宗，出具法律文书15份，上法制教育课280多场次。公证工作坚持“服务收费打折、公证质量不打折”的原则，全面提升服务水平和质量。2013年至2015年上半年，办理公证1116件，满足了群众的公证服务需求。成立县重点工程法律服务团和信访工作律师团，为党政排忧，为群众解难。在县、镇、村设立法律公共法律服务中心或工作站，为群众提供“面对面”的法律服务。

三、调解和民，筑牢维稳“第一道防线”

建立以镇调委会为重点，村（居）调委会、企事业调委会为支撑，行业性、专业性人民调委会为两翼，个别调解室为补充的人民调解组织网络体系，调委会覆盖率不断增大，组织机构逐步向纵横延伸。2013年至2015年上半年，全县各级调解组织调解各类纠纷1004宗，调处成功997宗，成功率99%。

四、法援惠民，畅通维权绿色通道

全县129个村（居）委设立了村级法律援助工作站，143个村（居）委全部聘请了法律援助联络员，实现了法律援助“村村通”。在律师事务所、看守所、残联、妇联、武装部、老龄委、共青团等部门设立了法律援助联系点，最大限度地满足弱势群体对法律援助和法律咨询服务的需求，为群众办实事、办好事。2013年至2015年上半年共办理法律援助案件122件，做到应援尽援，维护了困难群体的合法权益。

五、矫帮安民，维护社会和谐稳定

与县内多家企业签订共建安置帮教实体协议，提高对刑释人员的帮扶和管教水平。2009年至2015年上半年，我县累计接收社区矫正人员348名，累计解除矫正240名，在矫108名，社区矫正人员建档率100%，未出现脱管、漏管和重新犯罪。到2015年上半年，有在册安置帮教对象397人，无重新违法犯罪人员。

省法治县创建小组到平远检查法治县创建活动情况

举办普法学习及考试无纸化培训会

平远县一村（社区）一法律顾问全面启动工作会议场景

县司法局局长谢婷章（右二）到热柘镇调研一村（社区）一法律顾问工作

平远县环境保护局

坚守环保底线 助推平远绿色崛起

文/图：县环境保护局供

县环保局领导班子到县污水处理厂检查工作（中为局长姚春尹）

近年来，平远县环境保护局紧紧围绕县委、县政府“生态立县，绿色崛起”的战略，坚持环保为民的宗旨，坚守底线，突出重点，扎实开展环境保护工作，全力打造山青、水绿、天蓝的绿色平远。2015年平远县以“碧水丹山，卧佛客邑”的美誉入选全国百佳深呼吸小城榜。

一、县域生态环境稳固良好 平远县辖区内地表水水质100%达标，空气质量达国家一级标准，优良天数率100%，县城集中式饮用水水源地黄田水库水质常年保持国家Ⅱ类标准以上。

二、县域生态环境安全措施得力 (1) 坚守底线，严格审批，从源头上控制污染源的产生。近年审批建设项目135个，否决新建项目16个。(2) 强化监管，以高压的态势打击环境污染违法排污行为。近年出动执法人员5608人次，检查企业/工商户1246家次，发出责令限期整改通知123份，查处企业19家，解决污染纠纷28起，有效打击了污染犯罪行为。(3) 突出水源保护重点，以“农业污染、酿酒业、稀土和矿产资源”为抓手开展饮用水水源综合整治大行动，确保全县人民喝上干净安全的放心水。(4) 加强监测，及时掌握全县环境质量状况。2012年以来，取得有效数据监测60000多个。(5) 着力解决百姓关心的环境问题。2012年以来共受理环境信访件236宗，政协（人大）提案、议案10件，答复处置100%，做到件件有落实，事事有回音。

三、环境监察能力稳步提升 (1) 环保队伍建设进一步加强。引进千人计划人才2人；派出培训100多人次；新增高级职称技术人员3人。(2) 环保基础设施日趋完善。县城污水厂、污水收集网管投入运行，县城生活垃圾填埋场投入使用，环境监测站化验大楼建成通过国家验收，新迁空气自动监测站到平远公园，全市县（区）最先进的空气自动监测设备投入使用。环境监察设备设施不断完善，为环保监测、执法工作提供有力保障。

四、生态环境效益日渐凸现 （1）连续通过国家重点生态功能区县域生态环境质量考核，生态环境质量稳步提升，国家生态补偿资金逐年增加，累计获得生态补偿资金2亿多元。（2）2013年成功获得全省第一批农村连片整治示范县专项资金1000万元。（3）农业源畜禽养殖业减排项目顺利通过国家环保部认定，累计获取规模化畜禽养殖业“以奖促减”资金150多万元。

县委书记曾尚忠（右二）到县环境监测站化验室检查指导工作

县委常委、县纪委书记陈德志（正面中）到县环保局调研党风廉政建设工作

局长姚春尹（右三）向省国家重点县域生态功能区检查组汇报平远县生态建设情况

县政协到环保局开展民主评议活动

平远县大气污染防治工作会议召开场景

开展环境应急演练，提高应急处置能力

新购置的空气自动监测设备投入运行，实时监控县城区空气质量状况

新扩建的平远环境监测化验楼，通过了国家东部三级标准化建设验收

平远县人民政府地方志办公室

强内功 造精品 开创方志事业新局面

文/图：县方志办供

2014年12月10日，平远县地方志资料年报暨年鉴组稿工作会议在县迎宾馆召开

2014年，平远县人民政府地方志办公室认真提炼内功，精益求精，着力做好年鉴编纂、地方志资料年报和地方志资源开发利用等工作，开创了平远地方志事业的新局面。《平远年鉴•2014》在中国出版协会主办的第五届年鉴编纂出版质量评比中，获综合三等奖，是平远年鉴编纂出版史乃至梅州年鉴编纂出版史上首次获得国家级奖项。

一、强化内功 扎实开展党的群众路线教育实践活动，牢固树立为人民服务的思想，加强政治理论学习和业务知识的学习，强素质，转作风，同心同德，提高服务水平。

二、打造《平远年鉴》精品 按照年鉴篇目、内容的要求，研究制订年鉴编纂计划，召开年鉴组稿工作会议，对供稿单位年鉴通讯员进行业务培训，提高年鉴初稿质量。向精品目标迈进，着重对年鉴的整体框架、版面内容安排进行调整，使其更加科学、合理，对条目的编写提出更规范的要求。首次编排索引内容，为读者准确、迅速获得资料提供指引；首次在内文增加黑白插图辅助记述年度情况，使图片成为年鉴的重要组成部分，实现图文并茂；首次在“附录”中收录“平远题材歌曲”十首，丰富年鉴内容。严格执行审校制度，多次集中时间召集全体编辑人员对稿件进行逐字逐句、逐段逐页核校，对标点符号、文字、图片编排进行认真编审，反复修改，还将稿件送广东人民出版社审定，做到在政治观点正确的基础上，内容翔实，语句通顺，体例规范，编排合理。

三、做好地方志资料年报工作 召开全县地方志资料年报工作会议，对全县125个单位相关人员进行业务培训，并布置年度年报资料征集工作任务。同时，对收集到的年报资料进行验收、归档，定期对报送单位进行检查督导。

四、加强地方志资源开发利用工作 配合县委做好平远县“纪念黄梅兴、姚中英、姚子青等抗日英烈事迹展”的策划和筹办工作。配合县政府完成《平远旅游导游词》的编撰工作。抓好地情网站建设。收集整理县志、年鉴等地情书籍资料，为下一步实现地情资料网络电子化做好资料准备。全年全办干部在省级期刊《广东史志》发表地情研究文章3篇。

五、做好其他工作 按时完成2014年卷《广东年鉴》《梅州年鉴》组稿工作任务。撰写《广东地方志纪事》平远县相关部分内容。做好《平远县水利志（1986～2010）》编修的业务指导工作。

县志办主任韩园德（右三）率队到县实验中学等学校开展平远县“方志文化进校园”赠书活动

2014年11月21日，县志办工作人员到县水务局参加《平远县水利志（1986～2010）》初审会议

获奖证书

县志办干部联合县文广新局、县民政局相关人员到大柘镇东兴村调研自然村落历史人文情况（右二为县志办主任韩园德）

县委党史研究室和县志办相关人员陪同上海淞沪抗战纪念馆业务部及东方电视台记者到平远采访抗日英烈姚子青后裔

平远县长田镇

凝心聚力促发展　建设美丽南大门

文/图：长田镇党政办供

梅州市委书记黄强（右二）到长田镇调研

近年来，长田镇以“凝心聚力促发展，建设美丽南大门”为目标，坚持主动作为，抢抓发展机遇。2014年，全镇实现生产总值16202万元，工农业总产值27623万元，社会固定资产投资2693万元，农民人均可支配收入达8309元，顺利通过“广东省教育强镇”创强复评工作，被评为县崇文重教先进单位、县计划生育工作先进单位和县信访维稳先进单位。

一、抓富民产业，强发展后劲　（1）服务本地乡贤企业。引进健跃公司、华宁电子、客家情酒公司等投资约1.52亿元，发展商住旅购、高新电子、生态酒水等生态产业，全镇落户企业38家，2014年实现工业总产值约19394万元。（2）发展生态旅游经济。指导新大地文化旅游产业园、尚品休闲农旅产业园建设，新建1个旅游驿站，连续举办5届茶花节，打造“赏茶花、观围屋、品客肴”特色乡村旅游线路。（3）发展精致高效农业。围绕“一村一品”要求建立油茶、金柚、肉牛等示范基地，引进阿里巴巴、京东等电商平台与长庆金柚专业合作社合作，2014年农业总产值8229万元。

二、抓扩容提质，促新型城镇化　（1）实施健跃古桥公园项目。一期总投资约2000万元，38间商住楼、客家特色一条街、河堤治理等一期工程已进场施工。（2）建设农村集中建房安置新区。总面积2万多平方米，可建60多幢客家特色新民居，已完成征地及土地平整工作。（3）实施圩镇外立面改造项目。投入100多万元，基本完成圩镇外立面改造一期55间店面、住房改造任务。

三、抓镇村容貌，优发展环境　（1）四村联动建设美丽乡村。以长安村为核心，辐射官仁、长田、长庆3个村，重点打造“一部一家一社区”（农村文化俱乐部、妇女之家、儿童友好社区）。长安村获评省宜居示范村庄。（2）抓好绿化美化亮化。实施主村道路灯改造工程约8公里，亮化美化长安夜景；积极打造国道沿线“绿色廊道”，建成国道樱花景观点3个、国道地标性小公园1个，新建国道小景致7个。（3）强化农村垃圾治理。投入50多万元用于镇村垃圾治理，建设垃圾中转站，购置器材，聘请专员，强化督查，实现垃圾“日产日清”。

四、抓民生实事，保社会稳定 （1）抓住扶贫开发工作契机。通过两轮扶贫工作，全镇7个村实现全履盖帮扶，累计投入资金4520万元，落实帮扶项目200多个，带动贫困户331户1190人实现脱贫致富，2014年村集体平均增收5万元以上。（2）大力改善生产生活条件。新建村道约7公里，实现村道硬底化率98%，完成陂头16座、圳道11公里、高标准农田改造2900亩，砌结防洪河堤200多米，建成镇村文化广场5个。（3）大力推进民生保障。参加农村社会养老保险4886人、城乡居民医疗保险8893人，低保、五保实现应保尽保；综治信访案件数量减少，办结率100%。

五、抓党廉并举，转干部作风 （1）落实党委主体责任。与各村和各部门负责人签订党风廉政建设责任书17份，开展纪教月和廉洁镇村等活动，从源头上筑牢拒腐防线。（2）实行阳光村务。着力完善“三资”监管各项制度，全年完成“三资”交易8宗。（3）落实“八项规定”。结合党的群众路线教育实践活动，查摆整改“四风”问题16条，落实群众反映突出问题5项，会议、文件和表彰活动同比分别减少28%、53.3%和90%。

2014年6月，省人大副主任肖志恒（中），市委常委、副市长丁文（右一）到镇指导人大工作

县委书记曾尚忠（左二）在镇委书记李文锋（左一）陪同下检查指导圩镇外立面改造工作

圩镇外立面改造后新貌

南大门旅游驿站

平远县大柘镇程北村委会

弘扬程旼精神 构建和谐村居

文/图：程北村委会供

程北村“两委”班子成员（中为村党支部书记、村主任卓标廉）

平远县大柘镇程北村位于大柘镇东北部，距大柘镇政府所在地7公里，省道332线贯穿其中。界域面积4.5平方公里，辖上徐、下徐、坝头铺、排里、墩下、上竹园、草塘面、门楼背共8个村民小组。2014年末，全村有农业人口439户，2002人。有耕地10067亩，山地3750亩。主要经济作物有沙田柚、椪柑、贡柑、砂糖橘等。程北村因程旼而名。程旼是南北朝时期从中原入粤到平远定居的客家始祖，是广东古八贤之一，而且位居世界客属118位名贤之首。程旼是以德化人的代表。程北村有许多纪念程旼的文物古迹，如程公祠和古榕树等。程旼的墓地就在古榕树附近。为纪念程旼，每年农历的六月初六，程旼后裔和程北村民都会在古榕树下祭拜程旼，场面热闹非凡，形成特有的传统节日。

多年来，程北村“两委”班子始终弘扬程旼以德化人的精神，同心同德，公平公正公开，努力践行党的群众路线，想村民之所想，急村民之所急，服务于民，取信于民。（1）制订好村级发展规划，巩固、提高村级集体经济，同时引导群众因地制宜，发展高效农业，实现产、供、销一条龙的生产发展模式，村民生产、生活条件不断改善，生活水平不断提高。96%以上的村民用上自来水，各条自然村道均已安装路灯，绝大部分村民小组实现道路硬底化。（2）围绕帮扶贫困户实现脱贫奔康目标，求真务实，统筹兼顾，对困难户采取产业帮扶、智力帮扶、养老帮扶、救济帮扶及就业转移、危房改造等措施，使34户有劳动能力的贫困户全部脱贫。（3）开展洁净家园行动，打造社会主义新农村。落实环境卫生保洁责任机制，始终保持道路畅通、环境优美的村容村貌。（4）做好基层调解工作，维护社会稳定。建立和完善矛盾纠纷调解责任制，坚持直接联系群众制度，“两委”干部分片包干村民小组，并建立预警机制，提前介入，把矛盾纠纷化解在萌芽状态。如今，程北村呈现出环境优美、共同富裕、和谐安康的景象，连年获得各级党委、政府的表彰和奖励。

2015年2月10日，县委书记曾尚忠（正面左三），县委常委、组织部部长胡新文（正面左二）等到程北村调研领导干部直接联系群众制度的工作情况

村干部在社区服务站为群众解疑

村党支部党员到大埔革命纪念地接受革命传统教育

2015年4月7日，挂村单位县志办领导到程北村接待群众并帮助群众解决问题

“六月六福主公王节”热闹场景

村干部到果园检查

目　录

中共平远县委员会

平远县人民代表大会常务委员会

平远县人民政府

政协平远县委员会

中共平远县纪律检查委员会

人民团体和工商联

平远县人民武装部

政　法

农业·农村工作

工　业

信息产业

公路与汽车运输

商业·贸易

旅游开发

财税·金融·保险

城建·市政管理

综合经济管理

行政管理

教育·科技

社会科学

文化·传媒

卫生·计划生育·体育

各镇概况

光荣榜

文献法规选编

附　录

彩页目录

特　载

扭紧三大抓手　狠抓项目建设
努力实现“一城两区”建设新突破
——在县委十二届五次全体(扩大)会议上的报告
(2015年1月28日)

曾尚忠

同志们:

现在,我代表县委常委会向全会作工作报告。

一、2014年的主要工作情况

2014年,我们抢抓国家和省促进振兴发展“两个政策”机遇,积极应对国内经济下行压力,坚持主攻“一城两区”,扭紧“三大抓手”,聚焦产业和项目,全面深化改革,深入开展党的群众路线教育实践活动,全力改善山区振兴发展基础条件,促进了全县经济社会平稳较快发展。2014年,全县实现生产总值64.33亿元,比增8%;地方公共财政预算收入5.36亿元,比增28.25%,全面完成中央“两税”和省“四税”上划任务;固定资产投资27.41亿元,比增35.1%。

(一)项目建设成效明显,发展后劲持续增强　通过落实责任,规范程序,严格考核,深入实施“项目建设年”活动,78个县重点项目年度投入38.96亿元。

1.抢抓机遇,系统谋划,全力加快交通基础设施建设　“四高一铁”、国省道等重点交通项目建设进展顺利。济广高速平远段累计完成投资19.67亿元,全段实现无障碍施工;石正、河头互通连接线和安置区全面推进。梅平高速公路已核准动工,鹰梅铁路已完成预可研。国省道和旅游干线改造提升工程扎实推进,年度累计投入1.45亿元,完成南台山至别具洞天旅游公路扫尾工程、普滩至湍溪旅游公路基础工程和60公里农村公路水泥硬底化建设,G206线超南至长庆段和S331线、S225线、S332线等部分路面改造、平城花园至大佛寺公路扩建项目有序推进,县域互通回环能力大幅加强。

2.高点承接,扩容增效,产业承载能力不断增强　完成园区控制性详细规划编制,远景规划21平方公里。年度投入1.12亿元,建成区面积扩展至4000亩。污水处理厂试运营,三期供水、供电工程扎实推进。园区获各专项扶持资金6570万元和450亩用地指标奖励。深入实施“乡贤回归投资兴业工程”,完成年度“3211”招商引资任务,全年引进签约项目37个,落户项目24个,动工项目15个,投产项目13个。深入开展“暖企”行动扶持骨干企业,广晟智威投产、稀土产品南交所顺利上线、稀土检测中心完成主体工程。汇胜、友邦、光明等外贸型家具企业产品附加值逐步提升。五指石汽配、绿鹰机械、德明金属等机械制造项目进展顺利。园区现有入园企业52家,投产29家(规上企业10家),工业总产值14.3亿元,比增55.4%,创税8900万元,比增64.2%。园区的扩容增效带动了全县工业经济向好发展,全县完成工业总产值70.6亿元,比增13.1%;规模以上工业增加值14.46亿元,比增9.5%;外贸出口总额1.76亿美元,比增16.7%。

3. 以城带乡,优山美水,扎实推进城镇扩容提质　完成城市总体规划第三次修编,行政村村庄规划编制有序推进。全年盘活存量用地3001亩,新增建设用地940亩。金色华府、翠拥华庭、鸿禧中心城等宜居项目和百川商业中心、城南商业城、城中商业综合体等项目建设步伐加快。老粮所片区拆迁顺利完成。实施了县城自来水扩网、污水处理厂二期、污水管网、管道燃气、城北"两园两路"等市政工程。各镇年度"三个一"工程基本完成。省级卫生县城创建工作有序开展,国省道沿线和重点圩镇客家民居外立面改造成效明显,镇村环境卫生考核有效落实,中小型水库水质持续好转,群众自觉保护环境、爱护家园的意识逐步提高,城乡环境综合整治工作成为新常态。投入9112万元,完成9宗千亩灌区和2万亩高标准农田改造,推进了东石河、差干河堤防工程。绿化造林3.5万亩,森林覆盖率达78.05%,林业生态优势得到巩固提升。

(二)耕山致富深入实施,旅游产业势头强劲　以创建梅州生态文明示范区为抓手,更加注重发展"农业、文化、旅游"三位一体的生态型农旅实体经济,推进农业景观化、生态产业化,促进了农业强、农村美、农民富。2014年,实现农业总产值18.3亿元,比增4%;预计农村居民可支配收入12291元,比增20.2%。

1. 耕山致富,农旅融合,农业产业化进程进一步加快　县财政每年划拨500万元扶持资金,引导耕山致富示范点建设,全县农旅融合不断深化,集约化、规模化的发展态势良好。金穗山庄、鸿泰农庄、红豆娘山庄等休闲农庄功能不断完善,带旺了乡村休闲旅游市场。标准化种养全面推广,柑桔黄龙病得到有效防控,慈橙销售价格创历史新高。飞龙鲜榨橙汁生产线动工建设,南药科技、润源油茶等现代农业项目加快推进。大力推广良种良法,新发展石正梅片树、八尺铁皮石斛、中行岗梅等农业示范基地。特色生态养殖稳步发展,重大动物疫病防控措施落实。辰曲大米、锅叾茶被评为省名牌产品,石正云雾绿茶被评为广东十大名茶。新型农业经营主体发展壮大,全县累计培育农业龙头企业42家,农民专业合作社318家,家庭农场23家。

2. 龙头带动,营销推动,生态休闲文化旅游品牌进一步打响　扎实推进龙头景区建设,五指石景区绿道建成开放,星级酒店、游客服务中心、地质博物馆、观光索道等项目启动建设。五指石景区全年门票收入1105万元,旅游人次33.7万元,分别是2010年的26倍、7.5倍。客家相思谷景区、佛文化旅游产业园分别与招商企业达成投资合作意向。热柘温泉、龙湖景区、泗水普滩等旅游节点的招商和规划建设步伐加快。客家相思谷、相思河景区被评为国家3A级景区,差干镇被评为省级旅游专业镇、梅州市旅游强镇,上举镇被评为岭南魅力名镇,畲脑村被评为中国最美休闲乡村。积极打造"全国智慧旅游示范县",务实节俭举办了慈橙文化旅游节,电视、报刊、微信平台、旅游网站、"掌赏平远"手机客户端等媒体的宣传推介力度加大,"平远旅游"官方微信影响力跻身全国旅游微信公众号前列,平远知名度和美誉度进一步提升。全县接待游客人次和旅游总收入分别比增110.3%、52%。

(三)纾困惠民力度加大,社会事业全面进步　坚持公共财政支出向民生倾斜,基本完成年度"十件惠民实事","三农"、教育、社会保障、医疗卫生、文化体育等民生支出共11.1亿元,占县级公共财政预算支出的64.5%。

1.“三就一保”全面落实　全年培训劳动力8462人，新增城镇就业2012人，转移就业8805人。增加教育投入，提高教师待遇。义务教育均衡县和教育强镇复评通过验收。县实验中学、实验幼儿园依期开学，实验小学完成主体工程。县人民医院新住院大楼和120急救指挥中心投入使用，县中医医院被评为二甲医院，县医疗养生保健中心动工建设。大力实施大病保险制度，平价医疗公共卫生服务体系逐步完善。社保扩面征缴工作有序推进，“五大险种”参保人数10.7万人次，城乡居民养老保险和医疗保险保持全覆盖，社会保障水平明显提高。城镇住房保障任务全面完成。

2.对口帮扶工作进一步深化　依托南沙对口帮扶，产业园共建工作有序推进，人才交流互动积极，对接项目取得实效，南沙区共落实各类帮扶资金2985万元。全年共投入8063万元，实施帮扶项目1751个，全县25个重点帮扶村平均集体经济收入达9.2万元，贫困户家庭年人均纯收入6780元，新一轮扶贫开发“双到”工作取得阶段性成效。

3.改革创新工作稳步推进　转变政府职能，落实全面深化改革任务，清理压减县级行政审批事项178项，压减比例达40%，办结时限压缩50%以上。商事登记制度改革深入推进，全县新登记各类市场主体1491户，增长28.5%。县政务服务中心运转有序，全年办件量6.8万，办结率98.8%，行政效能得到提升。全面完成镇级社会治理服务中心建设。

4.社会大局保持和谐稳定　精神文明创建活动和文化惠民工程扎实推进，县社科联被评为全国先进单位，畲脑村被评为全国人文社会科学普及基地。严格落实计划生育基本国策，人口自然增长率为5.9‰，低生育水平持续巩固。全面落实安全生产“一岗双责”制度，安全生产形势持续稳定。信访总量呈下降趋势。“法治县”创建、社会管理、专项整治等平安建设深入推进，县公安局获省优秀公安局称号，群众安全感和政法工作群众满意度位居省市前列。

（四）工作作风更加务实，党的建设得到加强　围绕“为民务实清廉”主题，深入开展了党的群众路线教育实践活动，解决关系群众切身利益问题798个、联系服务群众“最后一公里”问题553个，完成“马上就改”项目699项，党群关系进一步密切，干部作风明显好转。推行村官竞选承诺制，高标准完成村级“两委”换届选举，选优配强了村级班子，倒排整顿全县18个软弱涣散村党组织。坚持正确用人导向，严格按规定公平公正选拔任用干部，全年共讨论任免干部137人次。深化党风廉政建设和廉洁城乡创建，完成镇纪委规范化建设任务。严肃查处各种违纪违法行为，全县各级纪检监察组织共立案47件47人，党纪政纪处分46人、通报35人，营造了风清气正的良好氛围。

同时，县人大、县政协围绕县委中心工作，积极履行职能，在推进“三大抓手”项目落实、保护饮用水水源水质、巩固城乡环境整治成效、推动和谐征地拆迁等工作中发挥了重要作用。重视党管武装工作，“双拥”工作巩固提升。工青妇、工商联等人民团体和民族宗教、外事侨务、对台等统战部门积极发挥作用。党委、政府各部门和驻平各单位工作卓有成效。

过去一年的工作实践证明，我们坚决贯彻落实省市决策部署，举全县之力主攻“一城两区”，加快了全县振兴发展步伐，得到了社会各界的广泛认同和省市的充分肯定。工作的顺利开展，离不开上级党委政府的正确领导，离不开全县人民的共同奋斗，离不开广大党员干部的扎实工作，离不开社会各界人士的大力支持。在此，我代表县委常委会表示衷心的感谢并致以崇高的敬意！

在肯定成绩的同时，我们也要清醒地看到我县加快振兴发展所面临的压力。一是经济发展离振兴发展目标差距较大。按照人均生产总值2018年达到全国同期平均水平的要求,年均需增长15.6%,而近两年的实际增长率没有达到预期。2014年,预计全县人均生产总值27647元,仅为全国46531元的59.4%、全省63452元的43.6%,要实现振兴发展任务艰巨。二是加快振兴发展的内生动力不足。2014年,我县三次产业比例为17.8:53.3:28.9,二、三产业产值仅占全县生产总值的82.2%,低于全省13.1个百分点。工业园区处于起步阶段,要形成产业集聚需要一个过程。现有企业以资源型、粗放型为主,效益和产品附加值低,要实现转型升级,形成创新驱动能力困难很多。全县规上企业数量少、规模小,还没有一家产值达10亿元以上的工业企业,要实现市要求的短期内培育一个产值达50亿元以上的支柱产业压力很大。旅游行业尚处于起步阶段,要素配套还不完善,深度体验、高端旅游产品少,综合效益的释放仍需时日。三是城建、交通等基础设施还较滞后。全县城镇化率为48.18%,比全省平均水平低近20个百分点,市政等配套不完善,县城集聚功能不强,离精致休闲、特色宜居目标还有较大差距。对外交通相对滞后,物流成本高,短期内难以有效接受发达经济圈的辐射带动。四是一些基层党组织软弱涣散。部分村级组织战斗力、凝聚力不强,村干部在发展村集体经济、带领群众致富方面办法不多、能力不足,基层党支部作用发挥不够明显。一些地方因资源开发、林权问题、征地拆迁、项目建设等因素引发的矛盾时有发生。五是干部队伍作风建设亟待加强。一些机关人浮于事,对改革发展还在观望。个别干部不思进取,为官不为,懒政惰政。干部队伍年龄、知识结构、能力水平和敢担当、善作为的精神,与加快振兴发展的要求还存在一定差距。

全县干部必须适应从严治党和经济发展新常态,增强干事创业的信心决心,强化责任担当,着力破解我县加快振兴发展所面临的用地、项目、招商、人才等突出问题,革除不合时宜、阻碍发展的思想禁锢,全力推动平远振兴发展、后发赶超。

二、2015年的主要工作安排

2015年,是完成"十二五"规划的收官之年,是推进全面深化改革的关键之年,是全面推进依法治县的开局之年,是实现后发赶超、加快振兴发展的攻坚之年,必须奋发有为做好今年工作。

展望今年,中央将持续深入推进全面深化改革,全面推进依法治国;省委将继续着力实施珠三角地区优化发展和粤东西北地区振兴发展"双轮"驱动战略;市委将利用"两大振兴政策"和广州全面对口帮扶等政策的叠加效应,全力推进"三大抓手"项目建设,加快振兴发展步伐。而我县生态资源优越,人口基数小,后发优势突出。随着今年济广高速的通车、梅平高速的开工,交通区位和投资环境将大为改善。园区的扩容提质将获得更多的政策、用地指标、资金和项目支持,并吸引更多的企业落户。随着我县旅游产业的日益兴起,将带来更多的人流、物流、资金流和信息流。只要我们增强忧患意识、责任意识和大局意识,充分估计困难,做足各项准备,创新工作举措,抢抓发展机遇,就一定能够抢占先机、奋力崛起,实现振兴发展目标。

今年工作的总体要求是,全面贯彻落实党的十八大和十八届三中、四中全会,习近平总书记系列重要讲话精神和省委、市委全会精神,围绕振兴发展主题,主动适应新常态,抢抓原中央苏区和粤东西北两大振兴政策机遇,扭紧"三大抓手",狠抓责任落实,以"一城两区"为主战场,全力推进项目建设,统筹全面深化改革,推进依法治县,改善重点民生,强化党的建设,致力加快平远振兴发展步伐。

通过努力,全县生产总值增长12%以上,公共财政预算收入增长15%以上,固定资产投资增长35%以上,城镇居民人均可支配收入增长13%以上,农民人均纯收入增长14%以上,单位GDP能耗下降3.8%左右,城镇登记失业率控制在3.0%以内,人口自然增长率控制在5.01‰以内。

为实现以上目标,县委决定在去年实施"项目建设年"的基础上,今年将深入开展"狠抓落实年"活动,细化分解工作目标任务,在全县上下形成守责任重执行、狠抓工作落实的浓厚氛围,为加快振兴发展打下坚实基础。这次全会,许川同志还将对经济工作作具体安排。就今年的重点工作,我讲六方面的意见:

(一)打造珠三角向内陆腹地拓展的重要交通节点,改善交通区位条件　按照胡春华书记提出"抓住机遇把该修的路都修起来"的要求和市委提出"建设潮汕平原北上开拓腹地的枢纽"的定位,主动向上争取项目和资金,探索建立政府和社会资本合作(PPP)机制吸纳社会投资,对外逐步打通通往赣南闽西腹地和周边县(市)的快速通道,对内统筹省道县道、旅游干线和农村公路建设,将平远打造成为珠三角向内陆腹地拓展的重要交通节点。

1.外联,谋划推进"四高一铁两国道"　高速公路方面,按省市要求,确保济广高速平远段年底前建成通车,完成连接线建设任务和拆迁安置工作;严防"三抢"行为,推进征地拆迁,确保梅平高速9月动工建设;争取平(远)蕉(岭)大(埔)高速调整列入省网规划,平(远)武(平)高速列入国家"十三五"交通路网规划,谋划打通出海出省新通道。铁路方面,全力推进鹰梅铁路平远段动工和平远站场设置等前期准备工作。国道方面,上半年完成G206线超南至长庆段路面改造,下半年启动G206线大柘至八尺段路面大修。加快推进S331线路面扩宽工程,并争取晋升为国道,增强与海西区的沟通对接。

2.内畅,改造提升县域交通主干线　完成S225线大柘至石正上丰段路面改造和园区段裁弯取直,促进园区扩容和园区与县城、石正的联动发展。完成平城花园至大佛寺公路扩建,拉动县城西南部开发和养生产业发展。上半年建成普滩至湍溪旅游公路,动工建设普滩大桥,构筑平蕉旅游大回环,助推梅州北部生态旅游产业发展。动工改造S332线茅坪至太阳段、X967线大柘至热柘段和龙文至龙湖、差干至上举旅游干线。完成热柘热水至梅县石扇嘉庄、仁居北环路、中行环镇路、东石工业集中区公路建设。启动热柘至长田段公路改造,争取100公里以上县乡公路晋升省道,争取超额完成农村公路建设任务,提升县域交通干线通行能力。

(二)建设一园三基地,发展壮大工业经济　以省级园区为重点,深化与广州南沙区的共建共享,促进产城联动。以稀土深加工、机械制造、高档家具为主攻方向,整合资源,技改创新,转型升级,打造创新型、生态型、税源型特色产业。

1.筑好平台,建好省级园区　全力做好园区年度考核工作,争取省产业园扩能增效专项扶持资金,争取园区晋升为省级一类园区。统筹抓好省级扶持资金、对口帮扶资金、县级股权投资基金管理,撬动园区水电路讯等基础设施建设和入园企业投资,确保全年工业投资额度达15亿元以上。以S225线园区段裁弯取直为契机,加大园区土地征收和平整力度,至年底确保建成区面积达到6000亩。动工建设园区服务中心。建立园区协调联席会议、园区管委会、投资开发公司三层管理架构。严控逾期未开工企业和低效能企业,严把项目准入关,节约集约用地,提高资源配置效率。

2.创新驱动,打造三大基地　出台扶持实体经济发展管理办法,鼓励企业加大技改投入,支持企业扩产增效、设备更新、产学研平台建设,力争到2017年将稀土新材料产业培育成为产值超50亿元的主导产业,新培育1家产值超10亿元和一批产值超5亿元的骨干企业,着力打造中国南方(平远)稀土新材料产业示范基地、广东家具出口基地、广东重要的车船配件产业基地。同时,扶持电商、物流、建材、电子信息、生物医药、酒水饮料等产业发展。整治规范酒类生产企业经营行为,扶持骨干酒类企业做强做大。加快裕兴旋窑水泥、北斗导航等项目建设。

3. 招商引资,发展实体经济　成立特色招商分队,充实招商队伍。建立县领导、各镇各单位一把手挂钩联系各地平远商会、联系乡贤企业制度。深入实施商会招商、以商招商和"乡贤回归投资兴业工程",重点引进家居产业链、稀土新材料、机械制造、农林文旅等带动型、税源型实体经济。注重落户项目合同履约率、项目开工率,提升招商实效,全年实现30个项目签约、20个项目落户、10个项目动工、10个项目竣工,合同投资总额超40亿元、实际投入超17亿元。县领导挂钩联系企业"暖企"行动要暖到位暖到心。构建公共服务平台、政务服务体系和融资服务体系,扶持本土民营企业技改挖潜、增资扩产、转型升级。

(三)加快城镇扩容提质步伐,建设"粤闽赣最美山城"　按照胡春华书记"平远人口集中在南三镇,可以集中发展县城"的要求,以"一主两副"(县城为主、石正和东石为副)的思路,以城带乡,城乡互动,产城联动,全力加快城镇扩容提质和美丽乡村建设步伐,打造"粤闽赣最美山城"。

1. 突出重点,加快县城扩容提质　论证谋划G206线绕城段和G206线与南台山至别具洞天旅游公路连接线,打造以平远大道为依托的县城扩容提质中轴线,构筑县城大外环路网,拓宽优化县城发展空间。按照"主推城南、提升城北、拓展城西、改造老城"的思路,统筹规划、分步推进四大组团项目建设。城南作为连接老城综合区与生态工业园的县城次中心,要分期分批开发城南片区土地。加快城南商业城、城南市场、农产品交易中心、优山美地二期等项目建设。完成县博物馆搬迁布展工作。城北重点推进"一中心两公园三社区"项目建设,完成医疗养生保健中心主体工程、山体公园建设,完善金色华府、翠拥华庭、鸿禧中心城宜居社区。结合鹰梅铁路平远站场选址,规划建设粤赣物流商贸集散区。按省级标准将县一小梅东校区改建为县特殊教育学校。论证启动河岭嶂森林公园建设和河岭嶂片区征地拆迁。城西着重承载休闲养生功能,要扎实推进以大佛寺为核心的佛文化旅游产业园建设,管控盘活城西片区用地。确保县实验小学秋季开学,力促百川商业中心尽快建成营业。完善平城花园宜居社区,启动平城花园星级酒店项目建设。老城片区要完成安置小区和商业综合体等项目建设,全面推进原汽车站、老市场土地房屋征收和老粮所片区地块招拍挂。改造南区集贸市场、中心集贸市场。推进城区路网、污水管网、燃气管道等市政工程。探索集中办公模式,清理县直单位和国有企事业单位闲置用地。同时,要完善征地拆迁工作机制,严格执行县征地拆迁政策,全年盘活建设用地2000亩,保障扩容提质用地需求。深入开展爱国卫生运动,创建省级卫生县城,提升市容市貌、市政设施、园林绿化等精细化管理水平。

2. 建管并举,推进美丽乡村建设　加快推进热柘、东石、上举、长田、仁居、泗水等圩镇扩容工程和石正(广州)公园建设。完成省农村环境连片整治示范县试点项目和上举、八尺原中央苏区幸福村居项目。加大规范农村建房力度,以国省道沿线及景区周边为重点区域,实施客家民居外立面改造三年计划。实施新一轮乡镇"三个一"工程,即建好一个镇村文化广场、抓好一个耕山致富基地、创建一个美丽乡村示范点。同时,抓好农田水利基础设施和全国农村水价综合改革示范县建设,启动新一轮中央小农水重点县、农村水电增效扩容改造项目。完成东石河、差干河堤防工程。实施石正河、柚树河、黄田河等中小河流综合治理。

完成凤池水库立项。规划实施黄田水库饮用水直供到户密封管网工程。

（四）创建国家公园，着力发展绿色生态产业　坚持在保护中开发、开发中保护，以申报创建国家公园为载体，大力培育发展涉林、涉农实体经济和文化旅游、养生保健、酒店服务产业，努力将生态优势转变为经济优势。

1.推进生态文明建设　守住生态底线，加强森林公园和自然保护区建设，全面启动“广东平远国家公园”试点创建工作。深入实施重点林业生态工程，强化以森林防火为重点的林业管护，巩固林业生态优势。依法实施最严格的水资源管理制度，全面落实各镇饮用水水源区域保护和治理责任。严格执行考核办法，建立月通报制度，巩固农村生活垃圾整治成效。坚守环保底线，加强生态环境保护和监管，落实节能减排措施。确保县城污水处理厂二期、工业园污水处理厂一期工程上半年正式运营。

2.加快发展生态休闲文化旅游产业　加快龙头景区从旅游观光向休闲度假的转变步伐，做大文化旅游绿色 GDP 蛋糕。全力推进五指石景区游客服务中心、酒店、地质博物馆等在建项目，规划建设天道二期、户外运动拓展基地、贵妃湖环湖景观带；进一步挖掘五指石景区的自然风貌和人文古迹，增加游览体验项目，创建国家 4A 景区。加快客家相思谷景区建设步伐，规划建设客家小镇、中医养生文化旅游基地等项目；引导群众有序发展乡村旅游，建立合理的利益分配机制。加快佛文化旅游产业园建设步伐，招商配套建设大佛寺延伸项目，并整合联动南台山、别具洞天景区和农业产业基地等资源，打造休闲养生体验大景区。各镇要新建或提升一批国省道沿线旅游驿站、示范景点，留住游客。同时，要积极引进和培育旅游人才，规范旅游行业管理，开发特色旅游产品，提高旅游服务质量。建好营销推广平台，加大新媒体营销力度，进一步打响平远生态休闲文化旅游品牌。

3.巩固提升精致高效农业　落实科学耕山致富三年实施方案，加快推进农村土地承包经营权确权登记，促进土地依法流转。稳定粮食生产，确保粮食安全。管好现有产业基地，巩固提升慈橙、油茶、南药、有机茶等特色产业发展水平。全力防控柑桔黄龙病，巩固平远慈橙品牌。扶持飞龙、南领、金穗、新大地、华清园等农业龙头企业发展精深加工，开发名优特农旅商品，壮大农业实体经济。广泛开展绿色、有机食品和名牌产品认证，着力打造广东绿色环保食品基地。培育新型农业经营主体，发展特色种养，新打造一批精品农庄、家庭农场。鼓励发展名贵花木种植，发展涉林实体经济。建立完善农业政策性保险制度，强化金融机构服务“三农”职责，延伸和扩展乡镇服务网络。支持农产品电商平台建设，拓宽农产品销售渠道，促进农民增收。

（五）统筹发展各项社会事业，提升群众幸福指数　坚持财政支出向民生事业倾斜，扎实办好 2015 年“十件惠民实事”，深入推进改革与法治建设，创新社会治理，努力提升人民群众幸福感。

1.统筹推进改革与法治工作　落实中央和省市改革措施，带动行政审批、市场准入、文化体制、社会建设、生态文明等重点领域改革整体推进，大胆探索农村综合改革、基层社会治理等富有平远特色的改革措施，推动由“政府包揽”向“多元参与”转变。严格依法行政、依法决策，规范行政执法行为，规范县政务服务中心进驻工作，办好镇村政务服务平台，推进政务公开和行政审批监管制度化、标准化建设，营造依法行政的政务环境。推动司法体制改革，健全法律服务体系，全面实施一村一律师制度，推进法治平远建设。保护各类经济主体合法权益，惩处损害企业合法权益行为，营造开放有序的市场环境。

2.深化对口帮扶和扶贫开发工作　主动

对接原中央苏区和粤东西北振兴发展政策,争取更多的帮扶项目和资金落户。落实广州南沙对口帮扶平远机制,争取在产业转移、园区建设、贫困村对口帮扶等方面有新突破。全面完成新一轮三年扶贫开发任务。帮助困难群众和弱势群体,继续开展公益性扶贫济困和"大爱平远"帮扶活动。加大城镇保障房建设、农村危房改造力度,改善低收入群体居住条件。

3.提高城乡社会公共服务水平　加强预算管理,严格执行预算,规范财政资金使用,统筹统发机关事业单位人员津贴补贴。完善县镇村三级就业服务体系,加大富余劳动力技能培训力度。提高医疗卫生队伍素质和基层医疗站所服务人员待遇,推动县镇医疗一体化改革试点工作。引进重点师范院校毕业生充实师资力量,提升教育教学整体水平。保障食品药品安全。做好社保扩面征缴工作,稳步提高社会保险待遇。进一步提高低保补贴和五保供养标准。依法征收社会抚养费,稳定低生育水平。抓好地质灾害防范和公共气象服务。加强社会主义核心价值观教育,实施文化惠民工程,保护弘扬客家文化,繁荣和发展文化广播电视事业。扎实抓好振兴足球工作,促进体育事业均衡发展。

4.切实维护社会和谐稳定　办好基层社会治理服务"一办一中心"。落实信访新条例,畅通信访渠道,集中力量化解林权纠纷、环境保护、征地拆迁等方面的积案。完善社会治安防控体系,深入实施"平安细胞"创建工程,着力解决社会治安突出问题。加强民情监测、网络监管和舆论引导,建立定期排查和动态管控机制,依法打击网络谣言。严格落实"一岗双责"制度,强化安全生产监督管理。

(六)加强党的建设,锻造"为民务实清廉"干部队伍　加快平远振兴发展,关键在党,关键在班子。要从适应新常态入手,全面落实党的基层组织、干部队伍和党风廉政建设等各项从严治党措施,为振兴发展提供坚强的政治和组织保障。

1.强化党委主体责任　树立抓好党建是最大政绩的理念,进一步强化各级党委(党组)书记抓党建的主业意识,自觉把基层党建工作纳入全县振兴发展大局,同谋划同部署。强化考核,完善县镇村三级党组织书记述职评议考核制度。落实党委(党组)书记挂钩联系镇、村制度,定期研究指导基层党建工作。继续实施固本强基工程,推进基层学习型服务型党组织建设,培育基层党组织带头人,推动党建责任落实到基层。下大力气整顿转化软弱涣散等薄弱党组织。完善镇领导干部驻点普遍直接联系群众制度,开展"在职党员到社区报到为群众服务"试点工作,解决服务群众"最后一公里"问题。

2.加强领导班子和干部队伍建设　以落实民主集中制、批评与自我批评等制度为重点,以严守政治纪律、政治规矩为基本要求,努力建设"团结和谐、勤奋敬业、清正廉洁"的各级党委班子。围绕"心中有党、心中有民、心中有责、心中有戒"的"四有"要求,严格党员领导干部组织生活,自觉接受党员评议和组织监督。强化领导干部"六有为"意识,深化"一线"用人机制,安排优秀年轻干部到重点项目、重要岗位、基层一线去培养锻炼。优先提拔重用在"三大抓手"项目建设、招商引资、信访维稳等方面勇于担当、善谋善成的干部。探索建立单位领导班子成员退出和单位干部末位淘汰机制,调整"庸懒散"干部,解决干部"干多干少一个样、干与不干都一样"问题。规范和从严管理干部教育培训,实施"扬帆计划"和高素质人才引进计划,加快引进重点领域、重点产业发展急需的优秀人才。

3.抓好党风廉政建设　巩固深化路线教育实践活动成果,限时落实专项整改任务。建立健全县领导干部挂镇挂村、联系企业、联系商会制度,以县领导的模范作用带动干部作风转变。严格执行中央“八项规定”，持之以恒纠正“四风”，适应反腐败工作的新常态。坚持“三多一严”，落实党风廉政建设党委主体责任和纪委监督责任。加大暗访、曝光、查处、追责力度，提高窗口单位、执法单位等重点岗位工作效率和服务质量。抓好教育、制度、监督、惩处四项工作，推进党风廉政和反腐倡廉工作。深化廉洁城乡创建，加强农村集体“三资”平台和公共资源交易活动的监管，治理工程建设等重点领域突出问题。深入开展警示教育、党规党纪教育和科级正职述责述廉述德活动。规范公务用车管理，完成公务用车制度改革。加强国有资产管理，实行统一管理、统一运营，合理配置和有效利用国有资产。

同时，要充分发挥人大、政协和群团组织的作用，调动全县广大干部群众和外出乡贤力量，主动参与“三大抓手”项目建设，共推振兴发展。贯彻落实民族、宗教、对台、侨务和外事政策。加强党管武装工作，巩固“广东双拥模范县”创建成果。支持工青妇等人民团体开展工作，重视做好老干、党史、地方志、档案、工商联、科协、残联等工作，凝聚振兴发展的强大合力。

同志们，加快平远振兴发展工作责任重大，使命光荣！让我们在上级党委、政府的坚强领导下，坚定信心，破难攻坚，真抓实干，改革创新，努力实现“一城两区”建设取得新突破！

平远县城新貌

政府工作报告

——2015年2月11日在县十四届人大六次会议上

平远县人民政府县长　刘许川

各位代表:

现在,我代表平远县人民政府向大会作报告,请予审议。请政协委员参议,请其他列席人员提出意见。

2014年工作回顾

2014年,在市委、市政府和县委的正确领导下,在县人大和县政协的监督支持下,县政府围绕振兴发展目标,主动适应新常态,积极抢抓国家和省实施"两大振兴政策"带来的历史机遇,突出"三大抓手",主攻"一城两区",聚焦产业和项目,全面深化改革,不断夯实山区振兴发展基础,基本完成了十四届人大五次会议确定的各项目标任务。全县实现生产总值64.33亿元,比增8%;地方公共财政预算收入5.36亿元,比增28.25%;固定资产投资27.41亿元,比增35.1%;社会消费品零售总额20.45亿元,比增12.5%;贸易出口总额1.76亿美元,比增16.7%。全年引进项目37个,落户项目24个,实际投资21.49亿元,超额完成市下达任务。

一、"项目建设年"成效明显

——交通重点项目快速推进　全年累计完成交通基础设施建设投资11.28亿元,比增39.3%。济广高速平远段完成年度投资9.83亿元,连接线建设和拆迁户安置工作全面推进。梅平高速完成工程招投标,确定今年9月动工。鹰梅铁路完成预可研,初步确定了平远站场选址。完成G206线超南至长田圩镇段改造、普滩至湍溪旅游公路主体工程。S331线差干至八尺段、S225线大柘至石正上丰段、S332线茅坪至太阳段、平城花园至大佛寺等公路改造有序推进。新建和改造农村公路60公里。

——工业园区建设步伐加快　完成21平方公里园区控制性详细规划编制,园区去年获得省各专项扶持资金6570万元和450亩用地指标奖励。年度投入1.12亿元,新征土地2000亩、平整土地1200亩,建成区扩展至4000亩;园区水电路讯等基础设施项目扎实推进,污水处理厂建成试运营。新落户项目7个,计划总投资6.54亿元。新增海通静电、广晟智威、方鼎木业等8家投产企业,投产企业达29家,实现产值14.3亿元、税收8900万元,分别比增55.4%、64.2%。

——县城扩容提质全面推进　全年盘活存量用地3001亩,新增建设用地940亩。投入13.37亿元,基本完成城南、城北、城西、老城四个片区22个项目年度建设任务。百川商业中心、城南商业城、城中商业综合体、宜居小区等城建项目进展顺利。生活垃圾填埋场、天然气管网、县城自来水扩网、污水处理厂二期及配套管网、城北"两园两路"等市政项目有序推进。医疗养生保健中心、实验小学、综合职业技能培训大楼等民生项目加快建设,冬青实验幼儿园、实验中学开学招生。

——水利能源基础设施建设顺利实施　9宗千亩灌区和2万亩高标准农田改造工程顺利完成;东石河、差干河堤防建设工程正在加紧推进。全面完成农村水电增效扩容和电网项目年度建设任务。

二、产业结构调整步伐加快

——工业经济提质加速　大力推动工业

经济从资源依赖型向质量效益型转变,努力降低资源开采类企业产值占经济总量的比重。粤华矿业、三协稀土等资源开采型企业退出规模,新增红豆娘、鼎盛木业、龙腾木业等5家规模以上企业。推动传统优势企业转型升级,完成工业技改投资10.71亿元,比增25.59%。加强产学研合作,南交所稀土产品交易中心顺利上线,广东稀土产品质量检验站完成主体工程。全县完成工业总产值70.6亿元,比增13.1%;其中规模以上企业实现工业总产值46.1亿元,比增7.9%,规模以上工业增加值14.46亿元,比增9.5%。

——生态旅游保持良好势头　五指石景区绿道建成开放,游客服务中心、地质博物馆、观光索道等项目全面动工。客家相思谷景区、佛文化旅游产业园基本确立了投资主体。客家相思谷、相思河景区成为国家3A级景区。"县域景观化"工程有序推进,完善了全县旅游标牌标识,成立了平远旅游协会。全年举办26场旅游推介活动,与国内外200多家旅行社达成合作协议,"平远旅游"官方微信影响力跻身全国前列。全年接待游客人次、旅游总收入分别比增110.3%、52%。差干镇被确定为广东省旅游专业镇,上举镇被省评为岭南魅力名镇,畲脑村被国家农业部评为中国最美休闲乡村。

——特色农业增产增效　通过大力推广农业标准化种植,加大市场营销推介力度,慈橙、油茶、南药、优质稻、有机茶等特色农产品的品质和价值均得到了较大幅度的提升。石正梅片树、八尺铁皮石斛等农业示范基地正成为平远农业的新亮点。积极培育壮大新型农业经营主体,新增4家农业龙头企业、31个农民专业合作社和5家家庭农场,新认定7个无公害食品。辰曲大米、锅叾茶被确定为省级名牌产品,石正云雾茶被评为广东十大名茶。粮食生产保持安全稳定。全年实现农业总产值18.3亿元,比增4%;农村居民人均可支配收入达到12291元,比增20.2%,城乡收入差距进一步缩小。

三、美丽平远建设扎实推进

——城乡规划管理不断完善　有序推进镇村规划编制;启动了差干、仁居、八尺、上举"农村新型城镇化"示范项目规划编制;完成了县城总体规划第三次修编。热柘、长田等圩镇扩容提质工程顺利推进。全面完成乡镇"三个一"工程。强力推进"控违拆违",依法拆除违法建设9宗,面积2080平方米,城乡建房秩序持续好转。大力开展农村建筑工匠培训,客家民居改造工作初显成效。

——城乡环境整治力度加大　扎实开展广东卫生县城创建工作,县城绿化、美化、净化、亮化工程系统推进。加大城乡环境暗访力度,制作专题片9期,推动城乡人居环境不断提升。严格执行农村生活垃圾收运处理制度,全县生活垃圾无害化处理率达75%。县城饮用水源水质保持稳定并持续改善,镇村饮用水源保护工作加快推进。农村环境连片整治示范县试点项目扎实推进。全面加强大气污染防治力度,城乡空气质量优良天数比例达100%。巩固提升绿色生态,绿化造林3.5万亩,森林覆盖率达78.05%。

四、民生和社会事业稳步发展

——民生民计持续改善　全年财政用于民生支出达11.1亿元,占县级公共财政预算支出的64.5%。新增城镇就业2012人,城镇失业率控制在2.13%以内。其中投入5.91亿元,全面完成了年初确定的十件惠民实事。提高了城乡低保月人均补差水平;农村五保年供养标准每人每月提高到521元;低保户基本医疗保险政策范围内自负医疗费用的救助比例提高到70%以上;低保户残疾人生活津贴标准提高到600元/年,重残护理补贴标准提高到1200元/年;城乡居民养老保险基础养老金人均标准提高到80元/月;提高了企业人员退休养老金、城乡居民医保财政补助标准、城镇职工医疗保险年最高支付限额、城乡居民医疗保险住院报销比例等社会保障水平;职工医疗保险、城乡居民医疗保险与广州6家医院实现联网即时结算;对民办养老机构给予运营补贴;人均基本公共卫生服务经费标准提高到35元以上;县中医医院获评二甲医院;120急救指挥中心开通运行;乡镇卫生院"五个一"医疗设备配置全面完成;对偏远乡镇卫生院在编人员发放岗位津贴补贴;全面落实地中海贫血防控工作;全国白内障无障碍县顺利通过验收;完成保障房建设195套(户),改造农村低收入困难户住房350户;黄田水库水质保持在国家Ⅱ类水标准以上;共为441名贫困残疾人免费提供康复服务;为600名重性精神病患者免费发放药物,免费收治42名贫困重症精神病患者;为视障人员免费配发读屏软件;全年放映了1632场农村公益电影;建成1个社区体育小公园,完成上举、泗水两镇农民健身工程,完善县级现有足球场1个、镇级足球场7个;新建3个农村文化俱乐部;完成2个乡镇公共电子阅览室和30个村级文化室建设。

——*社会秩序平安稳定* "法治县"创建、社会管理等平安建设深入推进,群众安全感和政法工作群众满意度位居省市前列。县公安局获评"省优秀公安局"。精神文明创建活动和文化惠民工程扎实推进,县社科联获评全国先进单位,畲脑村获评全国人文社会科学普及基地。创新基层社会治理,县民情志愿服务队建设项目升格为"省社会创新试点项目"。严格执行新信访条例,落实信访工作责任制,信访总量逐年下降。严格落实安全生产"一岗双责"制度,安全生产形势持续稳定向好。

——*各项事业协调发展* 义务教育均衡县、4个教育强镇复评顺利通过验收;山区和农村边远地区义务教育教师岗位津贴稳步提高。新一轮扶贫开发"双到"工作成效显著。人武部被省军区评为"标兵人武部"。完成第三次全国经济普查工作。食品药品安全监管有力,群众饮食用药更加安全。对外交流活动取得新进展,成功举办"印尼之夜"文艺晚会。低生育水平持续巩固,人口自然增长率为5.9‰。国防教育、人民防空、"双拥"共建、审计、监察、广播电视、慈善、红十字会、打私打假、气象、防灾减灾、方志等工作取得新成绩。

五、政务环境进一步优化提升

——*改革创新取得实效* 积极抓好行政审批制度改革,压减了县级行政审批事项178项,压减比例达40%,办结时限压缩了50%。商事登记制度改革全面铺开,全县新登记各类市场主体1491户,比增28.5%。对60个单位的闲置、出租类资产进行统一规范管理。农信社成功改制为农商行。县级公立医院改革和全县农村综合改革工作扎实推进。47个单位进驻行政服务中心,425个服务事项可在中心一次办结,政府行政服务效能有效提高。

——*依法行政水平不断提高* 健全重大决策社会稳定风险评估机制,完善行政决策程序规定和重大事项决策、专家咨询、听证、公示等制度。自觉接受县人大、政协监督,全年共承办人大建议21件,政协提案50件,县政府办被市评为提案办理先进单位。认真听取工商联、无党派人士及工青妇等人民团体意见,进一步凝聚了加快振兴发展的智慧和力量。扎实推进"六五"普法工作和"阳光复议"工程,行政复议案件审结率达100%。大力推进政府信息公开和政务公开,畅通了政府与群众的交流渠道。

——*作风建设有效加强* 严格落实中央"八项规定"精神,扎实开展党的群众路线教育实践活动,县政府领导班子查摆整改"四风"问题18条,落实群众反映突出问题5项。全县性会议、下发文件和评比达标表彰活动分别减少20%、20.3%和90%;各类领导小组和议事协调机构压缩83%。大力整治超标使用办公用房、公务用车等问题,全县"三公"经费支出持续下降。建立村级便民服务中心19个，初步构建了县、镇、村三级政务服务体系。

各位代表！2014年，我们在攻坚克难中前行，在压力挑战中奋进，成绩来之不易。这是市委、市政府和县委正确领导的结果，是县人大、县政协有效监督、鼎力支持的结果。凝聚着驻平部队官兵、驻平单位干部职工和社会各界人士的大力支持，凝聚着海内外乡亲对家乡的一片赤诚，在外乡贤和友好人士的倾情回报，凝聚着全县人民的智慧和汗水。在此，我代表县人民政府，向大家表示衷心的感谢，并致以崇高的敬意！

各位代表！成绩不足骄傲，问题更需重视。在新常态下，过去很多由于经济高速增长被掩盖、消化和吸收的各种风险，正在"水落石出"、逐步显现。一是经济总量小、人均水平低，离实现振兴发展的目标还有较大差距；二是产业结构仍然不够合理、主导产业不够突出，缺乏大产业、大项目的支撑，成长型、税源型、带动型的产业项目数量少、规模小；三是干部队伍改革进取的锐气不足，政府行政效能仍需进一步提升等等。我们将正视这些困难和问题，切实采取措施加以解决。

2015年工作安排

2015年，是"十二五"规划的收官之年，是全面深化改革的关键之年，是全面推进依法治国的开局之年。现在，我们已经进入了经济发展新常态、全面深化改革新常态、全面推进依法治国新常态的发展阶段。做好今年的工作，既要增强忧患意识，预判可能出现的困难和问题，更要看到国家和省实施"两大振兴政策"带来的重大机遇，主动适应新常态，努力实现新作为。

今年政府工作的总体要求：全面贯彻落实党的十八大和十八届三中、四中全会，习近平总书记系列重要讲话精神和省委、市委、县委全会精神，围绕加快振兴发展目标，主动适应经济社会发展新常态，全面深化改革，坚持依法行政，积极抢抓"两大振兴政策"带来的历史机遇，突出"三大抓手"，主攻"一城两区"，狠抓项目建设，改善重点民生，全力加快平远振兴发展。

今年全县经济社会发展的主要预期目标是：生产总值增长12%以上，公共财政预算收入增长15%以上，固定资产投资增长35%以上，城镇居民人均可支配收入增长13%以上，农村居民人均可支配收入增长14%以上，单位生产总值能耗下降3.8%左右，城镇登记失业率控制在3%以内，人口自然增长率控制在5.01‰以内。为实现以上目标，要重点抓好以下六方面工作：

一、以"四高一铁两国道"为重点，加快交通基础设施建设

——全力加快"外联"工程建设　加快平远与周边市、县的快速通道建设，变地缘优势为区位优势。高速公路方面，今年济广高速平远段要完成投资11亿元以上，并完成河头、石正连接线建设，确保济广高速如期建成通车，结束我县不通高速的历史；大柘、长田要切实抓好沿线管控，抓好依法征拆，确保梅平高速9月动工建设；交通、发改部门要积极加强与省、市的沟通对接，争取平（远）蕉（岭）大（埔）高速调整列入省网规划，平（远）武（平）高速列入国家"十三五"交通路网规划。铁路方面，积极加强与上级及设计单位的联系沟通，按照鹰梅铁路平远段走向规划，做好站场选址及沿线用地管控工作。国道方面，以"保畅通"为目标，计划投入6875万元，6月底前全面完成G206线超南至长庆段路面改造，下半年启动G206线大柘至八尺段路面改造，力争12月底前按照国道标准完成S331线八尺至差干段路基扩宽工程及附属景观建设。

——全面抓好"内畅"项目建设　争取全年投入2.04亿元，统筹省道、县道、旅游公路和农村公路建设,提升县域交通干线畅通水平。省道方面,12月底前完成S225线大柘至石正上丰段、S332线茅坪至太阳段路面改造工程。县道方面,力争下半年动工建设X967线大柘至热柘段、东石麻园岗至工人镇公路、中行环镇路、仁居北环路等项目。旅游公路方面,6月底前全面完成普滩至湍溪、平城花园至大佛寺旅游公路建设,12月底前完成热柘热水至石扇嘉庄公路建设,全面做好龙文至龙湖、差干至上举等旅游干线改造前期准备工作。

二、突出"一园三基地"建设,推动工业转型升级

——推动园区提档升级　加强与省、市经信部门对接,全力争取基础设施建设等各项扶持资金。今年要继续投入1.5亿元以上,完成扩征1500亩,争取建成区达6000亩;年底全面完成园区与济广高速连接线、S225线宁江路口连接园区主干道等道路建设,进一步完善园区交通网络;4月底前确定园区服务中心规划建设方案,力争下半年动工建设;同步推进工业用水、生活用水和污水管网等项目建设,完善配套设施。坚守环保和效益底线,严把项目准入关;加强园区闲置土地清理,提高节约集约用地水平。尽快制定园区协调联席会议制度、管委会管理体制和投资开发公司运营机制,推动园区高效发展。借鉴先进经验,强化园区与南沙区合作共建,争取晋升为省级一类园区。

——加快"三大基地"建设　坚持把科技创新作为助推工业经济快速发展的核心动力,全面加速工业经济转型升级。加快打造"中国南方(平远)稀土新材料产业示范基地"。进一步深化与赛迪工业研究院的战略合作,加快广东稀土产品质量检验站、南交所稀土产品交收基地、稀土产品战略储备仓库建设,争取设立国家级稀土新材料研发中心,支持骨干企业开展稀土出口业务。加快推进广晟智威、中合科技等稀土深加工项目建设;引进大型国企整合重组三协稀土、健跃稀土、永达矿业;依法推进稀土矿区整合扩界。力争今年稀土产业规模以上工业产值达到17亿元以上,到2017年行业产值达到50亿元。加快打造广东家具出口基地。尽快编制产业发展规划,积极谋划建设粤闽赣边家居专业市场。发挥宜华木业等龙头企业的带动作用,促进家具产业资源整合,进一步扩大平远家具的出口规模,力争实现外贸出口总额2亿美元以上。支持仕达、友邦、方鼎等传统家具企业改变传统的经营运作方式,更加注重个性化定制服务,提高企业竞争力。力争今年家具制造产业规模以上工业产值达到13亿元以上。加快打造广东重要的车船配件产业基地。引进广柴集团等车船配件知名企业,以兼并、收购、租赁等形式,与获赛尔等企业"联姻"建厂;鼓励恒明、五指石科技、金科新业等汽配企业实施技术改造,推动本土企业上规模、强质量、创品牌,提升核心竞争力。力争今年机械制造产业规模以上工业产值达到8亿元以上。同时,加快引进大型酒类企业与本土酒业嫁接,进一步打响平远酒业品牌,力争今年酒业规模以上工业产值达到2亿元以上。加快裕兴新材料、北斗星航等项目建设,力争今年建材产业规模以上工业产值达到7亿元以上、电子信息产业规模以上工业产值达到5亿元以上。

——着力抓好招商选资　建立县领导、各镇各单位一把手挂钩联系各地平远商会制度,深入实施商会招商、以商引商和"乡贤回乡投资兴业工程",着力引进一批科技型、带动型、税源型项目。成立特色招商分队,分行业制定专项招商方案。努力完成今年"3211"招商引资任务,争取合同投资总额超过40亿元,实际投入超过17亿元。

三、坚持建管并重,建设粤闽赣"最美山城"

——加快县城扩容提质　启动县城控制

性详细规划和专项规划编制工作。围绕"创卫"目标，加快年度投资14.15亿元的25个城建项目建设。力促百川商业中心、城中商业综合体、城南商业城等项目尽快投入运营，着力提升县城商业综合服务功能。重点抓好平城花园、优山美地、金色华府、翠拥华庭、鸿禧中心城等项目建设，着力提升群众宜居水平。加快推进南区市场、中心市场改造和天然气管网、垃圾中转站、公厕等市政项目建设，全面完成医疗养生保健中心主体工程和博物馆搬迁布展工作，着力提升县城公共服务功能。加快推进原汽车站、老市场土地房屋征收工作。

——*扎实推进美丽乡村建设*　全面完成村庄规划编制工作。9月底前完成省农村环境连片整治示范县试点项目。年底前完成上举、八尺中央苏区幸福村居项目。继续推进差干、上举客家民居外立面改造。加大招商引资力度，扎实推进圩镇扩容工程。全面完成新一轮乡镇"三个一"工程。严格执行农村生活垃圾收运处理机制，力争到年底全县生活垃圾无害化处理率达85%以上。加强农村饮用水源保护工作，各镇要在3月底前划定农村饮用水源保护区。进一步夯实农田水利基础设施，全面完成年度中小河流综合治理工程。继续推进农村水电增效扩容改造项目；做好新建风池水库前期准备工作；5月底前完成中央小农水重点县工程。

——*着力提升城乡管理水平*　尽快完成"智慧城乡"规划编制，争取今年启动实施一批项目。发挥县土地房屋征收安置中心的统筹协调作用，依法依规推动全县征地拆迁工作，争取盘活建设用地2000亩。县城要强化"四项管理"，着力提升"五个水平"，努力实现城市管理网格化、智能化、标准化、社会化，让县城更洁、更绿、更美、更宜居。同时要进一步加大暗访力度，持续开展城乡环境综合整治；全力打击违法建设，全面规范城乡建房秩序。

四、坚持生态产业带动，积极创建"广东平远国家公园"

——*大力发展生态文化旅游产业*　全面启动国家公园创建工作，加紧推进规划编制，尽快实施重点区域、重点线路、重要节点的景观提升工程。加快推进五指石生态旅游产业园项目建设，国庆前完成游客服务中心、地质博物馆和集散广场建设，力争索道项目"五一"试运营；加快酒店项目建设，引导群众有序参与发展农家乐；启动智慧景区、天道二期建设和4A级景区申报工作。尽快促成投资主体对客家相思谷景区和佛文化旅游产业园进行整体开发。充分发挥旅游协会作用，加强和改善行业管理，全面提升服务水平。今年要以珠三角、长三角等地区为重点，开展20场以上旅游推介会。强化创意采编，加大"三微一端"等新媒体营销力度，全面打响平远生态文化旅游品牌。

——*着力发展精致高效农业*　扎实推进农村土地承包经营权确权登记，加快转变农业发展方式，提高农业集约化水平。慈橙、油茶、南药、优质稻、有机茶等特色农业要适度扩大种植面积。下大力气抓好柑橘黄龙病统防统治，全力保住平远慈橙品牌。广泛开展农产品"三品"认证工作，加快创建广东绿色环保食品基地。引导飞龙、南领、金穗、新大地、华清园等农业龙头企业开展自主创新，向精深加工发展，今年力争有2至3个深加工项目产值达到规模以上。大力推动广东华泰农兴农产品交易中心尽快落户建设。鼓励农民利用传统民居发展家庭客栈、农家庄园，实现就近就地创业。支持新型农业经营主体与阿里巴巴、京东等电商平台合作，扩大产品销量，提高产品价值。强化农产品质量监管，开展粮食稳产增产行动，确保粮食安全。

——*不断提升生态文明建设水平*　严格环保准入监管，推进节能减排，促进环境保护与经济建设协调发展。要以创建全国绿化模范县为契机，突出抓好公路边、景区边、河边、山边、城边、村边等“六边”的洁化、绿化、美化、亮化工作;强化以森林防火为重点的林业管护,巩固县域生态环境质量;大力实施高速公路景观提升、国省道沿线增绿添花和废弃矿山整治复绿工程,确保今年新增绿化造林3万亩以上。

五、增进民生福祉,提升民生保障水平

——*保障提升基本民生*　坚持社会保障与经济发展同步提升,继续做好社会保险扩面征缴工作,城乡低保应保尽保,完善“五险”统筹机制,确保年内综合参保人数达11万人次。高度重视对最低生活保障家庭的救助工作,加大困难家庭学生资助力度,确保没有一位寒门学子因贫困辍学。加强养老服务体系建设,要积极探索利用农村闲置房屋、空置校舍等资源,建设“幸福计划”农村居家养老服务站的模式,提高全县五保老人集中供养率。全面完成新一轮三年扶贫任务,继续开展公益性扶贫济困和“大爱平远”活动,确保今年完成25个重点帮扶村、1002户有劳动力贫困户稳定脱贫任务。

——*创新社会治理*　继续推进社会工作示范镇、示范村、示范社区创建活动。深化镇级“一办一中心”改革试点工作,加快推动我县基层社会治理服务平台建设。推进政府向社会组织购买公共服务,理顺政府、市场、社会关系。完善立体化社会治安防控和公共安全体系,加大各类违法犯罪打击力度,维护人民群众生命财产安全。落实信访新条例,畅通信访渠道,维护信访秩序。落实“一岗双责”制度,强化安全生产管理。着力办好微博、微信、门户网站、手机网站、宣传栏等政务公开自媒体,传递正能量,凝聚发展合力,营造和谐稳定的社会环境。

——*促进各项事业协调发展*　坚持量质并举,多渠道开发就业岗位,力争全年培训劳动力8000多人次,转移就业8000多人次。加快县第二幼儿园建设;确保实验小学秋季开学;争取下半年动工建设特殊教育学校。推进县人民医院公立医院综合改革工作;逐步提高农村医疗站所服务人员待遇。切实加强食品药品监督管理工作,保障群众饮食用药安全。积极打造平远足球联赛等品牌赛事,加快万人足球场建设,推动平远足球振兴发展。坚持人口均衡发展,稳定低生育水平。统筹推进国防教育、人民防空、“双拥”共建、气象、防灾减灾、民族宗教和外事侨务、政府法制、人事编制以及统计、方志、档案等工作上新水平。

六、加强政府自身建设,打造人民满意的服务型政府

——*建设法治政府*　以政府的“法治指数”提升平远的“公平指数”。按照“法定职责必须为,法无授权不可为”的要求,编制完成政府部门第一批权责清单目录,以法治引领和规范政府行为。政府部门和广大干部要习惯于在约束下工作、在监督下做事,任何时候都不能触碰法律红线、不能逾越法律底线。坚持依法行政,依规决策,努力形成办事依法、遇事找法、解决问题用法、化解矛盾靠法的法治环境。切实办好人大代表建议和政协委员提案。落实好法律顾问制度,聘请法律“老师”,把好法治“闸门”,确保做决策、抓工作依法有据。

——*建设创新政府*　以政府的“创新指数”提升平远的“发展指数”。认真落实行政审批“一口受理、限时办理、规范办理、透明办理、网上办理”五大措施,完善县、镇、村三级政务服务体系建设,提升政务服务效能。建立公共资源交易平台,提高公共资源配置效率。以信息综合平台建设和强化后续监管为着力点,深化商事登记制度改革。以完善预算编制和政府性债务管理体系为突破口,深化财税体制改革。同时,年底前要完成县、镇两级公务用车改革。建立健全县直部门公开承诺制,严肃整治部门不作为,切实提高干部执行力。

——*建设勤政政府*　巩固党的群众路线教育实践活动成果,以政府的“辛苦指数”提升群众的“幸福指数”。公务员是人民的公仆，必须坚持人民至上，忠于职守，尽心竭力，把群众满意作为政府履行职能的出发点和落脚点，牢记“为官一任、造福一方”。要严格落实镇领导干部驻点普遍直接联系群众工作制度，把让人民满意的标准高悬头上、牢记心上，把解决群众困难、为群众办实事、实现人民期盼体现在行动中，打造敢担当、有作为的政府。

——建设廉洁政府　以政府的“清廉指数”提升群众的“满意指数”。坚决落实中央“八项规定”精神和党风廉政建设责任制。严控超预算追加支出，继续压减“三公”经费等一般性支出，把有限的财力更多用在发展经济、改善民生上。用政府的“紧日子”，换取老百姓的“好日子”。深化领导干部经济责任审计，加强对重点项目、重要资金、重大工程的行政监察和审计监督。牢记廉洁从政准则，守住廉洁底线，努力促进干部清正、政府清廉、政治清明。

各位代表！今年，我们还将继续加大对民生领域的投入，集中力量办好十件民生实事，让发展成果更多地惠及全县人民。

一是提高底线民生保障水平　城乡居民基本养老保险基础养老金标准从每人每月80元提高至100元；城镇和农村低保补助人均月补差水平从334元、148元分别提高到375元和173元；五保对象供养标准提高到上年度农村居民人均纯收入的60%以上；孤儿集中供养水平从每月1150元提高到1240元，分散供养水平从每月700元提高到760元；残疾人生活津贴从每年600元提高到1200元，重残护理补贴从每年1200元提高到1800元。

二是推进教育公平均衡发展　城乡免费义务教育生均公用经费补助标准小学从950元提高到1150元，初中从1550元提高到1950元；中等职业学校和普通高中国家助学金标准从每生每年1500元提高到2000元，县属中等职业学校免学费补助标准从每生每年2500元提高到3000元；实施高中阶段残疾学生免学杂费、课本费政策。

三是提高医疗卫生保障水平　基本公共卫生服务项目补助标准从每人每年35元提高到40元；建立县级疾病应急救助制度；开展县域医联体试点改革工作；城乡居民基本医疗保险补助标准从年人均320元提高到380元；基本医疗保险异地就医即时结算联网医院从6家增加到12家。

四是提升养老服务水平　为80岁以上老人、60周岁以上困难群体（低保、五保、优抚对象及“三无”人员）购买意外伤害保险；实施城乡居民殡葬基本服务由政府免费提供政策，减免7项基本服务收费。

五是优化生态环境　扩大省级生态公益林面积21703亩；规划建设3个森林公园、1个湿地公园。

六是加大保障性住房建设力度　新开工建设80套公共租赁住房和30套城市棚户区改造，新增租赁补贴60户；完成425户农村危房改造。

七是改善城乡居民生产生活条件　开展巨灾保险改革试点工作；建设中心镇污水处理厂。

八是完善公共文化体育服务　建成6个农村文化俱乐部；实施体育场馆免费或低收费开放；符合具备开放条件的单位、学校体育场馆向公众开放率达50%以上。

九是提高交通便民水平　完成30公里新农村公路硬底化改造。

十是加强公共法律服务　全面开展一村（社区）一法律顾问工作，对全县村（社区）按每个不低于1万元的标准予以补助，以政府购买服务方式适当对村（社区）法律顾问公益性服务进行补贴。

各位代表！做好今年的工作有压力，更有动力。让我们在县委的坚强领导下，以更加振奋的精神，更加有力的举措，更加务实的作风，为平远加快振兴发展而努力奋斗！

附件：

名词解释

1. 两大振兴政策：国务院《赣闽粤原中央苏区振兴发展规划》和省委、省政府《关于进一步促进粤东西北地区振兴发展的决定》。

2. 三大抓手：交通基础设施建设、产业园区扩能增效、中心城区扩容提质。

3. 一城两区：建设精致休闲山水城镇，生态工业园区、生态休闲文化旅游区。

4. 乡镇“三个一”工程：建好一个镇村文化广场、抓好一个耕山致富基地、创建一个美丽乡村示范点。

5. “五个一”医疗设备：一辆救护车（含车载设备）、一台全自动生化仪、一台500毫安X光机（中心乡镇卫生院配置直接数字化X线成像系统）、一部黑白B超（中心镇卫生院配置彩超）、一台心电图仪。

6. 四高一铁两国道：济广高速平远段、梅平高速、平（远）蕉（岭）大（埔）高速、平（远）武（平）高速；鹰梅铁路平远段；G206线、S331线争取升格为G358线。

7. 一园三基地：东莞塘厦（平远）产业转移工业园，中国南方（平远）稀土新材料产业示范基地、广东家具出口基地、广东重要的车船配件产业基地。

8. 乡贤回归投资兴业工程：鼓励引导海内外乡贤以项目回迁、资金回流、技术支援等形式回乡兴业。

9. “3211”招商引资任务：30个项目签约，20个项目落户，10个项目动工，10个项目投产。

10. 智慧城乡：运用信息和通信技术手段感测、分析、整合城乡运行核心系统的各项关键信息，从而对包括民生、环保、公共安全、公共服务、工商业活动在内的各种需求做出智能响应，实现城乡智慧式管理和运行，促进城乡的和谐、可持续成长。

11. 强化“四项管理”：强化夜宵摊点管理、强化废品回收管理、强化交通秩序管理、强化物业小区管理。

12. 提升“五个水平”：提升绿化美化水平、提升形象广告水平、提升工地管理水平、提升公园管理水平、提升文化塑造水平。

13. “三微一端”：微信、微博、（微）视频、客户端。

14. “三品”认证：无公害农产品、绿色食品、有机农产品。

15. 五险：养老、医疗、失业、工伤、生育保险。

16. 镇级“一办一中心”：党政综合办公室，社会治理服务中心。

2014年平远大事记

1月

3日　平远县创建生态文明示范区现场会召开。梅州市委书记朱泽君、市政协主席李金元、副市长李远青，县领导曾尚忠、刘许川、陈征宏、凌声宏等参加。

4日　梅州市委常委、常务副市长丁文到平远县调研消防工作。县领导刘许川等陪同调研。

5日　香港有权国际集团董事长、香港梅县同乡会理事长李有权率领慈善慰问团到平远县开展慈善慰问活动。县领导刘许川、姚小玲、陈远航等参加。

10日　平远县公益义工协会挂牌成立。

14日　平远县卫生和计划生育局在原县卫生局办公大楼举行挂牌成立仪式。

15日　梅州市副市长陈建青到挂钩扶贫点石正镇开展慰问活动。县领导凌声宏陪同。

15~17日　县领导曾尚忠、姚永波、李洪涛、陈远航等率考察团携县、镇、村三级38个建设项目赴广州市南沙区开展对口帮扶“一对一”交流对接工作。

16日　梅州市公安指挥中心建设现场会在平远县召开。

20日　县委、县政府在县迎宾馆召开老干部新春座谈会。

是日　县委、县政府在县迎宾馆召开社会各界人士迎春座谈会。

2月

12日　中国共产党平远县第十二届委员会第四次全体(扩大)会议在县迎宾馆召开。

13日　中共平远县第十二届纪律检查委员会第四次全体会议在县迎宾馆召开。

14日　平远县党的群众路线教育实践活动动员部署大会在县迎宾馆召开。

20日　广东省林业厅厅长张育文到平远县调研造林绿化工作。县领导曾尚忠、林忠云、韩垂辉、罗益新等陪同调研。

21日　广东省稀土产业集团董事长、党委书记朱伟，广东省稀土产业集团董事、副总经理、广晟有色金属股份有限公司董事长叶列理一行到平远县考察稀土产业发展情况。县领导曾尚忠、刘许川陪同考察。

是日　新华社记者团到平远县参观考察。县领导刘许川、陈颖明陪同。

26日　广东省统计局副巡视员叶建新率调研组到平远县调研第三次全国经济普查工作。县领导温助民等陪同调研。

是日　梅州市委副书记、市长谭君铁，副市长李远青到平远县调研农村改革、造林绿化工作。县领导刘许川、温助民、林忠云、罗益新等陪同调研。

3月

4~6日　中国人民政治协商会议第九届平远县委员会第四次全体会议在县迎宾馆召开。

6日　广州市旅游局党委副书记周耀明率广州梅州对口帮扶项目调研组到平远调研。县领导陈远航陪同调研。

6～7日　平远县第十四届人民代表大会第五次会议在县迎宾馆召开。

10～11日　广东棕榈投资有限公司董事长辛明一行到平远调研。县领导凌声宏、陈远航、刘志刚等陪同调研。

11日　广东省环保厅党组副书记、巡视员王子葵率检查组到平远县检查2014年度国家重点生态功能区县域生态环境质量情况。县领导林忠云陪同。

13日　广东省督导组副组长、省公安厅副巡视员王志伟率省委第七督导组到平远县检查指导党的群众路线教育实践活动。县领导曾尚忠、凌声宏、陈颖明、胡新文、陈德志、陈友权及县纪委副书记陈永和等参加。

19日　广东省农业厅副厅长、省畜牧兽医局局长郑惠典率省农业厅督导组到平远县督导贯彻落实省农业农村工作会议精神,以及深入了解当前的农业农村工作情况。县领导凌志达陪同督导。

19～20日　广东省林业厅巡视员陈俊勤到平远县检查指导碳汇造林、林分改造和生态保护等工作。

20日　团中央书记处书记徐晓、中国人民解放军总政治部青年局副局长陈军、广东省军区政治部主任盛强到平远县石正镇参加共建解放军青年林活动。梅州市委书记朱泽君、团广东省委书记曾颖如、广东省林业厅巡视员陈俊勤、县领导曾尚忠等陪同参加。

是日　广东省军区政治部主任盛强少将到平远县检查指导人武工作。梅州市委常委、梅州军分区政委管林海,梅州军分区政治部主任何晓庚,县领导曾尚忠、陈友权和县人武部部长王士刚等陪同检查。

是日　广东省住建厅党委副书记陈英松率督查组到平远县开展保障性住房建设目标责任考核。县领导林忠云陪同。

25日　平远县创建"全国白内障无障碍县"动员大会召开。

26日　梅州市委原常委、市军分区原政委李槐庄率市委第四督导组到平远县督导群众路线教育实践活动。县领导曾尚忠、凌志达、陈颖明、胡新文、陈德志、姚永波、陈友权和县纪委副书记陈永和等参加会议或陪同督导。

31日　平远县党建工作会议在县迎宾馆召开。

4月

1日　梅州市副市长陈建青到平远县石正镇调研指导党的群众路线教育实践活动。县领导凌声宏等陪同。

3～4日　梅州市人社局副局长李彩洋率核评组到平远对2013年度创建平安梅州暨综治工作进行实地核评。县领导曾尚忠、凌志达、黄钧震等陪同。

8日　平远县环境综合整治动员大会召开。

9～11日　广东省海洋渔业局原党组成员、巡视员、省委第七督导组常务副组长李建设,广东省公安厅副巡视员、副组长王志伟率省委督导组到平远县督导党的群众路线教育实践活动。县领导刘许川、凌声宏、凌志达、陈颖明、胡新文、陈德志和县纪委副书记陈永和等出席会议或陪同督导。

10日　广东省委党史研究室主任杨汉卿一行到平远县红军纪念园参加广东省党史教育基地挂牌揭幕仪式。梅州市委常委、组织部部长曾祥华,河源、韶关、潮州市党史研究室负责人,县领导凌声宏、陈颖明等参加。

11日　广东省环保厅副厅长陈光荣率省产业园区建设管理年度考核评价工作组到平远县检查考核。梅州市副市长陈丽霞,县领导刘许川、姚永波陪同检查。

17日　平远县2014年农村工作暨计生工作会议在县迎宾馆召开。

23～24日　政协广东省常委、提案委

员会主任，广东省参事室党组书记、主任周义到平远调研提案办理协商工作。县领导曾尚忠、陈征宏、凌声宏等陪同调研。

24日　广东省生态文明促进会会长雷海敏率队到平远进行课题调研。县领导曾尚忠、陈远航等陪同调研。

25日　下午，广东安信电力工程有限公司在实施高压电力线路迁移改造工程作业时，1名作业人员在平远县中行镇快湖村沙上10千伏高压线5号铁塔处不慎坠落地面致重伤，送平远县人民医院抢救无效死亡。

28日　平远县旅游协会成立大会暨第一届会员大会召开。

5月

2日　广东电视台台长张惠建一行到平远调研。梅州市委书记朱泽君，县领导曾尚忠、陈颖明等陪同调研。

是日　热柘镇捐资助学暨华侨中学教学大楼建设启动仪式在该镇华侨中学举行。梅州市人大常委会原副主任谢荣章，梅州市纪委副书记谢志云，县领导刘许川、陈征宏、谢仁烈、姚小玲、凌健，广东威华集团董事长李建华，县优浦房地产公司董事长刘雄等参加。现场收到捐款1260多万元。

7日　梅州市政协主席李金元率队到平远调研平远县创建梅州生态文明示范区工作。县领导曾尚忠、陈征宏、凌声宏等陪同调研。

9日　广东平远农村商业银行股份有限公司创立大会暨第一届股东大会召开。

15日　全省社会科学普及工作经验交流会参会代表到平远调研。县领导曾尚忠、陈颖明等陪同调研。

16~17日　中国科学院院士王鼎盛率北京项目考察团到平远县考察稀土深加工招商项目。县领导曾尚忠、刘许川、姚永波、温助民等陪同考察并参加座谈会。

25~28日　广东省人大常委、内务司法委员会委员梁灿盛到平远调研。县领导曾尚忠、陈德志、姚永波等陪同调研。

27日　梅州市委常委、统战部部长张丽霞率市委督查组到平远督查党外代表人士队伍建设情况。县领导曾尚忠、肖桂华等参加。

28日　梅州市委原常委、市军分区原政委李槐庄率市委第四督导组到平远县督查党的群众路线教育实践活动。县领导曾尚忠、刘许川、谢仁烈等陪同督查或参加座谈会。

30日　广东省林业厅副厅长杨胜强到平远县检查指导森林资源保护管理工作。

6月

4~5日　广州南沙区区长袁桂扬一行到平远县考察并举行南沙区·平远县共建产业园项目签约仪式。县领导曾尚忠、刘许川、凌声宏、凌志达、胡新文、姚永波、贺建平、林忠云等陪同考察或出席签约仪式。

11~12日　新华社广东分社主任丁莎一行到平远开展“掌赏平远”党政客户端业务培训。梅州市委常委、宣传部部长周章新，县领导曾尚忠、陈颖明参加。

17日　广州南沙(平远)产业转移工业园控制性详细规划专家评审会议在县委五楼会议室召开。

23日　吉林省梅河口市市委常委、副市长张卫红率考察团到平远县考察公立医院综合改革试点工作。县领导林忠云陪同。

23~24日　广东省人大常委会副主任肖志恒一行到平远调研。梅州市委常委、市政府常务副市长丁文，县领导谢仁烈、凌声宏、马文生等陪同调研。

25日　梅州市副市长陈建青到平远县八尺镇肥田村调研。县领导胡新文、姚永波陪同调研。

27~29日　“山水画卷·田园牧歌”梅州市第十三次百人诗会在平远县举行。

30日　广东省纪委副秘书长、办公厅主任孙跃山到平远县棉二村走访慰问农村老党员。县领导陈德志、李洪涛和县纪委副书记陈永和、梁裕彝等陪同。

7月

24日　广东省人大常委会副主任、省委第七督导组组长陈继兴率队到平远县八尺镇调研党的群众路线教育实践活动开展情况，并于当天下午在县迎宾馆召开座谈会。梅州市委常委、组织部部长曾祥华，县领导曾尚忠、刘许川、胡新文等陪同调研并参加座谈会。

29~30日　广东省社科院财政金融研究所所长、研究员任志宏率省社科院课题组到平远调研。县领导姚永波等陪同调研。

30日　平远县开通“掌赏平远”党政客户端。新华社广东分社副社长赵东辉，梅州市委常委、宣传部部长周章新，县领导曾尚忠、陈颖明等参加开通仪式。

8月

5日　上午，一辆重型自卸货车沿206国道由平远往梅州方向行驶，至大柘镇平远大道“君悦酒店”路段时，碰撞并碾压同车道右前方行驶的搭乘2人的两轮摩托车，造成摩托车上3人(含驾驶员)当场死亡。

6~7日　中国浦东干部学院副院长王金定率调研组到平远调研。县领导胡新文陪同调研。

8日　梅州市副市长李远青到平远县调研体育场馆建设情况。县领导刘许川、陈远航陪同调研。

是日　梅州市第十五届“体育节”启动仪式暨“全民健身日”健步游平远活动在县城文体中心启动。

18~19日　中国兵器装备集团公司总经理助理丁强率北京项目考察团到平远县考察。县领导曾尚忠、刘许川、姚永波、温助民等陪同考察并参加座谈会。

19日　平远县创建“广东省卫生县城”动员大会召开。

是日　平远县创建“省双拥模范县”动员大会召开。

21日　梅州市委书记、市人大常委会主任黄强到平远县调研。县领导曾尚忠、凌声宏等陪同调研。

22日　平远县2014年纪律教育学习月活动辅导报告会在县迎宾馆召开。

9月

1日　下午，平远县“阳光征兵”定兵工作现场会在县迎宾馆召开。广东省军区司令员盖龙云，梅州市委常委、军分区政委管林海，梅州市军分区司令员夏高远，县领导曾尚忠、刘许川、陈友权、黄均震等出席。

2日　梅州市委常委、纪委书记胡钛到平远县调研。县领导刘许川、陈德志、胡新文、李洪涛等陪同调研。

4日　县委、县政府召开庆祝2014年教师节暨表彰优秀教师大会。

是日　广东省林业厅副厅长孟帆到平远县检查指导五指石市级自然保护区资源保护工作。

11日　县长刘许川做客人民微博“梅州发布”微访谈，以办好产业转移工业园区、加快平远山区振兴发展为主题及网民关切的问题，与广大网友进行在线交流。

17日　广东省副省长刘志庚到平远县调研产业园区和高速公路建设情况。梅州市委副书记、市长谭君铁，副市长陈建青，县领导曾尚忠、刘许川、姚永波、温助民陪同调研。

20日　　梅州市委书记、市人大常委会主任黄强到平远县上举镇畲脑村和差干镇平远县五指石生态旅游产业园调研。县领导曾尚忠、刘许川、凌声宏陪同调研。

24～25日　　中共中央政治局委员、广东省委书记胡春华率队到平远县调研。24日下午，到平城花园宜居小区、济广高速公路平远段大柘标段施工现场、东莞塘厦(平远)省级产业转移园三期建设现场调研；25日上午，到平远中学、广东富远稀土新材料公司、上举镇畲脑村、平远县红军纪念园和仁居镇社会治理服务中心等地调研，深入了解山区的交通基础设施建设、中心城区扩容提质、产业转移工业园规划建设、基层党组织建设、新农村建设、教育“创强”、文化保护与开发以及群众生产生活等情况。省委常委、常务副省长徐少华，省委常委、秘书长林木声，省委常委、广州市委书记任学锋，省委副秘书长、办公厅主任刘可为，省委政研室主任张劲松，省发展改革委主任李春洪，省交通运输厅厅长曾兆庚，省委办公厅副主任郭跃文，梅州市委书记黄强，县领导曾尚忠、刘许川等陪同调研。

26日　　梅州军分区司令员夏高远率市考评组到平远县开展党管武装和双拥工作绩效考评工作。县领导曾尚忠、陈颖明、胡新文、陈友权和县人武部部长王士刚等参加。

29日　　平远县2014年老干部国庆座谈会在县迎宾馆召开。

是日　　梅州市副市长杜敏琪到平远县督查县污水处理厂二期工程建设情况。县领导林忠云陪同督查。

30日　　平远县开展烈士纪念日系列活动。上午9时，县领导及部分老同志代表到县文体中心四楼文化馆多功能厅参观“纪念黄梅兴、姚中英、姚子青等抗日英烈事迹展”。9时30分，在县革命烈士陵园举行烈士公祭活动，向烈士纪念碑敬献花篮，随后到东石镇慰问烈士遗属。

10月

13～14日　　广东省副省长邓海光率省政府副秘书长颜学亮，省农业厅厅长郑伟仪，省林业厅厅长张育文到平远县调研。梅州市委副书记、市长谭君铁，副市长李远青，县领导刘许川、林忠云、罗益新等陪同调研。

15日　　平远县党的群众路线教育实践活动总结大会在县迎宾馆召开。

16日　　梅州市政协副主席张光明率调研组到平远调研。县领导陈征宏、陈远航等陪同调研。

是日　　国家住建部巡查组到平远县巡查保障性住房建设情况。县领导贺建平陪同巡查。

31日　　广东省政府发展研究中心党组书记、主任汪一洋率丰华兴梅产业集聚带建设调研组到平远县调研。梅州市委常委、常务副市长丁文，县领导温助民陪同调研。

是日　　南方日报社总编辑王更辉到平远县调研。县领导陈颖明陪同调研。

11月

4日　　梅州市委常委、组织部部长曾祥华到平远县石正镇、八尺镇调研农村基层组织建设工作。县领导曾尚忠、胡新文等陪同调研。

5日　　梅州市委常委、市纪委书记胡钛到平远县调研。县领导曾尚忠、陈征宏、谢仁烈、凌声宏、陈德志、姚永波、李洪涛等陪同调研或参加座谈会。

是日　　马来西亚拿督丘才干率马来西亚文化交流访问团到平远开展文化之旅访问活动。县领导陈远航陪同。

12日　　梅州市委副书记叶胜坤到平远县调研社会经济发展情况。县领导曾尚忠、凌声宏、温助民等陪同调研。

21日　平远县第十届慈橙文化旅游节开幕式暨农特产品展销会在县人民广场举行。县领导曾尚忠、刘许川、陈征宏、谢仁烈、凌声宏、凌志达、陈颖明、陈远航、林忠云和县纪委副书记陈永和等参加。

25日　广东省台办巡视员李旭政率调研组到平远县调研。县领导姚小玲等陪同调研。

27日　阿里巴巴国际事业部广东大区总经理余涌、佛山市网商协会会长陈君标到平远开展市场调研。县领导曾尚忠、姚永波等陪同调研或参加会议。

12月

2日　中央党史室研究员王新生到平远县调研。县领导胡新文陪同调研。

3日　广东省水利厅副厅长刘敏率队到平远县调研。县领导曾尚忠、林忠云陪同调研。

10日　第三批全省法治县创建活动检查组组长、广东省依法治省办专职副主任黄文平率队到平远县检查法治县创建工作。县领导曾尚忠、凌志达、张荣忠、黄钧震等陪同检查或参加座谈会。

18日　平远县基层党委书记抓基层党建工作述职评议会在县委五楼常委会议室召开。

19日　梅州市关心下一代工作委员会主任何正拔率队到平远县调研。县领导凌声宏陪同调研。

23日　国家督学、吉林省人民政府参事王青逯率全国义务教育发展基本均衡县督导检查组对平远县申报全国义务教育发展基本均衡县进行督导评估认定。

26日　平远县党外代表人士座谈会在县迎宾馆召开。县领导曾尚忠、肖桂华、刘志刚等参加。

美丽的相思河

概 况

县情概貌

【地理位置】 平远县地处广东省东北部，梅州市西北部，位于北纬24°23′38″~24°56′01″，东经115°23′41″~116°07′01″之间。东邻蕉岭县，南接梅县、兴宁，西、北分别与江西省、福建省交界。全县总面积1381平方公里。

【地形地貌】 平远属丘陵山区，山地、丘陵占总面积的80.8%，其余为河谷盆地。地形平面呈四指并拢向上的巴掌状。因有闽赣边境的武夷山脉南伸所致，西北部高于东南部，形成北高南低的地势。海拔高度大多在200米至800米之间。县境内海拔1000米以上的山峰有4座：北部与江西省交界的项山甑，海拔1529.8米，为平远最高峰；西部八尺的角山嶂，海拔1030米；中部东石的尖山，海拔1007米；东部与蕉岭交界的铁山嶂，海拔1164米。差干的五指石和石正的南台山，属丹霞地貌，形成南北对峙的姐妹山，为古今游人向往的风景山，海拔各为460米、645米。

平远山脉以北部最高峰的项山甑为主，分为两支，一支从项山向东折南，较高的山峰有鸡笼嶂、五指石、鹅石（又名凤石）、梯云岭、尖笔山、大和峰、尖山；另一支从项山向西南方向延伸，高山有帽子山、珠宝峰、七娘峰、屏风峰、角山嶂、黄坑嶂、河岭峰、石龙寨等。

【建置沿革】 平远县治始设于明朝嘉靖四十一年（1562年）。当时以广东程乡县的豪居都（今仁居镇）为中心，并析福建的武平、上杭，江西的安远，广东惠州府的兴宁四县边地，以原设在豪居都林子营通判府馆址为基础，扩大筑城，罢馆置县。因其界于武平、安远之间，故名"平远"。初隶江西赣州府。明嘉靖四十三年（1564年），调整县域，归还闽赣两省武平、上杭，安远三县原析之地，增析程乡的义化、长田、石窟三都及兴宁原析之大信一里，仍组成平远县，改隶广东潮州府，县治仍设在豪居都。明崇祯七年（1634年），析平远的石窟一图、二图，及程乡部分地域，增置镇平县（即今蕉岭）。清雍正十一年（1733年），程乡县升格为嘉应州，平远改隶嘉应州，与程乡、兴宁、长乐、镇平4县并称"嘉应五属"。

民国成立后，废除原有建制，省县之间另设道。民国3年（1914年），设潮循道，平远为下属之一县。民国9年（1920年），裁道，平远直属于省。民国25年（1936年）8月，两广还政中央，广东取消绥靖区，改设9个行政督察区，平远属第六区。民国38年（1949年），调整改属第九行政督察区。

1949年5月22日，平远宣告和平解放。是年10月，中华人民共和国成立后，省县之间仍沿袭民国时期的专员公署制，作为省派出机构以领导县，平远隶属兴梅专员公署。1952年，兴梅专署撤销，改隶粤东行政公署。1956年，粤东行政公署撤销，分设惠阳、汕头两专区，平远隶属汕头专区。1965年，兴梅与潮汕分设专区，平远隶属梅县地区行政专员公署。1988年，梅县行署改为市一级政权机构，称梅州市，平远隶属梅州市。

1951年5月，大信乡划归兴宁县辖。1956年1月，梅县石扇乡黄竹坪村划入平远热柘乡。至此，县属地域均为原程乡县地。县治所在地，从1562年建县至1952年的390年，一直在仁居镇（明朝称"豪居都"）。1952

年6月,平远与蕉岭合署办公,领导土地改革。8月,广东省人民政府行文:“平远并入蕉岭县”“保留平远县名”。县治设在蕉城镇。1954年3月,平远与蕉岭分县而治,平远县治迁往大柘镇。1958年11月,为适应当时“人民公社”“大跃进”的需要,平远并入兴宁县,县治设在兴城镇。1961年1月,兴平分县。此后,平远县治一直设在大柘镇。

【行政区划】 平远明朝建县后,设4都2图,即义田都、义化都、长田都、石窟都,石窟一图、二图。明崇祯年间割石窟一图、二图予镇平,仍有四都,后改划为15乡。民国26年(1937年)调整为13乡,全县划为160保,1758甲。民国30年(1941年),实行新县制,按《县各级组织纲要》规定,全县调整为142保,1676甲。

中华人民共和国成立初期,全县设7个区,3个市,56个行政村。1950年调整为4个区,2个镇,13个乡。1954年,划为4个区,71个小乡,2个镇。1956年撤区并乡,成立13个乡,1个镇,71个村。1958年“政社合一”,全县成立4个人民公社,1个镇。1961年与兴宁分县后,平远县调整为14个公社,3个农场,1个镇。20世纪70年代中期,划为16个公社,1个镇。1983年11月,恢复区、乡建制,取消政社合一的队制。全县设14个区(差干、仁居、黄畲、八尺、中行、河头、上举、泗水、东石、坝头、大柘、石正、长田、热柘),1个区级镇(大柘镇),95个乡,3个城镇管理区,4个县属国营农林场。

1986年11月撤区建乡设镇。全县设立5个镇(大柘、仁居、东石、石正、八尺),11个乡(差干、黄畲、河头、中行、上举、泗水、坝头、茅坪、超竹、长田、热柘),149个村,7个城镇居委会。1994年,11个乡改镇建制,全县设16个镇。2003年9月,撤销超竹镇、黄畲镇和茅坪镇的镇级行政区划建制。原超竹镇并入大柘镇,原黄畲镇并入仁居镇,原茅坪镇并入东石镇。2004年11月,撤销坝头镇的镇级行政区划将其并入大柘镇行政区划。行政区划调整后,全县设12个镇,即差干、仁居、八尺、河头、中行、上举、泗水、东石、大柘、石正、长田、热柘镇。2014年,全县辖12个镇,136个村委会,7个居委会。

【常年气候特点】 平远县地处南亚热带与中亚热带过渡的气候区,气候温和,四季分明,夏冬长,秋春短,雨热同季,热量丰富,雨量充足,风力小,霜期短。年平均气温20.7℃,历年变化范围在20.1℃~21.7℃之间,变幅1.6℃;年平均日照时数1859.8小时,日照百分率为42%;年平均降水量为1683.6毫米。

【2014年气候特点】 2014年,平远气候属于一般偏差年景,总体气候特征是:全年平均气温21.2℃,比历年平均值高0.4℃。年最高温度38.7℃,年最低温度为-1.6℃,高温日数历史最多。降水较常年同期明显偏少,呈北多南少分布。全年有雨日148天,暴雨日(日降水量≥50毫米)3天。年日照时数1709.8小时,比历年均值偏少9.2%。全年无台风登陆或严重影响平远县。年内雷暴日44天。全县最大的极大风速为18.1米/秒,出现在八尺镇。

【河流】 平远境内主要河流有3条,即北部的差干河、中部的柚树河和南部的石正河,均属韩江水系。全县集雨面积100平方公里以上的河流6条,10平方公里的小溪18条。这些河流,除差干河自西向东流外,其他河流均由西北流向东南。此外,八尺境的排下溪,向西北经江西省寻乌县到广东省龙川县汇入东江,是县境内唯一不属韩江水系的支流。

【土地资源】 平远土地资源丰富,且土地肥沃。地带性的自然土壤为红壤,有利于发展立体生态农业和多种商品生产基地。全县土地面积138100公顷。其中,农用地127247.3公顷;建设用地7753.3公顷;未利用地3099.4公顷。人均土地面积0.57公顷。

【水力资源】 平远水力资源丰富,水力资源理论蕴藏量为5.93万千瓦,可开发量为4.26万千瓦,发电量1.7亿千瓦时,是全国首批100个电气化县之一。

【矿物资源】 平远地质构造复杂,矿产资源丰富。现有的资源中,计有矿种29个,矿床、矿(化)点159个,其中中型规模的矿床7个:铁矿、铌钽铷矿、高岭土矿、石灰岩、珍珠岩各1个,离子吸附型稀土矿2个。按矿种分类,黑色金属矿产有铁矿和锰矿;有色金属和贵金属有钨、钼、钴、铜、锡、铅、锌、铋、金;稀有金属矿有钽、铌、铷、稀土;建筑材料和非金属矿产有石灰岩、高岭土、萤石、脉石英、珍珠岩、沸石、钾长石、建筑石等;燃料矿产有无烟煤;其他矿产有铀矿、矿泉水、温泉等。铁矿蕴藏量7800余万吨,稀土8万吨,石灰石藏量2亿吨以上,花岗岩100万立方米;经国家地质部门勘查,境内稀土矿属品位较高、开采条件较好的中型矿藏。

【森林资源】 平远森林资源丰富,是全国造林绿化先进县、中国绿色名县、省林业生态县、省用材林基地县。2014年,全县林业用地面积10.88万公顷,森林覆盖率78.05%,活立木蓄积746万立方米,是粤东动植物资源保护得最好的县之一。县内龙文—黄田自然保护区为省级自然保护区。根据调查,全县有野生维管植物188科、642属、1300种,由乔木、灌木、藤木、草本组成种类树种。有珍稀濒危植物25种。其中,属国家一、二级保护植物21种;省级保护植物4种。

【野生动物资源】 平远的野生脊椎动物有78科206属287种。主要分布在山高林密的北部山区,主要有野猪、黄猄、长尾鹊、猫头鹰、画眉、黑斑蛙、蛇类、松鼠、黄鼠狼、果子狸、刺猬、穿山甲、白头翁、白鹇、鸢、鹧鸪、燕隼、翠鸟、雉鸡等。

【旅游资源】 平远是中国最佳文化休闲旅游县之一。旅游资源按国家旅游分类系统标准,主要涉及有自然旅游资源、人文旅游资源和服务资源3大景系,共有7个景类、37个景型。主要景区包括五指石景区、相思河景区、南台山景区、客家相思谷景区(龙文景区)、别具洞天景区(大河背)和仁居古镇等。广东省地质公园、国家3A级景区、省级风景名胜区五指石以“中国丹霞地貌盆景”著称,其中的广东第一高空栈道——五指天道是广东旅游的新亮点;相思河景区是国家3A级旅游景区,原始生态的迤逦山水风光被大家称为“小桂林”,景区内有清道光年间建造的保存得特别完好的石拱桥——松溪桥,是通往下坝村的必经之桥,还有革命战争年代红四军走过的红军路;粤东名胜、广东南台山国家森林公园的南台卧佛山号称“世界第一天然大佛”;客家相思谷景区(龙文景区)也是国家3A级旅游景区;别具洞天景区内,群峰突兀,岩崖峻峭,呈现独特的“奇峰丛立,沟壑纵横,赤壁悬崖”的丹霞地貌景观,山势雄浑,自然风光秀丽。

【民族】 到2010年第六次人口普查,全县除汉族外,少数民族有148人,占全县总人口的0.64‰。少数民族有壮、苗、瑶、满、黎、土家、蒙古族等16个,全县姓氏共有157个。

【人口】 2014年底,平远县有户籍人口26.46万,常住人口23.31万。

【语言】 平远人的语言以本土的客家话为主,随着外来人员的增多,普通话交流亦较为普遍。

【平远精神】 1997年,平远县把“团结、务实、创新、自强”确定为“平远精神”。

【平远县花】 1998年1月,县十届人大常务委员会第三十一次会议确定“宝巾花”(又名为“簕杜鹃”)为平远县花。

【平远人文】 平远人文资源厚重,客家文化特点鲜明,是粤东客家先民的始兴地,客家先贤程旼的故乡,享有“世界客都文化始祖地”“世界客都第一村”美誉。境内有保存完好的客家围龙建筑,有客家传统民间艺术船灯舞、落地金钱等,是中国民间文化艺术之乡(船灯舞)。曾涌现世界客属名贤首贤程旼,明监察御史韩元勋,辛亥革命时期广东北伐军总司令姚雨平,民国时期的爱国侨领姚德胜、文学博士吴康、京都宦显曾养甫和抗日英烈黄梅兴、姚子青、姚中英等著名人物。中华人民共和国成立后,为新中国建设事业作出贡献的有外交大使吕志先(原名姚琬卿),北京航空学院一级教授林士谔,老红军林钦才,著名教授吴三立等。

平远是原中央苏区县,历史上,太平军4次进入平远,红四军3次到过平远,抗日战争后期省政府曾播迁到平远办公。

【平远名片】 平远县是原中央苏区县、世界客都文化始祖地、世界客都第一村、中国最佳文化休闲旅游县之一、中国最佳文化生态旅游目的地之一、中国仙草之乡、中国油茶之乡、广东橙乡、中国绿色名县、全国农产品加工创业基地、全国绿色食品原材料标准化生产基地、全国粮食生产先进县、全国造林绿化先进县、广东省中医药文化养生旅游示范基地、中国民间文化艺术之乡(船灯舞)。

【平远土特产】 平远土特产有平远脐(慈)橙、金柚、八乡情系列酒、黄粄、平远梅菜、锅叾茶、石正云雾茶、南台茶、香菇、木耳、水柿、蒜头、浸姜、蜂蜜、牛肉干、高山茶油等。

2014年经济社会发展概况

【经济发展概况】 2014年,平远县围绕振兴发展目标,主动适应新常态,积极抢抓原中央苏区和粤东西北两大振兴政策机遇,突出“三大抓手”,主攻“一城两区”,聚焦产业和项目,全面深化改革,不断夯实山区振兴发展基础,全县经济社会平稳较快发展。全县实现生产总值64.33亿元,比增8%;地方公共财政预算收入5.36亿元,比增28.2%;固定资产投资27.41亿元,比增35.1%;社会消费品零售总额20.45亿元,比增12.5%;贸易出口总额1.78亿美元,比增16.7%。

【特色农业】 2014年,平远县通过大力推广农业标准化种植,加大市场营销推介力度,使慈橙、油茶、南药、优质稻、有机茶等特色农产品的品质和价值均得到较大幅度的提升。石正梅片树、八尺铁皮石斛等农业示范基地正成为平远农业的新亮点。积极培育壮大新型农业经营主体,新增4家农业龙头企业、31个农民专业合作社和5家家庭农场,新认定7个无公害食品。辰曲大米、锅叾茶被确定为省级名牌产品,石正云雾茶被评为广东十大名茶之一。粮食生产保持安全稳定。全年实现农林牧渔业总产值17.7亿元,比增3.6%;农村居民人均可支配收入11533元,比增11.5%。

【工业经济】 2014年,平远县大力推动工业经济从资源依赖型向质量效益型转变,努力降低资源开采类企业产值占经济总量的比重。粤华矿业、三协稀土等资源开采型企业退出规模,新增红豆娘、鼎盛木业、龙腾木业等5家规模以上企业。推动传统优势企业转型升级,完成工业投资10.71亿元,比增23.3%。加强产学研合作,南交所稀土产品交易中心顺利上线,广东稀土产品质量检验站完成主体工程。全县完成工业总产值71.4亿元,比增15.6%;其中规模以上企业实现工业总产值46.8亿元,比增9.2%,规模以上工业增加值12.1亿元,比增9.5%。

【工业园区建设】 2014年,平远县完成21平方公里园区控制性详细规划编制,园区被评为省级优秀园区并获得省各专项扶持资金6570万元和450亩用地指标奖励。年度投入1.12亿元,新征土地2000亩、平整土地1200亩,建成区扩展至4000亩;园区水电路讯等基础设施项目扎实推进,污水处理厂建成试运营。新落户项目7个,计划总投资6.54亿元。新增海通静电、广晟智威、方鼎木业等8家投产企业。园区现有入园企业52家,投产29

家,实现产值14.3亿元、税收8900万元,分别比增55.4%、64.2%。

【交通工程建设】 2014年,平远县全年累计完成交通基础设施建设投资11.28亿元,比增39.3%。济广高速平远段完成年度投资9.83亿元,连接线建设和拆迁户安置工作全面推进。梅平高速完成工程招投标。鹰梅铁路完成预可研,初步确定平远站场选址。完成国道206线超南至长田圩镇段改造和普滩至湍溪旅游公路主体工程。省道331线差干至八尺段、省道225线大柘至石正上丰段、省道332线茅坪至太阳段、平城花园至大佛寺等公路改造有序推进。新建和改造农村公路60公里。

【水利能源基础设施建设】 2014年,平远县顺利完成9宗千亩灌区和2万亩高标准农田改造工程;同时加紧推进东石河、差干河堤防建设工程。全面完成农村水电增效扩容和电网项目年度建设任务。

【县城扩容提质项目】 2014年,平远县全年盘活存量用地3001亩,新增建设用地940亩。投入13.37亿元,基本完成城南、城北、城西、老城四个片区22个项目年度建设任务。百川商业中心、城南商业城、城中商业综合体、宜居小区等城建项目进展顺利。有序推进生活垃圾填埋场、天然气管网、县城自来水扩网、污水处理厂二期及配套管网、城北“两园两路”等市政项目。加快建设医疗养生保健中心、实验小学、综合职业技能培训大楼等民生项目,冬青实验幼儿园、实验中学开学招生。

【生态旅游】 2014年,平远县做好生态旅游文章。五指石景区绿道建成开放,游客服务中心、地质博物馆、观光索道等项目全面动工。客家相思谷景区、佛文化旅游产业园基本确立投资主体。客家相思谷、相思河景区成为国家3A级旅游景区。“县域景观化”工程有序推进,完善全县旅游标牌标识,成立平远旅游协会。全年举办26场旅游推介活动,与国内外200多家旅行社达成合作协议,“平远旅游”官方微信影响力跻身全国前列。全年接待游客人次、旅游总收入分别比增110.3%、52%。差干镇被确定为广东省旅游专业镇,上举镇被省评为岭南魅力名镇,畲脑村被国家农业部评为中国最美休闲乡村之一。

【美丽平远建设】 2014年,平远县通过不断完善城乡规划管理和加大城乡环境整治力度,进行美丽平远建设。(1)城乡规划管理不断完善。有序推进镇村规划编制;启动差干、仁居、八尺、上举“农村新型城镇化”示范项目规划编制;完成县城总体规划第三次修编。热柘、长田等圩镇扩容提质工程顺利推进。全面完成乡镇“三个一”工程。强力推进“控违拆违”,依法拆除违法建设9宗,面积2080平方米,城乡建房秩序持续好转。大力开展农村建筑工匠培训,客家民居改造工作初显成效。(2)城乡环境整治力度加大。扎实开展广东卫生县城创建工作,县城绿化、美化、净化、亮化工程系统推进。加大城乡环境暗访力度,制作专题片9期,推动城乡人居环境质量不断提升。严格执行农村生活垃圾收运处理制度,全县生活垃圾无害化处理率达75%。县城饮用水源水质保持稳定并持续改善,镇村饮用水源保护工作加快推进。农村环境连片整治示范县试点项目扎实推进。全面加强大气污染防治力度,城乡空气质量优良天数比例100%。巩固提升绿色生态,绿化造林3.5万亩,森林覆盖率78.05%。

【民生民计】 2014年,平远县全年财政用于民生支出11.1亿元,占县级公共财政预算支出的64.3%。新增城镇就业2012人,城镇登记失业率2.42%。其中投入5.91亿元,全面完成年初确定的十件惠民实事。提高城乡低保月人均补差水平;农村五保年供养标准每人每月提高到521元;低保户基本医疗保险政策范围内自负医疗费用的救助比例提高到70%以上;低保户残疾人生活津贴标准提高到

600 元/年,重残护理补贴标准提高到 1200 元/年;城乡居民养老保险基础养老金人均标准提高到 80 元/月;提高企业人员退休养老金、城乡居民医保财政补助标准、城镇职工医疗保险年最高支付限额、城乡居民医疗保险住院报销比例等社会保障水平;职工医疗保险、城乡居民医疗保险与广州 6 家医院实现联网即时结算;对民办养老机构给予运营补贴;人均基本公共卫生服务经费标准提高到 35 元以上;县中医医院获评二甲医院;120 急救指挥中心开通运行;乡镇卫生院"五个一"医疗设备配置全面完成;对偏远乡镇卫生院在编人员发放岗位津贴补贴;全面落实地中海贫血防控工作;全国白内障无障碍县顺利通过验收;完成保障房建设 195 套(户),改造农村低收入困难户住房 350 户;黄田水库水质保持在国家Ⅱ类水标准以上;共为 441 名贫困残疾人免费提供康复服务;为 600 名重性精神病患者免费发放药物,免费收治 42 名贫困重症精神病患者;为视障人员免费配发读屏软件;全年放映 1632 场农村公益电影;建成 1 个社区体育小公园,完成上举、泗水两镇农民健身工程,完善县级现有足球场 1 个、镇级足球场 7 个;新建 3 个农村文化俱乐部;完成 2 个镇级公共电子阅览室和 30 个村级文化室建设。

【社会秩序】　2014 年,平远县深入推进"法治县"创建、社会管理等平安建设,群众安全感和政法工作群众满意度位居省市前列。县公安局获评"省优秀公安局"。同时扎实推进精神文明创建活动和文化惠民工程,县社科联获评全国先进单位,畲脑村获评全国人文社会科学普及基地。创新基层社会治理,县民情志愿服务队建设项目升格为"省社会创新试点项目"。严格执行新信访条例,落实信访工作责任制,信访总量逐年下降。严格落实安全生产"一岗双责"制度,安全生产形势持续稳定向好。

【社会各项事业】　2014 年,平远县社会各项事业不断发展。义务教育均衡县、4 个教育强镇复评顺利通过验收;山区和农村边远地区义务教育教师岗位津贴稳步提高。新一轮扶贫开发"双到"工作成效显著。人武部被省军区评为"标兵人武部"。完成第三次全国经济普查工作。食品药品安全监管有力,群众饮食用药更加安全。对外交流活动取得新进展,成功举办"印尼之夜"文艺晚会。低生育水平持续巩固,人口自然增长率为 5.9‰。

【政务环境】　2014 年,平远县通过不断改革创新、不断提高依法行政水平、有效加强作风建设,努力优化政务环境。(1)改革创新取得实效。积极抓好行政审批制度改革,压减县级行政审批事项 178 项,压减比例达 40%,办结时限压缩了 50%。商事登记制度改革全面铺开,全县新登记各类市场主体 1491 户,比增 28.5%。对 60 个单位的闲置、出租类资产进行统一规范管理。农信社成功改制为农商行。县级公立医院改革和全县农村综合改革工作扎实推进。47 个单位进驻行政服务中心,425 个服务事项可在中心一次办结,政府行政服务效能有效提高。(2)依法行政水平不断提高。健全重大决策社会稳定风险评估机制,完善行政决策程序规定和重大事项决策、专家咨询、听证、公示等制度。自觉接受县人大、政协监督,全年共承办人大建议 21 件,政协提案 50 件,县政府办被市评为提案办理先进单位。认真听取工商联、无党派人士及工青妇等人民团体意见,进一步凝聚加快振兴发展的智慧和力量。扎实推进"六五"普法工作和"阳光复议"工程,行政复议案件审结率 100%。大力推进政府信息公开和政务公开,畅通政府与群众的交流渠道。(3)作风建设有效加强。严格落实中央"八项规定"精神,扎实开展党的群众路线教育实践活动,县党政领导班子查摆整改"四风"问题 18 条,落实群众反映突出问题 5 项。全县性会议、下发文件和评比达标表彰活动分别减少 20%、20.3%和 90%;各类领导小组和议事协调机构压缩83%。大力整治超标使用办公用房、公务用车等问题，全县“三公”经费支出持续下降。建立村级便民服务中心19个，初步构建了县、镇、村三级政务服务体系。

【精神文明建设】　2014年，平远县采取多种形式，大力抓好精神文明建设。(1)深入开展社会主义核心价值观宣传教育实践活动，引导人们深刻把握社会主义核心价值观的丰富内涵和实践要求，在全社会兴起培育和践行社会主义核心价值观的热潮。(2)进一步加强“讲文明树新风”公益广告宣传，努力营造社会舆论环境，加强与促进市民文明意识和自觉行为，培育良好的社会风尚，倡导文明新风。(3)进一步加大公民道德教育力度。抓诚信教育，营造诚信市场环境，强化市场诚信体系建设；抓典型示范，开展第五届平远县“五星道德模范”评选活动，评选出五星道德模范20名；抓实践养成，围绕解决诚信缺失、公德失范等问题，深化道德领域突出问题专项教育和治理；抓经典文化，广泛开展“我们的节日”活动，全年共送戏下乡演出25场，送电影1632场，开展道德讲堂150多场次；开展“社科普及周”“文明健康行”系列活动，把健康、文明、农技、文化、书刊送到基层、镇村、农户；推进机关作风好转。(4)深化群众性精神文明创建活动，不断提高公民文明素质和社会文明程度。着力提升文明县城创建水平，启动广东省卫生城市创建活动；扎实推进农村精神文明建设；提高低保户救助标准，使救助对象得到实惠；开展文明行业示范区创建活动，结合党的群众路线教育实践活动，深入开展精神文明共建活动，打造一批文明行业示范单位；在党政机关开展学习“人民满意公务员”活动，改进机关作风，增强机关干部的服务意识和效能意识，树立政府机关的良好形象。(5)大力推进学雷锋志愿服务制度化，打造参与志愿服务活动的社会氛围。(6)扎实推进未成年人思想道德建设。净化社会文化环境，以立德树人为根本任务，着力培养孩子爱学习、爱劳动、爱祖国的思想意识，努力构建学校、家庭、社会三结合网络。(7)结合“4·23”世界读书日，开展多种形式的全民读书活动。

【著名抗日英烈事迹展】　平远籍的黄梅兴、姚中英、姚子青被列入民政部公布的第一批著名抗日英烈和英雄群体名录。为弘扬抗日英烈事迹，9月28日，平远抗日英烈事迹展馆正式开馆，全县干部职工和中小学生踊跃参观学习，追忆英烈事迹。

【存在问题】　2014年，平远县虽然取得了一定成绩，但也存在不少问题。(1)经济总量小、人均水平低，离实现振兴发展的目标还有较大差距。(2)产业结构仍然不够合理、主导产业不够突出，缺乏大产业、大项目的支撑，成长型、税源型、带动型的产业项目数量少、规模小。(3)干部队伍改革进取的锐气不足，政府行政效能仍需进一步提升。

2014年平远县国民经济和社会发展统计公报

2014年，平远县按照中央和省、市决策部署，认真学习贯彻习近平总书记系列重要讲话精神，紧紧围绕主题主线和“三个定位、两个率先”总目标，按照省“一个目标、三大抓手、两条底线”的要求，扎实贯彻落实粤东西北和原中央苏区两振兴政策和市“一园两特、带动一精”发展战略，坚持兴工强农、文旅带动、城乡统筹，全力推进“一城两区”建设，努力克服经济运行中的各种困难，推动全县经济社会实现跨越式又好又快发展，国民经济和社会发展取得新的成就。

一、综合

据初步核实，2014年，全县实现地区生产总值(GDP)643318万元，比上年增长8.0%。其中，第一产业增加值114481万元，增长

4.3%,对 GDP 增长的贡献率为 9.23%;第二产业增加值 342819 万元,增长 8.4%,对 GDP 增长的贡献率为 55.63%;第三产业增加值 186018 万元,增长 9.6%,对 GDP 增长的贡献率为 35.14%。经济结构调整取得新进展,三次产业结构为 17.80:53.29:28.91,对比"十一五"时期的 2009 年,第一产业比重下降6.34个百分点,第二产业比重上升 14.35 个百分点,第三产业比重下降 8.0 个百分点。全县人均生产总值达到 27641 元,比上年增长7.8%。民营经济增加值 326826 万元,增长 6.3%。

全年税收收入(全口径)84207 万元,增长 17.2%。其中,国税收入 40912 万元,增长 2.6%;地税收入 43295 万元,增长 35.3%。全年地方公共财政预算收入 53640 万元,增长 28.2%。其中,各项税收收入 40276 万元,增长 26.4%;非税收入 13364 万元,增长34.3%。全年地方公共财政预算支出 177404 万元,增长 43.4%。

据市统计局反馈的价格调查结果:商品零售价格总指数为 101.2%,上升 1.2%;居民消费价格总指数为 102.4%,上升 2.4%;工业品出厂价格指数 99.7%,下降 0.3%。

劳动就业形势保持稳定。年末全县从业人员 12.23 万人。据劳动部门统计,全年新增转移就业人数 8860 人。全县城镇登记失业人员实现再就业 1933 人;年末城镇登记失业人数 775 人,登记失业率 2.42%,比上年高 0.4 个百分点。

经济社会发展中仍然存在一些比较突出的问题:一是经济总量小、人均 GDP 水平低、结构不够合理;二是经济增长方式比较粗放,农业集约化生产困难,产业化程度不高;三是资源型经济比重过大,对资源型工业依赖偏重;四是人均收入水平偏低,消费需求不够高;五是社会劳动就业和保障压力较重;六是财政收支矛盾突出,经济对财税贡献率有待进一步提高。

二、农业

全年农林牧渔业总产值 176900 万元,比上年增长 3.6%。其中,农业产值 116487 万元,增长 1.1%;林业产值 7944 万元,增长 20.2%;畜牧业产值 32795 万元,增长 8.2%;渔业产值 9254 万元,增长 12.5%;农林牧渔服务业产值 10420 万元,下降 0.4%。全年粮食产量 88202 吨,增长 0.8%。全县农作物播种面积 401692 亩,比上年增长 2.4%。其中,粮食种植面积 242404 亩,与上年持平;经济作物种植面积 60996 亩,比上年增长 6.8%。

主要农作物产量情况表

单位:吨

主要农作物名称	2014 年实绩	对比上年增减%
粮食总产	88202	0.8
稻谷	75210	2.3
旱粮	6582	-12.9
薯类	4008	-0.5
大豆	2402	1.0
甘蔗	121	-16.0
花生	3685	5.8
烟叶	1947	-7.9
木薯	2531	52.1
蔬菜	70902	3.1
果用瓜	10878	3.7
水果	88199	4.7
茶叶	729	1.0

年末实有林地面积(林业口径)108833.7 公顷,当年造林面积 1727 公顷,森林覆盖率 78.05%。迹地更新面积 23678 亩,幼林抚育面积 63380 亩,成林抚育面积 13350 亩。主要林产品产量:油桐籽 407 吨、油茶籽 4448 吨、木材采伐 20376 立方米。森林资源继续走可持续发展道路,保持年生长量大于年消耗量。

全年肉类总产 14503 吨,比上年下降 7.4%。其中,猪肉 11891 吨,比上年下降 7.3%。年末生猪存栏 101952 头,比上年下降

26.2%。其中,母猪存栏12922头,比上年下降11.8%。当年肉猪出栏151723头,比上年下降6.0%。出售和自宰家禽122.9万只,比上年下降21.4%。全年水产品产量达9223吨,比上年增长4.5%。其中,优质鱼2630吨,比上年增长17.0%;一般鱼类6454吨,比上年下降1.3%。

三、工业和建筑业

全年工业总产值714222万元,比上年增长15.6%,其中规模以上工业产值468422万元,比上年增长9.2%。全年工业增加值324184万元,按可比价计算,比上年增长8.8%,其中规模以上工业增加值121018万元,增长9.5%。全年工业用电量26961万千瓦时,比上年增长8.8%。

全县主要工业产品产量表

产品名称	单位	2014年实绩	对比上年增减%
铁矿石	万吨	58.4	5.0
发电量	万千瓦时	16819	-34.4
稀土分离产品	吨	2240.7	-3.1
水泥	万吨	178	7.2
家具	万件	125.6	29.4
人造板	立方米	46581	11.8

工业经济效益保持较高水平,全年规模以上工业经济效益综合指数为197.70%。规模以上工业销售收入432718万元,比上年增长27.7%;规模以上工业产品销售率92.38%,比上年提高13.04个百分点。规模以上工业利税总额37483万元,比上年增长16.5%。

全年全社会建筑业增加值18635万元,比上年增长3.2%。房屋建筑施工面积357810平方米,比上年增长35.9%。房屋竣工面积168657平方米,比上年增长100.2%。

四、固定资产投资

全年全社会固定资产投资274097万元,比上年增长35.1%,其中房地产开发投资29495万元,比上年增长11.5%。

五、交通、邮电

全年交通运输、仓储和邮政业增加值27141万元,比上年增长7.1%。完成旅客周转量16665万人公里,比上年增长2.9%;完成货物周转量37025万吨公里,增长7.1%。2014年末,全县机动车辆共61389辆,比上年下降7.5%。机动车辆中,民用汽车3481辆、拖拉机1679辆、摩托车56229辆。年末全县公路通车里程达1225公里,每百平方公里公路密度88.7公里。

全年邮政、电信业业务总量11752万元,比上年下降1.0%。年末电话用户拥有量19.06万户,比上年增长9.8%。其中,年末本地电话用户3.37万户,比上年下降7.9%;年末移动电话用户15.69万户,比上年增长14.5%。每百户家庭拥有本地电话41部、移动电话192部。

六、贸易

全年社会消费品零售总额204520.4万元,比上年增长12.5%。按销售单位所在地分:城镇消费品零售额148407.2万元,增长13.5%;乡村消费品零售额56113.2万元,增长10.0%。按行业分:批发零售贸易业187443.2万元,增长12.4%;住宿和餐饮业零售额17077.2万元,增长13.5%。

七、对外经济和招商引资

全年贸易进出口总额(海关口径)17788.0万美元,比上年增长16.7%。其中,进口总额187.2万美元,增长13.6%;出口总额17600.8万美元,增长16.7%,全部为民营和"三资"企业出口。

招商引资:全年合同协议投资项目24宗,比上年下降4.0%;合同协议投资金额105.7亿元,比上年增长31.0%;实际投资金额21.49亿元,比上年下降19.9%;当年实际利用外资(验资口径)405万美元,比上年下降63.3%。

八、金融和保险业

2014年末,全县金融机构各项人民币存

款余额589583万元,比上年末增长12.9%,其中城乡居民储蓄存款余额465910万元,比上年末增长10.9%。金融机构各项人民币贷款余额为262831万元,比上年末增长16.4%。

当年财产、人寿保险业保费收入合计7465万元,比上年增长17.2%;当年赔付支出4201万元,比上年增长61.3%。

九、科学、教育、文化、卫生和体育

全县共有科研机构2个。年末国有企事业单位拥有自然和社会科学专业技术人员8288人。全县全年获市级科技成果奖5项。全县全年专利申请量50件(其中发明5件、实用新型10件、外观设计35件),比上年下降35.9%;专利授权量28件(其中发明1件、实用新型9件、外观设计18件),比上年下降41.7%。

2014年,全县有普通高中3间,实际招生人数1801人,在校学生5699人。参加高考2103人,考入大专及以上1711人。其中,考入本科692人;专科1019人。高中专本升学率81.3%。中职学校1间,招生302人,在校学生1118人,毕业生443人。普通初中14间,普通初中招生1806人,在校学生5946人,毕业生2806人,初中毕业升学率96.2%。普通小学18间,招生2325人,在校学生12857人,毕业生1810人。幼儿园33间,招生4502人,在园幼儿7241人。全县各类学校教职工人数2758人,其中专任教师人数2483人。专任教师人数中,任教高中453人,任教职中68人,任教初中696人,任教小学907人,任教幼儿园359人。

年末全县共有文化馆1个、公共图书馆1个、博物馆1个、广播电台1座、电视台1座,公共图书馆藏书12.5万册。

医疗卫生条件得到改善。年末全县卫生机构17间,其中县级综合医院3间。医疗卫生机构共有病床525张,比上年增长6.1%。每万人拥有病床19.8张,每万人拥有病床比上年增加1.0张。专业卫生技术人员707人,每万人拥有卫生专业技术人员26.7人,比上年增加0.7人。

在梅州市第七届运动会,平远运动员在8个项目中,共取得3.5块金牌。其中青少年羽毛球队突破零金牌的历史,获得丙组男子团体金牌、男子甲组双打获得银牌;乒乓球丙组团体获得铜牌;男子乙组足球队和女子足球队各取得0.5块金牌。

十、人口、能源、环境与人民生活

据公安年报统计,全县年末户籍人口264632人,其中农业人口180342人。据计生年报,全县人口出生3141人,出生率为11.55‰,死亡率为5.66‰,自然增长率为5.9‰。政策生育率91.85%,比上年提高3.37个百分点。

全年能源消耗情况:单位地区生产总值能耗0.6164吨标准煤/万元,下降4.08%;单位工业增加值能耗0.6313吨标准煤/万元,下降14.47%;单位地区生产总值电耗750.8547千瓦时/万元,增长2.44%。

全县共有环境监测站1个,生活污水处理厂1座,污水处理能力达到2.0万吨/日。当年全县空气质量达到一级标准,全年平均气温为21.2℃,全年灰霾天气日数8天。当年环境保护投资总额1610万元,其中污染源治理投资总额1235万元。废水处理得到进一步重视,全年废水排放量866.3万吨,达标率为100.0%;工业固体废物综合利用14.64万吨,利用率98.86%,综合利用率逐年提高。

人民生活水平不断提高。据定点抽样调查,全年城镇居民人均可支配收入17058元,比上年增长8.0%,剔除价格因素,实际增长5.5%;全年农村居民人均可支配收入11533元,比上年增长11.5%,剔除价格因素,实际增长8.9%。据抽样调查数据显示,全年在岗职工平均人数14632人,比上年下降2.3%。全年在岗职工工资总额56385.3万元,比上年增长5.5%。全年在岗职工平均工资38536元,比上年增长8.0%,剔除价格因素,实际增长5.4%。

年末全县职工参加基本养老保险32822人,机关事业个人参加基本养老保险5505人,城乡居民参加社会养老保险106551人,参加工伤保险14580人,参加失业保险17770人,城镇职工参加基本医疗保险21879人,城乡居民参加基本医疗保险224297人,全年各项社会保险费收入21084万元,比上年增长20.0%。年末全县各类社会福利单位收养人数562人。其中,敬老院12间,床位数358张,入院人数181人;外保人数361人;年末社会福利单位收养孤儿人数共计20人。全县城乡社会保障网络体系不断完善,各类社会保险覆盖面逐年扩大。

附注:

1.本公报中资料数据均为初步统计数。

2.公报中全县生产总值、各产业增加值总量按现价计算,增长速度按可比价计算。

3.部门统计数据来源于县直相关部门。

4.2014年,固定资产投资、城镇居民人均可支配收入、农村居民人均可支配收入增速为市调整数。

5.该公报由平远县统计局于2015年9月20日提供。

2014年平远县国民经济主要统计指标

序号	指标名称	单位	数值
1	行政区域土地面积	平方公里	1381
2	地区生产总值	万元	643318
3	第一产业	万元	114481
4	第二产业	万元	342819
5	工业	万元	324184
6	第三产业	万元	186018
7	人均地区生产总值	元	27641
8	地区生产总值指数	%	108.0
9	第一产业	%	104.3
10	第二产业	%	108.4
11	工业	%	108.8
12	第三产业	%	109.6
13	人均地区生产总值指数	%	107.8
14	年末总人口	人	264632
15	农业人口	人	180342
16	非农人口	人	84290
17	就业人员	人	122324
18	城镇单位在岗职工平均人数	人	14632
19	城镇单位在岗职工工资总额	万元	56385.3
20	城镇单位在岗职工平均工资	元	38536
21	全社会固定资产投资	万元	274097
22	房地产开发投资	万元	29495
23	地方公共财政预算收入	万元	53640
24	地方公共财政预算支出	万元	177404

(续上表)

序号	指标名称	单位	数值
25	城镇居民人均可支配收入	元	17058
26	农村居民人均可支配收入	元	11533
27	乡村就业人员	人	93094
28	农林牧渔业总产值	万元	176900
29	农林牧渔业总产值指数	%	103.6
30	总播种面积	公顷	26779.5
31	粮食产量	吨	88202
32	油料产量	吨	3685
33	肉类总产量	吨	14503
34	猪牛羊肉产量	吨	12512
35	水果产量	吨	88199
36	茶叶产量	吨	729
37	工业总产值	万元	714222
38	工业总产值指数	%	115.6
39	公路里程	公里	1225.0
40	民用汽车拥有量	辆	3481
41	邮电业务总量	万元	11752
42	本地电话用户	户	33706
43	#乡村电话用户	户	18535
44	移动电话用户	部	156918
45	社会消费品零售总额	万元	204520.4
46	出口总额(海关口径)	万美元	17600.8
47	实际利用外资	万美元	405
48	城乡居民储蓄存款余额	万元	465910
49	幼儿园学校数	所	33
50	幼儿园在校学生数	人	7241
51	小学学校数	所	18
52	小学在校学生数	人	12857
53	普通中学学校数	所	17
54	普通中学在校学生数	人	11645
55	中职学校	所	1
56	中职学校在校学生数	人	1118
57	卫生技术人员	人	707

注:该统计指标由平远县统计局于2015年9月20日提供

中共平远县委员会

主要会议和活动

【平远县2014年社会各界人士迎春座谈会】

2014年1月20日，平远县2014年社会各界人士迎春座谈会在县迎宾馆二楼大会议厅召开。县领导曾尚忠、刘许川、陈征宏、谢仁烈、凌声宏、陈颖明、陈友权、刘金宏、姚小玲、廖文香、韩垂辉、凌健、刘志刚，县人武部部长王士刚，县直相关单位主要负责同志，部分党代表、人大代表、政协委员，企业界代表，劳动模范、先进工作者、特级教师代表，驻平部队官兵，政法公安干警，环卫工人代表，优秀外来工、企业员工代表，新闻工作者代表及其他社会各界人士代表参加座谈会。

【中国共产党平远县第十二届委员会第四次全体（扩大）会议】 2014年2月12日，中国共产党平远县第十二届委员会第四次全体（扩大）会议在县迎宾馆大会堂召开。全会由县委书记曾尚忠主持，并由其传达省、市委全会精神并代表县委常委会向全会作主题报告；县委副书记、县长刘许川作2014年经济工作讲话；县委副书记凌声宏通报2013年度各镇和县直单位考核结果；会议表决通过《中国共产党平远县第十二届委员会第四次全体会议决议（草案）》。

【中共平远县第十二届纪律检查委员会第四次全体会议】 2014年2月13日，中共平远县第十二届纪律检查委员会第四次全体会议在县迎宾馆召开。全会由县委常委、纪委书记陈德志主持并代表县纪委常委会作工作报告；县委副书记、县长刘许川传达中央、省、市纪委全会主要精神；县委书记、县人大常委会主任曾尚忠发表讲话；会议审议通过全会工作报告和决议，部分县直单位及镇主要负责同志共12人进行述职述德述廉。

【共建解放军青年林活动】 2014年3月20日，团中央书记处书记徐晓、中国人民解放军总政治部青年局副局长陈军、广东省军区政治部主任盛强到石正镇参加共建解放军青年林活动，梅州市委书记朱泽君、团广东省委书记曾颖如、广东省林业厅巡视员陈俊勤、县委书记曾尚忠等省市县领导陪同参加活动。

【平远县2014年农村工作暨计生工作会议】

2014年4月17日，平远县2014年农村工作暨计生工作会议在县迎宾馆大会堂召开。会议由县委副书记凌声宏主持，县政府副县长林忠云总结部署全县农业农村、人口和计划生育工作；县委常委、政法委书记凌志达宣读《关于2013年度全县农业产业化经营和精致高效农业发展项目考评结果的通报》《关于2013年度人口与计划生育目标管理责任制考评结果的通报》；县委书记曾尚忠出席会议并发表讲话。

【肖志恒一行到平远调研】 2014年6月23日至24日，省人大常委会副主任肖志恒一行到平远调研。市委常委、市政府常务副市长、党组副书记丁文，县人大常委会党组书记、常务副主任谢仁烈，县委副书记凌声宏等市县领导陪同调研。

【黄强到平远调研】 2014年8月21日，市委书记、市人大常委会主任黄强到平远调研，先后考察平远县综合政务服务中心、梅州市汇胜木制品有限公司、广东富远稀土新材料股份有限公司、平城花园宜居小区、广东获赛尔机械铸造股份有限公司、济广高速公路平远段大柘标段施工现场、广州南沙(平远)省级产业转移园三期建设现场。县委书记曾尚忠、县委副书记凌声宏全程陪同黄强在平期间的调研活动。

【胡春华率队到平远考察】　2014年9月24日至25日,中共中央政治局委员、广东省委书记胡春华率队亲临平远县考察、调研。24日下午,胡春华在省委常委、常务副省长徐少华,省委常委、秘书长林木声,省委常委、广州市委书记任学锋,省委副秘书长、办公厅主任刘可为,省委政研室主任张劲松,省发展改革委主任李春洪,省交通运输厅厅长曾兆庚,省委办公厅副主任郭跃文,梅州市委书记黄强,以及平远县委书记曾尚忠、县长刘许川等陪同下,先后到平城花园宜居小区、济广高速公路平远段大柘标段施工现场、广州南沙(平远)省级产业转移园三期建设现场考察。25日上午,胡春华等省、市、县领导分别到平远中学、广东富远稀土新材料、上举镇畲脑村、平远县红军纪念园和仁居镇社会治理服务中心等地考察,深入了解山区的交通基础设施建设、中心城区扩容提质、产业转移工业园规划建设、基层党组织建设、新农村建设、教育"创强"、文化保护与开发以及群众生产生活等情况。

【烈士纪念日系列活动】　2014年9月30日,平远县开展烈士纪念日系列活动。上午9时,县委、县人大、县政府、县政协、县纪委全体领导,县人武部部长、县法院院长、县检察院检察长、副县级干部、龙文—黄田省级自然保护区管理处主任及部分老同志代表到县文体中心四楼文化馆多功能厅参观"纪念黄梅兴、姚中英、姚子青等抗日英烈事迹展"。9时30分,烈士公祭活动在县革命烈士陵园举行。县委、县人大、县政府、县政协、县纪委全体领导,县人武部部长、县法院院长、县检察院检察长、副县级干部、龙文—黄田省级自然保护区管理处主任,老战士联谊会代表和部分县离退休老同志代表,县无党派人士代表,县军烈属、复员退伍转业军人代表,县直单位先进党员代表及其他社会各界人士出席此次活动并向烈士纪念碑敬献花篮。烈士公祭活动结束后,县政府办、县民政局及县财政局等单位派代表到东石镇慰问烈士遗属。

【平远县党的群众路线教育实践活动总结大会】　2014年10月15日,平远县党的群众路线教育实践活动总结大会在县迎宾馆大会堂召开。省委第七督导组领导,市委第四督导组全体成员,县委、县人大、县政府、县政协、县纪委全体领导,县人武部部长、县法院院长、县检察院检察长、副县级干部、龙文—黄田省级自然保护区管理处主任,县直各副局以上单位和省、市属驻平各单位主要负责人,各镇党委书记、镇长等出席大会。

【平远县第十届慈橙文化旅游节开幕式暨农特产品展销会】　2014年11月21日,平远县第十届慈橙文化旅游节开幕式暨农特产品展销会在县人民广场举行。在开幕式上,来自全国各地的8家企业与梅州飞龙果业、平远慈橙协会、梅州金穗农业等企业在现场举行签约仪式,订购平远县12项农特产品共10.11亿元。其中"平远慈橙"4.8万吨3.4亿元,橙汁5000吨3亿元,其他农产品3.71亿元。县领导曾尚忠、刘许川、陈征宏、谢仁烈、凌声宏、凌

2014年11月21日,平远县第十届慈橙文化旅游节开幕式暨农特产品展销会在县人民广场举行。图为签约仪式场景

志达、陈颖明、陈远航、林忠云和县纪委副书记陈永和出席开幕式。 （县委办）

2014 年度中共平远县委员会领导名录

书　记：曾尚忠
副书记：刘许川
　　　　凌声宏
常　委：曾尚忠
　　　　刘许川
　　　　凌声宏
　　　　陈德志
　　　　凌志达
　　　　陈颖明
　　　　胡新文
　　　　姚永波
　　　　肖桂华（女）
　　　　李洪涛
　　　　陈友权
　　　　贺建平（挂职，4 月起任）

县委办公室工作

【信息调研】 2014 年，平远县委办公室认真做好信息调研工作。（1）资料工作严谨细致。在 2014 年的县委全会、县委十二届四次全会、群众路线教育实践活动总结大会等报告起草中，创精品、争一流，高质量、高效率地做好文字材料工作。全年共完成文字材料 150 多万字，全年编报《工作通报》10 期，《情况反映》30 期，上报省委办公厅《平远信息》9 期，累计采用 3 条。严格执行中央“八项规定”，精简文件简报，切实改进文风，《工作通报》印发刊数比上年减少 63%、《情况反映》比减 9%、《平远信息》比减 36%。（2）调查研究精益求精。先后围绕建设省级工业园区、“四高一铁”、新型城镇化扩容提质、深化财税改革、发展精致高效农业等进行系列调查研究，认真分析存在问题和产生原因，探讨提出解决问题的对策建议，并形成《平远县省级工业园调研情况汇报》《发挥比较优势发展特色经济产业》《赴赣州学习考察报告》《江西篁岭景区开发模式学习考察报告》《热柘温泉开发调研报告》等调研报告。（3）服务协调主动到位。克服人手少、人员新的困难，在抓好领导公务活动协调和日常事务协调中，把工作做到前头，对多项活动安排统一协调，综合权衡，通盘考虑，努力做到“三个满意”，即领导满意、干部满意、群众满意。（4）新闻报道保质保量。报道做到贴近基层、贴近群众、贴近热点，加强对县委、县政府重大活动的报道，加强对人民群众关注的热点、难点的报道，加强与上级新闻单位和广大通讯员的沟通，实现全年在各大媒体上见稿有突破，大版面刊登有分量稿件有突破，全年用稿数量历史上有突破，市以上媒体共刊发平远稿件 1632 篇，在梅州日报编发《平远新闻》24 期。

【办文办会】 2014 年，平远县委办公室全力做好办文办会工作。（1）规范办文。进一步规范公文处理秩序，坚持送签前初核，领导签后复核，确保办文质量，基本达到公文制作规范、传阅准确、及时、保密、不出差错的标准，及时准确把县委指示精神传达到各镇各单位。全年共办文 149 件，30000 多份。其中，制发县委文件 14 件；县委办文件 24 件；常委会议纪要 22 件；书记办公会议纪要 5 件；报告 6 件；便笺通知 75 件；文件报备 3 份。承办文件数量比上年减少 40.1%。充分利用政府 OA 系统，厉行节约，减少印发纸质文件。（2）高效办会。严格执行中央“八项规定”，全年完成县委全会、群众路线教育实践活动动员部署大会及总结大会、解放军青年林项目植树活动等 20 多场次全县性大型会议活动会务工作，办理大小会议活动 100 多场次，同比上年下降 20%。全年没有发生因会议准备不力而影响会议召开质量的情况，办会水平得到广泛的肯定和认可。（3）主动服务。强化文秘队伍素质,提升服务水平,热情接待来人来访及上访群众,树立县委“窗口”的良好形象。规范做好服务工作,积极完成县委领导交办的各项工作任务。同时为县直部门和乡镇做好协调、服务,确保县委各项工作部署落实。(4)厉行节约。严格执行中央“八项规定”和省、市、县的统一部署,结合开展党的群众路线教育实践活动,严格遵守县领导同志参加会议活动和调研考察的迎送、接见合影、乘车标准。同时,无论大会小会,一律不制作背景板、不铺设迎宾地毯、不摆放鲜花、不发放纪念品,会议活动现场布置简朴,切实解决与会议活动有关的各种形式主义、官僚主义、享乐主义和奢靡之风问题。

【后勤接待】 2014年,平远县委办公室做好后勤接待工作。(1)抓好综合治理和文明创建。对清洁员、园林所管草人员落实岗位职责,定期检查,做到保洁、保绿。大院内、办公大楼内外环境整洁,为干部、职工营造较为舒适的工作、生活环境。(2)严格财经纪律。为各预算单位及财政部门提供准确、及时、完整、有效的财务信息和工资信息。按章办事,强化行政管理,合理使用资金,提高财政资金的使用效益。全年接待费用及其他各项经费开支均比上年有所下降。(3)加强车辆管理。认真做好车辆的调度工作,强化车辆管理,全年未发生安全事故。采取定点加油刷卡,定点维修,对小车用油、小车修理等透明化操作,依规办理,逐项登记,上墙公布,自觉接受监督,有效降低车辆费用支出。

【督查督办】 2014年,平远县委办公室加强督查工作,确保县委重要决策落实到位,取得实效。(1)加强机构建设。县委领导高度重视督查工作,为督查人员提供必要的工作条件,配强人员力量,加强督查干部的培养使用,完善各项督查制度,落实督查工作责任,健全立项办理制度、落实情况报告制度,不断创新工作方式方法,促进业务规范化。(2)抓督查促落实。突出党委重大决策和重要部署,抓督查促落实。开展中央“八项规定”、计划生育、旅游发展、农村建房、扶贫“双到”、森林防火、防洪防汛、开挖山体复绿、重点项目等单项督查活动,就督查中发现的问题及时反馈通报,主动协调,跟踪督查落实,确保县委重要决策落实到位,取得实效。全年下发《督查通知》23件,《督查通报》7期,做到查前先督、查后再督。突出领导批示和交办事项、常委会决定事项,抓督查促落实。根据领导批示和交办,坚持按照“接必办,办必结,结必果”的原则,实事求是反馈情况,为领导决策提供第一手资料,做到批则必查,查则必清,清则必果。全年办理领导批示件219件。突出上级督查部门的专项查办,抓督查促落实。2014年,共接到市委督查室《督查通知》24份,上报《督查专报》56期,按时办结率100%,做到件件有回音,事事有落实。 (县委办)

2014年度中共平远县委办公室负责人名录

主　任:陈琼宏

副主任:陈东英(任至3月)

　　　张永煌　陈奕东

　　　吴文胜(任至3月)

　　　赖家洪(任至3月)

　　　饶良栋

　　　李　洪(任至3月)

　　　林招军

2014年度中共平远县委政策研究室负责人名录

主　任:赖家洪

副主任:吴雨华　张建明　李　藩

组织工作

【第二批党的群众路线教育实践活动】 2014年,平远县委组织部严格按照“照镜子、正衣冠、洗洗澡、治治病”的总要求,紧紧围绕“为民、务实、清廉”主题,以省委督导组挂钩联系点为动力,通过领导率先垂范、加强学习教育、严把关键环节、注重建章立制、创新特色实践、突出督查指导、着力抓好整改等措施，全县227个参学单位、582个党组织扎扎实实完成学习教育、听取意见，查摆问题、开展批评，整改落实、建章立制三个环节的工作任务。扎实开展基层党委书记基层党建工作述职评议考核活动，强化党建“主业”意识。通过开展活动，全县广大党员干部理想信念进一步坚定，政治定力进一步增强，宗旨意识进一步强化，“四风”问题得到有效遏制。截至2014年底，举办全县性工作会议同比下降35%，发文同比减少22.7%，压缩“三公”经费209.72万元，压缩比例25.49%；先后开展6次督查55次暗访活动，查处党员干部35人；建立镇、村(居)网上办事大厅事项目录，将计生、民政、国土、农业等涉及群众切身利益的24个办事、办证项目纳入网办系统，将30个项目下放至镇、村受理或初审；深入开展“进百家门、知百家事、解百家难”活动，大力帮扶800多户困难群众，办理好事实事1264件。

【村级换届】 2014年，平远县委组织部按照“依法换届、平稳换届”的工作思路，以“三个确保”(确保一肩挑、交叉任职率均达90%以上、确保依法依规、确保零群体性事件)为硬目标、硬任务，加强组织领导、提前谋划准备、科学统筹布局、严把关键环节、建立工作制度、突出督查指导、注重舆论宣传，实现“一肩挑和交叉任职率高、班子成员连任率高、选举成功率高、群众参与率高和投诉上访少”的“四高一少”的工作成效，高质圆满地完成村级换届选举工作。全县共依法选举产生新一届村、社区干部653人，书记、主任一肩挑率和“两委”干部交叉任职率分别达97.9%和93.7%，长田、八尺两镇的一肩挑率和交叉任职率均实现“双百”目标，全县“双百”村有118个，占82.5%。换届后，及时指导各村建立完善各项制度、村规民约，各村先后建立完善“两委”班子及成员任期承诺、述职评议、绩效考核以及班子联席会议、党群联席会议等制度，进一步建立健全村级领导、决策、执行、监督和参与机制，规范村级组织的运作。

【干部人事】 2014年，平远县委组织部切实做好干部人事工作。(1)科学规范，深化干部人事工作。县委组织部全面贯彻新修订的《党政领导干部选拔任用工作条例》，规范干部调整任用的动议、民主推荐、考察、讨论决定、任职五个环节干部任免程序和流程。2014年，召开5次县委常委会，讨论干部137人次，其中提拔县管干部13人，交流轮岗25人，调整消化超职数干部44人。(2)多措并举，增强干部队伍活力。①坚持公平、公正、公开招录公务员和事业中心工作人员。2014年，从村(居)书记(主任)、服务基层项目、本地大专人员、乡镇事业单位工作人员中共招录70名乡镇公务员，招录财政、农技、水利、畜牧等事业单位专业技术工作人员21名。②突出干部培养锻炼。选派5名科级干部到市直单位及珠海市相关单位挂职，选派12名年轻干部到乡镇挂职锻炼。③强化实绩考核工作。围绕“项目建设年”要求，科学修订县直单位考评办法，加大重点项目的考核力度和权重，全面落实县直单位和镇级科学发展观实绩考核体系。④扎实开展届中考察活动。对全县12个镇、20多个县政府工作部门开展届中考察，综合考核领导班子运转和领导班子成员德、能、勤、绩、廉等方面情况。(3)多元监督，贯彻从严治党方针。进一步探索由组织部、编制、审计等部门同步联动实施的“三责联审”制度。对县电视台台长、县林业局局长进行选人用人责任审查、机构编制责任审核和任期经济责任审计。畅通干部群众对选人用人和领导干部履职情况的反映渠道。2014年，受理信访案件4宗；对举报反映或存在不足和问题的领导干部，视情况实行“三书”预警告诫。(4)突出重点，扎实推进档管工作。以干部的基础信息“三龄两历一身份”为重点，在全县铺开在职在编干部档案专项清理和干部档案改版工作。同时,调整干部人事档案管理部门,理顺档案管理,将县教育和卫生系统的干部人事档案归属主管部门县教育局、县卫生和计划生育局集中管理。

【基层党建】 2014年,平远县委组织部扎实加强基层党建工作。(1)做好发展党员工作。县委组织部按照"控制总量、优化结构、提高质量、发挥作用"的总要求,严格落实中共中央办公厅2014年印发的《中国共产党发展党员工作细则》,科学制订发展计划,严格控制发展党员数量,严把发展标准和程序。2014年,全县新发展党员165人,其中女党员52人,35岁以下107人,大专以上文化程度79人。(2)推进软弱涣散基层党组织整顿。坚持"一村一策、一支部一办法",通过实施建立工作台账、整顿落实责任承诺、市县党政领导挂钩联系、选派"第一书记"和党建指导员督促指导、县直挂钩单位组成工作组驻村整改等措施,全县18个软弱涣散农村党组织、18个机关和企事业单位党组织、5个软弱涣散"两新"组织党组织得到有效转化,基本完成整顿工作任务。(3)提升"两新"组织党建水平。按照"有场所、有设施、有标志、有党旗、有书报、有制度"的"六有"标准,推进阵地规范化建设。采取"突出重点,以点带面"的形式,确定梅州金穗生态农业有限公司党支部、民办非企业联合党支部等10个带动示范能力较强的"两新"组织党组织作为重点创建对象。先后将32名"两新"组织党员培养成为企业中层管理人员或技能标兵,指导5个"两新"党支部与企业所在地党支部开展产业帮扶、村企共建等活动,实现企业发展和党建工作的互促双赢。(4)抓实示范创建。结合县委"123"工程,以基层服务型党组织的"六有"为创建目标,按照"一镇一特色、一村一亮点"的原则,细化创建方案和具体措施,建立挂钩联系制度,每个党建示范点安排一名优秀党务干部和县直单位进行挂点联系,初步建成以长田为主线,以国道公路沿线为重点区域的党建示范带。(5)推进党代会任期制。扎实做好上举、长田镇党代会年会制试点工作,对试点中的创新做法进行总结推广。进一步健全县、镇两级党代表联络工作机构,配齐配强县党联办、党代表工作室工作人员,完善党代表提案提议、询问质询暂行办法,实行党代表中的领导干部驻室接待群众制度。2014年,全县18个工作室共接待党员群众1300多人次,收集意见建议800多条,作咨询类现场解释答复624件、作建议类转有关部门采纳96件,作问题类转有关部门办理42件,拟作提议件38宗。(6)深化"书记项目"工程。①围绕中心选题。围绕解决基层党建工作中的热点难点问题,重点是加强服务型党组织建设等方面选题立项。2014年共上报县级书记项目19个、市级项目4个。②强化项目落地。各级党组织书记切实履行第一责任人职责,通过亲自抓、挂点抓,把实施党建精品"书记项目"工程作为落实党建工作目标责任制的主抓手,有效解决一批基层党建工作中的重点难点问题。③注重项目推广。以抓"书记项目"为契机,培育一批基层服务型党支部,对党建基础好、发展优势明显的项目进行重点培植,打造10个"有得看、有得听、有得学"的党建精品。(7)推进党员关爱工程。发展壮大县级党员互助基金,由上

2014年11月4日,市委常委、组织部部长曾祥华(左三)率队到平远调研农村基层组织建设工作

一年度县级财政一般预算收入的0.1%比例和县级党费收入的15%比例划拨，主要用于帮扶、慰问党组织关系在县内的大病党员、重灾党员、特困党员和老党员等群体。2014年，党员互助基金共帮扶大病党员83人、慰问老党员392人、慰问困难党员97人，支出金额35万多元。

【干部培训】 2014年，平远县委组织部围绕县委、县政府中心工作，将生态旅游、战略性新兴产业、新型城镇化建设、基层党建、地质灾害防治、信访维稳等内容纳入干部培训工作重点。完善党校主体班培训、异地教学培训、大课堂集中培训、镇村巡回培训、部门分散培训等五大培训模式。2014年，开设45期培训班(其中专题培训班8期、党校主体班10期、部门业务班27期)，培训干部人才6318人次。其中，以"大课堂"集训的方式，举办6期科学发展观学习论坛和1期《新干部任用条例》培训班；以异地联合办班的模式，联合佛山市委党校、广东平远商会筹备办和南沙区委党校分别组织举办科级干部、战略性新兴产业企业主和年轻干部优秀人才等培训班；以"巡回演讲"的模式，开展12场次的镇村干部培训班。同时结合村级换届，分别举办全县基层党组织书记、村(社区)妇代会主任和村(社区)财会人员培训班。

【人才工作】 2014年，平远县委组织部抓好人才工作。(1)完善机制，优化人才工作环境。县委组织部落实党管人才，整合各方力量，规范人才工作机制，积极构建上下左右相互贯通的工作体系，对《平远县中长期人才发展规划纲要(2012－2020)》进行中期目标落实情况检查，进一步优化人才工作环境。加强对"千人计划"引进的高素质人才和县管专业技术拔尖人才的管理，促进和鼓励各类人才进行科技创新，充分发挥优秀人才的示范带动作用。(2)引育并重，落实重大人才工程。县委组织部围绕全县行政机关和事业单位急需、紧缺人才，通过市"千人计划"引进12名全日制硕士以上研究生。截至2014年底，全县通过"千人计划"引进3批共29名高素质人才。深化和加强与广州市南沙区在人才培养、引进工作方面的沟通对接，制订《2014年平远南沙对口帮扶人才培养、引进工作方案》。以培养一批具有前瞻意识、战略思维、国际眼光以及善于管理的企业经营管理人才和创新人才为目标，选派7名企业经营管理人员参加清华大学企业家自主创新高级研修班或赴穗挂职学习。围绕铸造、稀土加工、旅游等县主导产业和优势产业，会同相关单位和企业，积极做好省"扬帆计划"引进创新创业团队项目的申报工作，为全县重点行业发展提供人才保证和智力支持。

【组织部门自身建设】 2014年，平远县委组织部坚守公道正派，严格执行组织系统"十严禁"规定，不断完善领导机制、工作机制、监督机制和考评机制，充分发挥组织部门在选贤任能、夯实基础和集聚人才方面的积极作用。认真履行组织部门作为教育实践活动组织者和参与者的双重职责，精心谋划、指导推动全县教育实践活动深入开展，并扎实开展部机关党的群众路线教育实践活动。在组织部门内部推行优质服务行动，引领组工干部在高效服务中作表率、树形象。同时，坚持统筹兼顾，整体推进，进一步加强老干部、农村党员干部远程教育和党建宣传等各项工作。 (邓彩华)

2014年度中共平远县委组织部负责人名录

部　长：胡新文

副部长：李　程　肖洪海

　　　　刘岸青(任至3月)　张　燕(女)

　　　　姚爱军　林德志

社会工作

【"南粤幸福活动周"活动】 "南粤幸福活动周"是省委、省政府为搭建群众性文化体育活动有效载体而专题部署的一项全省性工作。2014年9月,平远县社工委组织县体育、民政、文广新局和县广播电视台等单位举办2014年南粤幸福活动周系列活动。活动以"和谐、文化、健康、幸福"为主题,以"幸福活动周应该办到基层去"为主旨,坚持党委领导、政府负责、社会协同、公众参与,大力弘扬客家优秀传统文化和平远"三大文化",突出社区性、草根性,内容丰富,形式多样,满足群众文化体育等精神生活需求,为群众提供自我表现、自我服务和自我娱乐的幸福平台。内容包括启动仪式及"幸福我来秀""幸福我健身""幸福手拉手""幸福大家谈"四大活动版块项目。

【"三个一"示范工程创建活动】 2014年,平远县社工委结合自身实际,按照"镇有品牌,村有亮点,社区有特色"创建思路,根据《平远县社会工作"三个一"示范工程项目实施方案》,加强领导,创新思路,精心组织,统筹协调相关单位和各镇,采取有效措施,全面铺开、整体推进社会工作"三个一"示范工程项目建设,取得成效。上报的四个项目全部通过梅州市社工委组织的评审,其中八尺镇获授"梅州市社会工作示范镇"荣誉牌匾;上举镇畲脑村、长田镇长安村获授"梅州市社会工作示范村"荣誉牌匾;大柘镇城西城南社区获授"梅州市社会工作示范社区"荣誉牌匾。

【民情志愿服务品牌擦亮】 2014年,平远县社工委擦亮民情志愿服务队"省社会创新试点项目"品牌,抓好镇社情民意信息中心常态化管理,高质高效编写《平远民情内参》。全年共上报市民情信息67条,占全市339条的19.8%;被市采用信息13条,占全市57条的22.8%,信息上报数和采用数均居全市之首,取得民情信息数量和质量双丰收。全年共编发《平远民情内参》24期,收录信息116条,其中获领导批示有4条。

【社会组织培育】 2014年,平远县社工委以工、青、妇等群众团体为核心,重点培育和优先发展行业协会商会类、科技类、公益慈善类、社区服务类社会组织,团结、联系和吸纳更多社会组织、社会群体依法开展活动,共同参与社会治理,着力构建"社会协同、公众参与"的社会治理格局。3月,公益慈善类协会平远县公益义工协会挂牌成立,推动社会组织培育发展工作。

【存在问题】 (1)社会建设投入不足。虽然近年该县用于民生领域的财政支出不断增加,但由于财政蛋糕小、人口基数较大,实际人均投入仍较低,社会建设总体水平仍较滞后。(2)社会组织规模较小、质量不高。有些社会组织自身宗旨不明,法人治理结构有待完善,并普遍存在人才匮乏、运作能力较低等情况,在承接政府职能转移、推动社会协同善治方面作用不够明显。(3)社会组织综合管理不到位、发展不平衡。政府各职能部门对社会组织的管理责任尚未厘清,信息难以共享,容易形成管理盲区。(4)各镇社工委工作开展不平衡。 (张伟添)

2014年度平远县社会工作委员会负责人名录

主　　任:凌声宏
副 主 任:凌志达　黄钧震　林忠云
专职副主任:谢烈原(正科职)
　　　　　朱其悦(副科职)

信访工作

【信访工作态势】 2014年,平远县认真贯彻落实中央、省、市信访维稳工作决策部署,积极开展"社会矛盾化解年"活动,信访总量呈下降趋势。2014年全县受理群众来信来访

1405件次(含网上信访),同比下降18.12%。其中来信54件,同比下降12.9%;接待群众来访182批536人次,同比批数和人数分别下降24.2%和19.8%;网上信访1113件,同比下降16.69%。党政内网办结率、“梅州民声”网上信访回复率均100%。

【县领导重视信访工作】 2014年,全国“两会”、十八届四中全会以及APEC峰会在北京召开。此外,各重点项目的强势推进,济广高速平远段的征地拆迁和施工建设等,造成平远信访工作压力大、任务重。为切实做好重要时期的信访工作,县委、县政府多次召开党委常委会和常委扩大会、县政府常务会专题研究信访工作,明确信访工作责任全县一盘棋和“关键时刻”追责制度,各级领导干部信访工作责任制得到落实,领导干部接访、约访、下访工作得到进一步加强。2014年,县委书记曾尚忠接访4次,下访、约访11次,解决群众信访问题14件;阅批群众来信36件,包案2宗,结案率100%;主持召开突出信访问题研判会6次,研判突出问题31宗,全部落实县党政领导包案。县长刘许川包案1宗,已结案;阅批群众来信24件,下访、约访9次,解决群众信访问题11宗。县委副书记凌声宏接访3次,召开信访突出问题研判会15场次,包案4宗,已全部结案,下访、约访共23次,分别在中行、东石、大柘等镇主持信访积案办理工作推进会,推动全县的积案化解工作。

【信访工作机制完善】 平远县始终把信访工作制度化、规范化建设摆在突出的位置。2014年,对2013年《平远县信访维稳工作责任考评办法》进行修订,同时,根据修改后的考评办法,对信访工作做得好的进行奖励。对考核总分低于70分的镇实行重点管理。与此同时,把各镇和县直单位的信访工作列入县科学发展观年度考核;信访实绩考核工作辐射至村“两委”的每月绩效考核。

【各项工作有序开展】 2014年,平远县扎实有序开展各项信访工作。(1)大力开展广东省新修订的《广东省信访条例》的宣传活动。按照市信访局的统一部署,5月,在全县范围内开展《广东省信访条例》宣传活动,邀请市宣讲团到县进行宣传;制作光盘在电视上播放,收听收看对象延伸到农村基层党员干部和村民小组长;结合党校教育阵地,到各镇巡回办班,对各级干部进行培训。此外,还专门在县人民广场、八尺镇政府设点宣传和印制新条例20000份以及发放各种宣传小册子10000份。通过广泛宣传,干部依法办理信访事项的水平得到进一步提高,群众依法信访的自觉性得到加强。(2)依期办结上级交办案件。县信访局切实按照上级主管部门的管理规定,凡是上级立案交办的信访案件,县信访局将按人“切块负责制”,实行挂钩联系制度,把具体工作责任落实到人,使所有上级交办案100%能依期办结,按时上报。全年省交办积案2宗,已全部通过验收结案。(3)着力解决突出问题。①着力解决征地拆迁信访问题。2014年济广高速平远段开工建设,征地、拆迁工作时间紧、任务重。在征地、拆迁工作中,由于部分村民对征地、拆迁补偿标准不理解,引发八尺镇小部分农户到省上访。对此,县领导包案切实按照包案工作的“九个一”做实做细,使全部到省上访人员依期签订房屋拆迁补偿协议,有效减少重复上访量。②着力解决好涉军群体问题。在处置涉军群体利益诉求问题上,平远县多措并举,综合施策,在2014年“八一”建军节等多个节点活动中,保持全县社会和谐稳定。③坚持提前介入、常态化调处的方式,着力解决好农民工欠薪问题,做到出现一宗,调处一宗,有效地促进企业的发展和农民工利益的保障。(4)集中精力化解信访积案。按照省、市要求,平远县把2014年定为“信访积案化解年”。全县共清理出信访积案31宗,通过包案领导的亲力亲为和各级各部门的共同努力,已有25宗得到有效化解,6宗调处工作进展顺利。(5)依法实行信访“三级终结”工作。各级各部门认真贯彻落实《中央联席会议关于依法做好信访事项终结工作的意见(试行)》《中央联席会议办公室关于对已依法终结信访事项实行备案的实施办法(试行)》的主要精神,县信访局根据工作实际,对经过反复处理仍未息诉罢访的差干镇谢某某山林权属纠纷案和大柘镇丘某某因环北路征地拆迁问题依法实行信访“三级终结”程序。进一步规范全县信访秩序。

【存在问题】 全县山林纠纷信访问题重信重访量多,特别是部分涉及集体与集体之间的山林纠纷老案久拖不决,存在不安定因素。

(林福云)

2014 年度平远县信访局负责人名录

局　长:吴文胜

副局长:林福云(任至 4 月)

　　　　吴可兴　刘连昌

编制工作

【行政审批制度改革】 2014 年,平远县机构编制委员会办公室扎实推进行政审批制度改革工作。平远县行政审批制度改革工作在县领导小组的统筹下,紧紧围绕市政府提出的“力争减少行政审批项目达到 50%,力争行政审批时限压缩 50%”的工作目标,开展对各单位行政审批事项的全面清理、审核,通过 2013 年、2014 年两批次的清理,全县清理出行政审批事项 451 项,减少行政审批事项 179 项。其中,取消 58 项;转移 1 项;转为日常管理事项 120 项。仍然保留的行政审批事项 272 项,其中承接省、市下放 65 项,对比原审批事项取消 40%,审批时限压缩达 50%,有效推进简政放权政策措施的落实。

【政府机构改革】 2014 年,平远县机构编制委员会办公室认真学习贯彻机构改革系列文件精神,及时成立机构改革工作领导小组,机构编制部门积极发挥职能作用,梳理改革涉及单位的职能职责,主动与药监、工商、质监、经信、农业、卫生、计生等部门协调沟通,充分听取相关部门意见,并于 9 月印发《平远县人民政府职能转变和机构改革方案》,确保工作不断、队伍不乱、人心不散,有序推进改革进程。(1)按要求及时上报食品药品体制改革、卫生和计生职能转变及机构改革实施方案,并依期完成改革任务。2 月中旬制订下发县食品药品监督管理局“三定”规定,设立稽查分局及镇级派出机构,全面加强监管和执法力量,明确与农业、畜牧兽医、工商、质监等 8 个职能部门的职责分工,通过加强监管队伍建设、健全基层管理体系,实现食品药品生产、流通、消费各环节的集中统一监管;2 月下旬完成县卫生和计生部门机构改革,撤销县卫生局、县人口和计划生育局,整合设立县卫生和计划生育局,及时完成人、财、物的交接并挂牌运作,实现改革工作的有效衔接,确保人心不散、队伍不乱、工作不断。(2)9 月下旬印发县经济和信息化局、县发展和改革局、县民族宗教和外事侨务局的“三定”方案。对经信和商务职能进行整合、优化,进一步明晰经信与相关职能部门的职责关系;撤销县物价局将其职责划入县发改局;将县民族宗教事务局和县外事侨务局整合为县民族宗教和外事侨务局。(3)组建县工商和质量技术监督局。将工商和质监部门由省以下垂直管理调整为县政府管理,并将两者的职责进行整合,正在草拟新组建部门的“三定”方案。

【机构编制管理】 2014 年,平远县机构编制委员会办公室对全县机关、事业单位开展新一轮机构编制核查。印发《平远县机构和人员编制核查工作实施方案》。明确核查时间和任务节点,确保这次核查工作取得实效;成立核查工作机构和明确部门分工。组织、编办、财政、人社、审计等部门成立联合审查小组，通过将在编实有人员与工资表进行比对等方式，对全县各机关事业单位的机构和人员编制情况开展联合审查；制订《平远县机构编制实地核查工作方案》，将超编进人、超职数配备领导干部的单位作为核查工作重点。通过核查，进一步摸清全县机构、编制、实有人员等情况，通过与实名制信息库核对，使机构和人员基本信息更加准确、完善；通过单位自查、实地核查、公示等步骤，进一步明确机构编制的职责范围，提升编制部门的影响力。以核查为契机，县编制办还进一步规范机构编制管理，建立健全部门间信息共享机制和综合约束机制，实时更新机构编制实名制数据，加强机构编制执行情况的动态监测。严格执行《国务院关于对贯彻落实“约法三章”进一步加强督促检查的意见》，制订《平远县控编减编工作方案》，按照“严控总量、盘活存量、增减平衡”的思路，严格控制机构编制增长，提高编制的使用效益，确保财政供养人员“只减不增”。

【事业单位管理】 2014 年，平远县事业单位登记管理局抓好事业单位管理工作。(1)采取分行业、分系统、逐步进行的思路，有序推进全县事业单位分类改革工作。全年完成农业系统、林业系统、粮食局、驻深办、驻穗办等 40 多个事业单位的重新“三定”，重新明确机构名称、机构规格、职责任务、人员编制，重新细化职能、调整内设机构，进一步规范机构编制管理。(2)以事业单位法人登记审批业务进驻县综合政务服务大厅为依托，不断提升窗口形象，提高工作效率和服务质量，进一步提高网上登记管理服务水平。认真执行事业单位登记管理条例，实施一审一核、审核合一制，规范法人设立、变更、注销登记各项工作流程，加强档案管理。2014 年共办理法人设立登记 19 宗、变更登记 20 宗。(3)稳步推进事业单位法人治理结构试点工作。平远县共选定县疾控中心、县第一小学、县文化馆、县人才交流服务中心、县中医医院等五个公益类事业单位开展试点工作。通过制订实施方案、印发文件、明确工作任务等加强工作宣传力度，转变试点单位人员的思想观念，消除思想顾虑，提高试点单位人员的积极性。同时主动加强与试点单位主管部门的沟通联系，建立顺畅的联络机制，共同研究解决试点工作中遇到的问题。认真指导各试点单位制订实施方案，落实章程制定、理事会筹建等工作，促进试点工作顺利开展。

【政务和公益中文域名】 2014 年，平远县事业单位登记管理局抓好中文域名续费和注册工作。2014 年到期的 255 个域名和新成立的 12 个事业单位全部续费或注册域名，代收并上缴运行费用 6.5 万元。同时，抓好机关事业单位网站开办审核、资格复审和网站标识管理工作。通过下发通知、转发上级文件、印发和上传《网站审核和挂标操作手册》、QQ 平台在线交流、电话解答等方式，积极宣传和发动现有网站单位“挂标”工作。 （赖杏媚）

2014 年度平远县机构编制委员会办公室负责人名录

主　任：刘岸青

副主任：韩德云　陈国栋

2014 年度平远县事业单位登记管理局负责人名录

局　长：谢鉴芬

宣传工作

【概况】 2014 年，平远县宣传思想文化工作紧紧围绕深入贯彻落实党的十八大，十八届三中、四中全会，习近平总书记系列重要讲话精神和省委十一届三次全会、市委六届四次全会、县委十二届四次全会精神，坚持围绕中心、服务大局，主动作为，积极创新宣传文化工作的内容和形式，丰富群众精神文化生活，倡导昂扬向上的精神风貌，营造良好的舆论氛围，为加快平远振兴发展提供强大的精神文化力量。

【理论教育】 2014年,平远县委宣传部围绕中心,全面开展理论教育工作。(1)抓好党委(党组)中心组理论学习,扎实推进学习型党组织建设。县委宣传部结合群众路线教育实践活动,以县委中心组及各党委(党组)理论学习中心组学习会形式,在全县开展新一轮的学习与讨论活动;抓好示范点建设,以每周一课学习活动推进基层学习型党组织建设;举办6期"平远学习论坛",邀请省委、市委宣传部理论专家到平远讲学,为全县领导干部作专题辅导报告,创新学习型党组织建设载体,丰富学习内容。(2)深入开展党的群众路线教育实践活动宣传报道。通过电视台、网站、简报、电影、宣传栏、公益广告、手机短信等多种宣传形式和举办以"弘扬叶帅精神,践行群众路线,建设美丽乡村"为主题的学习交流会,营造一股群众路线教育实践活动的宣传热潮,在市以上媒体及网站刊登平远县实践活动的宣传报道累计320篇。(3)积极开展社科普及活动,进一步密切党群、干群关系。①组织县农业、科技、人社等部门联合举办"四送"活动进基层暨平远县"社科普及周"活动,利用乡镇圩期,向群众送政策解民惑、送技术助民富、送书籍启民智、送服务解民忧。该次活动共发放政治理论书籍和各类资料18000份,光盘350个。②全力抓好基层人文社科示范基地建设。八尺镇八尺居委会被评为梅州市人文社科示范基地,上举镇畲脑村正积极申报广东省人文社科示范基地,平远社科联被全国大中城市社科联工作会议主席团评为"全国先进社科联组织"。

【宣传平远】 2014年,平远县委宣传部加大宣传平远的力度。(1)围绕县委、县政府中心工作,大力宣传推介平远。①组织媒体记者多角度、深层次反映全县经济社会发展、"项目建设年"落实情况以及创建广东省卫生县城工作,大力宣传推介发展中的新平远,展示平远开放务实的良好形象。②着力抓好《平远宣传》双月刊、平远广播电视台等传统宣传阵地建设。联合新华社广东分社开发"掌赏平远"手机客户端应用程序,并于2014年7月30日举行上线仪式。成立平远县网络舆情信息中心,加强网络舆情监管。③争取广东省电视台各频道记者到平远采访拍摄、取景。5月中旬,省台珠江频道大型名人户外亲子真人秀节目《百万宝贝》到上举镇龙文村取景拍摄,6月正式开播,对平远旅游宣传起到前所未有的作用;8月,县委宣传部继续与省台合作,制作并播放宣传推介平远的短片2部和全面展示平远县情况的歌曲《相思平远》MTV1首,并制作刻录DVD碟2500张,大力宣传推介平远文化旅游资源,进一步展示平远经济社会发展成果,提升平远的知名度和美誉度,为平远振兴发展集聚人气。(2)开展对外文化交流活动,展示平远良好形象。①成功举办"百人诗会"活动,邀请省内知名作家到平远采风创作,编辑出版《梦里客家·美丽橙乡——我带大家游平远》摄影作品集和《山水漫画·田园牧歌——我带大家画平远》画册,以艺术作品展示平远的美丽山水和良好生态。②9月29日,"平远县人文·诗情墨韵书法展"在梅州

2014年,平远县联合新华社广东分社开发了"掌赏平远"手机客户端应用程序,图为7月30日举行的上线仪式

市文学艺术中心开展，展出作品100幅，展示平远书法创作成果，推介平远人文，助推梅州生态文化旅游新热潮。③结合首个革命烈士纪念日，专门举办“纪念黄梅兴、姚中英、姚子青等革命英烈事迹展”。

【文化平远建设】 2014年，平远县委宣传部努力开展文化平远建设活动。(1)着力抓好文化惠民工程，提升公共文化服务水平。①充分利用群众业余文艺团队，开展丰富多彩的文化系列活动；深入各镇、村，扎实开展送戏、送书、送电影等“文化三下乡”活动，全年开展送戏下乡演出25场。②组织选送两名独唱歌手、两支合唱队伍参加市“百歌颂中华”歌咏大赛和两名中小学生选手参加梅州市南粤长城杯青年学生演讲比赛；成功组织承办“印度尼西亚之夜”晚会和做好“洞藏杯”民间歌手平远赛区选拔比赛及送市决赛等工作。③认真开展农家书屋提升工程，送书12个乡镇20个农家书屋11400册。④加强农村电影管理工作，对农村电影放映承包人挂政府网进行招标，协助办理《平远县农村电影放映中心》工商营业执照；按市要求，投入6万多元，对设备进行升级改造，加装GPS/GPRS卫星监控系统和局监管平台；对承包人及聘请放映员送市进行培训，全部合格；同时利用监控平台加强放映监管工作，全面完成全年放映农村电影1632场的任务。⑤全面完成大柘镇个臣屋、石正镇大夫地、热柘镇谢屋等三个农村综合文化社区建设试点工程建设任务。抓好县级文化馆、图书馆和各镇综合文化站的免费开放管理工作，把免费开放专项补助资金落实到位，落实使用到位，切实把免费开放工作做实、做细、做好。(2)着力抓好文化遗产保护，夯实平远文化家底。对全县2013年5月公布的第五批13个县级文物保护单位和6个市级文保单位进行立碑，积极争取上级资金抓好文物保护单位的修缮工作；县博物馆布展工作有序进行，已完成布展工程80%的工作。认真挖掘发现文物，对平远东石明洋发现的乾隆十年(1745年)进士匾和东石茅坪发现的嘉庆十三年(1808年)的牌匾进行保护管理。(3)着力加强文化市场监管，确保健康有序发展。联合公安、消防等部门，对文化市场几个重点行业进行检查，发现问题29个。发出整改通知29份。全年由县政府牵头统一组织联合执法检查网吧、娱乐场所38家次，依法取缔2家无证经营休闲吧。

【精神文明创建】 参见“精神文明建设”分目。（陈伟文）

2014年度中共平远县委宣传部负责人名录

部　长：陈颖明

副部长：林志红　王斌豪(任至3月)

刘立新(任至3月)　谢　旭(女)

陈瑞金

统战工作

【党外干部工作】 2014年，平远县委统战部认真做好党外干部的选拔任用和培养教育等工作。(1)抓好党外干部的选拔任用工作。5月27日，市委常委张丽霞带队到平远县开展党外代表人士队伍建设专项督查，县委常委胡新文、肖桂华，县直相关单位参加督查汇报会，18位党外代表人士参加座谈会。县委统战部利用这一契机，积极向县委推荐党外干部任职。全县配备两名党外副镇长，政府工作部门配备10名党外领导，基本达到上级党外干部配备要求。(2)抓好党外干部的培养教育工作。6月25～28日，县委统战部联合县委党校和福建长汀县委党校举办“2014年平远县党外干部理论学习班”。采取理论学习与外出参观考察相结合的方式进行，先在县委党校集中学习，然后在长汀县委党校上课并参观长汀县群众路线教育馆、南坑村新农村建设、荒山绿化现场、稀土工业园等。(3)完善党外干部信息库。县委统战部继续完善党外干部信息库,建立320名党外干部信息库,并在该基础上择优建立一支由40名年龄在45周岁以下、大专以上学历、现任股级职务的党外干部组成的党外副科级后备干部队伍。(4)召开党外代表人士座谈会。12月26日,县委书记曾尚忠与县委常委肖桂华、县人大常委会副主任刘金宏、县政协副主席韩垂辉一道出席座谈会。党外干部、非公经济人士、宗教界、侨眷归侨和民主党派成员共32人参加座谈会。

【工商联络工作】　2014年,平远县委统战部认真做好工商联络工作。(1)继续开展非公有经济人士理想信念教育实践活动。7月7日上午,县委统战部召开非公经济人士理想信念教育学习交流会。会上县委党校教员作题为"中国梦,我们的梦"和"法律法规在企业发展中的地位与作用"的讲座,为企业家们讲解企业运营中经常会运用到的法律法规。同时鼓励非公有经济人士自觉担当社会责任,积极投身公益事业,扶危济困、回报社会。(2)做好港澳台海外统战工作。①加强联络沟通,完善香港、澳门平远同乡录。县委统战部在政协例会期间,主动和港澳政协委员沟通联系,了解港澳同胞在港在澳的情况,同时介绍平远的经济和社会发展情况,鼓励他们回平投资兴业。3月,接待由香港代表人士组织的观光团一行35人。②做好香港摘星计划助学活动。2014年香港摘星计划组织安排平远县4个名额,县委统战部作为协办单位,认真按推进方案要求,对经村(居)、镇上报的申请人进行严格审定,保证受资助学生符合受助条件。摘星计划自实施以来,有15名高中应届贫困生得到资助。③做好香港澳门乡亲回乡寻根工作。7月25日至28日,平远香港、澳门同乡会相关负责人及青少年一行到平远,开展为期4天的"同根、同源、同心·香港、澳门同乡会寻根之旅活动",让香港澳门乡亲(特别是青少年)近距离接触家乡,了解家乡,增进他们对家乡的感情。(参见"人民团体和工商联"之"平远县工商业联合会"分目。)

【政协委员工作】　2014年6月,平远县委统战部为7位人士增补为县政协九届委员建议人选办理有关手续,其中1人为香港委员。并向政协常务委员会作相应的说明,获得政协常务委员会的通过。县政协九届委员有199人,其中非中共人士114人。

【宗教工作】　参见"平远县人民政府"之"民族宗教和外事侨务"分目。　(陈　銮)

2014年度中共平远县委统一战线工作部负责人名录

部　长:刘志刚

副部长:林钢平　吴晓希　张惠兰(女)

林菊莲(女,任至3月)

曾卫华(任至3月)

台湾事务工作

【两岸经贸文化交流】　2014年2月,平远县委台湾工作办公室组织文经团,由县领导带队赴台学习交流,在台考察期间,先后拜会台北市广东同乡会、台北市梅州同乡会、台北市平远同乡会,分别参观精致农业、观光农业、规模综合农场以及农会的经营管理模式,文化产业和科学园区。交流考察团分别与20名梅州平远籍台胞代表进行座谈交流。

【台湾新生代回平认祖归宗】　2014年,平远县委台湾工作办公室发挥同乡会、宗亲会作用,组织年轻一代慎终追远、追根溯源,参加回乡祭祖活动,联结两岸情谊。7月,台北市平远同乡会组织暑假返乡探祖团19人返乡探祖,返乡团至平远,分别参观大佛寺、五指石、相思谷等旅游景区,并专程到程旼纪念馆铜像前祭拜程旼先贤以及参拜东石彦英公祠,还到平远中学与师生座谈交流,台胞朱伟岳作了"儒家思想与现代化"的演讲。为进一步联结情谊，增进感情，在县城官田广场举办了程乡嘉年华文艺晚会，两岸乡亲同台演出了节目。台胞韩莹焕为完成韩氏“镜圆璧合”的祭祀，从20世纪90年代初先后多次回到八尺金谷坑探祖。2014年10月，韩莹焕率领的台湾新竹县横山乡韩氏宗亲一行96人回到平远县八尺镇金谷坑溯源祭祖，宴请韩氏宗亲700多人，还为金谷坑所有60岁以上的老人分别送上200元人民币的礼金。

2014年10月，台胞韩莹焕（后排左一）率台湾新竹县横山乡韩氏宗亲96人回到平远八尺镇金谷坑溯源祭祖。图为活动后留影

【在台乡贤捐资助学】 2014年，平远县委台湾工作办公室主动联络并协助台北平远同乡会乡贤为平远中学贫困学子开展助学活动。台北平远同乡会乡贤为15名平远中学困难学生颁发助学金1.8万元。同时还协助祖籍平远的台湾林穗虹女士独资创办的林乾祐教育基金会继续为铁民中学18名升入平远中学以上就读的困难学子发放助学金3.2万元。

【台胞接待工作】 2014年，平远县委台湾工作办公室共热情接待台胞200多人次，借此机会大力宣传平远、推介平远。2014年暑假，台湾公立联合大学邓教授一行到平远进行为期一周的客家语言调研活动，县台办热情接待，在吃住行方面全程为他们服务，给他们留下良好而深刻的印象。

【对台宣传、调研工作】 2014年，平远县委台湾工作办公室利用广播、电视、互联网等宣传媒体，大力宣传平远县的台务工作情况，利用中秋佳节、慈橙节台胞回乡或寻根祭祖的机会，开展面对面的宣传。发挥台务干部业余通讯的作用，积极向新闻单位投送涉台稿件，2014年向《粤台视窗》投稿4篇，均被采用。

（王子良）

2014年度中共平远县委台湾工作办公室负责人名录

主　任：吴荣德（任至12月）
　　　　凌育苑（12月起任）
副主任：谢玉山

精神文明建设

【主题教育活动】 2014年，平远县抓好全县主题教育活动，践行社会主义核心价值观。（1）根据省、市要求，结合实际，制定《平远县培育和践行社会主义核心价值观的实施意见》，把“三个倡导”融入国民教育全过程，推动社会主义核心价值观学习践行制度化、常态化。（2）平远县文明办与平远县地方税务局联合，印发1500份社会主义核心价值观宣传画，下发到全县12个镇136个行政村和县直各副局以上单位。同时，向市推荐培育和践行社会主义核心价值观示范点6个。（3）通过开展主题班会、讲座、知识竞赛等，推进社会主义核心价值观进校园活动。（4）2014年4月，县文明办联合宣传部、国家税务局开展以“传家风、扬美德”为主题的“家风家教大家谈”征文活动，活动收到县内外稿件104篇。

【主题宣传活动】 2014年，平远县深入开展主题宣传活动。（1）把握主题。通过设立文明公益广告、宣传栏，建设道德教育长廊，大力宣传社会主义核心价值观，宣传中国梦，宣传爱党爱国，宣传传统美德，宣传生态文明，宣传中华礼仪。努力营造社会舆论环境，提升市民文明意识和自觉行为，培育良好的社会风尚，倡导文明新风。(2)选好时段。组织广播电视在黄金时间播放有关社会主义核心价值观的公益广告，已播出近80期。(3)扩大覆盖面。积极运用社会媒介发布，加强在城乡公共场所的传播。国税、地税、移动等文明单位用屏保等方式推送展示公益广告，把公益广告融入经济社会生活各方面。

【公民道德教育】 2014年，平远县大力开展公民道德教育活动。(1)抓诚信教育。以开展"两建"活动为载体，突出治理商业贿赂、打击"傍名牌"、打击传销、规范市场交易秩序、加强企业信用分类监管等工作，积极营造诚信市场环境。在开展道德领域突出问题专项教育治理方面，注重把单位教育、社会教育和家庭教育结合起来，重点解决窗口单位和公共场所等领域存在的公德失范、诚信缺失等突出问题；积极发挥个私协会、消委会等社会团体作用，引导行业协会建立行业联席会议制度等，加强经营者自我教育、自我约束、自我管理功能，不断强化市场诚信体系建设。(2)抓典型示范。组织开展第五届平远县"五星道德模"范评选活动，评选出五星道德模范20名。同时，积极向省、市选树挖掘争评全国、全省、全市好人。2014年，向市文明办推荐广东好人、梅州好人10多人次。推荐学雷锋活动示范点2个和岗位学雷锋标兵2人。(3)抓实践养成。围绕解决诚信缺失、公德失范等问题，深化道德领域突出问题专项教育和治理，截至11月，全县工商系统立案137宗，罚没140万元，全系统受理消费者咨询申诉举报25件，为消费者挽回经济损失2.58万元。(4)抓经典文化。利用清明节、中秋节、排队日等传统节庆日，用丰富多彩、形式多样的民俗活动，广泛开展"我们的节日"活动，全年开展送戏下乡演出25场，送电影1632场。扎实推进"道德讲堂"活动，全年开展道德讲堂150多场次。(5)抓科普活动。县文明办联合县委宣传部、县委组织部等部门，深入到石正、仁居、八尺等镇开展"社科普及周""文明健康行"系列活动。把健康、文明、农技、文化、书刊送到基层、镇村、农户。(6)抓转变作风。加大机关作风的明查暗访力度，从违反会议纪律、上班工作纪律、公款大吃大喝、公车私用等问题入手，切实发挥暗访的"利器"作用，下大力气治理机关作风的"顽疾"。

【精神文明创建】 2014年，平远县加大精神文明创建力度。(1)努力提升文明县城创建水平。(2)扎实推进农村精神文明建设。如县妇联争取省级财政贴息资金15万元，新发放贴息贷款244万元，解决61名妇女生产发展中资金不足的问题，带动1万多名妇女创业就业。县民政全年共下拨救灾款41.8万元。其中，冬春救助资金20万，救助受灾群众1333人；应急生活救助9万元，救助受灾群众600人；损房维修户38户3.8万元；重建家园户9户9万元。在2014年广东扶贫济困日活动活动中接收捐款1105.33万元，用于扶贫济困活动。(3)着力使救助对象得到实惠。到年底，全县有低保4494户10180人(城镇445户813人，农村4049户9367人)。全年按时、足额、社会化发放低保金1636.5万元。县文明办全县有五保户542人。(4)大力开展文明行业示范区创建活动。县文明办与县国税局开展共建精神文明建设示范点，打造一批文明行业示范单位。(5)在党政机关开展学习"人民满意公务员"活动。县机关作风评议办对102个县直机关及省市属驻平单位开展机关作风公众满意度平时评议，对104个县直机关及省市属驻平单位开展年终评议工作，并按测评得分的高低顺序对各类参评单位按类别进行排名并发出情况通报，让各参评单位对照查找自身在服务态度、办事效率、廉洁勤政等方面存在的问题与不足，并抓好整改落实，进一步改进机关作风，增强机关干部的服务意识和效能意识，树立政府机关的良好形象。

【学雷锋志愿服务】 2014年，平远县通过网站、微博、微信等多媒体平台积极宣传报道开展学雷锋志愿服务活动的情况，营造参与志愿服务活动的良好社会氛围，并组织一系列主题鲜明的实践活动，推动学雷锋志愿活动的深入开展。(1)打造扶贫帮困公益品牌——举办“扶贫助学”活动，募集社会爱心资金53.3万元，共资助特困大学新生168人。(2)举办“南粤幸福活动周·幸福手拉手志愿服务活动”——集中组织30多名青年志愿者上街为近7000名市民提供送医送药和免费理发服务并到大柘镇敬老院打扫卫生，为老人们送上慰问品。(3)开展“廉洁青春”活动——组织5000多名中学生参观党风廉政教育基地、聆听廉洁专题讲座、参加廉洁承诺签名和廉洁读书征文等志愿活动。(4)成立平远县创建“广东省卫生县城”志愿者宣传服务队，并组织志愿者在县城主要街道开展2次创卫宣传活动，共计70多人次。(5)县文明办联合平远中学、梅青中学等县城4间中学组织2000余名团员青年学生开展专项清除“牛皮癣”志愿服务活动。(6)参加“保护母亲河美丽中国梦——解放军青年林(广东平远)植树活动”，500余名青年团员、青年志愿者参加植树活动，种下樟树、椽子树、木棉等苗木近2000株。(7)组织100余名志愿者开展法律法规宣传(平安平远)、空巢老人关爱(春节慰问)、就业创业培训咨询(展翅计划、第一期大学生创业培训班)等服务活动。

【未成年人思想道德建设】 2014年，平远县着力加强未成年人思想道德建设。(1)以提高家长素质为重点，加强家长学校建设。全县办起各类家长学校205所，其中婚育学校148所，中小学家长学校32所，幼儿园家长学校25所，建立起县级示范学校3所。(2)以培育优秀德育校长和老师为重点，提高学校德育水平。发挥学校主渠道作用，加强社会主义核心价值体系教育，开展中华优秀传统文化、革命传统教育，培养青少年爱学习、爱劳动、爱祖国情感。(3)组织文明委各成员单位开展“情暖留守儿童，牵手共圆中国梦”的主题活动。争取叶剑英基金会7.5万元援助75名特困中小学生、筹资5万多元开展爱心父母牵手困境儿童和救助各类妇女儿童60多人；争取上级慈善部门为110名贫困母亲赠送价值1.3万多元“母亲爱心邮包”，为贫困婴幼儿发放价值2万元迈高奶粉80罐；争取腾讯公益基金会4万多元援建茅坪中心小学“益行运动场”。(4)建好用好阵地。着力加强“乡村学校少年宫”和社会实践基地建设、使用和管理。2014年，向省申报仁居中心小学为第四批乡村学校少年宫。(5)运用新媒体。着力推动未成年人网站和中小学校园网站建设，进一步规范中小学校网站、校园局域网建设，加强微博客阵地建设。对涉及未成年人的相关社会热点问题，开展主动引导，牢牢把握话语权。(6)净化社会文化环境。县文明办联合公安、消防等部门，对文化市场几个重点行业进行检查，查网吧、娱乐场所38家次，发现问题29个，发出整改通知29份，依法取缔2家无证经营的休闲吧。

【全民读书活动】 2014年，平远县结合“4·23”世界读书日，发放阅读推广征文启事200份，布置亲子阅读区，推荐低幼读物和开展少儿手工作业比赛，发放亲子阅读卡50份，宣传“我们的中国梦·文化志愿服务基层行”活动，发放志愿服务者登记表30份。全县12个镇20个行政村农家书屋提升工程，每个点配送各类书籍570册，音像制品6种，期刊2种，共送书11400册。 (郭玉峰)

2014年度平远县精神文明建设委员会办公室负责人名录

主　任：林志红

副主任：郭玉峰

老干部工作

【基本情况】 2014年,全县有离休干部78人。其中,(1)按供给关系分:省、市驻平单位3人(电力公司1人,石油公司2人),县管75人(行政36人、事业15人、企业24人)。(2)按职务分:县(处)级19人,科级59人。(3)按入伍时间分:抗日战争时期2人,解放战争时期76人。担任过县(处)级实际领导职务的离退休干部31人,未驻会的县人大、县政协退休干部8人。

【老干部政治待遇】 2014年,平远县委老干部局关心老干部的政治待遇,保证老干部老有所学、老有所为、老有所乐。(1)老有所学。举办全县离退休干部党支部支委培训班,邀请县委党校副校长李忠明作题为"凝聚正能量,共筑中国梦"的辅导课。为每位老干部赠订全年《秋光》杂志,为每个离退休干部党支部赠送一本《广东老干部政治理论读本》。建立离退休干部党员活动室。国庆节期间组织召开老干部座谈会,向老干部通报全县经济社会发展情况。(2)老有所为。开展"弘扬苏区精神"座谈会。举办"为党的事业增添正能量"征文活动。张坚同志的《党旗下的誓言》、曾庆昌同志的《耕读传家培育一代新人》、曾俊英同志的《小车不倒只管推》等在征文活动中脱颖而出并推荐送省。举办老年书画作品展览。(3)老有所乐。组织县老年人学校举办"祖国万岁"为主题的老人节专题文艺晚会。重阳节期间组织乒乓球、台球、麻将、中国象棋等老年体育竞技活动,隆重纪念广东第26个老人节。邀请梅州市老领导周刚到平远举办老年养生讲座。县老年体协承办"梅州市老年人健身球操、健身秧歌裁判员、教练员培训班"的培训。县老年体协组团参加福建省武平举行三省五县老体协联谊会。

【老干部生活待遇】 2014年,平远县关心老干部的生活待遇,设法提高老干部的各项福利。(1)全县退出市场企业和困难企业离休干部"两费"全部纳入财政统筹解决。(2)根据平远县民政局、平远县人力资源和社会保障局、平远县财政局《转发市民政局市人力资源和社会保障局市财政局〈关于国家机关工作人员及离退人员死亡一次性抚恤金发放有关问题的通知〉》文件精神,全县对2011年8月1日以后106位已故离退休干部家属,按新标准补发一次性抚恤金784万元,其中22位已故离休干部家属补发一次性抚恤金178.5万元。(3)根据省委组织部、省委老干部局、省财政厅、省人力资源和社会保障厅《关于提高离休干部护理费标准的通知》文件精神,全县从2014年1月1日起对81位离休干部提高护理费标准,并及时发放到离休干部手中。(4)全县及时调整生活长期不能自理的离休干部护理费发放标准。县委老干部局为离休干部林仕玉、赖济芳、林昭升等三位同志办理手续。

【服务水平提升】 2014年,平远县委老干部局致力提升为老干部服务的工作水平。(1)开展"情系老干部夕阳红"活动,为老干部办好十件好事实事。(2)真情接访老干部,化解矛盾。建立老干部信访首问制,对老干部提出的问题及时进行办理或答复。(3)加强总结宣传,提升老干工作水平。办好办活平远党建网"老干之窗"专栏,及时报道老干工作动态。向省、市推荐表彰先进集体和先进个人,县政协机关离退休党支部被评为全省离退休干部先进集体,离休干部曾俊英被评为全市离退休干部先进个人。收集老干部的文艺作品,向有关报纸杂志投递稿件,并通过内部专栏进行宣传报道。与县政协共同完成《发展机构养老事业提升老人幸福指数》的调研报告。全年先后通过上述平台刊登的稿件43篇次(含图片)。 (洪瑞梅)

2014 年度中共平远县委老干部局负责人名录

局　长:李　程

副局长:张仕珍(女)　余义兴

机要工作

【概况】　2014 年,中共平远县委机要局紧紧围绕县委、县政府的中心工作,在上级业务部门的指导下,以确保通讯安全畅通为首要任务,做好如下几项工作:(1)强化业务培训。组织该局业务学习和派出 6 人次参加省、市业务知识学习。(2)完善基础设施建设。多方筹集资金安装主渠道 UPS 电源,进一步提高通信保障能力。(3)完善密码管理。配合省、市机要部门做好密码管理规范化建设工作,并顺利通过省、市检查。(4)推进党委信息系统建设。全县的党政内网建设实现稳步推进,确保内网平台的畅通,保证上级重要文电的及时传达。(5)确保通信安全畅通。深入开展“大练兵”活动,严格执行 24 小时轮值班制度,按照“安全、快捷、准确、规范”的要求办理每一份电报,无“延、压、误”现象,确保“党的生命线、保障线”的安全畅通。　(龙永兴)

2014 年度中共平远县委机要局负责人名录

局　长:林胜玉

副局长:叶子丁

保密工作

【保密组织领导】　2014 年,平远县保密局加强保密组织的领导。(1)强化保密工作领导。开好县委保密委员会全体会议,及时制发 2014 年工作要点,明确任务,落实责任。(2)强化保密工作责任制。认真贯彻落实《中共中央保密委员会关于党政领导干部保密工作责任制的规定》,加强督促检查,基本建立起党政领导、保密委、各单位齐抓共管的保密工作格局。(3)强化保密自查自评工作。强化保密主体责任,及时消除泄密隐患,建立保密工作长效机制,确保国家秘密安全。

【保密管理】　2014 年,平远县保密局加强保密工作的管理。(1)保密管理“三大攻坚战”有新成效。抓好网络保密管理攻坚战,做好非涉密网络保密管理专项检查和计算机网络电子邮箱安全检查工作。抓好定密解密科学管理攻坚战,做好定密责任人和解密责任人的确定工作,分步推进定密解密工作,逐步建立权职明晰、程序规范、定密准确、解密及时、监督有力的定密机制。抓好涉密人员管理攻坚战,加强对涉密人员特别是重要涉密部门人员的重点管理,建立涉密人员管理监督检查和考核机制。(2)保密依法行政管理能力有新提升。做好梅市密〔2014〕1 号文的落实工作。做好市保密局《关于转发粤密局函〔2013〕456 号文的通知》精神的落实工作。做好 2014 年普通高考和中考试卷安全保密工作,确保考试顺利进行。做好平远县 2014 年事业单位公开招聘工作人员试卷安全保密工作。做好信访保密安全工作。进一步规范涉密设备定点维修维护单位监督管理工作。做好计算机和计算机网络信息安全保密检查工作。(3)保密技术综合平台建设有力推进。县保密局新购置一套保密技术检查工具。做好涉密单位保密技术防护专用系统配备落实工作,共落实安装保密技术防护专用系统 7 套。

【保密服务保障】　2014 年,平远县保密局做好保密服务保障工作。(1)做好省保密局主要领导到平检查指导服务工作。(2)做好涉密载体安全销毁和设备维修维护服务工作。(3)做好保密科技保障工作。严格执行网络保密管理规定,加强保密部门与对外宣传、公安、国安办、密码、通信管理等部门的网络监管协作,及时清除门户网站、电子政务外网、社会网站的涉密信息,确保国家秘密安全。

【保密宣传教育培训】　2014 年,平远县保密局做好保密宣传教育培训工作。(1)参加保密技术和保密业务知识培训。参加涉密载体与设备监管系统技术培训。参加2014年7月15日至16日在市委党校举办的全市保密工作培训(全国保密干部全员培训广东省梅州市培训班)。(2)做好保密法纪宣传教育工作。将保密法纪宣传教育作为纪律教育学习月活动的重要内容,要求各单位加强保密工作政策法规、优良传统、领导责任和保密知识技能教育,切实加强保密意识和提高保密工作水平。(3)参加市保密专题党课教育暨计算机网络信息安全形势通报会。(4)做好保密技术巡回演示参加人员的组织工作。平远县派员136人(其中县处级领导干部15人),分别于2014年11月10日下午和11日下午在市委礼堂观看广东省保密技术巡回演示。(5)做好领导干部、涉密人员和新录用公务员保密基础知识培训。(6)做好2015年度《保密工作》《保密科学技术》等保密杂志的征订工作,全县征订《保密工作》杂志92份。积极撰写保密工作信息稿件,2014年被《广东保密》和《梅州保密》刊物采用的内部信息有6篇。 (谢新兰)

2014年度平远县国家保密局负责人名录

局　长:韩方颂

副局长:曾祥定

党校工作

【培训工作】 2014年,平远县委党校、县广播电视大学发挥主阵地作用,做好培训工作。(1)办好党校主体班。根据《中国共产党党校工作条例》和中央、省市县干部培训工作会议精神,该校始终把干部教育培训作为主要工作,集中全校人力、财力,确保培训任务的圆满完成。①办好科级干部培训班。在县委组织部的大力支持下,培训科级领导干部1期,有40人次,内容包括学习党的十八届三中全会精神、习近平总书记系列重要讲话精神、省委十一届三次全会精神、市委六届四次全会精神、县委十二届四次全会精神、反腐倡廉新精神等专题内容。培训班按照“两头在内,中间在外”的培训模式,采取“听取专题报告 + 实地考察 + 座谈交流 + 自学巩固”的形式进行,通过交叉方式进行学习培训,培训时间为期12天。学员先在平远党校学习一天,后在佛山市委党校进行创新驱动与佛山经济转型升级、佛山创意产业园建设、佛山行政体制改革的实践与探索等3个教学专题的理论学习,并组织学员到顺德区、南海区实地考察,学习佛山的发展经验和先进理念。外出学习结束后,学员回到平远进行自学并交流学习体会,深化学习成果,同时结合平远实际和自身工作职责,围绕“学到什么”“今后如何做”为主题,撰写学习心得。②办好妇女干部培训班。为进一步提高全县妇女干部的政治素质和业务水平,加强妇女干部能力建设,县委组织部、县妇联与县委党校联合举办全县妇女干部培训班,共培训妇女干部165人。③办好党外干部培训班。为提高党外人士思想政治素质、工作能力和参政议政水平,县委统战部与县委党校联合举办党外干部培训班,培训党外干部51人。④办好新录用和调任公务员培训班。全年培训新录用和调任公务员93人。⑤协助办好村书记、主任培训班。协助组织部办好全县村书记、主任培训班,全年共培训村书记、主任150多人。(2)办好专题培训班。县委党校积极支持部门举办业务培训班,采取联办或提供场地等方式协助县纪委、组织部、人社局、财政局、统计局、安监局、保险公司等单位到校举办各类培训班,共有1500多人,其他各项培训考试500多人。在培训内容、培训方式、培训时间、联系教师等方面,党校均给予大力支持、协作和帮助。(3)继续开展对外宣讲活动。重视对外宣讲工作,校领导一直都把对外宣讲作为展示县委党校形象的窗口工作,在制度、人才、培训、资金多方面予以大力支持。2014

年，全校骨干教师累计在全县各镇、机关事业单位、农村、学校等宣讲20多场次。内容涉及十八届三中全会精神、习近平总书记系列重要讲话精神、省委十一届三次全会精神、市委六届四次全会精神、县委十二届四次全会精神等。另外，积极协助县委办好全市党的群众路线教育实践活动电视电话会议及其他会议直播。与县委组织部、团县委联合办好青年论坛，与人社部门联合做好公务员全员培训工作等。

【远程开放教育】 2014年，平远县委党校、县广播电视大学认真做好远程开放教育工作。(1)招生力度不断加大。县委党校认真探索新形势下电大招生工作新途径，规范招生宣传，不断提高招生工作业务水平。在办学竞争激烈、报读学生分流严重、生源素质下降的情况下，学校班子领导以身作则，率先垂范；每个教职工积极行动，深入基层和单位，广泛宣传，周到服务。由于大家工作细致，做得扎实，电大春秋两季和奥鹏学习中心全年招生481人，招生人数保持稳定。(2)加强教学教务管理。在教学管理方面，坚持班主任、授课教师签到制度；继续做好形成性考核册收缴验收工作；圆满完成电大本、专科毕业论文答辩工作；考试考核工作全年无事故；继续做好书库教材资料核查、清理工作。按照"从严要求、热情服务"的办学思想，在招生录取、学员面授出勤、考风考纪等关键环节上加强管理，提高办学声誉和办学效益，维护学校工作的严肃性。2014年度输送本、专科毕业生425人。在教务管理方面，重视教学教务细节管理，严格要求，工作中领导重视、部门负责，做到早计划、早安排、工作有条不紊，扎实有序，制定教务工作学期流程表，对学期的教务工作进行详细安排。学校充分利用开学典礼时机对学生进行学前教育，不仅加强对学员网上学习的指导和监控，还认真选聘面授辅导老师进行面授教学，同时强化班主任对学员开展远程教育学生的指导。2014年度有2人被评为市电大系统优秀教务工作者，有1人被评为市电大系统优秀教师，有1人被评为县级优秀教师。

【教学科研、调研】 2014年，平远县委党校、县广播电视大学认真做好教学科研、调研工作。(1)成功创办学刊。2014年6月，县委党校成功创办办校后第一份理论刊物《平远学刊》，为全校教师提供一个展示自己教学和科研能力的宽广平台，集中展现出全校的教学水平和科研水平。同时，建立全县党员干部学习的交流平台，方便党员干部开展理论学习和交流，研究工作中遇到的新情况和新问题，探讨经济社会发展中遇到的热点和难点问题。(2)圆满完成科研任务。2014年度大部分教师能按照学校的要求完成调研文章和学术论文撰写任务。有3篇论文送上级党校在"学习贯彻党的十八届四中全会精神理论研讨会"被研讨并受到表彰，还有多篇论文上送《梅州市现代远程教学学会》专刊《梅州远程教育》和《梅州学习与研究》发表。

【后勤管理】 2014年，平远县委党校、县广播电视大学抓好行政后勤与管理工作。(1)努力改善教学办公条件。投入2万多元用于学校停车场绿化工程的建设；投入80万元用于学校操场左侧教学楼危房改造项目；投入约2万元用于维护学校办公设备；投入约3万元用于学校抽水工程维护改造；投入2万多元用于校园绿化和美化工程。(2)认真做好来人食宿接待工作。学校充分利用自身条件，服务上级领导和学员，2014年接待上级来人、学员和来宾500多人次。(3)内部管理得到加强。认真贯彻"创卫"工作要求，设立宣传栏，加强创卫宣传，努力营造人人讲卫生、爱护环境的良好氛围。加强对卫生保洁责任制的落实，聘请专门的保洁员，确保学习工作生活环境整洁、优美。强化校内治安的综合治理，新增监控摄像头3个，不断完善学校的治安管理制度，做好法制宣传教育工作，定期检查治安防范措施的落实，确保校园安全稳定。加强公用设施的管理和维护,确保设施使用正常。加强校固定资产的管理,实行办公财产登记制度,确保校有资产无流失现象。 (刘新平)

2014年度中共平远县委党校、平远县广播电视大学负责人名录

校　长:张文浩

副校长:李忠明　黄慧玲(女)　韩启城

县直属机关工作委员会工作

【概况】 2014年,中共平远县直属机关工作委员会有6个系统党委,下辖党总支18个,支部217个(其中退休支部25个),共有党员4571人。2014年,中共平远县直属机关工作委员会深入贯彻落实党的十八大及十八届三中、四中全会精神和习近平总书记系列讲话精神,按照县委提出的"全面加快振兴发展步伐,全力创建梅州生态文明示范区"的工作部署,牢牢把握"服务中心、建设队伍"两大任务,扎实开展党的群众路线教育实践活动,按照"抓党建促发展惠民生建和谐"的总体思路,创新党建,夯实基础,为加快平远振兴发展、全力创建梅州生态文明示范区提供有力的组织保障和作风保证。

【机关党建】 2014年,中共平远县直属机关工作委员会着力抓好机关党建工作。(1)推动学习型、责任型、为民型、廉洁型、活力型等"五型机关"建设,不断加强和改进机关党建工作,增强党组织的战斗堡垒作用。积极总结推广县地税局机关读书活动的特色、亮点,借鉴其做法,在县直各级党组织中大力推进流动图书室建设,全县共有13个党组织建成了流动图书馆,学习型机关建设得到不断完善。推进县综合政务服务中心建设为民型机关,提高服务质量,得到群众一致好评。(2)以"五好"基层党组织创建活动为平台,围绕创建一批带动一批,推进基层党组织平衡发展的目标,有力推进机关党组织的软硬件建设。至年底,有57个县直机关党组织已达到"五好"创建标准。7月下旬,会同系统党委对"五好"基层党组织达标单位进行分组复查,并对2014年申报的10个"五好"基层党组织进行指导。(3)举办建党对象培训班。6月举办了一期建党对象培训班,对县直机关和"两新"组织的100多名建党对象进行集中培训,并组织参训学员进行党课结业考试,对考试合格人员统一发给培训证书。全年发展党员48名。(4)组织党委党建工作观摩交流活动。11月中旬,开展机关党建观摩活动,组织各系统党委专职副书记、党办负责人集中观摩县地税局流动图书室、文体活动室及相关的学习阵地、书画展,认真学习县地税局创新学习型党组织建设的工作思路、方法。

【机关作风建设】 2014年,中共平远县直属机关工作委员会下大力气,抓好全县机关作风建设。(1)强化机关作风日常监督,加大明查暗访力度。与纪检监察、新闻媒体等部门紧密协作,进一步加大机关作风的明查暗访力度,从违反会议纪律、上班工作纪律、公款大吃大喝、公车私用等问题入手,切实发挥暗访的"利器"作用,下大力气治理机关作风的"顽疾"。全年开展55次暗访活动,共发现与干部作风有关的问题11个,涉及28个单位、35名工作人员,并对6个单位8名相关人员的违纪行为进行了严肃处理(其中查处公车私用2宗,两名工作人员被免职)。同时,印发暗访情况通报2期,制作播放暗访专题片1期。(2)开展群众评议活动,促进机关作风转变。7月中下旬和12月下旬,县机关作风评议办对县直机关及省市属驻平单位开展了机关作风公众满意度平时评议和年终评议。(3)完善考核评价办法,做好年终考核工作。牵头做好《平远县县直单位领导班子和领导干部落实科学发展观评价指标体系及考核评价办法》的修改完善工作,并组织好年度考核工作。

【"活力团队"活动】 2014年,中共平远县直属机关工作委员会搞好“活力团队”活动。(1)6月中下旬,组织迎“七一”县直机关篮球比赛,比赛得到县直各单位的响应和参与,共有8支代表队参加了比赛,党群代表队最后获得了冠军。(2)11月上旬,牵头组建县直机关足球队参加“百川城市商圈”平远县第二届足协杯足球比赛,并获得冠军。(3)引导各级党组织开展丰富多样的团队活动。如,县委党校4月下旬组织全体教职工到叶剑英纪念馆接受革命传统教育;县地税局5月上旬组织党员干部到平远县红军纪念公园参观红色教育基地,11月下旬组织开展活力团队登山活动等。

县直机关篮球比赛场景

【“扶贫济困日”活动】 2014年,中共平远县直属机关工作委员会扎实做好2014年广东扶贫济困日活动,凸显“扶贫济困,雪中送炭”的主题意义。(1)6月下旬组织举行县直机关2014年广东扶贫济困日募捐活动启动仪式,县四套班子领导出席启动仪式并带头捐款,县委大院内的机关干部共200多人参加启动仪式并踊跃捐款。(2)组织六大系统党委和省市属驻平单位召开2014年度“广东扶贫济困日”募捐座谈会,要求各单位抓好募捐工作,依时按要求把认捐款项足额缴纳至县慈善会,以推进帮扶事业、慈善事业的发展。县慈善会共收到县直单位和省市属驻平单位到账款项107.37万元。

【机关武装工作】 2014年,平远县县直机关武装部按要求抓好机关武装工作,组织县直机关民兵20人进行了一周(次)抗洪抢险训练;开展兵役登记工作,做好征兵工作,输送合格青年到部队,圆满完成征兵任务。

(李志玮)

2014年度中共平远县直属机关工作委员会负责人名录

书　记:沈登桂

副书记:张丽丽(女)

　　　钟金红(兼纪工委书记)

2014年度平远县直属机关人民武装部负责人名录

部　长:何文耀

县直系统党委工作

【党群系统党委】 2014年,中共平远县党群系统委员会共有3个党总支,32个党支部,449个党员。按照“抓党建促发展惠民生建和谐”的总体思路,党群系统党委创新党建,夯实基础,主要做好以下工作。(1)组织系统各党支部认真学习领会习近平总书记系列重要讲话精神,强化“主业”意识,切实把学习效果转化为加强和改进工作的实际成效,进一步增强政治意识、服务意识、责任意识、奉献意识、自律意识。(2)督促系统各单位制定具体的实施方案,抓好党的群众路线教育实践活动,推动作风转变。(3)打造责任型、为民型、活力型基层党组织和党员干部队伍,夯实基层基础。打造责任型机关方面:执行落实“三会一课”、组织生活会、民主评议党员、党员领导干部民主生活会、党员领导干部参加双重组织生活等制度。推进“五好”基层党组织达标创建活动,已创建“五好”基层党组织6个,对2014年申报“五好”基层党组织的党支部加强督查和指导,努力培育打造亮点突出、特色鲜明、富有成效的党建示范点。各单位主要负责人切实履行“一岗双责”,强化党组织书记的党建

“主业”意识,牢固树立“不抓党建是失职、抓不好党建是不称职”的理念。系统党委为进一步完善落实机关党建工作责任制,组织好党组织负责人述职评议工作,安排5名支部书记会议述职,对全部支部书记进行评议测评。认真落实《共产党员示范岗考核办法》,加强党员在讲党性顾大局、岗位履职、组织纪律、服务发展方面的日常考核,争创“优秀共产党员示范岗”。打造为民型机关方面:大力开展“大爱平远·关怀党员”活动,31个局级单位联系31个村,206名副科级以上党员干部联系356户农户,帮助解决600多名群众反映的具体问题。结合群众路线教育活动,各单位开展“三百”活动,选派31名副科以上干部为“第一书记”到挂钩村开展工作。以“四个加强”抓好党代表工作室建设,组织党代表到工作室接待党员群众。打造活力型机关方面:各党组织继续开展好“活力团队·和谐机关”活动,积极参加县委实践办开展的“群众路线大家谈”征文比赛活动,结合实际组织全体党员干部职工参与的喜闻乐见、健康向上的“健步游平远”活动,引导党员干部“激情工作,快乐生活”,以更加良好的精神状态投身到加快振兴发展中。注重发展中青年特别是优秀青年入党。注重强化党员教育管理,坚持和完善民主评议党员制度。全面加强机关文化建设,培育和践行社会主义核心价值观。开展“讲文明树新风”活动,抓好群众性精神文明创建活动。(4)通过抓好党建工作,努力提升为领导服务、为基层服务、为群众服务的“三服务”水平。　(姚利芬)

【宣教卫系统党委】　中共平远县宣教卫系统委员会设在县委宣传部,下辖宣传文化系统、教育系统、卫计系统、体育局等28个单位,设有6个党总支、49个党支部,2014年末有党员1142人。2014年,宣教卫系统党委主要做好以下工作。(1)抓好学习教育。全面加强学习型党组织建设。以党委中心组理论学习为龙头,与党的群众路线教育实践活动紧密结合,采取集中学习和自学相结合,专题辅导与讨论交流相结合,撰写心得体会、观看影视资料、深入基层征求意见等形式,系统全面学习党的十八届三中、四中全会及习近平总书记系列重要讲话精神等,提高党员干部的素质。(2)抓好群众路线教育实践活动。加强领导,周密部署,加强督查指导,在高标准、严要求、求实效上下工夫,有力、有序地推动宣教卫系统各单位群众路线教育实践活动的开展,取得预期的效果。(3)抓好创先争优活动。督查指导各单位出台一系列举措,加强内部管理,解决突出问题,进一步转变机关作风。抓好“五好”基层党组织创建活动。①抓好制订创建“五好”党支部活动计划,以县卫监所、县二小党支部为“五好”基层党组织创建示范点,严格按照“五好”标准进行重点创建。评选出党委“七一”表彰先进党支部8个、书记项目先进单位6个、优秀党员42名,优秀党务干部10名。②抓好党组织届满换届和缺额补选工作。共有10个党支部进行了换届或补选,新成立了县实验中学、县实验幼儿园、县文联3个党支部。③抓好发展党员工作。党委吸收预备党员20人,预备党员依期转正17人,确立建党对象25人、入党积极分子39人。④抓好党支部“三会一课”制度建设。做到时间、内容、组织、人员四落实。⑤抓好党组织负责人述职工作,组织宣传部等6位党组织负责人述职,其他党组织负责人进行书面述职,并进行民主评议。⑥组织市、县党代表视察平远中学“创建五好基层党组织建设”调研活动。⑦做好党费收缴工作。⑧抓好“党员示范岗”活动,接受群众监督,促使党员在本职岗位上起模范作用,创一流业绩。⑨抓好“活力团队·和谐机关”活动。组织党支部领导、优秀共产党员、入党积极分子等共40多人到福建长汀革命纪念地参观学习。各单位开展活力团队活动1次以上。⑩抓好“统筹城乡基层党建”工作和创建五好党代表工作室活动。工作室接访12次,共22位市、县党代表参加党代表接访活动，接待党员群众6人次，受理党员群众的意见、建议2宗。(4)抓好党风廉政建设。抓好党员的宗旨意识和党性党风党纪教育，严格落实中央“八项规定”，开展纪教月学习活动，落实党风廉政建设责任制，加强对下属单位党廉工作的督促检查，组织党员干部观看机关作风暗访专题片，运用正反事例教育党员干部，提高党员干部拒腐防变和抵御风险能力。（林清贤）

【政法系统党委】 2014年，中共平远县政法系统委员会下设公安局党委，系统内有2个党总支、20个党支部，年底在册党员440名。2014年，政法系统党委主要抓好三个方面工作：(1)进一步强化政法队伍党员的学习教育。①突出抓好党的群众路线教育实践活动。按照县委实践办的部署，协助县委第二督导组认真指导政法各单位开展活动，做到规定动作不走样，自选动作有创新，深入查找和解决“四风”方面存在的问题，确保教育实践活动取得实效。②突出抓好党的十八届三中、四中全会精神学习宣传和贯彻落实。用党的十八届三中、四中全会精神统领政法工作，努力在政法工作的理论和实践上有新认识、新发展、新成效，为维护社会和谐稳定做出新贡献。③抓好党员的学习培训。选派3名建党对象参加县直机关工委组织的党的知识培训班，选派科级干部3人参加珠三角地区培训班，组织19名党(总)支部书记参加《中国共产党发展党员工作细则》培训班，从而提高各级党员干警的政治素质和党性修养。(2)充分利用党建活动的有效载体，发挥党员先锋作用。①重视开展党建创新“书记项目”活动。继续开展“书记项目”——“政法服务窗口党员争先锋”活动，12月24日，政法系统党委精心组织系统党委委员、县党代表、党支部书记30多人到县公安局调研，通过看现场、查资料、问情况、听汇报、座谈交流视察调研活动，引导政法干警牢固树立“忠诚、为民、公正、廉洁”的政法干警核心价值观，以提高服务质量为目标，以便民、利民、为民为着力点，加强服务窗口队伍建设。②抓好机关作风建设。开展“强班子带队伍提高执行力”为主题的排头兵实践活动和党的群众路线教育实践活动，落实机关作风明查暗访工作，各单位制订切实可行的制度，加强机关作风建设，促进机关作风转变。③继续开展“五好”基层党组织创建活动，指导政法委机关党支部开展创建工作，完善硬件建设，规范相关制度等软件建设。④继续开展“活力团队·和谐机关”活动。在积极配合县直机关工委组织的各项“活力团队”活动基础上，政法系统各单位结合实际，组织形式多样的“活力团队”活动。全系统累计组织活动7次。(3)做好日常性党务和事务性工作。及时调整因工作调动的政法系统党委委员；做好司法局机关支部、法院党总支和支部、检察院党总支和支部的换届工作；抓好发展党员和党费的收缴工作，系统党委全年共发展党员1名，批准预备党员转正2名，确定发展对象2名，培养入党积极分子3名，全年共收取党费7.39万元；开展建党93周年纪念活动，表彰6个先进党支部和17名优秀共产党员；开展年终慰问困难党员工作，慰问困难党员18人；组织人员参加全县“全民健身日”平远健步行活动和迎“七一”县直机关篮球比赛。（马 洪）

【政府系统党委】 2014年末，中共平远县政府系统委员会设2个党总支，52个党支部，党员1070人。2014年，政府系统党委主要做了四方面的工作：(1)抓学习教育。组织全系统认真学习党的十八大三中、四中全会精神和习近平总书记的系列讲话精神；开展“强党性、守纪律、争先锋”的党性教育；组织各基层党组织开展党的群众路线教育实践活动；组织开展纪律学习教育月活动；扎实开展“社会主义核心价值观”为主题的精神文明建设活动和优秀党员标准学习讨论活动。(2)抓主题实践。组织开展机关“活力团队”活动，除党委配合工委组织的篮球比赛、象棋、足球比赛等团队活动外,各单位都根据实际,组织开展了活力团队活动;7月上旬,党委组织政工党务干部到革命圣地井冈山进行传统教育活动。引导党员干部“激情工作,快乐生活”,经常组织开展系统内单位与单位之间的相关文娱体育活动,密切基层党组织之间的横向联系。开展扶贫济困日的捐款活动和城乡基层党组织共建活动,取得好成绩。(3)抓常规党建。按照“基层组织建设年”的要求,党建工作覆盖率达到100%。扎实推进“五好”基层党组织创建,创建工作成效明显,有15个支部达标。规范党员示范岗的管理,不断制订和完善考核办法。全年慰问困难党员19名。进一步落实党组织负责人“一岗双责”制度,支部书记述职评议考核制度得到全覆盖。不断推进基层民主政治建设。不断创新党组织生活形式。进一步规范和健全“三会一课”制度。党代表工作室按要求定期做好接待工作,每月保证有两位党代表在工作室接待,全年收到党代表的调研报告17份。加强党费收缴和管理,按要求对党费收缴标准进行全面调整。全年吸收预备党员9人,讨论转正11人。共有7个基层党支部进行改选或补选。逐渐规范健全党务公开工作,地税局等10多个支部建立网上党务公开平台。不断加强党风廉政建设和机关作风建设,配合县纪委对违反“八项规定”的行为进行查处,全年查处违纪党员1人。未发现“三无”党员。党建带团建、工建、妇建工作健康发展,各项工作有序开展。重新制订对基层党组织的评比考核办法,对52个党支部的换届选举情况进行重新调查统计,建立时序表,撤销不符合成立支部条件的县建公司党支部,所属党员分流到其居住地。(4)抓督促检查。认真做好督促检查工作,采取参加相关会议、听取工作汇报、书面或电话沟通督办、专门或陪同县政府领导工作检查、调研等各种形式,对基层党组织落实党建工作情况进行督促检查,有效地促进了“五好”党支部的创建和其他党建各项工作的开展。 (林 平)

【农口系统党委】 2014年,中共平远县农口系统委员会有2个党总支、32个党支部,党员702人。2014年农口系统党委主要抓好五项工作:(1)抓完善机制,落实党建工作责任制。继续完善党委委员挂钩联系点制度,9位党委委员分别挂钩联系2个党总支、32个党支部。(2)抓班子队伍,夯实党建工作基础。①强化基层组织体系建设。不断以扩大党的组织和工作覆盖面为着力点,以服务群众、做群众工作为主要任务,以增强党性、提高素质为重点,健全党员立足岗位创先争优长效机制,严格党内组织生活,健全党员党性定期分析、民主评议等制度。②强化班子队伍建设。选准配强支部班子,对任期届满或人事变动的8个党支部进行换届或对支委班子进行调整充实;成立黄田三级电站党支部。③强化发展党员质量。重视从青年工人、知识分子中发展党员,建设一支信念坚定、素质优良、规模适度、结构合理、纪律严明、作用突出的党员队伍。2014年,培养入党积极分子18人,确定建党对象5人,发展预备党员6人,党员转正8人。④强化政治思想学习。全年举办学习培训班37期、参加人数645人次;党的知识竞赛16场、参加人数332人次;专题报告会28场、参加人数398人次;参观党员教育基地445人次。在平远县举办的“家风家教大家谈”有奖征文活动中,农口系统获三等奖2名、优秀奖4名。(3)抓活动载体,促进党建工作上水平。①认真开展“关爱党员·增强党性”活动。对困难党员进行摸底调查,将困难党员分解到系统10个副局以上单位党组织进行结对帮扶,各党组织重视抓好帮扶工作的落实,指定的一名领导负责进行帮扶跟踪服务,不定期走访慰问困难党员、老党员,认真听取了解他们的心声,宣传党的路线方针政策,积极为他们解决生活上所遇到的困难,及时送上党的温暖和关怀。在“七一”期间,农口系统各党组织为群众办好事实事36件、慰问老党员、困难党员105人。②认真开展志愿服务活动。农口系统青年志愿服务队开展关爱智障儿童、清洁饮用水源、森林防火宣传、服务节会等志愿服务活动共4次。③认真开展“书记项目”活动。开展“科学引领,齐奔耕山致富小康路”“书记项目”活动,同时把“书记项目”活动延伸至基层支部,全系统共有9个基层支部开展了“书记项目”示范活动。④开展县党代表调研活动。县党代表及部分党务干部深入基层党支部开展调研活动,通过实地调研,了解基层组织的情况,通过召开专题座谈会,听取县党代表、党务干部及群众代表对基层组织建设的意见建议,为今后党委开展基层组织建设工作积累宝贵经验。(4)抓党廉责任制,促进廉洁自律。完善党务、政务公开内容,单位收支情况、重大决定、人事任免、吸收新党员等,按要求在公开栏公开。各单位领导班子认真贯彻执行好民主集中制度,凡属重大决策、重要项目安排和大额度资金使用,都进行集体讨论作出决定。各单位在新提拔股级干部时能够严格按照公开选拔的方式进行。(5)抓党的群众路线教育实践活动,力促机关作风好转。认真做好系统内各参学单位党的群众路线教育实践活动督查指导工作,通过领导典范、强化学习、建立长效机制,着力解决“四风”方面存在的突出问题,使机关作风得到明显好转。同时,对排查出的1个软弱涣散基层党组织进行整顿。 (姚河凤)

【经贸系统党委】 2014年,中共平远县经贸系统委员会所属副科以上单位18个。下设4个党总支,37个党支部,党员787人。2014年,经贸系统党委抓好五方面工作:(1)抓好党的群众路线教育实践活动指导督导工作。按照上级的统一部署,党委积极发挥组织、领导和协调作用,着力加强对系统各单位党的群众路线教育实践活动的指导和督导,多次与县委第六督导组到各单位进行协调、指导,统一标准,认真审查实施方案、对照检查材料,党委班子成员自觉参与县委实践办在教育实践活动中各阶段的各项学教活动。同时,到县二轻公司机械厂党支部进行指导,确保系统各单位活动规范有序开展。(2)抓好“书记项目”建设,提升党员干部素质。党委高度重视抓好“书记项目”的建设工作,确立“建设群众满意电信”为党委书记项目,系统各单位都确立了一个“书记项目”,覆盖“书记项目”的实施范围,着力抓好基层党组织和党员队伍建设,提升党员干部的综合素质。(3)抓好党风廉政建设工作,增强拒腐防变能力。抓好“纪教月”学习活动,严格落实中央“八项规定”,落实党风廉政建设责任制,深入开展理想信念教育、宗旨教育、社会主义核心价值体系教育和党的组织纪律教育,加强党风党纪、廉洁自律和警示教育,组织党员干部参观教育基地,观看专题片,运用正反典型夯实党员干部和公职人员廉洁从政的思想基础,增强组织纪律观念,弘扬优良作风,解决突出问题,保持清廉本色。同时认真查处信访及违纪案件。(4)创新活动载体,增强党组织的凝聚力和战斗力。①继续在机关党组织开展“五好”基层党组织创建活动。以县乡镇企业管理局党支部、县安全生产监督管理局党支部为“五好”基层党组织示范点,积极完善硬件建设,规范相关制度等软件建设,严格按照“五好”标准进行重点创建。理顺党组织设置,做好发展党员和党费收缴工作。对到期换届的9个党总支(支部)及时改选,全年吸收预备党员6人,批准转正10人,批准建党对象8人,收缴党费8万多元。抓好党支部“三会一课”制度建设,做到时间、内容、组织、人员四落实。对29个党总支(支部)书记进行述职评议考核。加强对非公企业的组建和指导。②抓好党代表工作室规范建设。落实“三级联系”制度,开展基层调研和走访,设立党代表接待日,轮流安排24

位党代表定期接待党员群众,听取意见建议。全年开展12次接待日活动。同时,组织系统市县党代表到商业总公司党建工作现场、交通局公路建设现场、工业园三期建设现场进行实地调研,有18位党代表提交了调研材料,党委形成了1篇质量较高的调研材料。③继续开展“关爱党员·增强党性”“城乡党组织共建”和“扶贫济困日”活动。④抓好“活力团队和谐机关”活动。党委积极参与上级党委组织的石龙寨观佛路线徒步活动、“保护母亲河·美丽中国梦”解放军青年林项目植树造林活动、“家风家教大家谈”活动、“七一”篮球比赛活动。各单位结合开展纪念建党93周年系列活动,还组织全体党员到中央苏区县参观学习。(5)抓好精神文明建设、社会治安综合治理、计划生育等工作,加强对群团组织的领导。

(蔡俊华)

2014年度中共平远县党群系统委员会负责人名录

书　记:陈琼宏

副书记、纪委书记:黄　文

2014年度中共平远县宣教卫系统委员会负责人名录

书　记:陈颖明

副书记、纪委书记:林清贤

2014年度中共政法系统委员会负责人名录

书　记:凌志达

副书记、纪委书记:马　洪

2014年度中共平远县政府系统委员会负责人名录

书　记:李远林

副书记、纪委书记:陈旋光

2014年度中共平远县农口系统委员会负责人名录

书　记:林　波

副书记、纪委书记:王小智

2014年度中共平远县经贸系统委员会负责人名录

书　记:黄新生

副书记、纪委书记:王秋香(女)

县非公有制经济组织和社会组织工作委员会工作

【支部组建覆盖】　2014年,中共平远县非公有制经济组织和社会组织工作委员会(以下简称中共平远县“两新”组织党工委)因企施策、因业施策,采取单独组建、统筹组建、群团组建等模式,创新组建形式,扩大“两新”组织党组织覆盖面。2014年,县社会组织系统党委新组建八尺镇酒业协会党支部、仁居新春水果专业合作社党支部等2个党支部。至年底,全县共有336家“两新”组织,从业党员562名,成立“两新”组织党支部86个,覆盖了304家“两新”组织,覆盖率90.48%,党的工作覆盖率100%。

【党员队伍建设】　2014年,中共平远县“两新”组织党工委结合群众路线教育实践活动,分类开展党支部书记、党员专题学习培训,组织开展了“两新”党组织支部书记党建业务培训班、发展党员工作专题培训班和建党对象培训班,举办了庆祝建党93周年纪念大会暨“七一”文艺演出活动,激发党员队伍活力。抓好“两新”组织发展党员工作,严格发展党员标准和程序,优化党员队伍结构。2014年,共发展“两新”组织党员12名,其中大专以上学历6名,35岁以下6名。

【规范化建设】　2014年,中共平远县“两新”组织党工委实行党委成员联系制度,每位党委成员联系若干家“两新”组织党支部;建立定期督查通报制度,对“两新”组织党建工作实行定期督查。健全发展党员、“三会一课”、党员民主评议、党员经常性教育管理、组织关系转接、党费收缴和经费使用等工作制度。按照“有场所、有设施、有标志、有党旗、有书报、有制度”的“六有”标准，推进阵地规范化建设。

【示范点建设】 2014年，中共平远县“两新”组织党工委采取“突出重点，以点带面”的形式，在整体推进创建工作的基础上，加强分类指导，确定了梅州金穗生态农业有限公司党支部、民办非企业联合党支部等10个带动示范能力较强的“两新”组织党支部作为重点创建对象。至12月底，10个“两新”组织党支部示范点创建工作均通过验收考核。

【软弱涣散党组织整顿】 2014年，中共平远县“两新”组织党工委针对排查出的5个软弱涣散党组织，通过领导挂点联系、选派党建指导员指导等措施，认真开展整顿工作，通过整改，5个党支部全部实现晋位升级。

2014年1月17日，平远县“两新”组织党支部书记培训班在飞龙产业园举办

【党员作用发挥】 2014年，中共平远县“两新”组织党工委围绕党组织、党员作用发挥，结合各党支部实际，分类搭建活动载体。开展将党建工作融入生产经营、融入企业文化、融入社会公益“三融入”创建活动，先后将32名“两新”组织党员培养成为企业中层管理人员或技能标兵，有5个“两新”组织党支部与企业所在地党支部开展了产业帮扶、村企共建活动，实现了企业发展和“两新”党建工作的互促双赢。

（谢中伟）

2014年度中共平远县“两新”组织党工委负责人名录

书　　记：张　燕（女）

专职副书记：姚卫华（女）

县非公系统和社会组织系统党委工作

【县非公有制经济组织系统党委】 2014年底，平远县非公系统党委下辖全县非公企业党支部68个，覆盖非公企业235家，党组织覆盖率85.5%（全县共有非公有制经济组织275家），管理党员440人。2014年，县非公系统党委主要做好以下工作：(1)抓好一个责任落实，促进两个规范。注重以制度形式层层抓好党建工作责任落实，建立《党委班子成员挂钩联系支部制度》《党支部书记岗位职责》等规章制度，并把支部书记履职情况作为年度绩效考核重点督查内容。通过层层抓好党组织负责人抓党建工作责任的落实，有效促进了支部日常管理规范和支部规范化建设。在2014年度支部党建工作绩效考核中，被评为良好等次以上的支部58个，占支部总数的85%。全县有半数以上支部实现“六有”，即有场所、有设施、有标志、有台账、有制度、有活动，系统党委自2013年7月成立至2014年底，共收缴党员党费30690元。根据省“两新”党工委要求，首次开展党建综合管理平台信息采集工作，收集填报了全县所有非公党组织及其所覆盖企业、所管辖党员的相关信息。(2)抓好三项教育培训，实现两大转变。举办全县“两新”组织支部书记培训班1期，由县非公系统党委负责对全县86个“两新”组织支部书记进行党建业务培训。开展建党对象入党前培训教育，对28名建党对象进行入党前培训。抓好发展党员工作专题培训，集中组织各党支部负责人参加县“中国共产党发展党员工作细则”专题培训班学习,进一步强化各党支部书记的党建业务素质和履行职责意识。支部工作初步实现从被动实施到主动沟通的转变,发展党员工作实现从无序发展到有计划培养的转变。2014年,非公系统党组织共确立建党对象16名,吸收预备党员9名,审批预备党员转正20名。(3)开展三个重要活动,强化三个意识。扎实推进第二批党的群众路线教育实践活动。通过党委牵头组织实施、集中动员部署、深入督查指导,非公系统各党组织、全部非公党员全程参与了活动,并全面完成教育实践活动各个环节工作任务。组织开展"七一"纪念活动。7月1日,县非公系统党委与县"两新"党工委、县社会组织系统党委联合举办一场庆祝建党93周年纪念活动,活动以"表彰先进典型、文艺汇演、有奖知识竞答、入党宣誓"为主要内容,充分凸显"两新"党组织活力和特色。有序推进示范点创建活动。有3个市级、5个县级党建示范点达到"五个好"创建标准,为全县非公企业党组织树起了一批特色鲜明、可看可学的"标杆"。通过开展三大活动,进一步强化非公经济组织党员的身份意识、纪律意识和团队意识。（谢建生）

【县社会组织系统党委】 2014年,平远县63家社会组织共组建了18个党支部,其中单独建立党支部的8个,建立联合党支部的10个(34家),挂靠7个支部(17家),共有党员116人,其中预备党员3人,女党员28人。2014年,社会组织系统党委主要做好五方面工作,促进全县社会组织的健康发展。(1)结合社会组织行业特点,以党的群众路线教育实践活动为契机,开展"扩面提质",拓宽工作覆盖。2014年,做好平远县义工协会等2个社会团体成立党支部的前期准备工作。(2)加强教育培训,抓好以党支部书记为重点的党务干部培训教育,如组织党务干部参加全县"两新"组织党建业务培训班、全县发展党员工作专题培训班等,不断提升党务干部的政治素质和业务水平。(3)抓好发展党员工作,把年纪轻、能力强、思想好、作风正的优秀社团负责人作为培养、发展的重点,并按发展党员的总要求,确保发展党员质量。全年共发展党员3名,确定建党对象19名。(4)抓好阵地建设,打造党建示范。把组建和巩固提高有机结合起来,做到"建立一个,巩固一个,提高一个",防止出现挂牌空壳现象。对已建立党支部的,按照"六有"(有场所、有设施、有标志、有党旗、有书报、有制度)标准,抓好阵地规范化建设。全部党支部都有办公场所,有一定的设施和标志。充分发挥示范引导、典型带动作用,确定"平远县民办非企业联合党支部"和"八尺镇特色农业联合党支部"为社会组织党建工作示范点,通过建立健全工作制度、推进阵地规范化建设等措施,着力打造社会组织党建精品。两个党建示范点都基本达到"五个好"创建标准。(5)搭建多样平台,抓好作用发挥。同时,争取多方支持,积极筹集资金,按照创建标准,坚持对支部规范化建设和党建活动的有序投入。（张永平）

2014年度平远县非公有制经济组织系统党委负责人名录

书　　记:张惠兰(女)

专职副书记、纪委书记:谢建生

2014年度平远县社会组织系统党委负责人名录

书　　记:涂其标

专职副书记、纪委书记:张永平

平远县人民代表大会常务委员会

主要会议和活动

【县第十四届人民代表大会第五次会议】 2014年3月6日至7日，平远县第十四届人民代表大会第五次会议在县迎宾馆大会堂举行。应到会代表177人，出席大会代表170人。不是县十四届人大代表的县四套班子领导，部分县直局以上单位和省市驻平单位一把手，以及县政协九届委员会委员共200多人列席会议。会议听取和审议通过县人大常委会、县人民政府、县人民法院、县人民检察院工作报告；审查通过县发展和改革局关于2013年国民经济和社会发展计划执行情况与2014年计划草案的报告，县财政局关于2013年财政预算执行情况与2014年财政预算草案的报告，批准2014年国民经济和社会发展计划及财政预算。会议期间共收到代表议案21件，经议案审查委员会审议，全部作建议处理，转交县政府及有关部门办理（答复）落实，县人大常委会重点督办其中5件。

【县人大常委会会议】 县十四届人大常委会第十九次会议于1月3日在县人大常委会会议室举行。会议听审县政府关于2013年县级财政预算收支调整方案的议案；听审县政府关于2013年“三就一保”为重点的十件惠民实事的情况报告、关于平远县淘汰落后水泥产能工作的情况报告；审议县十届人大三次会议大会建议重点督办的情况报告；听取和审议县民政局、县住建局、县交通局三个政府组成局局长的履职的情况报告。

县十四届人大常委会第二十次会议于2月14日在县人大常委会会议室举行。会议审议并接受黄权昌、饶耀辉、姚献祥、刘岸青四位县人大代表的辞职请求；审议主任会议提交的关于补选县十四届人大代表的议案。

县十四届人大常委会第二十一次会议于2月26日在县人大常委会会议室举行。会议审议县十四届人大五次会议的各项工作报告；决定县十四届人大五次会议其他有关事项；审议通过县人大常委会代表资格审查委员会关于增补选县十四届人大代表的资格审查报告；决定其他人事任免。

县十四届人大常委会第二十二次会议于5月14日在县人大常委会会议室举行。会议听取和审议县政府关于县污水处理厂二期工程及配套管网建设的专项工作报告；听取和审议县法院关于加强内部管理，提升法官队伍素质的专项工作报告；听取和审议县检察院关于惩治腐败和预防职务犯罪的专项工作情况报告。决定其他人事任免。

县十四届人大常委会第二十三次会议于6月26日在县人大常委会会议室举行。会议听取和审议县政府关于推进旧城改造实施情况的报告；听取和审议县政府关于“三个一”学校建设情况的报告。

县十四届人大常委会第二十四次会议于9月2日在县人大常委会会议室举行。会议听取和审议县政府关于2014年上半年全县国民经济和社会发展计划执行情况的报告，2014年1~7月平远县公共财政预算收支执行情况的报告，平远县社保基金2013年结算和2014年上半年计划执行情况的报告；听取和审议县审计局关于平远县2013年度县级预算执行情况和其他财政收支情况的审计工作报告；决定人事任免。

县十四届人大常委会第二十五次会议于12月12日在县人大常委会会议室举行。会议听取和审议县政府关于县城饮用水源水质环境保护综合整治实施情况报告;听取和审议县2014年县级财政预算收支调整的议案;决定人事任免,接受平远县人民法院郭广善的辞职请求;任命刘鹏飞为平远县人民法院审判员、副院长、代理院长。

监督工作

【概况】 2014年,平远县人大常委会认真贯彻实施监督法,把推动县委重大决策部署的落实作为工作主线,以经济发展、生态先发、民生改善、社会和谐为重点,积极参与、监督、服务,推动事关全县经济社会发展和人民群众关注的热点问题的解决,促进"一府两院"依法行政、公正司法,维护人民群众的合法权益。2014年,常委会举行9次会议,主任会议14次,落实视察县委重点工作督查9项,审议"一府两院"专项工作报告13项,对全县政治、经济、社会发展中的重大问题作出9项决议决定,办理代表议案建议21件,依法任免国家机关工作人员31人次,较好地完成县十四届人大五次会议确定的主要工作任务。

【工作监督】 2014年,平远县人大常委会紧扣全县发展主题,突出工作重点,积极履职,加强监督,推动全县经济社会各项工作有效落实。(1)加强财经监督。围绕经济社会发展目标,听取和审议2013年县级财政决算和2014年前8个月财政预算执行情况的报告、社保基金运行情况的报告,审议时开展询问,督促财政部门、社会保障部门勤俭节约,严格纪律,合理安排使用财政资金,使财政资金安全高效运行,惠及百姓;审议通过2013年财政同级审计报告,进一步加大对财政重点资金和重点项目的审计,杜绝屡审屡犯现象。(2)加强民生大事的监督。关注民生工程,听取和审议县政府十件惠民实事的实施情况报告,针对工程进展不一等问题,提出要抓好扫尾工程、重视解决施工中的瓶颈问题。组织常委会组成人员、各级人大代表对县重点工程项目进行9次视察,视察老城片区旧城改造工程、南湖市政配套工程、城北片区"两园两路"建设工程、污水处理厂二期和污水管网建设工程等,提出规范重点项目立项、工程预决算、招投标等意见。(3)加强专项工作监督。围绕"一城两区"、基础设施建设、重点项目建设、"三个一"学校建设等全县的重点工作,听取和审议县政府专项工作报告,提出推进工作的意见,确保人代会通过的各项工作任务得到全面落实。(4)开展专题视察和调研活动。组织市、县人大代表视察水源环境整治情况,对政府实施《县城饮用水源水质环境保护综合整治方案》情况提出审议意见,督促综合整治扎实开展,并取得实效。

【执法监督】 2014年,平远县人大常委会做好执法监督工作。(1)加强司法监督。听取和审议县法院关于加强内部管理制度建设、提升法官队伍整体水平的工作报告;听取审议县检察院关于惩治腐败和预防职务犯罪的工作报告,不断推动司法公信力建设,促进司法公正。开展《水污染防治法》《森林法》的执法检查,及时掌握法律贯彻实施过程中的存在问题及成因,提出改进工作建议,确保法律法规得到全面落实。(2)做好规范性文件备案审查和信访工作。收到并审查县镇两级文件10件,做到有备必审,强化县镇政府部门依法行政意识,保障群众的合法权益不受侵害。

【干部监督】 2014年,平远县人大常委会加强干部监督。(1)加强对县人大常委会任命的国家机关工作人员的监督。坚持任命与监督相结合,审议县交通运输局、县民政局、县住建局局长的履职报告,促进其依法履职和廉洁从政,增强其接受监督的自觉性。(2)强化

"一府两院"领导干部依法办事和自觉接受人大及其常委会监督的意识。严格任免程序,认真落实任前考试、发言和颁发任命书制度,依法任免地方国家机关工作人员,增强国家机关工作人员自觉接受地方国家权力机关和人民群众监督的意识。

【信访监督】 2014年,平远县人大常委会组织新《广东省信访条例》学习宣讲大会和座谈会,全面落实新《信访条例》,把好"入口、处理、退出"环节,依法受理群众来信来访,及时做好交办、督办和转办工作。全年共受理群众来信来访60件次,交办督办转办案件23宗,保证群众的正当信访权,维护社会稳定,助推平安平远建设。

依法行使重大事项决定权

【概况】 2014年,平远县人大常委会围绕科学发展的重大事项、民生社会保障、民主法治建设、群众关注热点难点等,坚持谋大事、议要事、集体决策原则,采取会前调研、征求意见、充分审议等方式,科学议决,对全县政治、经济、社会发展中的重大问题作出9项决议决定。

人事任免

【概况】 2014年,平远县人大常委会坚持党管干部与依法任免相结合,充分发扬民主,严格依法办事,规范任免程序。全年共任免国家机关工作人员33人次,其中任职24人,免职8人,接受辞职1人,从组织上保证国家机关的正常运转。

依法治县工作

【概况】 2014年,平远县人大常委会找准法治平远的工作切入点,听取和审查平远县《贯彻〈法治广东建设五年规划〉实施方案》的落实情况报告、《行政执法责任制》的落实情况报告,促进法治政府建设;深入开展"阳光法治、法治惠民"活动,确定6个示范点;认真做好广东省第三批法治先进县的申报和接受省市检查验收的工作。助推政府职能转变,支持政府制定并实施《职能转变和机构改革方案》,清理行政审批事项,集中驻厅服务,方便群众。

省依法治省办专职副主任黄文平(前右)到长田镇指导依法治镇工作

代表工作

【闭会期间的代表活动】 2014年,平远县人大常委会将177名代表分成13个活动小组,围绕中心工作,精心组织代表视察调研活动。视察县城污水处理厂二期工程和配套管网建设情况、生态文明示范区建设、县生态工业园区建设情况、县交通公路建设情况、县城扩容提质工作。通过一系列的活动,有效发挥代表的主体作用。积极搭建代表联系人民群众的工作平台,在全县各乡镇设立人大代表联络室,完善工作机制,规范人大代表联络室工作。

【出缺人大代表补选】 2014年,平远县人大常委会共补选县十四届人大代表6名,辞去代表职务4人。县人大常委会按照选举有关规定组织有关镇和选区增补选6名县人大代表,留有机动名额1名,实有代表177人。

【对代表议案建议办理的督办工作】 2014年,平远县人大常委会及时将县十四届人大五次会议21件代表建议,交由政府及其部门办理落实。同时确定《关于迁移黄田电站至黄沙变电站35千伏跨镇输电线路的建议》等5件,作为重点督办建议,落实领导责任,加强督促办理,推动代表建议得到落实,代表对建议办理满意率96%。

指导镇人大工作

【概况】 2014年,平远县人大常委会坚持常委会领导分片联系镇人大工作的制度,加强对镇人大工作的指导,支持各镇人大依法行使职权;进一步完善镇人大工作的检查,促进镇人大工作扎实开展和平衡发展。

人大制度宣传工作

【概况】 2014年,平远县人大常委会以省市人大刊物、县电视台为阵地,加强人大制度、法律法规贯彻情况、常委会会议、代表履职等方面的宣传,在各类媒体中发表报道文章。全年在市以上新闻媒体刊登稿件63篇。县人大常委会办公室被省人大常委会授予《人民之声》发行先进单位一等奖。

机关作风建设

【概况】 2014年,平远县人大常委会借助群众路线教育实践活动和机关作风评议,大力加强常委会自身建设和人大机关建设,查摆"四风"存在问题,立行立改,完善制度,改进作风。(1)加强机关建设。人大机关积极开展上级的一系列主题活动,落实扶贫挂钩责任和措施,开展暖企行动,推动群众最关心、最直接、最现实问题的解决。(2)加强作风建设。新制定主任会议成员密切联系代表和选民的制度,完善常委会议事规则,健全人大机关日常工作和服务的管理制度,进一步精简会议、文件、简报,提高工作效率,推进人大各项工作依法有序开展。 (涂兰青)

2014年度平远县人大常委会领导名录

主　　任:曾尚忠

常务副主任:谢仁烈

张荣忠

副 主 任:刘金宏

赖家琳

马文生

朱天英

2014年度平远县人大常委会机关各室(委)负责人名录

办公室

主　任:温义军

副主任:刘玉远　涂兰青(女)

选举联络任免工作委员会

主　任:刘宗礼

副主任:张彩云(女)

法制工作委员会

主　任:刘广海

副主任:廖觉泉

经济社会事业发展工作委员会

主　任:汤小英(女)

副主任:陈　英　徐强基　黎崇赞

县依法治县工作领导小组办公室

主　任:林敦伟

副主任:刘正军　谢远锋(任至3月)

平远县人民政府

主要会议和经济社会发展情况

【县政府常务会议】 2014年，平远县召开县政府常务会议17次，会议由县长主持。与会人员：正副县长，县政府党组成员，县政府办公室主任。根据会议要求，县政府办公室副主任及有关部门负责人列席会议。会议内容包括：传达贯彻上级党政机关及县委指示、决议、决定和有关会议精神，分析形势，总结工作，讨论决定有关事项；根据全县经济社会发展的需要，重点研究园区建设、文化旅游、重点工程、城镇建设、招商引资、民生事业、财税金融等全局性的工作；听取政府各部门重要情况汇报，研究解决政府工作中遇到的问题。

【经济社会发展情况】 2014年，平远县全县实现生产总值64.33亿元，比增8%；地方公共财政预算收入5.36亿元，比增28.2%；固定资产投资27.41亿元，比增35.1%；社会消费品零售总额20.45亿元，比增12.5%；贸易出口总额1.78亿美元，比增16.7%。全年引进项目37个，落户项目24个，实际投资21.49亿元，超额完成市下达任务。

(1)“项目建设年”成效明显。①交通重点项目快速推进。全年累计完成交通基础设施建设投资11.28亿元，比增39.3%。济广高速平远段完成年度投资9.83亿元，连接线建设和拆迁户安置工作全面推进。梅平高速完成工程招投标，确定2015年9月动工。鹰梅铁路完成预可研，初步确定平远站场选址。完成国道206线超南至长田圩镇段改造、普滩至湍溪旅游公路主体工程。省道331线差干至八尺段、省道225线大柘至石正上丰段、省道332线茅坪至太阳段、平城花园至大佛寺等公路改造有序推进。新建和改造农村公路60公里。②工业园区建设步伐加快。完成21平方公里控制性详细规划编制，2013年获得省各专项扶持资金6570万元和450亩用地指标奖励。2014年投入1.12亿元，新征土地2000亩、平整土地1200亩，建成区扩展至4000亩；园区水电路讯等基础设施项目扎实推进，污水处理厂建成试运营。新落户项目7个，计划总投资6.54亿元。新增海通静电、广晟智威、方鼎木业等8家投产企业，投产企业达29家，实现产值14.3亿元、税收8900万元，分别比增55.4%、64.2%。③县城扩容提质全面推进。全年盘活存量用地3001亩，新增建设用地940亩。投入13.37亿元，基本完成城南、城北、城西、老城四个片区22个项目年度建设任务。百川商业中心、城南商业城、城中商业综合体、宜居小区等城建项目进展顺利。生活垃圾填埋场、天然气管网、县城自来水扩网、污水处理厂二期及配套管网、城北“两园两路”等市政项目有序推进。医疗养生保健中心、实验小学、综合职业技能培训大楼等民生项目加快建设，冬青实验幼儿园、实验中学开学招生。④水利能源基础设施建设顺利实施。9宗千亩灌区和2万亩高标准农田改造工程顺利完成；东石河、差干河堤防建设工程正在加紧推进。全面完成农村水电增效扩容和电网项目年度建设任务。

(2)产业结构调整步伐加快。①工业经济提质加速。大力推动工业经济从资源依赖型向质量效益型转变，努力降低资源开采类企业产值占经济总量的比重。粤华矿业、三协稀土等资源开采型企业退出规模,新增红豆娘、鼎盛木业、龙腾木业等5家规模以上企业。推动传统优势企业转型升级,完成工业技改投资10.71亿元,比增25.59%。加强产学研合作,南交所稀土产品交易中心顺利上线,广东稀土产品质量检验站完成主体工程。全县完成工业总产值71.4亿元,比增15.6%;其中规模以上企业实现工业总产值46.8亿元,比增9.2%,规模以上工业增加值12.1亿元,比增9.5%。②生态旅游保持良好势头。五指石景区绿道建成开放,游客服务中心、地质博物馆、观光索道等项目全面动工。客家相思谷景区、佛文化旅游产业园基本确立了投资主体。客家相思谷、相思河景区成为国家3A级景区。"县域景观化"工程有序推进,完善全县旅游标牌标识,成立平远旅游协会。全年举办26场旅游推介活动,与国内外200多家旅行社达成合作协议,"平远旅游"官方微信影响力跻身全国前列。全年接待游客人次、旅游总收入分别比增110.3%、52%。差干镇被确定为广东省旅游专业镇,上举镇被省评为岭南魅力名镇,畲脑村被国家农业部评为中国最美休闲乡村。③特色农业增产增效。通过大力推广农业标准化种植,加大市场营销推介力度,慈橙、油茶、南药、优质稻、有机茶等特色农产品的品质和价值均得到了较大幅度的提升。石正梅片树、八尺铁皮石斛等农业示范基地正成为平远农业的新亮点。积极培育壮大新型农业经营主体,新增4家农业龙头企业、31个农民专业合作社和5家家庭农场,新认定7个无公害食品。辰曲大米、锅叾茶被确定为省级名牌产品,石正云雾茶被评为广东十大名茶之一。粮食生产保持安全稳定。全年实现农业总产值18.3亿元,比增4%;农村居民人均可支配收入达到12291元,比增20.2%,城乡收入差距进一步缩小。

(3)美丽平远建设扎实推进。①城乡规划管理不断完善。有序推进镇村规划编制;启动了差干、仁居、八尺、上举"农村新型城镇化"示范项目规划编制;完成了县城总体规划第三次修编。热柘、长田等圩镇扩容提质工程顺利推进。全面完成乡镇"三个一"工程。强力推进"控违拆违",依法拆除违法建设9宗,面积2080平方米,城乡建房秩序持续好转。大力开展农村建筑工匠培训,客家民居改造工作初显成效。②城乡环境整治力度加大。扎实开展广东卫生县城创建工作,县城绿化、美化、净化、亮化工程系统推进。加大城乡环境暗访力度,制作专题片9期,推动城乡人居环境不断提升。严格执行农村生活垃圾收运处理制度,全县生活垃圾无害化处理率达75%。县城饮用水源水质保持稳定并持续改善,镇村饮用水源保护工作加快推进。农村环境连片整治示范县试点项目扎实推进。全面加强大气污染防治力度,城乡空气质量优良天数比例达100%。巩固提升绿色生态,绿化造林3.5万亩,森林覆盖率达78.05%。

(4)民生和社会事业稳步发展。①民生民计持续改善。全年财政用于民生支出达11.1亿元,占县级公共财政预算支出的64.5%。新增城镇就业2012人,城镇登记失业率2.42%。其中投入5.91亿元,全面完成年初确定的十件惠民实事。②社会秩序平安稳定。"法治县"创建、社会管理等平安建设深入推进,群众安全感和政法工作群众满意度位居省市前列。县公安局获评"省优秀公安局"。精神文明创建活动和文化惠民工程扎实推进,县社科联获评全国先进单位,畲脑村获评全国人文社会科学普及基地。创新基层社会治理,县民情志愿服务队建设项目升格为"省社会创新试点项目"。严格执行新信访条例,落实信访工作责任制,信访总量逐年下降。严格落实安全生产"一岗双责"制度,安全生产形势持续稳定向好。③各项事业协调发展。义务教育均衡县、4个教育强镇复评顺利通过验收;山区和农村边远地区义务教育教师岗位津贴稳步提高。新一轮扶贫开发"双到"工作成效显著。人武部被省军区评为"标兵人武部"。完成第三次全国经济普查工作。食品药品安全监管有力,群众饮食用药更加安全。对外交流活动取得新进展,成功举办"印尼之夜"文艺晚会。低生育水平持续巩固,人口自然增长率为5.9‰。国防教育、人民防空、"双拥"、城建、审计、监察、广播电视、慈善、红十字会、打私打假、气象、防灾减灾、方志等工作取得新成绩。

(5)政务环境进一步优化提升。①改革创新取得实效。积极抓好行政审批制度改革,压减了县级行政审批事项178项,压减比例达40%,办结时限压缩了50%。商事登记制度改革全面铺开,全县新登记各类市场主体1491户,比增28.5%。对60个单位的闲置、出租类资产进行统一规范管理。农信社成功改制为农商行。县级公立医院改革和全县农村综合改革工作扎实推进。47个单位进驻行政服务中心,425个服务事项可在中心一次办结,政府行政服务效能有效提高。②依法行政水平不断提高。健全重大决策社会稳定风险评估机制,完善行政决策程序规定和重大事项决策、专家咨询、听证、公示等制度。自觉接受县人大、政协监督,全年承办人大建议21件,政协提案50件,县政府办被市评为提案办理先进单位。认真听取工商联、无党派人士及工青妇等人民团体意见,进一步凝聚加快振兴发展的智慧和力量。扎实推进"六五"普法工作和"阳光复议"工程,行政复议案件审结率100%。大力推进政府信息公开和政务公开,畅通了政府与群众的交流渠道。③作风建设有效加强。严格落实中央"八项规定"精神,扎实开展党的群众路线教育实践活动,县政府领导班子查摆整改"四风"问题18条,落实群众反映突出问题5项。全县性会议、下发文件和评比达标表彰活动分别减少20%、20.3%和90%;各类领导小组和议事协调机构压缩83%。大力整治超标使用办公用房、公务用车等问题,全县"三公"经费支出持续下降。建立村级便民服务中心19个,初步构建了县、镇、村三级政务服务体系。 (县政府办)

2014年度平远县人民政府领导名录

县　长:刘许川

副县长:姚永波(常务副县长)

贺建平(挂职,5月起任)

温助民(常务副县长)

姚小玲(女)

黄钧震

陈远航

林忠云

2014年4月25日,县长刘许川(前右)到北京招商

县政府办公室工作

【综合协调】 2014年,平远县人民政府办公室坚持在高效、严谨、规范上下工夫,切实提高综合协调能力。在依法合规的前提下,尽量减少不必要的环节,提高工作效率,做到急事急办、特事特办,力求高效。牢固树立"办公室工作无小事"的思想,按照"百密而无一疏"的要求,周密安排,注重衔接,务求严谨。印发《平远县人民政府办公室工作规程(暂行)》,坚持依法依规办事,讲求规范。全年召集相关部门和镇召开各类协调会120余次,办理大小事务2000余项。

【文秘工作】　2014年,平远县人民政府办公室认真做好人秘工作。(1)文稿办理高质高效。牢固树立公文精品意识,严格按照工作规程要求,认真做好各类文件、电报、电传的收发、办理工作,公文处理质量和运转效率明显提高。全年办理上级密件200多份,上级文件1640份、电报40多份,制发县政府文件97件,县政府办公室文件101件,编发工作通讯12期。(2)会务承办节俭周全。严格控制会议次数和规模,认真搞好会务的统筹协调,会后及时形成《会议决定事项通知书》,细化分解议定事项。特别是对县政府常务会议等高规格会议,提前对需要审议的议题进行认真审核,从源头上确保会议的权威性和高效率。全年承办县政府常务会17次、其他各类会议300余次,保证县政府决策事项及政务工作的贯彻落实和正常开展。(3)材料撰写实在精炼。通过收集领导发言、调研意见等各种方式,准确理解、掌握领导决策意图,结合工作要点、疑点、重点和难点,较好地完成各类文稿起草任务,形成各类汇报材料、领导讲话材料、典型介绍材料200多份。

【督查督办】　2014年,平远县人民政府办公室抓好督查工作。(1)突出决策督查,确保年初制定目标任务的顺利完成。细化分解《政府工作报告》、十件惠民实事确定的各项目标任务,明确责任部门,落实责任人和责任领导,切实抓好各项工作的实施;对县政府常务会议决议事项及时跟踪督查。全年发出电话催办1326件次,对领导批示件进行催办239件,发出督办通知42件,印发《督办通报》6期。(2)抓好专项督查,及时化解热点、难点问题。认真做好部门请示和群众来信工作,做到件件有回音,事事有落实。全年受理工作类请示502件、经费类请示751件、群众来信78件。认真做好人大代表建议和政协委员提案的办理工作,全年承办人大代表建议21件、政协委员提案50件,代表、委员满意率达100%。认真配合有关部门开展联合督查,先后组织重点项目建设、农村建房管理等专项督查5次。

【信息工作】　2014年,平远县人民政府办公室做好信息报送工作。(1)加大信息报送力度。全年收到单位报送的各类信息571条,整理编发《平府信息》20期,内容涉及教育、农业、民政、司法、林业、交通、旅游等多方面的工作情况,为领导把握全局、科学决策和指导工作发挥参谋作用。(2)加大调查研究力度。针对全县经济社会发展中存在的突出问题和人民群众关注的热点焦点问题,围绕工业经济、园区发展、旅游发展、农村建房等内容,深入开展调查研究,形成5篇针对性较强的调研文章。(3)加大政务公开力度。对政府网站进行全新设计,相应调整部分栏目,改进"书记信箱""县长信箱"等互动栏目,进一步畅通和规范公众参与渠道,并及时受理、认真办理网站留言。全年公开政务信息3000多条,办理网上反映问题1800多件。

【后勤保障】　2014年,平远县人民政府办公室切实做好后勤保障工作,不断完善和健全各项管理制度,努力提高后勤保障能力和服务质量。认真落实值班岗位责任制,保证政令畅通;加强财务管理,严格执行财务纪律、规范经费支出,保证机关的正常运转;加大车辆管理力度,加强对车辆驾驶人员的教育和管理,完善用车制度,合理安排调度,严禁公车私用;加强安全保卫和卫生管理工作,实行24小时门卫值班制度和大院巡逻制度;积极抓好政府机关大院美化、绿化、净化工作和机关宿舍安全文明小区管理工作。

【其他工作】　2014年,平远县人民政府办公室在人民防空、打私、金融、应急管理等方面工作均取得新成效。人民防空工作方面:成功举行一年一次的防空袭警报试鸣,做好人防工程报建和易地建设费收取工作,全年受理人防工程报建审核41宗,收取防空地下室易地建设费703.64万元,修建总面积13894平方米的防空地下室3宗。打击走私工作方面:组织相关部门开展联合行动及专项整治行动,出动执法人员1125人次,立案查处走私9宗,罚没入库32.5万元,规范市场经济秩序,净化市场环境。金融管理方面:协调小额贷款担保为县中小企业、个体工商户、农村种养殖大户的发展提供资金支持,有效缓解中小企业融资难等问题。全县136个行政村已全部挂牌成立乡村金融服务站;涉农金融机构在全县已设立助农取款服务点158个,覆盖全县136个行政村。应急管理工作方面:指导乡镇、有关单位制定综合应急预案和专项应急预案,严格执行24小时值班制度,确保信息报告准确、及时和畅通。全年举办各类应急演练56次,不断提高快速反应、有效处置能力。 (县政府办)

2014年度平远县人民政府办公室负责人名录

主　任:李远林

副主任:凌育彬　谢传生(任至4月)

姚清源(任至4月)　姚日升

李菲丹　刘崇梅(任至4月)

钟国平　雷　革(挂职,4月起任)

综合政务服务管理

【概况】 2014年,平远县综合政务服务管理办公室在各窗口单位及社会各界的关心支持下,改革创新,锐意进取,努力打造"便民、规范、廉洁、高效"的政务服务平台。全年累计办件6.8万件,按时办结率99.84%。

【中心内部规范化管理】 2014年,平远县综合政务服务管理办公室加强中心内部规范化管理。(1)建立健全工作制度。中心管理办制定17项工作制度,涉及中心管理各个方面,坚持用制度管人管事,做到有章可依、有规可循。(2)强化监管巡查。中心管理办联合县行政审批电子效能监察监控中心不定期加强巡查,强化内部管理,定期通报窗口工作表现,促进工作人员作风转变。同时充分利用网厅监察,将行政审批事项的受理录入、内部流转、限时办结等每个工作环节实行在线监管,从源头上加强监察,倒逼推动行政效能提高、审批阳光运行。(3)完善各项服务举措。中心各窗口工作人员实行指模打卡上下班、佩戴工作证、放置台卡上岗;各窗口更新办事指南,办事群众可方便快捷地了解办事程序;工作人员趋于稳定,业务水平和服务形象不断提升。

【网厅一期建设】 梅州市网上办事大厅平远分厅自2013年底运行后,日趋平稳。(1)事项梳理有序开展。平远县政管办对网厅服务事项进行全面梳理。经梳理发现有36个单位存在115个问题,主要类型包括应进未进、应合并未合并、应取消未取消、事项类型不一致、收费标准不明确等。各单位进驻网厅事项已列入动态管理,确保修正及时、到位。(2)流程简化稳步推进。以县国土窗口为试点,花大力气牵头推动各窗口单位进行事项梳理、简化办事流程,杜绝非法规规定前置条件,缩短审批办理时限,提质增速,初步实现"双减半",极大地方便群众办事。(3)网上申办初见成效。窗口工作人员代群众申办,同时积极引导办事群众自主进行网上申办。此外,联合电子效能监察中心,每月对各窗口单位的事项办理情况进行通报,督促各单位业务人员强化网上申办,全面提升网上办结率、网上办事深度等各项指标。(4)网厅办事全面推广。利用宣传栏、网站、广播电视、报纸杂志等媒体加强对网厅办事的宣传推广,加强全民网上办事的意识。

【网厅二期建设】 2014年,平远县综合政务服务管理办公室按市统一部署,下半年全面启动网厅二期建设工作。7月16日,提请印发了《平远县网上办事大厅二期建设工作方案》,抽调县编办、经信、监察、电信、政管办等单位的5位同志为县网办工作人员,并指定5名县直职能局的业务人员全力协助其镇下属站、所做好事项调研表的填报工作,确保规范性和准确性;7月18日,对镇级网厅负责人进行集中培训;8月21日,组织镇业务人员在县职校多媒体教室进行网上操作培训;10月下旬,组织人员到各镇与镇党政领导、业务负责人座谈交流,察看实体大厅,全力推动网厅建设向镇村延伸。全县12个镇已全部建立镇级网上办事站,12个村和7个社区建立网上办事点,镇村网厅系统申办率逐步提高。

2014年11月5日,梅州市纪委书记胡钛(前排左三)到县政务服务中心调研

【12345政府服务热线建设】　2014年,平远县综合政务服务管理办公室克服人员少、工作量大等困难,扎实有序推进12345政府服务热线管理工作,积极沟通协调,处办流程不断优化,效率不断提高。全县热线工单的承接审核、批转处理、督办催办及提交上报实现快速运转,有效地解决群众环保、交通、民生、经济纠纷等各类诉求上百件,拓宽政民沟通渠道,缓解社会矛盾。

【存在问题】　(1)部分进驻单位进驻不到位。个别单位进驻事项不充分,审批流程不简化,单位授权不到位。多数单位仍采用"窗口受理、单位办理、窗口办结"模式,办事效率提高达不到预期,少数单位的窗口还是单纯的"咨询台""收发室""中转站"。(2)窗口工作人员变动较频繁。个别窗口单位工作人员不愿或带着情绪到窗口工作,导致轮流到窗口上班,变动较大,不利工作衔接及日常管理。(3)中心管理水平有待提高。各窗口的人财物都在原单位,要协调和规范管理好窗口工作,须进一步提高管理水平,做好与各单位负责人及窗口工作人员的沟通协调工作。

(廖建财)

2014年度平远县综合政务服务管理办公室负责人名录

主　任:赖国华

副主任:李　强　饶宏恩

招 商 引 资

【主要工作成效】　2014年,平远县招商引资工作取得一定成绩。全县完成签约项目37个,占计划任务123%。其中,全年新签合同项目24个,合同投资额105.75亿元,比增31%,占市任务40亿元的264.4%;签订意向项目13个,意向投资总额43.11亿元。全年实际投入资金31.37亿元(其中本年新签约项目实际投入21.5亿元),占全年任务156.9%。24个落户项目包括工业项目13个,协议投资额29.7亿元,其中落户工业园项目7个,协议投资额22.55亿元;旅游项目5个,协议投资额23.19亿元;商贸项目2个,协议投资额10.5亿元;房地产项目2个,协议投资额41亿元;农业项目2个,协议投资额1.36亿元。引进项目主要有广东山水漫画旅游发展股份有限公司投资的五指石生态旅游产业园项目、梅州粤中联投资的纳米水钻石镀膜玻璃生产项目等。

【主要工作措施】　2014年,平远县招商引资工作主要采取如下4项措施。(1)领导重视、高位推动。县委、县政府领导高度重视招商引资工作。县委书记曾尚忠、县长刘许川和其他县领导均亲自带队跑招商,跑项目,抓招商,积极寻求合作伙伴,通过领导示范、层层落实,有力地推动了全社会重视招商、各级领导亲自招商、项目业主主动招商的良好局面，促进了招商引资工作的全面开展和目标任务的不断落实。2014年，全县先后接待3200多位客商到平考察项目800余批次，先后组织外出招商680余人次，洽谈项目近200个，达成明确意向项目40多个，其中签约落户项目20个，亿元以上的重大项目近10个。2014年平远县还与中国兵装集团、阿里巴巴和欧派集团深入洽谈，初步达成合作意向。(2)夯实基础，储备项目。瞄准市场需求，科学论证项目。认真分析评估市场环境、建设条件、经济效益及投资回收，切实加强对项目的论证、立项工作。立足比较优势，自主开发项目。围绕资源优势和产业优势，研发一批稀土深加工项目；围绕现有企业的改造和闲置资产盘活，研发一批引联挂靠项目。强化前期工作，充分储备项目。完善项目基础材料，做好项目前期工作，实行项目动态管理，努力提高储备项目的质量和水平。(3)拓宽招商渠道，积极组织各类招商推介会。以广州南沙·平远对口帮扶为契机，组织南沙·平远建产业园项目推介暨签约仪式和建产业园投资推介会。组织广东新大地、北斗星航两家公司参加广州博览会展览和深圳高交会，利用广州博览会和中国(广东)国际旅游博览会等节会，做好参展和推介工作，促进项目节会签约。利用同乡会、商会及行业协会等平台，广泛宣传，积极推介平远县投资环境和合作项目。全年组织招商推介会9次，发放《平远招商》等宣传资料600多份，集中宣传展示平远县深厚的客家文化和丰富的旅游资源；集中宣传展示平远县对口帮扶成效、招商引资成果和经济社会发展成就。(4)坚持实施“乡贤回乡投资兴业工程”。充分发挥乡贤投资项目的示范作用，加大实施“乡贤回乡投资兴业工程”力度，全力策划生成优质招商项目。充分利用外出招商和节假日乡贤回乡探亲度假的机会，与他们沟通洽谈。2014年引进乡贤回归投资项目11个，合同投资40.5亿元，占招商总额的42.2%，其中投资18亿元的深圳粤中联投资集团的纳米水钻石镀膜玻璃及电子触摸屏生产项目，是一个科技含量高、市场前景好、税收贡献大的优质项目。乡贤回乡投资兴业、以商引商将是今后招商引资的主力军。

2014年9月21日，平远县招商局组织企业参加广博会。图为广博会场景

【存在问题】 (1)地理位置劣势，入园门槛抬高，周边对比，政策优惠稍弱，没有比较优势。工业项目入园偏少，其他项目分散，龙头项目、大项目、好项目仍然难于落户，造成招商质量不高。(2)工业园外项目受总体规划限制，用地指标严重不足，影响园外项目落户或建设。(3)招商任务自我加压偏大，招商引资目标任务偏重，招商压力巨大。(4)部分招商责任单位对招商引资工作重视度不够，任务完成不均衡。 (谢　刚　丘冬梅)

2014年度平远县招商局负责人名录

局　长：林广洪

副局长：吴易平　谢　刚　蔡　平

民族宗教和外事侨务

【宗教事务管理】 2014年，平远县民族宗教事务局(简称“平远县民宗局”)加强宗教事务管理。(1)加强宗教法律、法规和宗教政策

的学习宣传贯彻。7月9日，县民宗局组织宗教界人士和各镇统战干部100多人，在县委党校举办一场“宗教政策法规”培训班，就宗教政策法规知识和宗教活动场所的财务管理作了两个专题授课，并现场组织他们进行考试。(2)加强民族团结宣传教育，防范涉民族因素的矛盾纠纷。6月18日，县民宗局召开由县维稳办、国安办、国保大队等相关单位参加的专题协调会，成立专门工作组，摸清了在平远县生活、工作(经商)的新疆少数民族群众情况，并做好服务管理工作，有效预防涉民族因素矛盾纠纷。(3)强化宗教场所的管理。县民宗局通过与各宗教活动场所签订安全生产责任书(27份)、利用手机短信通知(332条)和现场排查(30次)等方式，不断发现问题并提出整改意见，促进宗教活动场所管理的规范化，抵御境外宗教渗透，打击违法宗教活动，确保平远县宗教领域的和谐稳定。(4)强化宗教团体管理。抓好宗教团体的制度建设和班子建设，指导各宗教团体办好培训班，组织他们参加省、市有关部门举办的各种培训；提升佛教协会、基督教“三自”爱国会和天主教爱国会的管理能力；抓好天主教爱国会的换届工作，2014年1月24日胜利召开平远县天主教第四届代表大会，选举产生平远县天主教爱国会新一届领导班子。

【慈善公益活动】　2014年，平远县民宗局结合扶贫济困日暨“宗教慈善周”活动，鼓励和规范宗教界从事公益慈善活动，发动宗教界人士和信教群众踊跃捐款，捐款25970元。大佛寺和石林寺分别开展“书法义卖、慈善助学”和“奖教奖学”活动，筹集善款35000多元资助20多名贫困学生读书等；各宗教活动场所还在植树造林、村道建设和扶贫济困等方面慈善活动实现常态化。

【重点宗教活动场所建设】　2014年，平远县民宗局加强重点宗教活动场所建设。(1)继续抓好大佛寺工程建设。2014年筹措资金200多万元，完成延生堂建设用地的征用工作并于9月23日动工建设；完成佛像贴金和功德碑上墙工程建设；完成对大佛寺前期工程竣工验收及结算工作。(2)继续抓好石林寺工程建设。投入资金120多万元用于斋堂、客堂、生态步道等基础工程建设；已订造大雄宝殿五尊佛像，总造价200多万元。

【海外交流】　2014年，平远县外事侨务局全年接待侨港澳同胞8批378人次。(1)7月25～28日，县委统战部、县外事侨务局和香港、澳门同乡会同举办以“同心·同根·同源”为主题的香港、澳门平远同乡会寻根之旅活动。访问团一行38人，在四天的参观考察中，先后参观考察了五指石景区、相思谷景区、丰泰堂客家围屋、程旼故居、程旼纪念园、南台卧佛山文化旅游产业园、石龙寨景区、生态工业园等，还组织港、澳青少年与平远中学、城南中学、县第一小学学生进行交流。(2)9月21日，到平参加“印度尼西亚之夜”文化交流活动的印尼华人友人一行在印尼驻中国广州领事馆总领事阿里特·萨迪卡，印尼熊氏集团董事长熊德龙先生等的率领下，到平演出并参观考察。(3)发动侨港澳同胞捐资兴办教育、医疗等公益事业项目。2014年捐赠项目5宗，接受捐赠212.465万元。其中，捐助教育事业4宗，捐赠额162.465万元；捐助文体事业1宗，捐赠额50万元。另，2014年1月5日上午，梅县香港同乡会理事长、香港著名实业家李有权博士一行约130人到平远县开展扶贫敬老慰问活动，为260名贫困老人每人发放300元至500元不等的慰问金和一张毛毯，并为县医疗卫生服务中心建设捐赠1000万元港币。

【侨政工作】　2014年，平远县外事侨务局继续实施归侨侨眷的“关爱工程”，对12个镇95位贫困归侨进行慰问，发出专项资金16万元。把党和政府的关怀送到基层，落到实处。加大侨法宣传力度，全年办理3宗信访案件。

【因公出国(境)管理】　2014年，平远县外事侨务局严格执行国家和省关于进一步加强因公出国(境)管理的政策规定,加强出国出境人员的外事纪律教育,促进党风廉政建设。做好全县因公出国的计划报批、量化管理工作,协调县纪委和县财政局落实因公出国的预算管理制度,配合县纪委、县委组织部强化事后的出访报告报送制度,做好监管和登记。1月至11月,办理出国(境)证件14批34人次。

【机构整合】 2014年12月,根据中共平远县委办公室关于印发《平远县人民政府职能转变和机构改革方案》的通知精神,平远县民族宗教事务局和平远县外事侨务局整合为平远县民族宗教和外事侨务局,与县委统一战线工作部合署办公。（陈小强）

2014年度平远县民族宗教事务局负责人名录

局　长:林菊莲(女,任至12月)

副局长:姚婷丹(女,任至12月)

2014年度平远县外事侨务局负责人名录

局　长:林敦清(任至12月)

副局长:张桂康(任至12月)

韩　立(任至12月)

2014年度平远县民族宗教和外事侨务局负责人名录

局　长:林菊莲(女,12月起任)

副局长:张桂康(12月起任)

韩　立(12月起任)

姚婷丹(女,12月起任)

法制工作

【概况】 2014年,平远县人民政府法制局以推进依法行政、建设法治政府为目标,认真履行职责,在推进政府依法行政进程中发挥参谋、助手和法律顾问的职能作用,全年审查县政府、县府办出台的规范性文件7件;其他政策措施和招商引资合同115件;办复上级政府交办的法规性草案征求意见稿26件;组织承办县政府行政应诉案件14宗;参与政府法律事务180件;接受群众来信、来访50件;开展行政执法检查2批次46个单位;办理"广东省行政执法证"367张。

【依法行政考评工作】 2014年,平远县人民政府法制局对照省市依法行政检查考核评分标准,在各单位对2013年度依法行政工作自查自评的基础上,会同县依法治县办、县监察局等成员单位对12个镇及42个县直有关单位2013年度依法行政工作组织开展了考评,全县依法行政工作得到市考评组的充分肯定。

【规范性文件审查和办复征求意见函件】 2014年,平远县人民政府法制局继续从严把好规范性文件的审查制作关,依时办复好省市法规、规章、规范性文件征求意见函,全年审查县政府、县府办出台的规范性文件及其他政策措施和招商引资合同148件,内容涉及林业、国土、环保、水资源管理、安全生产、市政建设、旅游和招商引资等方面。办复上级政府交办的《广东省水产品质量安全管理条例(送审稿)》《广东省社会组织条例(草案)》等法规性质的征求意见稿26件。对提交县政府常务会讨论的150个议题,从法律角度进行审查并提出意见,尽最大能力保证上会议题合法合规。

【行政复议、行政诉讼案件承办】 2014年未发生向县人民政府申请的行政复议案件;牵头组织承办县政府的行政诉讼案件14宗,全年无行政赔偿案件。

【行政执法监督】 2014年,平远县人民政府法制局主动协助、指导全县各镇、县直执法单位做好网上办理"广东省行政执法证"申领办证工作,通过加强行政执法人员和证件的动态管理,严格把好执法人员资格审查关。2014年对371人进行行政执法资格审查,其中4人因不符合行政执法资格被发证机关注销执法证,从而杜绝临时工、合同工执法的现象,为全县367名行政执法人员新办或换发了"行政执法证",保证各执法单位执法主体合格,持证上岗,亮证执法,进一步规范行政执法程序和行为。

【政府法律事务参与】 2014年,平远县人民政府法制局积极参与政府法律事务。(1)积极协助政府领导解决施政中涉及的法律问题。想办法出主张,从法律政策角度为县领导解答了一大批带有一定影响、突发性的问题和久拖不决的有关民事、行政纠纷。派员参与济广高速公路、县医疗服务中心、工业园区等县重点项目的征地拆迁等涉法案件工作。(2)做好来信来访,为机关、企事业单位和公民无偿提供法律咨询等服务。对来电来人法律咨询,该局本着及时化解矛盾和纠纷,着力为群众办好事实事的原则,均能做到热情接待、耐心解释。一方面,该局从法律政策等角度为其解答所询问题,为其指明解决矛盾的途径;另一方面,对影响较大的全局问题,该局及时向有关领导汇报,并配合有关职能部门,抓紧时间予以解决。 (王 超)

2014年度平远县人民政府法制局负责人名录

局 长:李 杏(女)

副局长:杨亮书 涂 欢

驻外机构工作

【驻广州办事处】 2014年,平远县人民政府驻广州办事处充分发挥协调服务和内引外联的作用,不断提升工作质量和效率,在接待服务、对外联络、信访劝返、对口帮扶、招商引资及内部管理等方面不断开创驻外工作新局面,取得显著成绩,被中共广州市协作办公室委员会、广州市协作办公室评为“全国各地驻穗机构先进单位”。(1)加强信访维稳,维护两地社会和谐稳定。对一些重复上访、缠访、闹访的案件,该办都与县信访局及相关镇区及时沟通,交换信息,寻找解决途径,做到有的放矢。(2)做好公务接待活动,为到穗群众提供帮助。该办积极为到穗公务领导干部提供出行信息、车辆、人员等各项支持,为领导干部在穗顺利完成工作提供良好保障,高质量完成每次接待任务。如2014年9月下旬在广州举办的“平远县战略性新兴产业培训班”。该办按照县委、县政府的统一安排,积极做好课程讲师的联系安排,联系参观企业、选取布置场地、学员住宿及出行等各项准备工作,并全程跟进协调。该办始终坚持“服务无小事,服务办大事”的宗旨,对于到广州求医上学、务工经商等的平远群众提供力所能及的帮助,积极帮助他们解决困难。(3)积极招商引资,宣传推介平远,推动平远经济发展。①加强与在穗相关单位合作,积极推介平远。该办注重加强与广州市协作办、天河区协作办以及其他省市县驻穗机构的沟通联系,做好招商推介工作。4月,组织全国部分驻穗机构40多人到平远县参观考察,推介平远县的旅游资源以及特色农产品等,取得良好效果。如欧派集团和平远县部分木门生产企业的合作就是典型的一例。该办发挥与在外乡贤联系广泛的优势,对有意回平远投资兴业的乡贤,积极为他们提供信息和沟通的便利,已经促成部分企业达成回平投资的意向,在推动平远县招商引资工作的同时,促进了乡贤事业的发展,双向共赢。②扮演好招商引资和对口帮扶“中间人”的角色。2014年平远县多次组织到对口帮扶平远的南沙区进行招商引资活动,该办一方面积极做好每次活动的沟通联络,后续效果反馈等工作;另一方面在对口帮扶工作中,沟通协调县委、县政府和南沙区区委、区政府相关工作,得到两地政府高度评价。(4)团结在外乡贤,支持家乡经济社会发展。加强与在外乡贤的联系,向他们介绍家乡发展情况,听取他们对家乡经济社会建设的意见和建议。①大力支持同乡会的召开,团结在外乡贤。努力将同乡会办成在外乡亲联系感情、交换信息、商发展的盛会。10月12日召开的佛山同乡会、11月23日召开的东莞同乡会、12月19日召开的顺德·平远客家文化联谊会成立大会等都取得圆满成功。②利用乡贤资源,宣传推介平远。该办在向外出乡贤介绍家乡发展变化的基础上,鼓励乡贤积极支持家乡各项事业的建设,投资平远,回报平远。同时鼓励各位外出乡贤充分发挥各自优势,推介平远,宣传平远。(5)筹备平远商会,促进在外乡贤企业团结进取。3月,在县委、县府的统一领导下,广东省平远商会筹建委员会成立,县驻穗办作为筹建委员会成员单位,积极协助开展商会成立工作。6月底,会址位于科韵路信息港B栋9楼的商会已经基本完成筹备。 (县驻穗办)

2014年度平远县人民政府驻广州办事处负责人名录

主　任:姚思尼

副主任:孙　明

【驻深圳办事处】 2014年,平远县人民政府驻深圳办事处认真落实县对驻外机构工作的指示精神,积极发挥办事处的职能作用,扎实有效地开展各项工作,较好地完成各项工作任务。(1)做好招商引资工作。对招商工作采取走出去、请进来,以商招商,组织项目考察等多种形式,带动一批企业老板到平远考察,让企业老板认识平远,了解平远和宣传平远,通过投资办厂和发展旅游业来开展招商引资工作,取得一定成效。①4月,县驻深办与县招商局到亿达光电技术有限公司,洽谈光纤接头生产技术项目。②县驻深办多次与深圳建艺集团、深圳闻泰通讯集团、深圳金雅福集团和深圳康冠科技集团等4家集团公司进行磋商、研讨在平远设立总部经济事项。同时还陪同这几家集团公司高管人员到平远调研考察、座谈和跟踪服务工作。③县驻深办引进深圳金雅福集团粤闽赣大宗商品交易中心建设项目,已于11月签约意向合同,该项目总投资10.6亿元。(2)支持家乡公益事业建设。以各种形式多次走访与组织各阶层及企业界人士和外乡贤达人士聚集座谈,广泛发动,散发“缘起书”敬请十方护法居士,诸善信,同发心,随缘乐助,慷慨解囊,广种福田,累功积德,弘佛大业。7月,县驻深办汇同乡贤张革私老板、深圳东部华城投资设计公司及深圳生态旅游开发研创中心一行6人到平远大佛寺考察、调研,就大佛寺如何打造一流的国际佛教、文化、养生产业园项目进行洽谈。(3)做好联谊会的工作。①协助做好联谊会的正常工作。如会员入会登记、会费收取、管理、在深平远同乡资料的收集和登记、编写同乡通讯录等工作。②做好各种会议、活动的组织和实施工作。③开展调查研究,收集整理平远同乡的意见和建议,经常和联谊会领导一起,深入各区分会、企业、单位开展调研,沟通感情,增进友谊。④为在深平远老乡提供服务和方便,帮助解决困难和问题。⑤利用联谊会为平台,联谊会网站为载体,做好平远家乡人文环境、经济社会发展和招商引资优惠政策宣传,及时反映联谊会活动情况,报导工作动态,特别是做好老乡在深企业、经营项目、平远土特产等情况的宣传介绍及有关经济、招商信息发布,受到大家的关注和好评。⑥开展与珠三角同乡会、港澳同乡会的联系与交流。汇同联谊会的领导,前往韶关、清远、东莞、广州、佛山、珠海、惠州、香港、澳门等地同乡会,进行上门拜访,开展学习交流活动,进一步加深了解,增进感情。⑦成立深圳平远同乡会足球队参加广东客商杯足球赛。(4)做好接待服务工作。2014年接待社会各界人士300多人次,接待厅局领导、处级领导干部30多人次。 (县驻深办)

2014年度平远县人民政府驻深圳办事处负责人名录

主　任:曾祥东

副主任:钟　友(4月起任)

政协平远县委员会

主要会议

【九届四次会议】 2014年3月4日至6日,中国人民政治协商会议第九届平远县委员会(以下简称“平远县政协”)第四次会议在县迎宾馆召开。该次会议应到会委员196人,实到会179人,邀请出席人员28人,列席人员55人。九届县政协主席陈征宏,常务副主席丘建平,副主席廖文香、韩垂辉、凌健、刘志刚、凌小宏,副县级干部谢平,秘书长谢永宏等政协领导出席会议;中平远县委、县人大、县政府、县纪委的领导,县人民武装部、县人民法院、县人民检察院等单位领导应邀出席会议并在主席台就座。会议审议通过九届县政协常委会工作报告和提案工作情况报告,表彰一批优秀政协委员、优秀提案及承办提案先进单位,9名委员代表进行大会发言,审议通过九届四次会议决议。列席县十四届人大第五次会议,听取和讨论政府工作报告及其他报告。县委书记曾尚忠在开幕大会上致辞,县政协主席陈征宏在闭幕大会上作讲话。

【九届主席会议】 2014年,平远县政协召开12次主席会议:

1月22日,召开第20次会议。主要内容:研究县政协九届四次会议筹备工作,通报委员联系群众情况。

2月14日,召开第21次会议,主要内容:通过县政协常委会工作报告和提案工作情况报告。

3月22日,召开第22次会议。主要内容:通过《政协第九届平远县委员会常务委员会2014年工作要点》和《县政协机关开展党的群众路线教育实践活动工作方案》。

4月9日,召开第23次会议。主要内容:通过《开展“走访委员、走入群众、走进基层”活动月活动方案》和《重点提案领导督办方案》。

5月9日,召开第24次会议。主要内容:通过《政协委员履职管理规定》《开展重点提案办理协商方案》和《县政协委员开展“五个一”活动方案》。

6月11日,召开第25次会议。主要内容:通过《县政协党组党的群众路线教育实践活动专题民主生活会方案》和《上半年“委员活动日”活动方案》。

7月4日,召开第26次会议。主要内容:通过《重点提案督查督办方案》。

8月12日,召开第27次会议。主要内容:通过《县政协常委会2014年专题议政工作方案》和《关于对县人力资源和社会保障工作开展民主评议的活动方案》。

9月15日,召开第28次会议。主要内容:通过《平远县政协领导班子(党组)党的群众路线教育实践活动整改方案》。

10月20日,召开第29次会议。主要内容:通过《平远县政协领导联系委员制度》和《平远县政协委员联系群众制度》。

11月7日,召开第30次会议。主要内容:通过《下半年委员活动日活动方案》和《评议环保工作方案》。

12月11日,召开第31次会议。主要内容:同意专委会主任、副主任任免名单,增补选秘书长和部分常务委员提名方案等,提交县政协常委会议审议。

【九届常委会议】 2014年,平远县政协召开6次常委会议:

2月24日,召开第13次会议,主要内容:

讨论《政府工作报告》，听取县政府办公室《政协九届三次会议委员提案办理工作情况通报》，协商讨论县政协常委会工作报告和提案工作情况报告，协商决定召开县政协九届四次会议有关事项。

3月6日，召开第14次会议，主要内容：审议通过政协第九届平远县委员会第四次会议决议（草案）提交大会表决。

7月4日，召开第15次会议，主要内容：听取县政府《项目建设年活动情况通报》，审议通过增补李小卫、吴远扬、余念华、姚良胜、洪宣、黄志鹏、蔡振宇等7位同志为政协第九届平远县委员会委员，任命谢志平为医卫体专委会主任、张学良为医卫体专委会副主任。

7月25日，召开第16次会议，主要内容：县政协主席陈征宏代表县政协班子（党组）通报7月22日专题民主生活会情况，市委第四督导组成员、市纪委执法室副主任林小中代表市委督导组作点评讲话。

9月26日，召开第17次会议，主要内容：对“推进县城旧城改造土地房屋征收”进行专题议政，县政府常务副县长温助民到会通报情况，并听取委员意见建议。

12月26日，召开第18次会议，主要内容：听取《县委2014年工作总结和2015年工作计划》通报，向县委汇报《县政协2014年工作情况和2015年工作计划》，听取县政府《关于平远县2014年度十件民生实事落实情况》通报，县委书记曾尚忠、县政府常务副县长温助民到会通报情况，并听取委员意见建议。审议通过肖维江任经济专委会主任，姚涌任经济专委会副主任，林菊莲任港澳台侨外事专委会主任，凌育苑任港澳台侨外事专委会副主任，刘永安任农业专委会副主任。

协商议政

【专题议政】 2014年，平远县政协紧扣主攻“一城两区”，组织委员对“推进县城旧城改造土地房屋征收”进行专题议政，县委书记曾尚忠在专题议政报告上专门作批示，促成县政府出台《平远县土地房屋征收补偿安置工作实施细则》，组建县土地房屋征收安置机构。

【专题协商】 2014年，平远县政协以“全体会议整体协商、常委会议专题协商、主席会议重点协商”三大协商形式为抓手，对政府工作报告、重点项目建设、十件惠民实事落实等县委、县政府“三重一大”（重大决策、重要干部任免、重要项目安排、大额度资金使用）决策进行协商，推动协商民主广泛多层制度化发展。

【界别协商】 2014年，平远县政协以广东省政协“委员之家”网络互动平台为载体，开展农业界委员参加的“平远慈橙产业可持续发展情况”协商讨论，积极探索界别协商的讨论平台和有序政治参与渠道。

调研视察

【专题调研】 2014年，平远县政协围绕工业园建设、机械制造产业发展、慈橙产业可持续发展、农村文化体育场所规划建设、机构养老服务建设和公共医疗卫生服务等课题，组织委员开展调研活动，全年提交各类调研报告23篇，为县委、县政府科学决策提供有见地、有价值的意见和建议。

【专题视察】 2014年，平远县政协围绕招商引资、高速公路建设、旅游发展、中学教育和美丽乡村建设等课题，组织委员开展13场视察活动，为推动相关工作提出真知灼见。

民主监督

【民主评议】 2014年，平远县政协围绕办好“三就一保一平安”为重点的十件惠民实事，组织对县人社局、县环保局等与民生问题息息相关的部门进行评议。

【专项督查】 2014年,平远县政协把公共医疗卫生服务、机构养老服务建设和农村文化体育场所规划建设管理等重点民生问题列入专项督查的重点课题,组织相关界别委员深入调研,积极建言献策,促进民生实事落到实处。

提案工作

【提案协商】 2014年,平远县政协九届四次会议后,收到委员提案50件,审查立案50件。按照省、市政协的要求,认真做好提案办理协商"联系点"工作,建立提案人、提案委、提案承办单位常态化协商沟通渠道,召开提案工作座谈会和提案办理协商现场会19场次,立案率、答复(办复)率和满意率均达到100%。

【提案督办】 县委书记曾尚忠、县长刘许川亲自领衔督办"关于确保县城饮用水安全的建议"和"关于加强县城公设施建设维护和环境管理的建议"的重点提案,县政协主席会议督办"关于尽快解决大佛寺征地拆迁工作的问题"等12件重点提案,全年已经完成办理和正在办理的提案49件,占提案总数的98%。市政协委员、县政协主席陈征宏向市政协提出"关于支持平远加快创建梅州生态文明示范区的提案",该提案被定为市政协主席会议重点督办提案,并被评为2014年度市政协优秀提案。

文史宣传

【文史编纂】 2014年,平远县政协文史科加大文史资料、书籍的编纂力度。编辑出版《走进平远》和《佛光悠远》;《严应鱼传》进入终审;挖掘平远籍4位大学校长、5位将军、9名淞沪抗战烈士史料等地方名人资源;征集《改革开放广东一千个第一》和《平远县政协志》等文史资料;做好文史交流工作。

【宣传工作】 2014年,平远县政协与县电视台合作,办好"委员风采"专题节目;加强"委员之家"网络互动平台建设,建立政协网上特约评论员团队,更新平远县政协网站文稿70多篇、图片100多幅;全年在《人民政协报》刊发6篇新闻报道,省、市报刊多次报道平远政协的履职情况。

团结联谊

【"三走"活动】 2014年,平远县政协积极开展"走访委员、走入群众、走进基层"活动月活动,广泛收集群众反映强烈的热点难点问题,推动问题得到有效解决,维护群众切身利益。全年收集社情民意信息436条,向县委、县政府报送《政协委员重要建议专报》3期,刊办《平远政协简报》14期。

【委员管理】 2014年,平远县政协制定出台《平远县政协委员履职管理规定》,采取"一人一档、一年一卡"的办法,建立委员年度履职综合统计档案,实行动态管理。在委员中深入开展"搞一次调查,献一个良策,写一份提案,反映一件社情民意,办一件实事(或引进一个项目)"的"五个一"活动,注重发挥委员在政协工作中的主体作用、界别群众中的代表作用、本职岗位上的带头作用。

【委员活动日活动】 2014年上半年,平远县政协开展以"我为'项目建设年'活动添砖加瓦"为主题的"委员活动日"活动,为加快推进重点项目积极提建议、献良策;2014年下半年开展"学习贯彻习近平总书记在庆祝中国人民政治协商会议成立65周年大会上的讲话精神"主题的"委员活动日"活动,进一步巩固同团结奋斗的思想政治基础。

【联情联谊】 2014年,平远县政协积极开展联情联谊活动。(1)鼓励和引导委员企业家"二次创业",投身招商引资和项目建设主战场,2014年协助引进乡贤回归投资项目11

个,合同投资40.5亿元。(2)认真做好与政协参加单位和各界人士的团结、沟通、协调工作,组织历届联谊会委员到周边中央苏区接受红色革命教育。(3)参加闽粤赣边三省九县政协第40次联系协作会议,作《坚持"四个必须",推进协商民主》的经验介绍。

【扶贫济困】　2014年,平远县政协积极发动政协委员参与扶贫济困活动。(1)引导委员积极为民办实事,带头参与扶贫济困、兴教助学、修路种树等公益活动,全年政协委员为群众办好事实事805件,为各项公益事业捐款捐物2000多万元。(2)扎实抓好新一轮扶贫开发"双到"工作,努力帮扶大柘镇漳演村发展村集体经济,帮助贫困群众脱贫奔康,改善农村生产生活条件。

机关工作

【群众路线教育实践活动】　2014年,平远县政协按照"照镜子、正衣冠、洗洗澡、治治病"的总要求,以"为民务实清廉"为主题,扎实开展党的群众路线教育实践活动:(1)坚持把学习贯穿活动始终,2014年举行专题学习会22场次,组织专题讨论会6场次。(2)坚持聚焦"四风"找准问题,广泛征求政协各参加单位、政协委员和广大群众的意见建议。(3)坚持问题导向抓实整改,制订"两方案一计划一清单"(整改方案、专项整治方案,制度建设计划,个人整改清单)。

【作风建设】　2014年,平远县政协积极开展"严明组织纪律,锻造优良作风"为主题的纪律教育学习月活动,深化学习型、服务型、创新型、和谐型机关建设,进一步提升机关干部服务委员、服务群众、服务基层的能力和水平。县政协机关离退休党支部被评为全省离退休干部先进集体。

【制度建设】　2014年,平远县政协建立健全调研视察、公务接待、办文办会、公务用车管理等14项制度,用制度建设推动改进工作作风、密切联系群众的常态化与长效化。

(黄文通)

2014年度政协平远县委员会领导名录

主　　席:陈征宏
副 主 席:丘建平(常务)
　　　　　廖文香(兼)
　　　　　韩垂辉(兼)
　　　　　凌　健(兼)
　　　　　刘志刚(兼)
　　　　　凌小宏
副县级干部:谢　平
秘 书 长:谢永宏

2014年度县政协机关各室(科)负责人名录

办公室主任:朱苑忠(任至11月)
　　　　　林敦清(11月起任)
副 主 任:黄文通
文史资料科科长:吴秉浪
副 科 长:官碧红(女)
联络科科长:肖红阳
副 科 长:黄紫华(女)

2014年3月4日至6日,中国人民政治协商会议第九届平远县委员会第四次会议在县迎宾馆召开

中共平远县纪律检查委员会

主要会议

【县纪委十二届四次全会】 2014年2月13日上午，在平远县迎宾馆大会堂召开中共平远县第十二届纪律检查委员会第四次全体会议。曾尚忠、刘许川、陈征宏、谢仁烈、凌声宏、凌志达、陈颖明、陈德志、姚永波、肖桂华等县领导和各镇、县直各单位相关负责人参加会议。县委副书记、县长刘许川传达中央、省、市纪委全会主要精神，县委书记曾尚忠作重要讲话，会议由县委常委、县纪委书记陈德志主持并代表县纪委常委会作题为《严格正风肃纪，狠抓工作落实，为全面加快平远振兴发展提供坚强保障》的工作报告。

县委副书记、县长刘许川传达习近平总书记在中央纪委十八届第三次全体会议上的重要讲话以及中央纪委十八届第三次全会、省纪委十一届三次全会、市纪委六届四次全会精神。陈德志在报告中指出，2013年纪检监察组织围绕中心、服务大局，加强作风建设、认真落实中央“八项规定”精神，坚决惩治腐败、严肃查处违纪违法案件，强化执纪监督、切实维护人民群众利益，加强教育预防、增强党员干部廉洁自律意识，注重改革创新、扎实推进防治腐败工作，狠抓队伍建设、不断提升履职尽责能力，扎实推进党风廉政建设和反腐败工作，实现查案惩治与优化环境的良性互动，为加快平远振兴发展提供坚强保障。对2014年党风廉政建设和反腐败工作主要任务，陈德志提出六点意见：一要落实“八项规定”，坚持不懈抓好作风建设。二要强化主业意识，坚持不懈抓好案件查办。三要规范权力运行，坚持不懈抓好风险防控。四要建设惩防体系，坚持不懈抓好制度创新。五要营造廉洁氛围，坚持不懈抓好宣传教育。六要打牢履职基础，坚持不懈抓好队伍建设。

县委书记曾尚忠在会上充分肯定全县纪检监察组织在2013年所取得的成绩，指出2014年是全面贯彻落实党的十八届三中全会精神和全面深化改革的开局之年，是全县围绕2018年人均GDP达到或赶超全国平均水平、加快振兴发展、全力创建梅州生态文明示范区的关键之年，全县各级党政组织和纪检监察组织要做到“三点”：一要增强反腐倡廉建设的责任感和紧迫感。充分认识推进党风廉政建设和反腐败工作是顺应总体形势发展的需要，是加快平远振兴发展的需要，是加强干部队伍建设的需要。二要牢牢把握当前党风廉政建设和反腐败工作新任务。持之以恒抓好作风建设，以零容忍的态度惩治预防腐败，不折不扣严格执行组织纪律，扎实开展廉洁城乡创建活动，健全反腐倡廉的制度机制。三要落实党风廉政建设和反腐败工作责任。突出党委的主体责任，强化纪委的监督责任，凝聚反腐倡廉合力，全力服务好县重点项目建设。

会议审议通过县纪委工作报告和决议。

【科级党政正职述责述德述廉评议大会】 2014年2月13日下午，在平远县迎宾馆大会议厅举行平远县科级党政正职述责述廉述德评议大会。由县纪委常委、特邀监察员组成的评议团和12位科级党政正职100多人参加会议。会议由县委常委、纪委书记陈德志主持。会上，赖光亮、韩洵轩、张教东等12位科级正职在落实党风廉政建设责任制、坚持廉洁从政、加强思想道德建设三个方面向县纪委全会作报告，评议团对其工作情况进行书面评议。

【纪律教育学习月活动辅导报告会】 2014年8月22日，在县迎宾馆召开2014年纪律教育学习月活动辅导报告会。曾尚忠、刘许川、陈征宏、谢仁烈、凌声宏、陈德志、凌志达、陈颖明、姚永波、肖桂华等县领导和各镇党委书记、镇长、纪委书记、组织委员、宣传委员，县直副局以上单位负责人、纪检组长，县纪委监察局全体干部等350多人参加会议。会议由县长刘许川主持，会议首先播放警示教育片《偏离坐标的人生》和平远县“机关作风暗访专题片”，让与会人员深受教育。

县委书记曾尚忠围绕2014年纪律教育学习月活动主题“严明党的组织纪律，增强组织纪律性”作辅导讲话。他指出：一要时刻紧绷反腐倡廉这根弦，正确行使党和人民赋予的权力，做到廉洁从政，洁身自好，希望广大党员干部要从类似案件中吸取教训，举一反三，引以为戒，做到思想上始终清醒，政治上始终坚定，作风上始终务实。二要端正态度，统一思想，充分认识纪教月活动的重要意义。三要围绕中心，突出重点，着力增强纪教月活动的针对性和实效性。四要加强领导，精心组织，切实保障纪教月活动的深入开展。

党风廉政建设

【正风肃纪】 2014年，中共平远县纪委坚持把落实中央“八项规定”精神和纠正“四风”作为一项经常性工作，并纳入党风廉政建设责任制考核。建立完善常态化监督检查机制，制订出台《平远县农村“两委”干部“庸懒散奢贪”行为问责办法（试行）》和《违反工作纪律问责处理办法》等规定。坚持暗访、查处、追责、曝光“四管”齐下，紧盯公车使用、公款消费、服务窗口作风等问题多发领域和春节、国庆、中秋等关键节点，坚决查处违反中央“八项规定”精神、“四风”问题和庸懒散奢问题，并进行点名道姓通报曝光。全年开展8次督查65次暗访活动，问责通报35人，工作作风明显好转。

【纠风工作】 2014年，中共平远县纪委编印《平远县强农惠民政策宣传册》，该宣传册既是强农惠农一本通，也是城乡群众的“明白卡”，有效监督涉农政策的落实执行。收录涵盖与群众生产生活密切相关的农业、林业、教育、社保等方面的政策54条，印发到全县12个镇143个村（居）1448个村民小组，做到全覆盖、家喻户晓。深化行风热线工作，组织县交通局、国土局、住建局等8个单位“一把手”上“民声热线”，接受群众咨询、投诉，切实解决群众反映强烈的突出问题。

【廉洁自律教育】 2014年，中共平远县纪委编发党廉知识小册，规范从政行为。将《廉政准则》《厉行节约若干规定》及作风建设系列规定等党廉知识编辑成小册发放至各镇、县直单位，重点是单位“一把手”和新提拔领导干部，强化领导干部廉政意识，规范从政行为。按照中央和省部署，全面推行领导干部廉政谈话制度和廉政承诺活动。

【廉政风险防控】 2014年，中共平远县纪委全面推进廉政风险排查防控工作，特别是抓好腐败易发多发领域的廉政风险防控，督促完善党务、政务公开和各领域办事公开制度，推动权力规范透明运行。

违纪违法案件查办

【信访举报】 2014年，全县纪检监察组织共受理群众来信来访及电话举报114件（次），应核查举报件72件，已核查72件，信访核查率100%。提供案件线索39条，转立案9宗；信访函询3人，约谈1人；通过办信办访澄清保护党员干部8人。为有关部门提供廉政信息856条。

【违纪违法案件查办】 2014年，中共平远县纪委坚决贯彻落实上级纪委查办腐败案件体制机制改革部署要求,认真执行“查办腐败案件以上级纪委领导为主,线索处置和案件查办在向同级党委报告的同时必须向上级纪委报告”制度。履行审核和监督职责,认真审理送审案件,慎审快结,切实做到按“24 字方针”依纪依法审理案件。2014 年,全年共初核案件线索 69 件,立案 47 件 47 人;接审案件 46 宗,已审结 46 宗,其中镇案县审 28 宗。全年结案 46 件,处分党员干部 46 人,其中乡科级干部 8 件 8 人。在受处分人员中,受党纪处分 37 人,受党纪政纪双重处分 3 人。万元以上经济案件 7 件。镇纪委均有自办案件,共 28 件。

宣传教育

【廉洁文化创建】 2014 年,中共平远县纪委拓展宣传教育渠道,重视营造崇廉尚洁氛围。率先创办“平远廉政手机报”。每月 15 日和 30 日定期向全县 850 多名副科级以上领导干部和全县 143 个村(居)委书记、主任发送,实现党员干部廉政教育的零距离和常态化。把廉洁文化进景区活动作为推进党风廉政建设的有效载体,在石龙寨建设廉洁文化公园——南台清风园。坚持在县电视台常态化播放廉政公益广告,在中秋、国庆、春节等重要节假日,利用手机企信通平台向全县副科以上领导干部发送廉政短信,促廉洁自律。推进廉洁文化进校园,组织举办“读廉洁书籍,扬清风正气”征文活动;举办“与廉洁同行,让青春飞扬”廉洁专题讲座和“廉洁做人,诚信做事”廉洁承诺签名活动等。

【宣传报道】 2014 年,中共平远县纪委加大宣传报道力度,2014 年被市以上新闻媒体采用的稿件有 95 篇,其中中央级采用 12 篇(《中国纪检监察报》采用 10 篇),《南粤清风网》采用 12 篇;省、市纪检监察宣教信息采用 4 篇。加强反腐倡廉网络舆情监管并及时有效处置,搜集网络舆情 24 条,转交调查处理投诉类信件 4 宗。

执法、效能监察

【电子效能监察】 2014 年,中共平远县纪委强化行政效能监督,推进政府职能转变。扎实推进网上办事大厅工作,加强对各单位的进驻工作、窗口工作人员履行职责情况进行督查。配合相关部门加大对全县网上办事大厅行政审批事项的清理清查力度,全县 488 项服务事项基本进入网上办事大厅接受电子监察。全年受理业务 8069 件,办结率 99.25%,提前办结率 98.92%。

【专项监督检查】 2014 年,中共平远县纪委加强对县重点建设项目以及水资源、耕地、环境保护、节能减排等政策落实情况进行监督检查。继续做好工程建设领域突出问题专项治理工作,完成 2011 年至 2014 年全县政府投资或使用国有资金的 129 个建设项目的全面摸查工作。创新监督方式,率先在全市建立公共资源交易项目登记备案工作机制,实施电子备案,加强对公共资源交易市场及项目实施情况全过程的实时监管。

纪检监察机关建设

【纪检监察机关基础建设】 2014 年,中共平远县纪委投入 10 多万元,加强纪检监察涉密专网建设。设立 1 间符合专网建设要求的专用机房,购置列装一批纪检监察系统涉密普通密码设备,严格按保密规定要求,安装铁门、铁窗、铁柜、报警器、闭路监控等设备;严格规范涉密内网管理使用制度,按保密要求正确操作,签订纪检监察系统密码安全保密责任书,严格落实责任,严防失泄密。进一步加大投入,高标准建设办案谈话室。投入近 10 万元,先后两次对谈话室建设进行整改完善,将谈话室窗户、橱柜进行软包装，加强对谈话室内外环境的监控，确保办案安全。同时，制订出台《平远县纪检监察机关办案安全工作责任制》《平远县纪检监察机关办案谈话室使用管理制度（试行）》等系列查办案安全制度。

【镇纪委规范化建设】 2014 年，中共平远县纪委抓好大柘镇纪委作为全省镇街纪委规范化建设试点工作，为全省山区基层纪委规范化建设提供经验，得到省检查组的高度肯定。同时在试点基础上，在各镇全面推进规范化建设。积极争取县委、县政府重视支持，印发《平远县全面推进镇纪委规范化建设工作方案》，指导全县各镇纪委规范化建设；实行县纪委监察局班子成员挂点指导督查制度，督促所挂镇镇纪委规范化建设进度，确保严格按省纪委软、硬件“六有”目标要求进行建设。至 2014 年底，全县 12 个镇纪委均实现软、硬件“六有”目标，即软件方面，有行为规范、有工作职责、有办案规范、有工作制度、有工作台账、有良好形象；硬件方面，有组织、有牌子、有专职工作人员、有专用办公室、有必要办案设备、有工作经费保障。

【干部队伍建设】 2014 年，中共平远县纪委推进长效机制建设，促进系统党员干部作风的转变。完善纪检监察干部监督管理制度，全面实施层级管理负责制。组织 12 个镇纪委正副书记到省纪委参加业务培训。加强廉政风险防控工作，规范“六权”运行，防止“灯下黑”，着力打造忠诚、干净、担当的纪检监察干部队伍。

纪检监察派驻组工作

【概况】 2014 年，各派驻纪检监察组认真履行职责，加强对所辖单位贯彻落实中央“八项规定”精神、省市县委转变作风要求、重大决策部署等情况的监督检查，督促检查所辖单位抓好“三重一大”事项、个人重大事项报告制度及党风廉政责任制等制度的落实，全力配合纪检监察机关各室工作开展，深入推进党风廉政建设和反腐败工作。 （县纪委办）

2014 年度中共平远县纪律检查委员会领导名录

书　记：陈德志

副书记：陈永和
　　　　梁裕彝

常　委：陈德志　陈永和
　　　　梁裕彝　杨旭辉
　　　　张学远
　　　　林苑婷（女）　韩德志

2014 年度平远县监察局负责人名录

局　长：陈永和

副局长：谢秋华（女）　吴乃荣

2014 年度中共平远县纪律检查委员会办公室负责人名录

主　任：杨旭辉

2014 年 6 月 27 日，省纪委副秘书长孙跃山（中）到平远调研时慰问困难群众

人民团体和工商联

平远县总工会

【劳动竞赛】 2014年,平远县总工会组织金融系统职工开展金融技能竞赛,组织卫生系统妇女护理保健竞赛,组织女职工开展手工织编竞赛,组织女美容师技能比赛,有效地提高各行各业职工的技能素质,评选出一批省、市先模人物。平远县人民医院妇产科主任被授予广东省五一劳动奖章;平远县保灵医药有限公司(非公企业)获授梅州市五一劳动奖状,有6位职工被授予梅州市五一劳动奖章。

【和谐劳动关系构建】 2014年,平远县总工会抓好基层工会建设和其他各项工作,努力构建和谐的劳动关系。(1)基层工会建设。新建基层工会20个,发展会员1500人,改选换届基层工会9个。至年底,有基层工会589个,会员25543人。(2)工资集体协商工作。开展工资集体协商企业有2个,职工人数188人;新签行业合同1份,覆盖单位31家,员工450人;续签行业合同2份,覆盖企业16个,区域合同2份,覆盖企业42个,个体企业13个。至年底,全县已签集体合同79份,覆盖企业461家,职工人数13458人。(3)开展各项帮扶活动,为职工群众办好事、实事。①开展元旦、春节慰问活动,慰问困难企业11个,困难职工328人,慰问困难劳模37人。②开展"金秋助学"活动,帮助困难职工子女36人。③开展常规帮扶,帮扶因各种原因造成的困难职工40人。④开展"冬送温暖夏送清凉"活动,到平远县供电局户外作业工场和平远县工业园户外建设场地送清凉。⑤开展工会系统职工医疗保障活动,2014年参加职工医疗保障人数436人,女职工安康保险人数640人,职工二次医疗保障人数1242人。⑥争取各级财政及上级工会帮扶资金57.77万元,全部用于职工各项帮扶、民生保障。(4)做好劳模管理服务工作。调查了解劳模工作生活情况,组织帮助和慰问困难劳模,关心劳模身体健康,组织健康体检,及时发放劳模津贴等。全县28个省级劳模参加了体检,调查困难劳模23人。(5)配合县直有关部门,加强《劳动合同法》《社会保险法》《安全生产法》及《食品安全法》等法律法规的检查监督,抓好企业安全生产及职工生命健康权的维护工作,在创造平安平远中发挥各级工会组织的作用。同时,承担县党风廉政建设责任制,落实厂务公开、医务公开、校务公开牵头职责,推进全县企事业单位、非公企业民主管理。

【开展"三个一"活动】 2014年,平远县总工会扎实开展"三个一"活动。(1)举办一场平远县工会工作专题讲座。"五一"前,邀请省总工会干校、南华工商学院教授到平远县作《工会工作思路与方法》专题讲座。全县各级工会干部130人聆听讲座,为工会干部做好工作起到帮助作用。(2)举办一个"中国梦·劳动美"宣传栏目,展示劳动者风采。栏目在平远电视台举办,"五一"前后,通过十个主题,宣传展示一线劳动者在重点工程建设中,辛勤耕耘,默默奉献,实现梦想的劳动风采。(3)组建一支由20人组成的职工排舞队,培养职工和社区群众文艺活动骨干。排舞队参加全市"福彩杯"职工排舞大赛并获铜奖。"五一"期间,排舞队参加庆"五一"暨文化志愿服务基层社区群众文艺演出,带动广大职工参与文体活动,推动社区群众广场文化的发展。 (赵建峰)

2014 年度平远县总工会负责人名录

主　席:马文生

副主席:廖佛发　孟令松　陈耀东

共青团平远县委员会

【青少年思想道德教育】　2014 年,共青团平远县委员会以加强青少年思想道德建设为首要任务,通过邀请法律专家、法制副校长到学校讲课、组织青少年收看《焦裕禄》电影、举办青年夜校等活动,坚定广大青少年永远跟党走的信念。全年组织和实施一系列诸如寻找乡村好青年、学习英雄沈俊江、评选平远县向上向善青年和五星道德模范等活动,进一步陶冶青少年的思想政治情操。

【青少年民生改善】　2014 年,共青团平远县委员会加大扶贫济困活动的力度。(1)开展扶贫助学活动。筹集资金 53.3 万元,资助 168 名特困学子圆梦大学;争取广东省希望工程助学金 1.13 万元,资助 56 名贫困中小学生。(2)开展关爱“留守儿童”和特困青少年活动。通过申请中央专项彩票基金、福彩基金和开展“一元捐”等方式,凑集资金为留守儿童和困难青少年解决课外活动需求问题,并在仁居镇黄畲新建幸福厨房 1 间。(3)落实扶贫济困工作。制订帮扶计划,落实帮扶措施,凑集资金帮助大柘镇黄沙村开展村“两委”换届选举、新农村建设、计划生育等工作。

【服务青年工作】　2014 年,共青团平远县委员会做好服务青年工作。(1)服务青年思想交流。举办“平远青年论坛”活动,把青年发言材料推荐到《平远学刊》进行公开登载。在 2014 年度《平远学刊》试刊号和第 2 期中,共登载 9 篇文章,实现成果的共享。(2)增强青年交流交友。举办青年干部座谈会、“玫瑰有约”青年联谊活动和“青春杯”足球邀请赛等活动,促进青年的沟通和交流。(3)服务青年置业安家。与平城花园、优山美地、新田花园、金色华府、翠拥华庭等房产商沟通合作,推进青年房产团购活动,改善青年的生活环境。(4)服务青年就业创业工作。实施“领头雁”培养计划、“展翅计划”;与平远县人社局举办平远县大学生电子商务培训班 2 期;挖掘农村青年创业小额贷款、YBC(中国青年创业国际计划 Youth Business China,简称 YBC)贷款等渠道,整合资源,加强与平远县农业银行、信用社、YBC 等金融机构的沟通与合作,为青年创业提供资金支持。

【服务社会工作】　2014 年,共青团平远县委员会组织全县青年做好服务社会工作。(1)组织青年参与生态建设。3 月 20 日,在石正镇广州公园启动“保护母亲河 · 美丽中国梦”解放军青年林项目。截至 2014 年底,该项目是全省唯一申报成功的项目,争取到解放军特殊团费 200 万元,其中 100 万元前期项目经费已到位。团中央、团省委、团市委,解放军总政治部和市县主要领导莅临参加活动。通过军民共建、广泛参与,向全社会宣传爱绿护绿、防止水土流失的理念,增强青少年以实际行动参与生态文明建设的责任感和使命感。(2)做好建设“平安平远”、创建“广东省卫生县城”、共青团参与青少年社区矫正试点工作和志愿者宣传等工作。

【青年志愿者服务】　2014 年,共青团平远县委员会积极组织青年志愿者参与社会各项活动。(1)紧扣县委、县政府中心工作和重大节庆,开展解放军青年林、南粤幸福活动周、国际禁毒日、关爱抗战老兵、平安平远、创建广东省卫生县城、廉洁青春等一系列志愿者活动,全年组织出动志愿者 3 万多人次。(2)牵头注册成立平远县公益义工协会,成为全县首个依法注册成立的公益爱心组织,吸收会员 200 名,开展扶贫助志、关爱抗战老兵、关爱弱势群体等各类志愿服务近 70 场,服务群众 3000 多人。(3)成立平远县就业惠民志愿服务队,吸收人社、团县委、工商、金融、民政等职能单位和爱心企业的志愿者 35 名,为群众提供宣传咨询、技能培训、信息服务、青年互助、促进青年转移就业等就业服务4场。(4)组建平远县青少年社区矫正工作服务队。结合平远县作为全省共青团参与社区矫正工作试点县的实际,发动具有社会工作、心理学、法学、教育学等相关专业知识的团干部、司法工作人员、心理辅导和政治教师、社会爱心人士共45人组建平远县社区矫正工作服务队。服务队开展服务活动9次,服务重点青少年群体2100余人,使重点青少年群体的犯罪率有效降低,复学率和就业率不断提高。

【团的组织建设】 2014年,共青团平远县委员会坚持党建带团建,不断探索团组织建设新路子。(1)举办全县团队干部培训班。6月19~20日,全县团队干部培训班在梅县区梅西镇西点培训基地顺利举办,全县60余名团队干部参加学习培训。通过为期两天的业务知识学习和户外拓展训练等内容,提升团队干部的业务能力,增强团队干部干事创业的信心。(2)夯实基层团建,实现团组织的有效覆盖。全年新建直属团组织30家,新建农村合作组织20家。落实“大团委”建设工作经费,促进基层团组织和团员青年的全面活跃。

(钟 辉)

2014年度共青团平远县委员会负责人名录

书 记:郭 亿

副书记:余 军 陈 祺(11月起任)

平远县妇女联合会

【纪念“三八”节系列活动】 2014年,平远县妇女联合会(简称“平远县妇联”)在“三八”节期间,举办“玫瑰有约”青年联谊会,同时开展妇女儿童维权周服务,维护妇女儿童合法权益,并对部分困境妇女儿童进行慰问。

【增收致富支持行动】 2014年,平远县妇联争取省级财政贴息资金15万元,开展妇女增收致富支持行动,发放贴息贷款244万元,解决61名妇女生产发展中资金不足的问题,带动妇女创业就业。

【“妇女之家”建设】 2014年,平远县妇联争取6万多元,创建长田镇长安村等5个省级第二批“妇女之家”示范点,并提升全县“妇女之家”的管理和服务功能。

【“四援助”民生服务】 2014年,平远县妇联争取各类救助物资、募集社会善款29.8万元,帮助困境妇女儿童解决住房难、看病难、读书难、就业难问题。其中,筹资5万元在长田镇长安村创建省级示范农村儿童友好社区,被评为省级优秀示范点;争取各类基金16.5万元开展爱心父母牵手困境儿童、援助特困中小学生就学、援建母亲安居房、实施“两癌”救助等援助活动,共援助各类困境妇女儿童138人;争取上级慈善部门4.3万元物资,为221名贫困母亲、困境儿童、贫困婴幼儿赠送“母亲爱心邮包”、迈高奶粉和爱心温暖包;争取腾讯公益基金4万元,援建茅坪中心小学“益行运动场”。

【家庭文明创建】 2014年,平远县妇联把平安家庭等各类特色家庭创建工作的重心放在发动基层妇女和家庭踊跃参与上,引导全县妇女和家庭传承家庭美德,培育和践行社会主义核心价值观,组织开展寻找最美家庭、慈母、贤妻、孝女等特色活动,热柘镇杜余凤等两户家庭被授予“广东百户最美家庭”荣誉称号、县一小刘小凤等4人被授予“广东百名贤妻”荣誉称号、东石镇林小清等两人被授予“广东百名孝女”荣誉称号。

【妇女儿童合法权益维护】 2014年,平远县妇联做好妇女信访维稳工作,全年受理群众来信来访案件29宗,调处率达100%,实现维权与维稳的有机结合。

【妇女干部队伍建设】 2014年,平远县妇联推动女性进村(社区)“两委”工作,143个村(社区)均配备女性成员,举办村(社区)妇代会主任培训班,加强妇女干部队伍建设。

(余春莲)

2014年3月29日,省级儿童友好社区关爱留守儿童活动在长田镇长安村举行

2014年度平远县妇女联合会负责人名录

主　席:李琼珍(女)

副主席:张伟英(女)　姚映兰(女)

平远县归国华侨联合会

【助学、助困活动】 2014年,平远县归国华侨联合会(简称“平远县侨联”)开展助学、助困活动。(1)开展“侨界助学行动”助贫困生圆求学梦。①筹集2.4万元助学款,资助6名特困侨眷子女圆大学梦。②与浙江省新华爱心教育基金会审定批准的第三期“珍珠班”在平远中学开班,“珍珠生”50名,高中三年生活补助费每人0.75万元,共计37.5万元。(2)开展“送温暖·献爱心”活动。慰问困难归侨28人,筹集慰问金和慰问物品3万元。(3)配合香港梅县同乡会理事长、香港有权国际集团董事长李有权博士开展扶贫敬老慰问活动。1月5日,李有权博士给260名贫困老人、困难归侨和困难侨眷每人发放300元至500元不等的慰问金和价值200多元的毛毯一张。

【参政议政】 2014年,平远县侨联推荐侨眷参加全县非党人士座谈会,组织侨界人大、政协委员围绕群众关心的热点难点问题撰写提案,为振兴平远发展作贡献。平远县政协委员、侨联名誉副主席、侨眷谢渊因业绩突出在第九次全国归侨侨眷代表大会上被中国侨联、国务院侨务办授予“全国归侨侨眷先进个人”荣誉称号。

【海内外联谊】 2014年,平远县侨联广泛组织学习宣传《中华人民共和国归侨侨眷权益保护法》《广东省归侨侨眷权益保护法实施办法》和《中华全国归国华侨联合会章程》。增强群众对侨联的理解、认识和支持。加强海内外联谊工作,热情接待回乡侨胞、港澳台同胞。邀请马来西亚霹雳嘉应会馆(姚德胜先生为创始人之一)总务谢万富组织的返乡侨胞30多人到平远观光考察,让更多的华侨关注姚德胜先生故乡的发展与变化。(吴运兰)

2014年度平远县归国华侨联合会负责人名录

主　席:林永升

副主席:林桂凤(女)

平远县残疾人联合会

【残疾人社会保障】 2014年,平远县残疾人联合会(简称“平远县残联”)将全县2237名重度残疾人纳入新型合作医疗保险,将679名60周岁以上的重度和智力、精神残疾人纳入农村社会养老保险,费用由县财政代缴。

【残疾人康复服务】 2014年,平远县残联扎实做好服务残疾人的康复工作。(1)加强残疾人康复服务场所管理和机构建设工作。加强对大柘镇、长田镇残疾人社区康园工疗中心的管理,为会员们加入人身意外团体保险,确保康园工疗中心的正常运作;加强智力残疾儿童康复训练中心的管理,保证20多名智障儿童进行较系统训练,康复效果良好;加强辅助器具服务站建设,努力按上级残联要求做到有人员、有场地、有牌子、有印章、有经费。(2)提供居家康复服务。县残联聘请医生为25名贫困家庭残疾人上门提供居家康复服务。(3)开展助残活动。在助残日期间,县残联到各镇开展残疾人康复就业咨询义诊和辅具配发活动，免费为残疾人送医送药和配发辅助器具，为仁居镇敬老院和其圩镇周围的12名长期瘫痪在床的肢体残疾人上门残疾鉴定，解决他们出行不便的实际困难。(4)开展扶贫复明手术车下乡免费服务。11月，梅州市扶贫复明流动手术车到东石镇卫生院，为周边镇的白内障患者施行白内障手术，同时开展辅具需求筛查咨询活动。筛查白内障患者98例，施行白内障手术22例。

【全国白内障无障碍县创建】　2014年，平远县残联开展全国白内障无障碍县创建。3月，平远县政府召开动员大会，利用电视、专栏、网站等途径进行宣传，选定人民医院为定点医院，开展筛查，免费为广大白内障患者施行复明手术，完成手术268例。2012～2014年，全县实施手术874例。11月，通过省级评审验收，平远县被评定为全国白内障无障碍县。

【就业保障金征收和培训】　2014年，平远县残联较好地完成了就业保障金征收任务。举办培训班5期，培训192人次，其中盲人定向行走培训2期，培训40人次，发放盲杖一批；举办残疾人专职委员及职业技能培训2期，培训90人次；举办读屏软件培训1期，发放读屏软件60只；培训残疾人雇主2人。安排残疾人就业15人。其中，按比例安排残疾人就业9人；集中就业3人；个体就业和自主创业3人。

【残疾人“津补贴”发放】　2014年，平远县残联按照省残联工作要求，争取县财政追加预算，确保残疾人“津补贴”发放工作的落实。2014年平远县发放2013年度、2014年度残疾人“津补贴”金额525.25万元，其中2014年度384.96万元。

【惠民实事】　2014年，平远县残联完成县级民生实事任务。其中，完成2014年度1942名低保户生活津贴每人600元/年、2237名重残护理补贴每人1200元/年的发放工作；完成为441名贫困残疾人(其中331名视力、75名听力、35名肢体残疾)免费提供康复服务工作；完成为视障人员免费配发读屏软件60例。

【市第六届残疾人运动会备战】　2014年，平远县残联为备战11月举行的市第六届残疾人运动会，挑选20多名运动员进行集训。平远残疾人运动员参加了田径、自行车、羽毛球、飞镖、象棋等项目比赛，夺得9金3银2铜的好成绩，在各个项目都有新的突破，县代表团获得市组委会颁发的体育道德风尚奖和优秀组织奖。

【全国残疾人自行车锦标赛参赛】　2014年，平远县残联组织全国冠军黄双凤参加全国残疾人自行车锦标赛，再获女子T2级公路10公里个人计时赛金牌和公路25公里大组赛银牌。

【信访维权和日常工作】　2014年，平远县残联受理残疾人来访来电160人次，答复信访案件10宗。完成残疾人核查工作任务，全县核查残疾人4841人；维护和充实残联网站1个；做好残联快报、年报等统计工作；按要求实名录入残疾人的各项数据信息等。

2014年11月5日，创建白内障无障碍县验收评审会场景

【存在问题】　由于平远县没有残疾人康复中心，许多康复服务无法开展。残疾人就业渠道狭窄，残疾人的就业现状达不到上级的要求和无法满足残疾人的需求。残疾人就业能力低，大多达不到企业的应聘要求。残疾人数不断变化和更新，有些辅助服务跟不上需求。

(卓　强)

2014 年度平远县残疾人联合会负责人名录

理 事 长：王永联

副理事长：丘秋荣（女）

平远县文学艺术界联合会

【概况】 2014 年，平远县文学艺术界联合会（简称“平远县文联”）加强协会组织和文艺家队伍建设，扎实开展一系列形式多样、精彩纷呈的文学艺术创作、交流、展览、采风活动和系列作品结集出版工作，从中创作了一大批具有平远特色的精品力作，促进县内外文艺交流力度，提高平远文学艺术的影响力和文艺软实力，全县文学艺术得到进一步的繁荣和发展。

【梅州市“百人诗会”】 2014 年 6 月 27 日至 29 日，平远县文联举办“我带大家写平远”为主要内容的“山水画卷 · 田园牧歌”梅州市第十三次（平远）百人诗会，闽粤赣 3 省 12 县的诗友以诗为媒，吟诵平远山水田园和人文景观。广东中华诗词学会会长肖耀堂，平远县委书记曾尚忠，梅州市文联主席肖伟承和县领导凌声宏、陈颖明、陈远航，嘉应诗社社长王伟怀，梅州市各县（市、区）文联、诗社、楹联学会负责人，以及来自江西省寻乌县、安远县和福建省武平县、上杭县等 3 省 12 县的 160 多名诗人参加了盛会。百人诗会与会代表前往差干镇五指石、松溪河、上举相思谷参观采风，并在飞龙慈橙产业园举行诗歌吟诵文艺晚会，在迎宾馆召开诗会大会和诗友挥毫献艺等活动。该次诗会共创作 600 多首诗词，全国名家纷纷寄来贺联和诗词近百首。7 月 28 日，《梅州日报》开辟专版——《山水画卷 · 田园牧歌——梅州市第十三次（平远）百人诗会作品选萃》。9 月，《嘉应文学》推出百人诗会平远专号。

【《我带大家画平远》画册出版】 2014 年，为全面宣传 2013 年举办的“我带大家画平远”采风创作活动取得的艺术成果，促进平远文艺事业的繁荣与发展，县委宣传部、县文联、县书画院编辑出版《我带大家画平远》画册。该画册由岭南美术出版社出版，内容较丰富，品种较多，风格各异。全书入编作品 188 幅。其中，县外画家作品 115 幅；县内画家作品 73 幅。

【摄影大赛开镜仪式】 2014 年，平远县文联组织的“山水烂漫 · 醉美泗水”摄影大赛开镜仪式于 5 月 10 日在泗水镇文贵村普滩村民小组举行，县领导张荣忠、姚小玲，县纪委副书记陈永和及相关领导和嘉宾参加。

【平远县书法作品展】 2014 年 9 月 29 日至 10 月 7 日，由平远县文联和梅州市书协主办，平远县书法家协会承办的“平远人文 · 诗情墨韵——平远县书法作品展”在梅州市文学艺术中心开展。它是平远书法家首次走出山门、在市一级平台举行的书法作品展。中国书协理事、广东省书法家协会常务副主席兼秘书长纪光明，市政协副主席张光明，市委宣传部常务副部长李伟金，市文联主席肖伟承，老同志涂麟清、何万真，中共平远县委常委、宣传部长陈颖明等领导和平远书法界的朋友参加了开幕式。该次书展的筹办历时 3 个月，广大书法作者投稿热情踊跃，征得作品逾百件。该次展览作品，集中反映平远书法创作总体水平，真草隶篆俱备，篆刻兼有，笔情墨趣，异彩纷呈。《梅州日报》作了专题报道，并开设平远书展专版；县文联和县书协还积极筹措经费，编辑出版《“平远人文 · 诗情墨韵”作品集》。

【平远县文艺工作座谈会暨书刊首发式】 2014 年 11 月 18 日上午，平远县文联在县迎宾馆举行“平远县文学艺术界学习贯彻习总书记在文艺工作座谈会上重要讲话精神座谈会”暨《山水漫画 · 田园牧歌——我带大家画平远作品集》、百人诗会专刊《嘉应文学》平远专号首发式。县委书记曾尚忠，县委常委、宣传部部长陈颖明讲了话，座谈会和首发式由副县长陈远航主持，县文联主席和县文联下属

10个协会的代表,围绕习总书记的讲话精神积极发言,畅谈感受和体会。县委宣传部领导、全县各镇宣传委员、县直各系统党委副书记、县文联全体干部参加会议。

【文艺协会组织建设】 2014年,平远县文联加强文艺协会组织建设,有效激励各协会。(1)规范管理,做好10大文艺协会(社)的会员信息采集工作,着手对全县428名会员重新进行建档,做到一人一档,一会一档。(2)修改各协会章程,例行换届,对5年未举行换届的协会进行换届,重新选配领导班子,注重年青艺术家的组成比例。12月18日、19日,县民间文艺协会和县摄影协会分别进行换届选举,肖丁城当选为县民间文艺家协会主席,林庄当选为县摄影家协会主席。(3)在组织上和经费上支持各协会开展活动。

【采风和对外文化交流活动】 2014年,平远县文联多次组织各协会进行采风和对外文化交流,拓展文艺家的视野。(1)县文联组织县文学、摄影、书法、戏剧、美术、音乐、曲艺、诗社、舞蹈、民间文艺等10个文艺家协会主席,深入到八尺镇和差干镇开展调研和采风活动,通过活动丰富创作素材。(2)弘扬客家文化,推进两地文化交流。组织文艺家到东莞、深圳、福建武平、连城等地,进行文学艺术交流,开展对外文学艺术采风创作活动。9月16日至19日,县文联、县文学协会应连城县中国冠豸山文学艺术院邀请,派员参加福建省连城县人民政府主办的闽粤赣三省客家地区文学采风活动。(3)组织参加"全省首届中老年舞蹈大赛"。11月21日,由县舞蹈家协会组织编排、平远县老年干部学校舞蹈队表演的舞蹈《相思河》,前往佛山市南海区狮山镇罗村文化中心参加由广东省舞蹈家协会主办的广东省首届中老年舞蹈大赛。《相思河》作为平远县代表梅州市舞蹈家协会选送赴省的唯一参赛作品,获得创作组优秀奖。

【评选推荐工作】 2014年,平远县文联积极做好首届全市民间文化技艺大师和"广东十大茶乡"系列评选推荐工作。(1)按照市的评选条件,平远县文联推荐三位民间文化技艺大师候选人,其中从事瓷碗打击乐技艺40多年的民间技艺人才姚旭东被评为梅州市首届民间文化技艺大师。(2)"广东十大茶乡"系列评选初评于10月30日揭晓,全市入围24家茶乡,49款名茶。由平远县文联、平远县民间文艺家协会推荐的古意新茗牌石正云雾有机茶绿茶和红茶成功入围49款名茶。

【接待活动】 2014年,平远县文联热情接待工作采风的各级文艺工作者,展现了平远热情好客的风貌。(1)承接"品鉴岭南—中国著名作家广东行"采风团到平远采风活动。10月21日,在县委常委、宣传部长陈颖明、县文联主席李梅陪同下,采风团团长、中国作家协会副主席、著名作家谭谈和陈世旭、关仁山、刘玉民、储福金、水运宪等10位获"茅盾文学奖"及"鲁迅文学奖"的知名作家到平远五指石景区、相思河、相思谷等地开展采风活动。(2)协作举办"艺纛展韵平远行"活动。由中华文化发展促进会理事、广东省出版集团书画院常务副院长刘胄人为团长,广东电视台工会主席贺贤亮为副团长共28人的采风团,分别到平远县差干五指石、上举仓子下、东石丰泰堂、县城石龙寨采风,了解客家风情,众书画家还在县城举行书画挥毫笔会活动。该次活动由广东省出版书画院、广东电视台书画摄影俱乐部、广东省硬笔书法协会、中共平远县委宣传部主办,梅州市文联、平远县政协办公室、平远县文联、平远县书画院、平远县摄影家协会协办。刘许川、陈征宏、陈颖明等县领导和县文联主席参加了活动。(3)组织省、市、县作家到平远采风。10月18~19日,梅州市作家协会、梅州日报社与平远县文联、平远县文学协会联合举办"省市县作家平远采风活动",全国著名小小说评论家、作家雪弟,以及梅州市作协部分知名作家、平远县本土作家10多人参加采风活动。采风团游览平远五指石、相思河、金穗生态园等旅游景区。作家们还开展了梅州市作协新近出版的《客都客家文学选粹》丛书的研讨活动。2014 年,县文联共接待人民日报社、上海海派画家、广州美院、广州大学美术系、惠州客家画院等 11 批到平采访的媒体记者和采风创作的文艺家。

【文艺服务】 2014 年,平远县文联积极为美丽乡村建设和城乡群众提供各类文艺服务。(1)配合有关部门做好以宣传纪念黄梅兴、姚中英、姚子青等平远籍抗日英烈事迹的纪念抗日英烈事迹展系列布展工作。县书画院专门为此次展览活动创作了一幅油画《还我河山》。(2)开展美丽乡村建设活动。组织和派出文艺人员参与上举镇、中行镇、大柘镇和五指石旅游景区、相思谷风景区、金穗生态园等单位开展文化广场、文化长廊的布局策划设计和景点导游词撰写等活动,促进各个景区的文化旅游开发;同时,协助县国税局、县地税局、县人民法院开展机关文化建设策划工作。

【人才工程建设】 2014 年,平远县文联积极向国家、省、市文艺家协会推荐发展会员和向上推荐作品,全县有 3 人加入国家级文艺协会组织,其中吴乙一加入中国作协,李程加入中国摄协,姚蔚文加入中国钢笔画联盟。《五指石栈道》《仓子山下》等四幅钢笔画作品,入展由中国美术家协会艺术委员会主办的"新荷浴辉——首届新钢笔画学术展"。为加大文艺人才的培养与宣传,不断树立文艺家新形象,县文联与县电视台携手合作,在众多文艺人才中选取 4 位文艺家进行宣传。平远电视台"橙乡纪事"栏目专题介绍了摄影家李程、青年诗人吴乙一、青年画家姚蔚文、民间艺人姚旭东等四个文艺人物的风采。

【关爱老文艺家活动】 2014 年春节期间,平远县文联主席李梅率队深入到大柘、石正等镇和梅州城区,慰问平远县 60 岁以上的省级文艺家协会会员和县文联下属协会主席共 30 多人,并与县文广新局、县广播电视台领导一起看望慰问 91 岁的老艺术家谢广海。

(县文联)

2014 年度平远县文学艺术界联合会负责人名录

主　席:李　梅

副主席:朱文清

平远县科学技术协会

【概况】 2014 年,平远县科学技术协会(简称"平远县科协")坚持"大联系、大交流、大协作"的工作思路,履行工作职能,普及科学知识,传播科学思想,推广先进技术,夯实基础,促进科协工作扎实开展。

2014 年 3 月 26 日,平远县科学技术协会在平远县田家炳中学开展科普大篷车和航模展进校园活动

【科普工作】 2014 年,平远县科协充分发挥科普主要社会力量的作用,加强与有关部门的沟通协作,以"全国科普日""全国科技活动周"等活动为平台,开展科普宣传进校园、进社区、进农村、进机关活动,在全县营造良好的科普氛围,形成大团结、大联合、大协作的工作格局,促进全县各类人群科学素质的提高。全年展出《培养诚信,保护隐私》《青少年如何自我保护》《餐厨垃圾,合理利用》等 100 余幅科普挂图,发放《健康知识集萃》《从饮食说健康》《全民科学素质行动计划纲要》等书籍 500 多本,印发节能环保、食品安全知识窗、防震减

灾等资料6000多份,悬挂横幅10余条。同时,发动青少年参加科技创新大赛。8月,县科协与教育局商定,派出6名科技辅导员到市科协培训,并发动全县学生参加广东省第30届青少年科技创新大赛。评选出9幅优秀少年儿童科学幻想绘画作品,并推荐参加梅州市青少年科技创新大赛。

【社会组织建设】　2014年,平远县科协规范县内学会、协会、研究会的组织管理,鼓励和引导各学会紧密结合科技工作重点,广泛开展学术交流、科学普及、科技服务等活动,提升"学术为本、科普为责、服务为魂"的能力,推动学协会改革与发展,探索学协会活动项目化管理与支持。以县慈橙专业协会为试点,从资金和技术上支持慈橙专业协会推广新技术、建设慈橙科技服务站,促进学协会管理走上制度化、规范化、科学化的轨道,努力把学会建成会员之家。全县有各类学会(协会、研究会)37个,会员37776人,直接联系着1000余名科技工作者和2000多个科技示范户、农村技术骨干,逐步形成以县科协为枢纽、学会为支柱和农村专业技术协会为基础、科普带头人与科技示范户为骨干的科协网络。

【科普示范基地建设】　2014年,平远县科协把金穗创意生态农业科普示范基地(简称"金穗科普基地")的建设作为科协一项重要工作来抓,引导金穗科普基地突出科普特色,向广大农户引进新品种、推广新技术,并与农户签订种植收购合同,对农户实行保护价收购,带动群众共同耕山致富,实现农民增收和企业发展的双赢,促进平远优质稻产业的飞跃发展。8月,金穗科普基地被中国科协和财政部评为全国基层科普行动计划农村科普示范基地。至年底,全县共建市级科普示范基地6个,国家级农村科普示范基地2个。

【服务科技工作者】　2014年,平远县科协采取多种办法和措施,为科技工作者发挥聪明才智创造条件。维护科技工作者合法权益,及时向有关领导和单位反映科技工作者呼声;拓宽科技工作者学术交流渠道,开展多学科、综合性学术交流,增强科技交流与合作;开展党日活动,组织机关干部走出去学习交流。同时,在科协机关内设立"科技工作者联络室",加强科协组织与科技工作者、学会与会员之间的感情沟通,让联络人有"家"的感觉,使科协团体更具凝聚力。

(李　琴)

2014年度平远县科学技术协会负责人名录

主　席:杜永灵

副主席:谢燕霞(女)

兼职副主席:叶振华　陈先镜

平远县红十字会

【机构改革】　2014年2月,平远县卫生局与平远县人口和计划生育局进行机构改革,整合设立平远县卫生和计划生育局,3月正式挂牌。根据平远县机构编制委员会《关于印发平远县红十字会机关主要任务和人员编制规定的通知》精神,县编委批准平远县红十字会为副科级群团机关,单独设置,按照《红十字会法》和《红十字会章程》独立自主地开展工作,办公地点设在平远县卫生和计划生育局。

【红十字会精神宣传贯彻】　2014年,平远县红十字会学习宣传贯彻《中华人民共和国红十字会法》。(1)开展多种形式的宣传,通过报纸、电视、广播电台宣传红十字会的性质及县红十字会的活动,并印发宣传资料,扩大红十字会的社会影响。(2)开展"5·8"世界红十字日纪念活动,将纪念日活动与宣传红十字会知识、义诊活动、无偿献血活动结合起来,树立红十字会的良好社会形象。(3)结合贯彻《中华人民共和国红十字会标志使用办法》,清理滥用红十字会标志的现象,维护红十字会标志的严肃性。全县各卫生计生单位无滥用红十字会标志的现象。(4)做好中国红十字会总会机关报刊的订阅工作,根据省红十字会关于做好《红十字报》《博爱》杂志征订工作的通知,要求各会员单位征订。

【备灾救灾】 2014年,平远县红十字会弘扬“人道、博爱、奉献”的红十字精神,发挥红十字会在人道主义救助领域政府的助手作用,开展备灾、救灾活动,每有灾情,县红十字会及时主动与上级红十字会联系,争取上级援助,开展救灾工作。2014年,县红十字会配备赈灾物资10吨。

【社会救助】 2014年,平远县红十字会坚持“救死扶伤、扶危济困、敬老助残、助人为乐”的工作方针,开展救治、扶老、助残、助学、助医等人道主义社会救助服务活动,扩大人道主义救助范围。年底开展“红十字博爱送温暖”活动,组织慰问福利院、敬老院、麻风村和贫困户,送上棉被、衣服、粮油和慰问金。同时,将上级红十字会下拨的药品分配到乡镇卫生院开展“帮扶贫疾农民”活动,对特困大病群众的求助给予力所能及的救助。2014年,共救助109人次,发出救助金4.5万元。

【医疗救助】 2014年,平远县红十字会组织巡回医疗队到各镇村、老区开展“送医送药”义诊活动,免费为群众诊病、健康咨询、检查、发药,并发放宣传资料,开展健康宣教和常见急救知识、血液生理知识、献血输血基本常识的宣传。2014年,全县参加无偿献血1150人次,献血21.2万毫升。

【医卫科普】 2014年,平远县红十字会结合“5·8”世界红十字纪念日、巡回医疗、义诊活动等发放宣传资料,进行救护知识宣传,为普及常见急救知识和献血、输血基本常识,提高中学生在紧急救护和自我保护方面的素质,市红十字会下发《紧急救护和血液生理知识》小册子作为高中年级学生的相关学习课程。通过对卫生救护知识的宣传培训,使广大人民群众进一步加深对红十字会的认识,增强群众的自救和互救能力。

【红十字青少年工作】 2014年,平远县红十字会稳步发展红十字会青少年组织,壮大红十字青少年队伍,学校红十字会开展以弘扬“人道、博爱、奉献”红十字精神为主题的青少年活动,把红十字青少年活动作为推进学校素质教育的有效途径,各学校红十字会结合实际在小学生中开展卫生常识、防病知识和红十字会基本知识宣传,培养良好生活习惯和自我保护能力;在中学生中重点开展红十字会基本知识和红十字会法宣传、救护知识普及和开展预防艾滋病宣传,远离毒品、远离烟草教育活动,组织师生开展救灾、助学、助医捐款活动和社会志愿服务活动,树立青少年关心社会、服务他人、乐于奉献的优良品德。

【基层组织建设】 2014年,平远县红十字会健全壮大基层组织和加强红十字会会员、志愿工作者队伍建设和管理,组织推动机关、企事业单位、学校、社会团体等100多个单位成为团体会员单位和成立学校红十字会基层组织,发展团体会员、会员和志愿者,开展红十字青少年工作,促进广大青少年健康成长,为红十字会事业良性发展奠定基础。2014年,全县红十字会基层组织45个,会员31401人。其中,全县18间医疗卫生单位为红十字团体会员单位,会员843人;中、小学校红十字会青少年组织27个,青少年会员30558人。红十字志愿工作者57人。(钟丽莲)

2014年度平远县红十字会负责人名录

会　　长:姚小玲(女)

常务副会长:林　强

副 会 长:刘兰娇(女)　姚玉红(女)

平远县工商联

【概况】 2014年,平远县工商联围绕县委、县政府中心工作,以第二批党的群众路线教育实践活动和非公经济人士理想信念教育活动为载体,充分发挥工商联(商会)统战性、经济性、民间性的优势,把强化服务功能、拓宽服务领域、提高服务水平作为不断探索和追求的工作目标,通过为会员提供学习宣传、知识培训、经贸洽谈、信息交流、维权等形式的服务,引导民营企业实施创新发展战略,加快企业转型升级步伐,提升发展层次和质量,促进平远县"两个健康"发展。

【工商联组织建设】 2014年,平远县工商联通过加强领导班子建设、基层组织建设和壮大会员队伍,整体提高组织的凝聚力和影响力。(1)加强领导班子建设。为适应新的形势,增强工商联的凝聚力和影响力,平远县工商联以召开执委会为契机,选拔一批政治素质好、经济实力强、有社会责任感,热爱商会事业的民营企业家进入领导班子,并对原有班子成员进行适当调整。在2月21日召开的县工商联十二届三次执委会上,增选2名常委、9名执委,县工商联执委人数达到61人。其中,企业家兼职副主席19人;常委6人;执委32人。(2)加强基层组织建设。针对基层商会存在"重组建、轻管理",工作发展不平衡等现状,年初,平远县工商联将八尺镇商会确定为平远县基层组织建设示范点。平远县工商联对示范点建设工作非常重视,指定1名商会领导进行具体业务指导,进一步理顺当地党委政府对镇级商会组织的隶属关系,两个镇商会的班子建设、制度建设、会务管理、作用发挥等方面得到进一步完善。年底,组织全县乡镇商会长参观学习并到差干镇商会换届选举大会现场进行观摩,学习和交流基层商会建设工作经验,逐步使平远县基层商会工作走上规范化、制度化的路子。(3)发展壮大会员队伍。平远县工商联充分调动机关干部、基层商会长的积极性,注重在各个行业发展前景好、社会责任感强、热心工商联事业的非公经济人士和在社会组织中发展新会员,不断扩大工商联的影响力。全年发展个人会员228人,年底,会员人数达到505人。

【服务民企】 2014年,平远县工商联建立完善班子成员挂钩联系企业制度,首次开展走访执委月活动,进一步创新执委活动形式,分行业、分类型有针对性开展学习交流活动。全年组织召开主席企业例会、常执委企业、基层商协会座谈会5次,搭建政企沟通平台,积极向上反馈民营企业家们的意见建议,经归纳梳理,全年共收集各类意见建议22条。县委、县政府主要领导高度重视,要求相关部门逐条反馈落实情况,尽力帮助企业解决问题,同时,县委办、县府办专门发出《情况通报》,使企业家们进一步增强投资发展信心。同时,平远县工商联还统一建立信息服务平台,利用网站以及短信平台免费为4家会员企业发布招商、招聘、产品推介等相关信息。

【教育培训】 2014年,平远县工商联为提高非公经济人士的整体素质,采取座谈交流、召开会议、外出考察、组织推荐、专题讲座等五种形式,加强对企业家的教育培训。(1)平远县工商联组织召开参加2013年清大、北大、浙大培训的18名企业家学习交流座谈会,一起分享和交流学习心得。(2)在2月底召开的三次执委会上,举办政策、法律知识讲座,邀请李东宏同志为与会企业家上课。(3)结合非公经济人士理想信念教育活动,5月中旬,组织部分民营企业家到革命圣地延安开展主题为"弘扬延安精神、践行群众路线"的考察学习活动。(4)7月,召开非公经济人士理想信念教育学习交流会,邀请县委党校高级讲师刘森平为工商联干部及执委企业家作题为"中国梦,我们的梦"的专题讲座。(5)10月,组织民营企业家到清远考察学习,参观考察有关企业及清远市平远商会,促进商会之间的交流。同时,推荐5名民营企业家参加梅州市清华大学第六期企业家自主创新高级研修班学习、2名企业经营管理人才赴广州对口企业交流学习。组织20多名企业家到客天下参加"危机管理与媒体应对”“商业模式创新与控制”专题讲座，还组织24家规模以上民营企业负责人赴广州开展战略性新兴产业专题培训。

【引导民营企业承担社会责任】 2014年，平远县工商联发动非公有制经济人士参与“扶贫济困日”活动、“大爱平远”等活动，共捐款299.9万元。引导人大代表、政协委员参政议政，围绕平远县经济社会民生热点问题建言献策。全年非公经济人士中的人大代表、政协委员共提议案、提案、建议16件。为进一步增强工商联（商会）组织的影响力，由主席会议决议，设立工商联（商会）扶助金，直接开展扶贫帮困。扶助金成立后，共收到民营企业家的爱心捐款12.1万元。结合“大爱平远”活动，分批组织民营企业家到东石、仁居、八尺等镇开展困难帮扶慰问活动，发放帮扶慰问金6.05万元。

【非公党建】 2014年，平远县工商联借助县非公系统党委挂靠到工商联这一工作平台，进一步规范全县非公企业党建工作。调整支部书记4名，支委7名；发展正式党员20名、吸收预备党员10名，确定建党对象16名。党务干部、建党对象的素质得到新提升，举办1期全县“两新”组织支部书记培训班，组织63名党务干部、28名建党对象参加党建业务、党务知识培训；党建示范点创建工作取得明显成效，3个市级、5个县级党建示范点分别达到“五个好”创建标准，在全县非公企业党组织中树起一批特色鲜明、可看可学的“标杆”。制度建设和党员管理进一步规范，多数非公党组织按要求制订并悬挂《党支部工作职责》、“三会一课”等党建工作制度，发展党员、党费收缴等工作程序逐步规范。（参见“县非公有制经济组织系统党委”条目）

【招商引资】 2014年，平远县工商联与县招商局联合引进梅州市鹏鹰实业投资有限公司，投资6亿元人民币在平远县大柘镇石龙寨新建休闲、度假、旅游项目。该项目分三期建设，规划用地300亩，将建设石龙寨国际俱乐部、风情旅游街、体育健身运动场所等。

（曾运香）

2014年度平远县工商业联合会负责人名录

主　　席：何运生

常务副主席：张惠兰（女）

副 主 席：肖兰森　李平秀（女）

2014年12月12日，平远县民营企业家代表座谈会在财政局会议室召开

平远县人民武装部

指导思想

【概况】　2014年,平远县人民武装部认真学习贯彻党的十八大、十八届三中全会和习近平主席讲话精神,围绕分区提出的“发展年”目标,按照“聚军魂、备打仗、抓作风、谋发展、保稳定”的工作思路,聚焦应战、应急能力建设,各项工作均有明显提升,被省军区评为“标兵人武部”,实现了平远县人民武装部自成立后的历史性突破。

政治工作

【党委班子建设】　2014年,平远县人民武装部按照标兵人武部标准抓好党委班子团结共事能力和实干创业能力的建设,党委核心领导作用进一步增强。党委班子注重运用好“十六字”方针规范党委工作,成员之间加强情感交融,营造良好友谊氛围。“一班人”政治上相互信任,顾大局,讲原则,互相支持,拾遗补缺,共同提高。困难面前,不推诿不避让;荣誉面前,不争不抢不自私。党委班子从抓好学习入手,拓宽视野,提高思维层次,提升谋划能力。突出抓好作风建设,常抓不懈,始终保持作风过硬,树好形象,立起威信,提升各项工作的执行力。

【党建工作】　2014年,平远县人民武装部以学习习近平主席系列讲话精神为行动指南,加强思想政治建设。(1)抓实理论学习。拟制学习计划,特别是对习近平主席重要讲话进行专题学习,采取集中学习和个人自学相结合的方式,定期组织考核。(2)抓好主题教育活动。在“牢记强军目标、献身强军实践”主题教育活动中,组织干部职工认真收听分区领导授课,开展“四观”“战斗力标准”等群众性讨论。结合各项活动将教育实践活动引向深入,如参加祭拜革命先烈、参观红四军纪念园等活动。(3)抓实经常性思想教育。结合上级文件传达学习,对干部职工进行政策宣讲解释,解开干部职工思想上的疑问,对好人好事进行表扬,对落实规章制度不到位、履职尽责不力的现象进行批评。坚持领导与干部职工谈心谈话制度,并通过沟通交流,增进互相之间的了解。

军事工作

【战备工作】　2014年,平远县人民武装部以“能打仗、打胜仗”的要求抓实战备训练和动员工作,应战应急能力明显提升。并按上级要求完善战备设施。新建兵器室、弹药室、战备器材库;安装视频监控、红外报警器、指纹识别、密码防盗门、密码柜等安防设备;新增灭火器、抽湿机等消防设备。

【现役干部训练】　2014年,平远县人民武装部制订针对性的训练计划,由部领导按计划组织并参与训练,使全体干部训练成绩有很大提高。参加分区普考,3人总评优秀,2人总评良好,1人总评及格,基本达到预期目标。

【职工应急分队训练】　2014年,平远县人民武装部组建常驻民兵应急分队,并按训练计划抓实共同科目、抢险救灾、应急维稳训练。4月8日至5月16日,组织民兵应急分队及职工队伍,进行迎考强化训练,多名应急队员和职工参训,共安排32个训练日,192个训练小时,训练期间共组织5次模拟考核,涌现出一批训练先进典型。

【基干民兵训练】 2014年，平远县人民武装部按照上级军事机关赋予的军事训练任务，结合该县基干民兵布局实际，按计划组织县民兵应急与轻舟分队、安全警戒分队、作战勤务保障分队等队伍的训练，全体干部、部分职工全程参与训练指导和保障，有效提高该县后备力量的整体军事素质。

【征兵工作】 2014年，平远县人民武装部通过宣传发动、体格检查、政治审查、审批定兵，一批优秀青年确定参军入伍。9月1日，在平远县迎宾馆召开"阳光征兵"定兵现场会，省军区司令员、军分区司令员、政委以及平远县党政主要领导和平远县人民武装部领导出席现场会，会议准备充分，组织严密，整个过程公开、公平、公正，受到省军区司令员的充分肯定。

【纪律建设】 2014年，平远县人民武装部以纪律建设为重点，依法治军、从严治军，部队管理更加科学正规。(1)假军车号牌专项清理教育整顿。按照筹划部署、学习教育、清理整治、整改提高四个阶段，组织实施"四个一"活动：组织一次条令条例、法律法规学习教育；领导与干部职工进行一次谈话；组织一次思想清理清查；进行一次军车号牌和私家车使用管理情况清查，并登记造册。(2)开展"学法规、用法规、守法规"活动。强化干部、职工正规意识、规范"四个秩序"(战备秩序、训练秩序、工作秩序、生活秩序)，树立良好军人、军车、军营形象，促进平远县人民武装部管理和正规化建设水平整体提升。(3)开展"消除安全隐患整治"活动。按照深入动员、拉网排查、整改验收三个阶段，进行全面排查整改。对重要岗位人员组织审查考核；清理登记干部职工私家车、驾驶证；清查仓库、兵器室和弹药室枪支弹药；组织干部、职工智能手机进行审批、登记；开展涉密载体"清零"行动，注册登记涉密设备，销毁报废涉密设备和文件；成立应急处突小分队，配备警棍、盾牌、防爆头盔等应急处突物资。(4)正规营院管理秩序。对营院住户、车辆进行逐户、逐车清理登记，并制定营院管理相关规定，启用常驻应急分队队员进行值班值勤。定期组织对营院卫生进行清理整治，开展营区"消、杀、灭"活动。

后勤工作

【经费保障】 2014年，平远县人民武装部争取财政追加经费208.36万元。其中，应急分队装备器材经费69万元；县委拨工作经费1万元；文印室、器材室建设经费11万元；兵器室建设经费18万元；荣誉室建设经费4.2万元；民兵整组经费16.56万元；常驻应急分队经费85.6万元；轻舟分队训练经费3万元。另外，地方单位慰问金10.3万元。兵器室、弹药室、器材室、文印室、荣誉室以及饭堂装修等工程建设项目均已完工。

【财务制度落实】 2014年，平远县人民武装部落实财务管理制度。(1)坚持科学预算，强化预算管控。年初，召开党委会专门研究2014年度预算情况，按照要求，将所有经费支出纳入预算管理。(2)坚持依法理财，加强财经管理。坚持重大经费开支、大项工程建设、大宗物资采购等事项由党委集体研究决定，并严格按权限进行审批。每月由后勤科科长在党委会上汇报一次各项经费收支情况和预算执行情况。(3)落实《军队公务卡管理规定》和《军队单位公务卡支付结算改革实施方案》等有关文件精神，凡列入公务卡强制结算目录的经费支出，必须使用公务卡或者银行转账方式结算。对确需使用现金结算的公务支出，结算报销时附"现金使用单"，按照审批程序审批，将现金结算支出控制在公务卡强制结算目录开支比例的20%以内。

【房产租赁清理】 2014年，平远县人民武装部收回国防酒店、武器仓库与农场，并与租赁方签订解除租赁合同协议。国防训练基地(阳光酒店)收回项目,由于租赁时间短、剩余租期长、租赁方投资大等原因,至年末,还在协调、谈判阶段。

党管武装工作

【概况】　2014 年,中共平远县委书记、平远县人民武装部党委第一书记曾尚忠切实重视和解决平远县人民武装部的实际困难。"八一"节和春节,县委、县政府领导到该部进行慰问;3 月,该部会同县委组织部,对全县专武干部队伍进行一次全面调查、深入研究、综合考评,提出配备意见,根据意见进行全面衡量,合理使用;4 月,该部成立民兵常驻应急分队,补充配备了相关器材;9 月,迎接市党委武装工作绩效考评。

支持地方工作

【扶贫工作】　2014 年,平远县人民武装部领导在春节前带领干部职工,到挂点帮扶村(东石镇茅坪村)走访慰问。为帮扶的 17 户贫困户送去慰问金每户 200 元和食用油、大米等物资,并对 4 名特困户进行重点帮扶,每户 2000 元和部分物资。

【植树造林】　2014 年 3 月 20 日,平远县人民武装部在石正镇举行"解放军青年林"活动,省军区政治部主任盛强,分区政委管林海、分区主任何晓庚出席仪式并参与活动。该部政委陈友权、副部长王正义带领 50 名民兵队员参与植树造林。

【扑救山火】　2014 年,12 月 31 日,大柘镇坝头出现山火,平远县人民武装部立即启动应急方案,组织干部职工和民兵应急分队共 30 多人紧急赶赴火灾地点,会同驻地公安、消防和当地群众一起扑救。经过 5 小时的苦战,扑灭了山火。该次行动,有效地提高了官兵的实战能力。

(凌　通)

2014 年度平远县人民武装部负责人名录

部　长:王士刚

政　委:陈友权

副部长:王正义

2014 年 3 月,"保护母亲河 · 美丽中国梦"解放军青年林植树活动启动仪式在石正镇举行

政　法

政法综治工作

【概况】 2014年,平远县政法各部门(平远县公安局、平远县人民检察院、平远县人民法院、平远县司法局)加强社会管理创新、维护社会和谐稳定、深化平安建设,抓好各项工作措施的落实。全年未发生各类群体性事件,未发生危害国家安全和社会稳定的重大事件和案件。

【维稳工作】 2014年,平远县切实抓好维稳工作。(1)强化领导意识。县委高度重视维稳工作,把维稳工作作为建设美丽幸福平远的基础性、前提性工作,与经济社会发展同谋划、同部署、同推进、同考核。年初,县委维护稳定工作领导小组完善社会稳定形势研判工作,并作出部署,下发《关于进一步完善全县社会稳定形势分析研判工作的通知》文件,厘清社会稳定运行趋势,预判形势走向,研究提出针对性工作措施和意见。2014年,县委维稳办发挥组织协调作用,与相关职能部门配合,县委书记曾尚忠、县长刘许川等县主要领导亲自参与,研判制度得到有效落实。同时,县委、县政府完善县、镇两级党委领导包案制度和领导干部"一岗双责"制度,明确部门和单位维护稳定工作责任,坚持县党政领导班子成员每月15日和28日的接访制度。(2)强化排查化解。成立以县委常委、政法委书记凌志达为组长的活动领导小组,并召开全县动员会部署落实各阶段工作。2014年,全县各镇及主导部门按照"横到边、纵到底"的要求,采取属地辖区排查与系统和行业排查相结合的方式,组织全方位的排查摸底,对排查出来的案件建立基础台账,制订化解方案,落实责任单位和包案领导,明确化解措施。全年县级中心共受理群众来信来访1405宗,其中网上信访1113宗。镇级中心共受理各类信访和矛盾纠纷案件668宗,办结或成功调处635宗,调处率为95%。在化解矛盾中,把群众反映较为突出、社会影响较大、跨越时间较长的一些信访案列入疑难积案开展攻关化解,并多次专题研判,专项经营,通过不懈努力,5宗案件全部得到化解。此外,抓好专项排查化解,先后组织开展涉农、涉劳资、涉环境、涉稀土、涉高速公路、涉民办教师等专项排查化解行动,并做好稳控和化解工作,全年共组织开展各类专项行动29次,排查各类矛盾纠纷15宗,化解15宗。(3)强化源头防范。推进风险评估。做好对县重点工程、重大项目的社会稳定风险评估,对未达评估范围的项目,及时提出风险告知和意见建议,以减少社会稳定风险的产生。做好节会和敏感期的维稳工作,各节会及敏感日期间均未发生维稳安全问题和事件。

【严打整治】 2014年,平远县政法部门全力抓好严打整治工作。(1)加强部门配合。县委政法委加强对打击违法犯罪工作的组织协调,加强对全县社会状况的调研分析,突出打击重点,维护社会稳定。①公安机关以"六大专项"打击整治行动为抓手,集中警力,整体作战,坚持快速反应、快速打击、快速破案。2014年,公安机关查处治安案件3457起3996人;破刑事案件214宗,占立刑事案件518宗的41.3%,同比增加12个百分点;抓获犯罪嫌疑人161名,逮捕75名,起诉123人,打掉犯罪团伙16个,抓获网上逃犯17人。5月,县公安局荣获"2012~2013年度全省优秀公安局"荣誉称号,获省公安厅向公安部推荐申报全国公安政治工作先进单位。②检察机关扎实履行批捕起诉职责,依法惩治各类刑事犯罪,坚持快捕快诉,确保打击犯罪的力度。2014年,检察机关受理各类提请逮捕案件75件113人,经审查批准和决定逮捕56件78人;受理各类移送审查起诉案件89件115人,提起公诉107件151人,出庭支持公诉78次,除2宗2人准许撤回起诉、1宗1人终止审理外,法院已审理的均作有罪判决。③审判机关依法正确履行审判和执行职责,维护社会公平正义。2014年,审判机关受理刑事案件84件123人,结案84件123人,结案率100%;受理民商事案件602件(含旧存29件),审结579件,结案率96.18%。调撤315件,调撤率54.4%。审结标的1.35亿元;受理各类行政案件11件(含旧存1件),已审结11件,审结率100%。受理行政非诉案件71件,审结71件。同时,集中人力组织涉民生案件集中执行月活动、社会抚养费专项执行月活动等,破解执行难题。受理各类执行案件226件(含旧存9件),执结217件,执结率为96.2%,申请执行标的2870.74万元,执行到位金额2223.69万元,执行到位率77.46%。④司法行政机关以推进“五项工程”(法制宣传育民、人民调解和民、法律服务便民、法律援助惠民、安帮矫正安民)为主线,构建公共法律服务体系。2014年,司法行政机关参与草拟、审查、修改重点工程项目合同78份,参与重大事项研办23场次,派出律师参与陪同县领导接访24人次,担任政府、企事业单位等常年法律顾问60家,办理诉讼和法律服务案件115件,其中承办刑事、民事、行政等各类诉讼案件33件、非诉讼法律事务82件,开展法制讲座8场次,受教育人数1200多人次;义务为群众解答法律询问400多人次。(2)打好禁毒攻坚战。公安机关于5月正式成立禁毒大队,并采取打防管建教各项措施,打好禁毒攻坚战。2014年,查处涉毒案件28宗,抓获涉毒嫌疑人30人,其中刑事案件2宗2人、治安案件26宗28人,强制隔离戒毒6人,责令社区戒毒8人。(3)深入开展“黄赌毒”整治工作。以创建“平安平远”为重点,把整治“黄赌毒”工作纳入“创建平安平远暨社会管理综合治理工作考评”内容。同时,县委、县政府成立督查工作组,由县委政法委牵头,成员从县纪委、县委政法委、县工商局、县文广局、县公安局等部门人员组成,采取不定期的方式,对“黄赌毒”整治工作进行督查,促进整治工作深入有序开展。在“黄赌毒”整治工作中,各相关单位和部门密切配合,上下联动,各司其职,形成强大的工作合力,并取得较好的工作成效。(4)深入开展治安重点地区和治安突出问题的排查整治。县政法综治部门坚持每月对治安问题进行排查,发现问题跟踪治理。针对大柘镇入室盗窃案件较多,县综治委把该镇列为治安重点地区进行挂牌整治,大柘镇及县公安局高度重视,分别成立治安重点地区整治工作领导小组及“打盗抢”专业队伍。2014年,发生入室盗窃案件48宗,破案22宗,破案率45.8%,同比减少4宗,下降7.7%。破案率同比增加44个百分点,已组织验收符合摘牌标准,并予以摘牌。(5)深入开展对全县中小学校、幼儿园校园及周边治安秩序整治专项行动。通过派民警驻校制度,清理整顿校园及周边出租房屋和歌厅、电子游戏厅、网吧、小摊档等,净化周边环境。2014年,组织县公安、交通、教育等职能部门开展专项整治行动16次,检查396间次,排查安全隐患15处,排查校园周边治安乱点23处。

【平安创建工作】 2014年,平远县政法部门着力抓好平安创建工作。(1)抓领导责任制的落实。把平安创建和综治工作列入各镇各单位2014年度科学发展观考评的一项重要内容,切实抓实抓好。县综治办、县创平办、县社工委、县公安局等单位和部门充分发挥主力军作用,各司其职,密切配合,明确目标任务,强化领导责任,加强检查与督导,确保在领导组织、机构人员、工作措施等方面落实到位。(2)抓平安创建宣传活动。通过多种渠道,采取多种形式,加大“平安平远”宣传力度,制订和下发《关于做好2014年创建平安平远宣传工作的通知》,在县城公共场所、主要街道、国省道沿线增设固定宣传牌(栏),县直创平和综治成员单位均设有电子屏幕滚动播放平安创建的宣传标语,营造浓厚的创平氛围,提高群众的参与率和知晓率。(3)抓好“平安细胞”工程项目建设,制订和下发“平安细胞”工程实施意见,抓好各项制度措施的落实,县平安办加强督查与指导,多次组织人员对11个“平安细胞”创建工程项目开展督导检查,深入牵头单位及相应平安示范点,通过听、查、看的形式,充分了解平安创建工作的进展及存在问题,加强对创建单位的业务指导,总结交流各单位的好经验、好做法,进一步推进平安创建深入开展。(4)抓“三个一”示范工程创建。县社工委坚持把“三个一”示范工程(示范镇、示范村、示范社区)创建作为推进社会治理的重要抓手,创新举措,积极探索,更加广泛地调动社会协同和公众参与。制订出台并实施《平远县社会工作“三个一”示范工程创建实施方案》,筛选确定一个镇(八尺镇)、一个社区(大柘镇城西城南社区)和两个村(长田镇长安村、上举镇畲脑村)作试点,通过典型引路,以点带面,促进社会工作深入开展。(5)抓基层社会治理服务中心(站)建设。县综治办将此项工作纳入当年平安建设暨综治工作年度考核内容,实行一票否决。按照“一办一中心”的要求,借鉴蕉岭县的做法,依托原镇级综治信访维稳中心平台,不断健全基层综合服务管理平台,并确定仁居、八尺两个镇为试点镇,着力抓好试点镇的规范化建设。县委、县政府于7月28日在试点镇召开全县基层社会治理服务中心(站)建设现场会,明确创建目标和任务,要求参照试点镇的做法和标准进行创建。在创建工作中,县委常委、政法委书记凌志达等县有关领导多次深入到各镇进行专题调研,并提出具有指导性的意见和建议。至8月底,12个镇和143个村(居)全面完成创建任务,并正式运行。同时,县综治办根据检查验收标准,组织人员对12个镇中心和143个村(居)服务站进行现场验收。至12月底,各镇中心共受理矛盾纠纷166宗,办结153宗;为群众办理事务2624宗,办结2583宗;为群众提供法律服务100宗;收集社情民意233条;村(居)社会治理服务站共受理矛盾纠纷347宗,办结312宗;为群众代办事务3468宗,办结3382宗;为群众提供法律服务136宗;收集社情民意221条。(6)抓立体防控体系建设。县公安机关以实现“发案少、秩序好、社会稳定、群众满意”为目标,构建立体化防控体系,整合50名巡辅警力量投入街面,推行弹性布警、“警灯闪烁”以及武警联勤等巡防模式,采取设卡查车和治安巡逻相结合的勤务模式,加强繁华街区、主干道、易发案重点区域的治安防控。同时,保持185个治安视频和6个治安卡点的良好工作状态,对98个标清治安视频进行高清升级改造,充分发挥“人网”“天网”“路网”的工作效能,增强对违法犯罪的威慑力。(7)抓群防群治组织建设。大力编织县、镇、村逐级递进的民意信息网络,发挥警务信息员情报预警优势,县综治、公安等部门创新推出“三省八村”联防协作机制,延伸基层警务触角,确保警务工作前移,牢牢掌握工作主动权。(8)抓社区矫正工作。进一步完善和健全基层工作制度和运行机制,全面落实矫正措施,做好刑释解教人员的安置帮教工作,最大限度减少重新违法犯罪。(9)抓社会治理创新。在进一步健全和完善“五无”(无上访人员、无刑事案件、无群体性事件、无安全事故、无非法组织)平安村(社区)创建、“无缝合作新警务模式”“外出人员联络服务站”等先进社会管理模式的基础上,积极创新工作思路,不断探索、提升和总结好经验好做法。①县综治、公安等部门根据差干、泗水、仁居、上举、石正、中行、八尺等镇与江西省寻乌县及福建省武平县接壤的特点,建立“三省八村”(广东省平远县的湖洋村、新岭村、三达村,江西省寻乌县的书坪村、聪坑村、福中村和福建省武平县的林荣村、坪畲村)边界村级联防协作机制,涵盖“治安联防、森林生态防火联动、三省联亲”等联动协作内容。通过“三联”活动,实现“三省八村”信息、资源共享,服务互动,共创友好、稳定、平安、和谐边界关系,将群防群治工作与跨省维稳有机结合起来,实现省际联防村级联动,进一步增强省际治安案件的联合协调水平和警务工作力度。②县社工委充分利用平远县民情志愿服务队建设项目升级为“省社会创新试点项目”的有利契机,擦亮品牌,认真抓好《平远县民情志愿服务队管理办法(试行)》的落实,不断完善制度和措施,突出特色,取得新的成效。③县人民法院主动延伸审判职能,不断强化司法“社会责任”,针对隐患性、典型性、源头性问题,及时向政府部门、事业单位等提出司法建议20份,反馈率100%。④县司法局以“五项工程”为主线,推进“一村(社区)一法律顾问”工作,确定社会治理任务重、高速公路拆迁事务多的大柘、东石、仁居、八尺、石正和长田等6个镇13个村为试点开展工作,通过律师深入基层一线的上门服务、定点服务和定期服务,努力为农村、农民提供优质高效的法律服务,引导村干部依法办事,引导群众依法维权,帮助农民依法化解纠纷,有效维护村(居)平安稳定。

【禁毒工作】　2014年,平远县公安局争取县编委会的大力支持,于5月正式成立禁毒大队,并积极发挥职能作用,采取打防管建教各项措施,打好禁毒攻坚战,取得良好工作成效。全年共查处涉毒案件28宗,抓获涉毒嫌疑人30人。其中,刑事案件2宗2人;治安案件26宗28人。强制隔离戒毒6人,责令社区戒毒8人。

【防邪反邪工作】　2014年,中共平远县政法委充分发挥领导、组织和协调作用,加强与县公安局沟通与协作,强化邪教组织和非法组织的追踪调查,及时获取内幕性、预警性、行动性信息,着力提升掌控能力,严防邪教组织散布和传播谣言,串联滋事,形成现实危害。

2014年2月25日,县委常委、政法委书记凌志达(中)在县委政法委机关开展党的群众路线教育实践活动动员会上作全面动员和部署

【队伍建设】　2014年,平远县政法部门从抓学习教育和抓制度建设入手抓好队伍建设。(1)抓学习教育。以群众满意为导向,把开展党的群众路线教育实践活动和建设“平安平远”、打造“全省最具安全感的山区县”紧密结合起来,狠抓各项工作措施的落实,促进政法工作深入有序开展。通过各个环节的教育实践活动,有效解决政法干警“四风”方面存在的突出问题、关系群众切身利益问题和联系服务群众“最后一公里”等问题,进一步净化思想灵魂、优化纪律作风,广大政法干警为群众服务的公仆意识、职责意识得到明显增强。(2)抓制度建设。制订和印发《中共平远县委政法委员会议事规则》《中共平远县委政法委员会书记办公会议制度》《中共平远县委政法委员会书记办公(扩大)会议制度》等,进一步规范县委政法委员会议的相关规则。同时,结合实践教育活动整改落实及建章立制阶段,政法各单位根据在制度建设、作风纪律等方面查摆出来的问题,着力加以改进和完善。县委政

法委机关通过多次集体研究讨论，在认真听取、征求政法各单位意见或建议的基础上，结合实际，制订和完善《县委政法委机关干部理论学习制度》《县委政法委机关领导调研工作制度》等十二项在内的机关制度汇编。政法各单位结合这次教育实践活动，以建设公正、高效、文明、权威的执法司法机关为主线，各自抓好制度建设，着力健全和完善各项制度、措施，切实转变机关工作作风，增强广大政法干警的履职能力。（谢沐军）

2014年度中共平远县委政法委员会负责人名录

书　记：凌志达

副书记：黄钧震　周福香

郭广善（任至9月）

刘鹏飞（9月起任）

黎崇阳　刘梅峰

谢烈原　谢烈辉

赖钦宏

2014年度平远县社会治安综合治理委员会办公室负责人名录

主　任：赖钦宏

副主任：陈胜斌　曾　戈

2014年度中共平远县委维护社会稳定工作领导小组办公室负责人名录

主　任：刘梅峰

副主任：肖创泰

2014年度中共平远县委610办公室负责人名录

主　任：谢烈辉

副主任：王志锋　曾伟红（女）

2014年度平远县禁毒委员会办公室负责人名录

主　任：谢岳尧（任至6月）

林俊杰（6月起任）

公安工作

【概况】　2014年，平远县公安局坚持从严治党、从严治警的工作方针，加强队伍正规化建设，深入实施“客都民意警务”，大力开展“六大专项”行动和“七大”为民警务行动，加强“平安平远”建设，为县生态文明示范区建设创造稳定的社会环境。5月，平远县公安局荣获“2012～2013年度全省优秀公安局”荣誉称号，获省公安厅向公安部推荐申报全国公安政治工作先进单位。

【维稳工作】　2014年，平远县公安局落实疏导、化解、稳控等措施，针对济广高速公路以及“一城两区”建设过程中征地拆迁、山林土地等重点问题，协调联动、密切配合，妥善化解大量社会矛盾。2014年，公安机关调处民间纠纷651起，公安信访案件办结率100%，妥善处置“7·31”上举镇畲脑村民聚众扰乱公共秩序案、“3·24”中医院停尸闹事事件等群体性事件。并且加强与敌对势力、敌对分子和邪教组织的斗争，及时捣毁邪教组织窝点8处，抓获骨干成员6人，成功教育转化一大批群众。2014年，平远县没有发生危害国家安全和社会稳定的重大政治事件，没有发生重大群体性事件，没有发生影响公安机关形象的公共危机事件。

【治安工作】　2014年，平远县公安局以开展“六大专项”行动为主线，加大打击各类违法犯罪力度，掀起严打斗争高潮，维护社会治安持续稳定。2014年，平远县立刑事案件518宗破214宗，立案同比下降31.1%，破案率同比上升12.3%，八类严重案件破案率同比上升23.1%，侦破一批重大案件。2014年，抓获犯罪嫌疑人161人，刑事拘留122人，逮捕75人，移送起诉123人。并且通过现场查处、法制宣传等多种有效措施，大力查禁黄赌毒违法活动，查处治安案件3457起3996人。其中，查处卖淫嫖娼案件5宗23人；查处赌博案件101宗461人；查处涉毒案件89宗；查处涉毒刑事案件10宗，抓获吸毒人员103人，强戒34人，缴获K粉、冰毒、海洛因等毒品一批。

【防控工作】　2014年，平远县公安局树立

"一手抓打击、一手抓防范"的工作理念，实行传统措施与创新手段相结合，加强社会面防控。积极推动视频监控建设，对98个标清治安视频进行高清升级改造，保证185个治安视频和6个治安卡点正常工作，配合路面警力，充分发挥"人网""天网""路网"的工作效能，增强对违法犯罪的威慑力。2014年，平远县110报警服务台共受理刑事治安有效警情548起，同比下降24.9%。同时，进一步强化治安、交通、监所、消防管理，消除治安隐患，致力营建立体化管防格局。2014年，平远县收缴枪支395支，销毁炸药5009公斤，雷管2406发。全年未发生影响恶劣的重特大道路交通安全事故、消防安全事故、监所安全事故，未发生民爆危化品安全事故及重大涉校安全事件，安全监管形势持续平稳。

【执法工作】 2014年，平远县公安局连续两次荣获"全国公安机关执法示范单位"后，全体民警坚持以先进荣誉为动力，继续加强执法理念、执法机制和执法监督等工作，实现执法工作再上新台阶。2014年，平远县无行政复议案、行政诉讼案、国家赔偿案，涉法涉诉信访案件，案件查结率100%。执法办案中心累计使用199次，讯(询)问嫌疑人274人，均未出现违反公安部"四个一律"规定的情况，未出现涉案嫌疑人员脱逃、行凶、自伤、自残等情况，确保了执法管理安全，实现法律效果、社会效果和政治效果的有机统一。

【基层工作】 2014年，平远县公安局进一步夯实基层基础。(1)以"客都民意警务"为引领，编织县、镇、村逐级递进的民意信息网络，创新推出"三省八村"联防协作机制，强化基层工作，掌握工作主动权。2014年，通过警务信息员提供信息92条，协助公安机关侦破刑事治安案件58宗，抓获各类违法犯罪嫌疑人64名。(2)推进"平安平远"建设，实施"平安细胞"工程，创建平安村、平安景区、平安学校、平安企业，形成共创平安、共享平安的氛围。2014年，平远县有18个企业、43个学校、2个景区、16个医院参与"平安细胞"工程建设，收到良好的社会效果。(3)继续强化公安装备建设，以服务基层和服务实战为落脚点，投入资金购置84台执法记录仪、警棍、盾牌、防护服等一批警械装备，全部发放刑侦、治安、交警和各派出所等部门，进一步提高警务支撑力。

【队伍建设】 2014年，平远县公安局扎实推进队伍正规化建设。坚持"从严治警、从优待警"的方针，推进队伍作风建设、党风廉政建设，全面加强教育培训工作，队伍执法水平、廉政能力明显提高。全县公安队伍全年没有发生违法违纪的人和事，有115位民警立功受奖表彰，其中5人荣立个人三等功。

(县公安局)

2014年度平远县公安局负责人名录

局　长：黄钧震

政　委：林达宏

副书记：林俊杰

副局长：肖昭锋　谢杰俊　谢县奎

　　　　陈亚平　姚建军　谢勉嘉(挂职)

2014年7月4日，平远县公安局反恐处突动员会场景

检察工作

【概况】 2014年，平远县人民检察院以公正司法为主线，积极回应人民群众对检察工作的新期待，依法履行检察职能，各项检察工作

平稳发展,被评为“梅州市文明单位”。

【控告申诉检察】 2014年,平远县人民检察院依法保障公民的申诉控告权利。(1)接待群众来访21批46人次,其中检察长接访8次22人,受理群众举报线索29件,全部展开初查并按时处理、答复,及时疏导群众情绪,提升检察机关的执法公信力。(2)妥善解决群众合理诉求,把群众利益摆在各项工作的首位,以开展“五进”活动为契机,深入群众,了解群众的需求和对检察工作的期盼。(3)加强刑事被害人救助工作,救助刑事被害人及其近亲属6人,发放救助款5000多元,化解社会矛盾。

【侦查监督】 2014年,平远县人民检察院认真做好侦查监督工作。(1)依法保障人权,对事实不清、证据不足、无逮捕必要、犯罪情节轻微等原因的犯罪嫌疑人不批准逮捕19件35人,不起诉19件24人,充分保障犯罪嫌疑人的合法权益。(2)受理各类提请逮捕案件75件113人,经审查批准和决定逮捕56件78人。(3)依法开展侦查阶段捕后羁押必要性审查工作,提出羁押必要性审查建议1次,改变强制措施1件1人。(4)加强立案监督,共提前介入案件侦查26件50人,提出检察建议3次。

【公诉工作】 2014年,平远县人民检察院做好公诉检察工作。(1)加强侦查监督,对移送审查起诉的案件严格把关,退回侦查机关补充侦查案件14件21人,纠正违法行为2次,纠正漏捕6人,改变定性1件1人。(2)履行公诉职责,确保打击各类刑事犯罪的力度。受理各类移送审查起诉案件99件135人,提起公诉75件108人。(3)加强审判监督,出庭支持公诉78次,提出量刑建议44件61人,依法履行审判监督职能。

【民事行政检察】 2014年,平远县人民检察院依法履行民事行政诉讼监督。围绕全面深化改革大局,突出办案重点,依法妥善处理群众反映强烈的土地、环保、劳资等纠纷的诉讼监督工作,着力保障群众合法权益。严格把握行政诉讼案件的判决裁定的监督条件,强化对行政审判和执行活动的监督,防止在行政诉讼中“有案不立”“有案不判”“有法不依”等问题的发生。

【监所检察】 2014年,平远县人民检察院依法履行刑罚执行和监管活动监督。严格监督监管场所,全年共检察收押罪犯、犯罪嫌疑人138人,检察出所156人。多种形式推进驻所检察工作,举办6次检务公开活动,完善约见派驻检察官制度,接见在押人员家属16人次。排查监管场所安全隐患,发出排除安全隐患检察建议2份。

【职务犯罪预防】 2014年,平远县人民检察院坚持标本兼治、综合治理、惩防并举,做好职务犯罪预防工作。(1)强化个案预防。针对查处的职务犯罪案件,分析犯罪成因、查找制度漏洞、深挖潜在隐患,及时发出检察建议,帮助发案单位建章立制、堵塞漏洞。(2)强化系统预防。采取案例警示、法规讲座、座谈交流等形式,对重点部门、重点岗位和重点人员开展廉政法制警示教育,覆盖国土、农业、环保、林业、水利等13个部门单位,受教育700多人次。(3)创新预防宣传形式,开展“依靠群众惩治职务犯罪,公开检务强化自身监督”为主题的“举报宣传周”专项活动,同时利用网络、电视等媒体扩大宣传覆盖面。

【职务犯罪查办】 2014年,平远县人民检察院发挥敢于碰硬的精神,立案查处贪污贿赂等职务犯罪案件6件7人,通过办案为国家挽回经济损失40多万元;查办涉及矿产资源、司法系统工作人员玩忽职守、滥用职权等职务犯罪案件,立案侦查渎职侵权等职务犯罪案件2件2人,侦查终结并移送黄埔区人民检察院审查起诉3件3人,促进国家机关及其工作人员依法行政、公正司法。

【服务大局】 2014年,平远县人民检察院把工作放到振兴平远发展的大局中去谋划,充分发挥检察职能,为推动“三个定位、两个率先”的落实提供司法保障。(1)促进基层民主政治建设。保障村“两委”换届选举顺利进行。深入农村基层,普及有关村委选举的政策及法律知识,宣传选举程序,发放农村基层干部预防职务犯罪资料。在村“两委”班子换届期间,选择人口较多的石正、东石、仁居三个镇的村干部、大学生村官分别参加以涉农职务犯罪为主题的警示教育课,提高“两委”班子预防职务犯罪的能力。(2)服务经济社会发展。开展重点领域职务犯罪的专项预防工作。对影响面广、群众关注度高的东石、长田镇农业综合开发高标准农田建设工程,东石河、差干河治理工程,供电局新建配网工程等4个重点工程开展同步监督和专项预防,努力打造“双优”工程,力保政府投资安全。重视挂钩扶贫工作,出资近20万元为挂钩镇村解决实际问题,促进镇村社会经济发展。(3)加强和创新社会治理。推行适合未成年人身心特点的执法方式,加强对违法犯罪青少年的教育挽救。通过选派干警担任法制副校长、举办法制教育讲座等方式,有的放矢,预防未成年人违法犯罪。做好社区矫正工作,对全县126名社区矫正人员进行集中训诫或单独教育。加强行贿犯罪档案查询工作,开通行贿犯罪档案查询“绿色通道”,为相关单位提供行贿犯罪档案查询100多次,促进政府采购、工程建设、土地出让等阳光运作。

【科技强检】 2014年,平远县人民检察院加大科技强检力度。(1)推行统一业务应用系统和网上办公系统的使用,提高工作、办案效率和自身执法规范化水平。(2)推动涉密信息系统分级保护项目建设,完善涉密信息的保护措施。(3)完善内网、门户网站、微博微信新媒体等信息宣传平台的建设,创新宣传沟通方式。(4)完善基础设施建设,兴建新的办案用房、食堂,改善办公、生活环境。

【队伍建设】 2014年,平远县人民检察院坚持素质强检、文化育检,努力打造一支高素质、专业化的检察队伍。(1)抓好队伍建设。强化队伍专业化水平,开展领导素能培训、新录用人员培训、初任检察官培训以及业务部门的专题学习培训,提升干警的业务能力。加强队伍纪律作风建设,开展好“五个一”活动,举办廉政教育讲座3次,开展检务督察工作6次,层层签订党风廉政建设责任状22份,全院干警没有出现违纪违法现象。深化“文化育检”工作,营造文化氛围,增强队伍活力。(2)自觉接受监督。坚持党的领导,主动向党委请示报告重大检察工作决策、重要改革措施和重要工作事项。接受人民监督,主动向人大及其常委会报告工作,扎实推进“阳光检务”,邀请人大代表、政协委员视察检察工作,拓宽检务公开渠道、完善公开方式、充实公开内容,确保检务、党务工作在社会监督之下依法依规开展。

(丘　峰)

2014年3月27日,县检察长周福香(左一)率全体领导班子成员深入泗水镇大畲村为群众办实事、解难题

2014年度平远县人民检察院负责人名录

检 察 长:周福香

副检察长:刘雪雄(任至3月)

　　郭频辉　黄　珍　肖兴安

2014年度平远县人民检察院反贪污贿赂工作局负责人名录

局　　长:肖兴安

2014年度平远县人民检察院反渎职侵权局负责人名录

局　　长:谢敬东

审判工作

【概况】 2014年,平远县人民法院围绕“司法为民、公正司法”主线,开展“改革创新推进年”“司法公开深化年”“队伍建设强化年”活动,抓好执法办案第一要务,彰显司法担当,维护公平正义,为建设平远提供司法保障。全年受理各类案件1000件,审执结970件。

【刑事审判】 2014年,平远县人民法院刑事审判坚持重典治乱,宽严相济,依法公正审判。受理刑事案件84件123人,审结84件123人,结案率100%。对未成年犯罪人员依法从轻处罚,同时为保护未成年犯罪人员的相关权益,对8名未成年罪犯进行犯罪记录封存。

【民事审判】 2014年,平远县人民法院民事审判坚持调解优先,调判结合,平等保护各方权益。受理民商事案件608件,审结587件,调撤率54.3%,审结标的1.35亿元。

【行政审判】 2014年,平远县人民法院行政审判重点做好征收社会抚养费非诉行政案件的审查工作。受理行政案件11件,审结11件,受理行政非诉审查案件71件,结案71件。

【执行工作】 2014年,平远县人民法院执行工作重点做好涉民生案件及征收社会抚养费案件的执行工作。采取法律宣传、司法拘留、曝光被执行人信息等手段,加大执行力度,继续清理积案,切实维护申请执行人的合法权益。受理执行案件226件,执结217件,执结率96%,实际执行率76%,执结标的到位金额2223.69万元。

【司法服务】 2014年,平远县人民法院强化司法服务工作。(1)服务大局。围绕平远县委、县府重点工作,发挥能动司法职能,依法及时审理涉及济广高速平兴段工程建设的案件,保障济广高速平兴段工程建设项目的顺利推进。同时,积极参与社会管理创新,主动延伸审判职能,不断强化司法“社会责任”,针对隐患性、典型性、源头性问题,及时向政府部门、事业单位等发出司法建议20条。(2)司法为民。①创新司法为民举措,维护人民群众合法权益。建设立案信访文明窗口,安装POS机缴费系统和电子查询平台,设置导诉导访便民服务台,提供各类诉讼文书格式样本、诉讼指南等。②公开工作流程,群众可以通过电子查询平台查询各类案件的立案流程、诉讼费用收取标准、案件办理情况等相关信息。为因身体不便到法院的群众提供上门立案、上门审判、送达执行款等司法送温暖服务。③创新涉诉信访形式,实现基层法院与上级法院远程视频接访互联互通,成功对接梅州法院首例远程视频接访案,让最高法院信访法官和当事人直接连线,提高了接访效率。④加大司法救助力度,为确有困难的当事人缓、减、免交诉讼费13.24万元。⑤开展扶贫济困献爱心活动,共捐款1.63万元,让司法阳光洒满群众心田。(3)司法公开。①依托“中国审判流程信息公开网”“中国裁判文书网”,建成审判流程公开、执行信息公开、裁判文书公开三大平台。②完善主动公开渠道,开通官方微博,及时公开司法信息,加强与网民沟通互动。③建立信息联络平台,加强与人大代表、政协委员、法律工作者、人民群众的联系,及时主动地通报法院工作动态。④加强与公共媒体合作,在中央、省、市等各级媒体刊登宣传稿件47篇,制作“民生820法庭内外”等电视专题30期。⑤推进人民陪审员“倍增计划”,新选任人民陪审员10名,人民陪审员总数达到26名,参审案件129件,陪审率100%。⑥邀请人大代表、政协委员、人民群众零距离“约会”审判工作。⑦推进裁判文书上网,建立裁判文书上网公布台账,实现生效裁判文书同步在中国裁判文书网、广东法院网上公布,共公开裁判文书327份,上网率87%。(4)审判管理。健全审判管理机制,加强审判运行管理,开展当好排头兵竞赛活动。推行审务督察制度、每周结案通报制度、外出办案制度,定期开展案件质量和裁判文书评查评比活动,提高审判执行效率和质量。2014 年,评查各类庭审案件 15 件,评查裁判文书 250 份,裁判文书优良率 85%。

【后勤保障】 2014 年,平远县人民法院加强后勤保障工作。(1)加强安保。从制度到落实全面加强法院的安保工作,确保干警及当事人的人身安全。加强安保领导机构建设,由"一把手"亲自抓,法警队、办公室具体专管,纪检、监察负责不定时进行巡查,发现问题当即问责。设立安保风险金,加强安保意识,由法警队负责日常安全保卫工作。抓好制度落实,强化安检水平,做好应急措施。完善配套设施,技术装备健全,人员备齐,有效防止安保问题的发生。(2)完善设施。全面完善各项基础建设,推进信息化建设、便民设施建设与审判工作的融合。完善便民平台,在立案大厅设立电子触屏指南、导诉台、银联刷卡机等便民设施。完善办公平台,建立法院内部联络系统,方便各庭室之间、干警之间的交流及内部信息、文件的传送。完善信息公开平台,开通法院网站、新浪微博、信息平台等,便于广大群众、当事人了解相关情况和反馈信息,加强与县领导、人大代表、政协委员的联络和沟通。

【队伍建设】 2014 年,平远县人民法院加强干部队伍建设。(1)推进队伍廉政建设。加强党风廉政建设,开展廉洁司法教育、纪律学习教育月活动,筑牢干警拒腐防变的思想防线。开展廉政约谈活动,落实党的廉政建设主体责任和监督责任。强化纪检监察职能,加大对违法违纪行为的查处力度。聘请执法执纪廉政监督员,加强对法院工作监督,不断改进工作作风,确保廉洁司法。(2)开展"队伍建设强化年"活动。加强队伍正规化、专业化、职业化建设,不断提升干警新形势下服务群众能力、维护公平正义能力、新媒体时代舆论引导能力、科技信息化应用能力和拒腐防变能力。推进学习型法院建设,加强审判业务培训,参加各类培训班 32 期,培训干警 225 人次,组织干警参加"广东法官讲堂"视频培训班 10 期 550 人次。加大对青年法官的培养教育力度,继续实行"青年法官导师制",为 9 位青年法官配备导师,打造一支作风优良、精干高效的法院队伍。(3)文化引领。把活跃机关文化氛围,推进法院文化建设作为整体工作的重要组成部分抓实抓好抓出特色。开展"迎新年攀高峰"野外体能训练活动,提高干警身体素质,提升团队精神,强化组织纪律和协调能力。开展迎新年歌咏比赛,弘扬正气,传达正能量,展现法院干警积极向上的风采。

(余桂育)

2014 年度平远县人民法院负责人名录

院　长:郭广善(任至 12 月)

刘鹏飞(12 月起任副院长、代理院长)

副院长:黄昌炎(任至 5 月)

谢　强　曾梅麟

司法工作

【法律服务】 2014 年,平远县司法局推进"一村(社区)一法律顾问"工作,让村(居)干部群众足不出户就能免费享受到法律服务,推进基层的依法治理。法律服务工作努力服务平远经济社会的发展,2014 年,律师参与草拟、审查、修改重点工程项目合同 78 份,参与重大事项研办 23 场次,派出律师参与陪同县领导接访 24 人次,担任政府、企事业单位等常年法律顾问 60 家,办理诉讼和法律服务案件 115 件。开展法制讲座 8 场次,受教育人数 1200 多人次;义务为群众解答法律询问 400 多人次。法律援助处受理法律援助案件 55 件,提供法律咨询 387 人次,办理各类公证案件 442 件。

【人民调解】 2014 年,平远县司法局针对

“社会矛盾化解年”专项治理的工作重点，整合法律服务资源，围绕涉农、劳资、信访、医患等重点领域和一批影响社会稳定的重大、疑难、复杂的现实矛盾纠纷和积案，引导群众通过法律途径表达利益诉求，努力把化解社会矛盾纳入法治轨道。2014年，镇村调委会共受理民间纠纷407宗，涉及907人、金额218万元，调解成功402宗，调解成功率98.8%，达成口头协议146份，书面协议257份，履行402宗，排查纠纷164次，预防纠纷74宗，防止民转刑案件1宗6人，有效地筑牢了维护稳定的第一道防线。

【法制宣传教育】　2014年，平远县司法局开展“法律六进”活动，不断提高全民的法律素质。做好“全省法治县先进单位”申报工作和法治文化公园建设工作，营造浓厚的法治氛围。推行无纸化学法及考试系统的应用，举办全县无纸化学法用法及考试系统培训班，指导各单位申购无纸化普法考试软件，全县有90多家单位安装软件，近5000名机关事业单位人员参加普法无纸化考试。2014年，平远县开展各类法律咨询活动38场次，制作固定的宣传牌2380多块，张贴悬挂法制宣传标语5455条，印制和发放各类法制宣传资料约18万份，出版和更新法制宣传栏1000多期次，组织法制文艺演出16场次，出动法制宣传车226车次。

【社区工作】　2014年，平远县司法局贯彻执行《社区矫正实施办法》，在做好日常教育管理的基础上，组织法院、检察、公安、司法等社区矫正工作领导小组主要成员单位对全县社矫人员进行监督考察，达到震慑的良好社会效果。对社区矫正人员进行信息化管理，全县有64名符合条件的社区矫正人员纳入手机定位管理，确保随时掌握社矫人员的动态。加强刑释解教人员的安置帮教工作，与梅州市洪裕汽车配件制造有限公司等3家企业签订《共建安置帮教实体协议》，为安置帮教人员提供就业平台。与县内7家企业签订共建安置帮教实体协议，解决部分刑释解教人员的就业问题。2014年，接受社区矫正人员65人，解矫69人，在矫117人，接收率100%，重新违法犯罪率为零。安置帮教对象367人，接收105人，核实率、接收率、帮教率均100%，未出现重新违法犯罪人员。

【队伍建设】　2014年，平远县司法局修订和完善《领导干部廉洁自律规定》《公有财产管理制度》等制度，使干部职工转变工作作风，党群、干群保持密切关系。加强党风廉政建设，确保风清气正，开展岗位风险排查和防控，在各办公室进行上墙公布。开展廉洁文化进机关活动，在局机关过道、走廊、会议室等公共场所挂放廉政格言、警语、警句宣传牌，营造崇尚廉洁、鄙弃贪腐的良好氛围。2014年，司法局没有违反党纪、政纪和法律法规的人和事。

（马育芳　黄忆慧）

2014年度平远县司法局负责人名录

局　长：谢婷章

副局长：石平方（任至6月）

　　　　谢　彤　余均权

农业·农村工作

农业·农村工作

【概况】　2014年,平远县以农村稳定、农业增效、农民增收为目标,创新思路,精心组织,扎实推进,促进农业农村经济快速发展,取得明显工作成效。慈橙、油茶、南药、茶叶和优质稻等五大农业特色产业全面发展,全县农业总产值17.7亿元,农业增加值11.45亿元,农村居民人均可支配收入11533元,比上年分别增长3.6%、4.3%和11.5%。

【耕山致富】　2014年,平远县农业局多种举措引导广大农民耕山致富。(1)龙头带动。支持飞龙慈橙产业园、金穗生态农庄、鸿泰农庄等耕山致富示范点做大做强。飞龙慈橙产业园新种植慈橙3000亩。广东华清园梅片树种植面积5000亩。(2)加大招商引资力度。飞龙慈橙产业园20万吨鲜榨慈橙生产线及附属产品综合利用开发项目已破土动工。项目建成后,可基本满足该县及周边市县区的慈橙鲜果加工,更好地延长产业链,提高附加值,进一步打响平远慈橙品牌,更有利于该县慈橙产业健康发展。(3)发挥职能作用,加强协调督查。积极协助各镇围绕农业五大特色产业做好耕山致富项目建设选址规划和休闲生态农庄示范点建设推进工作。

【农业科技推广】　2014年,平远县农业局加大农业科技推广力度。(1)加大农业科技培训力度。全年共组织举办各类专题培训班15期,培训人数1200多人次,发放技术资料15000多份,使广大群众普遍熟练掌握两门以上农作物栽培技术。(2)全面推广标准化种植。根据《绿色食品·平远慈橙生产技术规程》的要求,全面推广标准化生产管理措施,让果农真正尝到了慈橙标准化生产带来的效益。同时,抓好茶叶、优质稻的标准化种植推广,不断提升该县农产品品质,提高市场竞争力,促进全县农业标准化生产。(3)进一步加大良种良法推广力度。在慈橙、油茶、南药、优质稻、茶叶等特色产业发展中,按照“良种+良法+产业化”思路,重点加大新品种、新技术的推广力度,加大新技术、新品种、新成果的转化和应用,不断提高农产品产量和效益,加快农业发展步伐,增强农业抵御自然灾害的能力,使该县主要农作物良种覆盖率达到96%,农业科技推广率达100%,进一步提高该县农业科技含量,提升农产品的市场竞争力。

【品牌建设】　2014年,平远县农业局抓好农业品牌建设。(1)加大宣传力度。积极组织梅州金穗生态、平远源丰、飞龙果业等农业龙头企业共3批15家次参加2014年广东现代农业博览会、广州博览会、广州南沙—平远名优农产品展示等一系列展销博览活动。在第十届慈橙文化旅游节暨农特产品展销活动期间共组织该县32家十大类农产品开展为期两天的农特产品展销活动。(2)进一步加强农业经营主体建设。加大对种养大户、家庭农场、农民合作社、农业龙头企业四大经营主体的扶持力度,至年底,共有在册家庭农场23家,农民专业合作社318家,农业龙头企业42家;(3)加大农产品“三品”认证力度。全年新认定省级名牌产品1个、无公害农产品7个。平远慈橙被授评为国家安全食品、绿色食品A级产品;“辰曲大米”“锅石茶”被评为广东省农业类名牌产品;11月,在广东省十大名牌系列农产品评选活动中,由平远源丰农业发展有限公司选送的“石正云雾绿茶”获“广东名茶”称号。

【质量监管】　2014年，平远县农业局抓好农资、农产品的质量监管。(1)抓好源头监管。全年共抽检农产品样品2455个，合格率98.7%，水产品样品50个，合格率100%。农产品合格率在全市各县、市(区)中名列前茅，没有发生质量安全责任事故。(2)加强农资监管。全年共出动执法人员1959人次，检查农资经营门店及农产品生产经营企业1381家/次，查处案件12宗。(3)加强基地监测。投入100多万元，在差干塔子里、八尺枫树湾慈橙园农业生产基地安装远程视频监测系统，对基地在施肥、用药、日常管理等各个生产环节进行跟踪监督管理。

【黄龙病防控】　2014年，平远县农业局以差干、仁居、上举、八尺等慈橙种植镇为主战场，认真抓好柑桔黄龙病统防统治工作。实行一名局领导和一个以上股室挂钩一个镇的挂钩制度，做到“三统一”(即统一时间、统一用药、统一防治)的防控要求，重点加强对各镇防控工作的指导协调、督促和检查，做到不漏村、不漏片、不漏户，全力打好柑桔黄龙病的歼灭战。

【新农村建设】　2014年，农旅相融、农旅互动已成为平远农业发展一种重要模式，也是推动社会主义新农村建设的一条有效途径。重点围绕国、省道旅游线路，采取示范带动，积极引导群众，以休闲农业为基础，结合农家乐、休闲农业体验等形式，把农业生产、生态建设、环境保护、文化传承、休闲娱乐、旅游观光有机结合起来，赋予更多的客家历史文化元素，大力发展休闲旅游农业。结合美丽乡村建设、幸福村居建设等项目，充分整合资源，统一推进全县的新农村建设。认真挖掘优美的田园风光和良好的自然生态，加强对外宣传推介，积极向上申报。10月，上举镇畲脑村被国家农业部评为“中国最美休闲乡村”之一，是梅州唯一一个获得殊荣的村。

【慈橙节会】　根据县委、县政府安排，2014年平远县第十届慈橙文化旅游节暨农特产品展销活动由平远县农业局负责组织举办。在时间紧、任务重的情况下，平远县农业局集中力量，精心组织，周密安排，于11月21日至22日在县城成功举办第十届慈橙文化旅游节暨农特产品展销活动，真正达到了小节会，大宣传的效果，进一步推介“平远慈橙”品牌，提高平远农特产品的知名度。

【存在问题】　2014年，平远县产业化经营水平不高，农业龙头企业数量较少，规模不大，带动能力不强；休闲旅游农业精品少；农产品加工链条不长，农产品外在包装档次较低；产品标准质量低，无公害食品、绿色食品、有机食品为主体的农业标准化生产还处在起步阶段，市场占有率低。

2014年7月2日，县委书记曾尚忠(左二)、县委常委凌志达(右一)在县农业局领导的陪同下到八尺罗塘石斛种植基地调研

种植业

【粮食生产】　2014年，平远县粮食生产继续保持稳定发展趋势，全年粮食种植面积24.24万亩，总产8.82万吨，其中水稻面积20.36万亩，总产7.52万吨，面积与上年基本持平，单产比增1公斤，总产增188吨。平远县农业局主要开展以下工作：(1)加强技术推广和技术指导。综合推广超级稻高产栽培技术、水稻三控技术、水稻测土配方施肥技术、甜玉米育苗移栽技术，大力推广五优308为主的

超级稻、新美夏珍为主的甜玉米新品种。(2)开展甜玉米万亩高产创建活动。在河头、八尺镇开展甜玉米万亩高产创建活动,创建面积1.1万亩。(3)开展基本农田建设。投入2300多万元完成1.9万亩的高标准基本农田建设任务。(4)落实种粮补贴。全年补贴面积水稻245012.7亩,玉米878.6亩。共发放补贴2290.8万元。

【五大特色产业】　2014年,平远县重点围绕慈橙、油茶、南药、茶叶、优质稻等五大农业特色产业发展精致高效农业,带动农户耕山致富。至2014年底,全县慈橙总面积达11.1万亩,总产7万吨;油茶面积达18.8万亩,总产(茶油)0.11万吨;南药面积7.25万亩,总产3.48万吨;茶叶面积1.6万亩,总产0.13万吨;优质稻播种面积7.2万亩,总产7.2万吨。

水产养殖

【概况】　2014年,平远县水产养殖业得到不断发展。(1)特色水产业不断壮大。大力推广大田养殖白玉蜗牛,八尺白玉蜗牛养殖基地共有养殖户60多户,年产白玉蜗牛50多万公斤;南台温泉鳗鲡养殖项目已成为一个新亮点,促进该县中、高档鱼类产品的养殖,拓宽水产品市场。(2)水产健康养殖示范场建设不断增强。继平远县春兴食品有限公司被评为农业部水产健康养殖示范场后,平远县盛鑫农业发展有限公司2014年也被评为农业部水产健康养殖示范场。(3)加强柚树河国家级水产种质资源保护区的管理,全年在柚树河段共投放水质调节鱼类种苗3批10万多尾。　(林　锋)

2014年度平远县农业局负责人名录

局　长:林　波

副局长:杨劲松　叶振华(任至6月)

李小林(6月起任)

韩垂文　张文萍(女)

畜牧兽医

【概况】　2014年,平远县肉类总产量1.45万吨,畜牧业总产值3.3亿元,畜牧业总产值占农业总产值的18.51%。全年生猪出栏15.2万头,牛羊出栏1.3万头,家禽出栏123万羽。

【养殖管理】　2014年,平远县畜牧兽医局多举措加强养殖管理。(1)推广生态健康养殖。结合该县畜牧业发展现状,科学制定《生态健康养殖技术方案》,有效指导养殖户应用在实际生产中。(2)发展特色养殖。打造生猪、山地鸡、草食动物、特种动物、蜜蜂等五大畜牧业生产基地,完善相关产品的深加工,进一步加大特色养殖的扶持力度,推进畜产品无公害认证工作。该县畜牧业已获得无公害认证产品证书的有8家企业、4个产品。(3)完善奖补政策。对2013年产业化奖补政策进行调整完善,增加家庭农场奖项,扶持生态健康养殖业、特色养殖业健康发展。

【防疫检疫管理】　2014年,平远县畜牧兽医局加强防疫检疫管理。(1)抓好动物防疫工作。①做好春秋两季重大动物疫病防控工作。认真做好疫苗调拨工作,保证应免尽免,免疫率100%;在疫苗的保管和运输环节中,做到全程冷链,专人保管,不使用过期和包装破损的疫苗,确保疫苗质量;免疫过程中,严格遵守操作规程,做到一畜一针,不打飞针,确保免疫效果。②加强H7N9流感防控工作。针对国内部分地区发生人感染H7N9流感的情况,县畜牧兽医局每天派出执法人员对活禽交易市场、养禽场、养羊场进行监督检查,严格消毒灭源。全年共出动240人次对县城及乡镇共14个市场,99个“三鸟”档口进行全面彻底消毒,消毒面积13000平方米。印发相应的防控宣传资料5000多份,活禽经营户严格落实档口“一天一清洗,一周大扫除”,从源头上杜绝流感疫情的发生。③严格动物防疫条件审核。加强对全县屠宰场点、种畜禽场、规模养殖场(养殖小区)等的监督管理,严格规范防疫条件审核,全年共核发“动物防疫合格证”40个。④加强县公路动物防疫监督检查站监督检查工作。加强县公路动物防疫监督检查站监督检查,严格查证验证各个环节的管理,同时做好车辆消毒灭源工作,严禁动物疫情和病害肉经检查站进入该县。1~9月共检查运输畜禽及畜产品车辆472辆,家禽12000多羽,家畜3500多头,切实封堵外来疫源,保障该县畜牧业生产健康安全发展。(2)做好动物疫病监测工作。按照市畜牧兽医局、市动物防疫监督所的要求,开展自检工作并对多种疫病进行采样送检。①开展流感病原学检测及免疫抗体水平监测。②进行口蹄疫O-亚洲Ⅰ型抗体水平监测及A型病原监测。③开展布鲁氏菌病监测。在“2014年广东省兽医系统实验室检测能力比对实验”中,该县兽医实验室精心组织,密切配合,顺利完成了H7N9亚型流感抗体检测、口蹄疫非结构蛋白(NS)抗体检测和布鲁氏菌病抗体检测工作,所有结果全部准确,准确率100%。

【屠宰管理】　2014年5月,经县编委批复同意县畜牧兽医局设立屠宰管理股,并与县经贸局完成了生猪屠宰监管的各项交接工作。结合实际,县畜牧兽医局加强大柘镇生猪集中屠宰,完善屠宰管理制度,规范屠宰日常管理,查处私宰生猪违法案件,查获私宰肉品503.6公斤。

【肉食品监管】　2014年,平远县畜牧兽医局花大力气,抓好全县肉食品监管。(1)做好肉及肉制品专项监管工作。加大对屠宰场(点)、县城四大农贸市场、畜禽交易市场、自家人超市、乐万家超市以及各镇肉类交易市场的突击检查和日常监管,全年执法150人次,未发现制假售假肉、病死畜禽肉等行为。(2)加大动物及动物产品违禁药物抽查。认真做好日常屠宰环节“瘦肉精”抽检监督。全年共抽检3171份生猪尿样,检测结果全部合格,保障了该县畜产品质量安全。(3)加大动物标识及动物产品可追溯体系建设工作。动物标识及动物产品可追溯是实现食品安全的一项重要措施。2014年,该县12个镇上传了免疫信息12718条,对动物及动物产品实施全程有效监管和追踪溯源,提升动物卫生监管水平,确保动物及动物产品安全的要求。

【执法监督】　2014年,平远县畜牧兽医局加强执法监督。(1)加强动物卫生监督执法工作。严格按照《平远县动物卫生监督执法巡查制度》,全年共出动400人次执法人员,加强对全县98家中大型畜禽养殖场的防疫、投入品使用、养殖生产档案、消毒制度、“瘦肉精”监测、病死畜(禽)无害化处理等监督检查,未发现违规使用兽药以及乱扔病死畜(禽)等违法行为。(2)加强对畜牧业投入品的监管。加强对该县3个屠宰场(点)待宰生猪健康状况、动物检疫合格证明、消毒工作落实情况、运载工具清洗、消毒情况、病害动物和动物产品无害化处理情况进行监督检查。确保病、死猪肉不流入市场,不流向餐桌。同时加强派驻屠宰场官方兽医队伍的培训和管理,做好屠宰场“瘦肉精”抽检工作,督促屠宰场按有关规定严格开展“瘦肉精”自检。全年共出动执法人员120多人次,立案处理依法应当检疫而未经检疫的生猪产品案7宗,共没收生猪产品180公斤,收缴伪造标识工具1个,罚没金额3200元,并按程序规范做好案卷归档工作。(3)加强对兽药的监管。积极开展“农资打假专项治理”行动,对兽药GSP企业是否规范经营进行督查,并做好监督检查记录。通过检查发现,对该县兽药GSP经营企业存在的兽药进、销、存项纪录不完整,新增供货单位的资质证明文件不完善,各类记录缺失,经营场所变更未及时备案等问题,均给予警告,责令限期整改。全年出动执法人员42人次,检查兽药经营企业17家。

【培训教育】 2014年，平远县畜牧兽医局采取走出去、请进来方式，一方面组织业务骨干及技术人员先后到市动物卫生监督所、梅江区畜牧兽医局、梅县区畜牧兽医局等业务部门进行业务知识培训学习；另一方面聘请畜牧兽医专家、教授对全系统的屠宰检疫员、产地检疫员、村级防疫员、黄牛冷配人员及养殖大户等进行政策理论、法律法规、业务技术等内容进行学习培训，参训人员400多人次，极大地提高了畜牧业技术服务水平。在梅州市动物防疫职业技能竞赛中，县畜牧兽医局获防疫理论知识竞赛和实操技能竞赛团体二等奖。

【综治维稳】 2014年，平远县畜牧兽医局把社会维稳工作摆在重要位置，着力化解信访案件。全年共处理上级批转信访件14宗，结案14宗，保障各项工作的顺利开展。

【存在问题】 (1)畜禽养殖方式总体上还比较落后，科学饲养水平偏低，部分养殖户对健康养殖模式认识不足，养殖水平不高。(2)畜牧兽医技术队伍薄弱，基层兽医人才队伍年龄偏老，出现青黄不接的现象，畜牧兽医专业人员专业技术水平总体偏低。(3)动物防疫基础设施从总体上讲还比较薄弱，疫病防控形势依然严峻。(4)资金投入不足，投资渠道单一，加之畜牧养殖用地难解决，以致畜禽标准化规模养殖发展速度缓慢。(5)县内现有的畜产品加工企业规模小、辐射带动力弱、产品档次低、缺乏市场竞争力，畜产品仍然以活畜外销为主，畜牧产业化经营程度低。

(陈宗敏　姚雪军)

2014年度平远县畜牧兽医局负责人名录

局　长：刘永安

副局长：陈宗敏　林志强　盛　富

农业机械管理

【概况】 2014年，平远县农业机械管理局突出发展创新，狠抓工作落实，积极提供全方位的农机装备、技术服务、教育培训和安全监督支撑，较好地完成年初制定的各项工作任务。全县拥有各种农业机械22693台(套)，折合总动力111398千瓦。全县有各类拖拉机1511台，其中大型拖拉机2台；联合收割机291台；各类配套农机具978台。全县机耕面积19.34万亩，机耕率90%；机收面积11.2万亩，机收率57%；机插面积375亩；机灌面积9.5万亩。水稻机械化综合水平53%。农机经营服务总收入1668.3万元。

【农机购置补贴】 农机购置补贴强农惠农政策落到实处。2014年，中央财政下达平远县农机购置补贴资金607万元，全县补贴各类农机具1936台套，落实补贴资金共606.85万元，有1759户农民直接受益，带动农民直接增加对农机化的投入2300万元，有力地推动了现代农业发展项目的建设，优化了农机装备结构，提升了农机科技含量。

【新机具、新技术推广】 2014年，平远县农业机械管理局大力推广农机化新机具、新技术。在“第十届慈橙旅游节”前，组织农机技术人员、种植大户在八尺黄沙村召开全省山地水果生产机械化技术示范推广现场会。开展了双轨、单轨、山地果园运输作业机械化技术示范，展示了便捷式的山地农业机械化产品，通过现场示范会的形式，让干部群众、种植大户亲身感受到各类山地机械作业的优越性、先进性，看到在水果生产中增产增效中的实际效果。通过新技术的推广，节约了成本，增加了果农收入，为该县水果种植技术，收获技术和机具更新提供了成熟经验。

【新型农机社会化服务体系健全】 2014年，平远县农业机械管理局建立健全新型农机社会化服务体系，推动农业产业化经营。加强合作社建设的宣传和引导，建立健全全县农机合作社档案，通过成立合作社的方式，整合农机资源，利用现有和吸收外来机械的方式，实行耕、耙、播、收、全程机械服务，解决了一家一户干不了的事情，发挥了良好的示范带头作用，收到了良好的经济效益和社会效益。全县已发展农机合作社5个。

【农机推广体系改革与建设】 2014年，平远县农业机械管理局进一步加强农机推广体系改革与建设。按照《国务院关于深化改革加强基层农机推广体系建设的意见》要求，加强基层农机推广机构建设，积极探索适应新形势要求的农机推广新模式，逐步建立完善以基层公益性、农机推广机械为主导，农业机械经营合作服务组织、农机大户为主体，农机科研、教育和生产，流通企业广泛参与，分工协作，服务到位，充满活力的多元化基层农机技术推广服务体系，做好了农机推广运行机制创新。

【农机监管】 2014年，平远县农业机械管理局加强农机监管，确保农机安全生产。伴随农机具的不断增多和农业生产中的普遍使用，农业安全生产问题日益凸显。2014年，县农机局以创建"平安农机"活动为主线，制定《2014年全县农机管理工作要点》，抓好《农机安全责任书》的签订，全力加强农机生产安全检查，排查农机安全事故隐患，深入开展安全教育，确保农业生产高效、有序、安全。(1)广泛开展农机安全生产宣传教育，营造良好的安全氛围，充分利用各种宣传形式，广泛开展农机安全教育活动，通过印发宣传资料，喷字宣传警示标语，悬挂宣传横幅，年检时对机手面对面进行教育，充分营造良好的安全氛围。(2)认真组织开展事故隐患排查整治活动，严厉查处违法违章行为。(3)组织农机监理人员深入田间地头，抓好农机安全生产教育，并加大路检路查力度，力保农机零事故。通过警监联动机制，对上路拖拉机、自走式农业机械加强安全检查，无证驾驶、无牌行驶、酒后驾驶、搭乘载人等严重违法行为明显减少。全县全年农机监理部门出动执法检查人员35人次，检查农业机械300台(次)，整治区域12个镇，发放宣传资料1000多份，签发责令整改通知书20份，批评教育30人，从源头上杜绝农机重特大事故发生。

【农机职业技能鉴定】 2014年，平远县农业机械管理局做好农机职业技能鉴定工作。全县12个镇全面开展农机职业技能鉴定工作，培训鉴定农机修理工12人，开展对农机维修网点及其从业人员资质的整顿检查，促进了全县农机维修业的发展。

【农机培训】 2014年，平远县农业机械管理局抓好农机培训工作，全年共举办培训班8期，培训农机驾驶员72人。其中，小型拖拉机驾驶员25人；变形拖拉机驾驶员22人；联合收割机驾驶员25人。全年集中培训和现场指导8场次，培训农机专业技术人员130人。

【存在问题】 (1)农机化基础设施滞后，服务能力不强，一些大中型农业机械推广难度较大，一些农机新技术不能全面推广，农机推广示范工作跟不上新农村发展的要求，更不能满足服务建设现代农业的高要求。(2)农业专业合作社的组织化、市场化程度比较低，社会化规模化不大，不能适应推进农机服务产业化的要求。(3)农机安全形势不容乐观，一些小型拖拉机，无牌无证、拖拉机违法搭人等违法现象仍时有出现。(4)部门协调配合的联动执法机制尚未完成，提高"三率"仍是农机安全监管工作的重中之重。

(县农业机械管理局)

2014年度平远县农业机械管理局负责人名录

局　长：韩小荣

副局长：王亚平　卓衍龙

林　业

【概况】 2014年，平远县林业局坚持以"树养人丁水养财"和"知山知水、树木树人"的现代林业和生态文明理念为指导，以开展新一轮绿满平远大行动为载体,改革创新,求真务实,全面推动林业各项工作,促进了生态林业、民生林业发展。到年底,全县林业用地面积108833.7公顷,森林面积107645.8公顷,森林蓄积746万立方米,森林覆盖率78.05%。

【造林绿化】 2014年,平远县林业局坚持"以人为本、质量为先、效益为重、永续为要"的指导思想,全面推进新一轮绿满平远大行动,完成森林碳汇造林20900亩、封山育林6750亩,建设生态景观林带20公里,完成县城周边森林抚育和补植7500亩,建设乡村绿化美化市级示范点3个、县级示范点9个,营造解放军青年林4000亩,建设枫香、木荷等良种与高效栽培技术示范林1000亩,全民义务植树70多万株。

【资源管护】 2014年,平远县林业局加强林地保护和林木采伐管理,办理林地征占用32宗46.92公顷,缴纳森林植被恢复费141.57万元;核发林木采伐许可证427份,下达林木采伐蓄积47800立方米。加大林业执法力度,组织开展"天网行动"和"利剑行动"等专项行动,严厉打击各种破坏森林资源的违法犯罪行为,查处各类案件245起,其中刑事案件6起,林业行政案件239起。森林火灾得到有效防控,实现森林火灾受害率控制在0.5‰以下的目标。实施林业有害生物防治面积0.39万亩,防治率达100%。

2014年2月20日,省林业厅厅长张育文(中)到平远县视察指导林业工作

【林业产业】 2014年,平远县林业局充分发挥林业部门的主导作用,着重发展油茶、梅片树、名贵花木、铁皮石斛等绿色惠民产业。新建高产油茶示范林1000亩,建成名贵花木苗圃基地3444.25亩,梅片树种植基地5000亩,铁皮石斛种植基地100亩。林业龙头企业逐步壮大,广东新大地生物科技股份有限公司被认定为首批国家林业重点龙头企业,另有省级林业龙头企业8家。

【改革创新】 2014年,平远县林业局争取省立国家公园体制试点建设,扎实推进全国绿化模范县创建工作。继续深化集体林权制度改革,办理林权确权登记446宗2.26万亩,办理林权抵押(含解押)登记发证2宗0.67万亩,林权流转登记发证70宗0.44万亩。创新开展古树名木普查,为全县古树名木建立新档案。

【保护地建设】 2014年,平远县林业局加强生态公益林、自然保护区、森林公园等保护地建设管理。加大生态公益林保护宣传力度,完善生态公益林效益补偿信息系统建设,组织实施扩大10万亩省级生态公益林工作,建立了一个生态公益林示范区,面积11.4万亩。扎实抓好广东南台山国家森林公园和广东平远龙文—黄田省级自然保护区建设管理工作,打造生态文明建设重要载体和平台。

【涉林纾困惠民】 2014年,平远县林业局认真落实生态公益林效益补偿,确保补偿资金按时足额发放到补偿对象手中。开展送树苗送技术下乡活动,为农户免费赠送造林绿化苗木32万株,栽培技术资料等5000多份。加大挂钩帮扶力度,帮助仁居六吉村完成村址村道的绿化美化,完成流坑径2.5公里村道硬底化和主村道亮化工程,村集体经济收入达到5万元以上。认真做好涉林矛盾纠纷化解工作,落实信访维稳工作责任,全年接待群众来信来访150多人次,办理信访件26件,办结率达到100%;调处山林纠纷案件103宗,解决争议面积8568亩,有效维护林农合法权益。

【存在问题】 山林纠纷问题仍然比较突出,调处工作任务重、难度大。森林资源管护压力大,个别地方乱砍滥伐林木、乱占滥用林地等违法行为时有发生,森林防火形势依然严峻。林业管理信息化手段相对滞后。林业产业转型升级面临较大压力。 (谢 远)

2014年度平远县林业局负责人名录

局 长:罗益新

副局长:张教生(任至4月)

韩垂辉 余新荣 丘宝平 韩垂尚

2014年度平远县公安局森林分局负责人名录

局 长:余新荣

教导员:陈千元

2014年度广东南台山国家森林公园管理处负责人名录

主 任:丘宝平

2014年度平远县人民政府山林权属争议调处办公室负责人名录

主 任:姚碧秀

广东平远龙文—黄田省级自然保护区

【概况】 2014年,广东平远龙文—黄田省级自然保护区管理处坚持保护优先、自然恢复为主的方针,加强基础设施建设和资源管护、科研监测、科普宣教等能力建设,努力打造生态文明窗口,有效维护国土生态安全,保护生物多样性、森林生态系统和野生动植物的栖息地、原生地,促进自然保护区持续、稳定、健康发展。

【发展规划】 2014年,广东平远龙文—黄田省级自然保护区管理处认真做好自然保护区“十三五”规划前期工作,编制了《广东平远龙文—黄田省级自然保护区“十三五”建设发展思路》。积极申报示范自然保护区建设,制订《广东平远龙文—黄田省级自然保护区拟建示范自然保护区实施方案》。

【示范建设】 2014年,广东平远龙文—黄田省级自然保护区管理处将自然保护区全部山林列入广东省生态公益林示范区,加强示范区建设。(1)加强生态公益林示范区的保护管理,落实示范区管护责任,聘请专职护林员,签订管护合同,划定责任区,制定护林员管理考核办法并严格执行。(2)开展生态公益林示范区的宣传教育,在人为活动频繁地区以及主要道路相交处、转向点设置界碑界桩,在主要入口处设置大型示范区标志和建设规划图,在人为活动较为频繁的区域设置永久性宣传牌。

【资源管护】 2014年,广东平远龙文—黄田省级自然保护区管理处始终把资源管护作为自然保护区最重要的一项工作来抓,建立健全管护责任制,落实管护人员职责,加强巡山护林,及时发现、制止、报告破坏自然资源的行为,配合县森林公安和林业执法大队,严厉打击在自然保护区内盗伐、盗猎、盗采、盗挖等违法犯罪活动,有效保护了区内的自然环境和自然资源。

【科研监测】 2014年,广东平远龙文—黄田省级自然保护区管理处加强野生动物疫源疫病监测防控管理,严格执行监测防控信息日报告制度,无异常情况零报告制度。加强重点区域排查,加大对重点区域的巡查密度,特别是加强对黄田、富石、横水3个水库,自然保护区,森林公园等野鸟集中活动区的巡查力度,提高监测防控措施的针对性和有效性。

【科普宣教】 2014年,广东平远龙文—黄田省级自然保护区管理处加强与华南濒危动物研究所等科研单位合作,组织开展自然保护区物种调查,记录新增物种10多种。学习借鉴香港等地在科普宣教方面的先进经验,为该县开展自然保护区科普宣教工作提供参考。同时完成了自然保护区宣教中心布展的方案设计、公开招投标和省级专项资金的申请拨款等各项前期工作。

【成果展示】 2014年,广东平远龙文—黄田省级自然保护区管理处为充分展现该自然保护区丰富的自然资源、优美的自然景观和丰硕的野生动植物保护管理成果,组织干部职工积极参与省市林业部门组织的摄影比赛。在市林业局举办的林业杯"生态文明·美丽梅州"摄影比赛中,保护区选送作品《解放军青年林》获入选奖;在省林业厅举办的"美丽自然保护区"摄影比赛中,保护区选送作品《觅食》《豹猫》分别荣获一等奖和二等奖。

【保护区调整】 2014年,广东平远龙文—黄田省级自然保护区管理处在2013年申报自然保护区范围和功能区调整的基础上,按照评审专家的要求,完善相关材料,修改调整理由,继续推进自然保护区范围和功能区调整申报工作,顺利通过省林业厅组织的专家评审。

(谢　远)

2014年度广东平远龙文—黄田省级自然保护区管理处负责人名录

主　任:罗益新

副主任:饶耀辉

中小企业管理

【中小企业、民营经济发展概况】 2014年,平远县有中小企业1005家,与上年同比增长23%。全县民营企业工业总产值64.5亿元,与上年同比增长3.2%;规模以上企业完成工业增加值15亿元,与上年同比增长7%;外贸进出口总额17988.8万美元,与上年同比增长16%。

【融资渠道扩宽】 2014年,平远县中小企业局尽力为企业扩宽融资渠道。5月8日,平远县中小企业局携手中国邮政储蓄银行平远支行启动为期一年多的"携手邮银、助企腾飞"深化融资服务合作活动,邮储银行平远支行向全县中小企业单列了6000万元的贷款额度,已全部发放完,主要融资行业有县重点木制品(高档家具制造)业、建筑业及铸造业等。平远县中小企业局因此被梅州市中小企业局评为第二季度"携手邮银,助企腾飞"融资活动先进单位。同时,继续与担保公司加强合作,充分发挥桥梁纽带作用,积极向担保公司等金融机构推介有融资需求且信誉好的中小企业,帮助企业贷款。全年,有8家企业在梅州市企信融资担保投资有限公司的担保下获得了约5000万元银行授信贷款。

【电子商务培训】 2014年2月21~23日,平远县中小企业局联合县人力资源和社会保障局举办"教你开网店——平远县电子商务创业活动",邀请电商专家为全县180多名企业家代表和创业人士讲解网店的筹备、美工、推广、客服、仓储和物流等知识,并分享了电商创业的经典案例,促进更多县域企业、本地产品"上网触电",进一步推进平远县电子商务更好更快发展。

【企业人才培训】 2014年,平远县中小企业局积极动员中小企业参加省、市、县开展的各类培训活动。全年,推荐企业参加第五期广东省民营骨干企业高级管理人才培训班(高成长企业班);联合县工商联选派平远县金科新业机械制造有限责任公司经营管理人才到广州企业跟班学习;组织平远县顺风实业有限公司、梅州南台果业有限公司等5家企业参加清华大学第六期企业家自主创新高级研修班;协助县委组织部动员25家企业代表到广州参加战略性新兴产业专题培训班;组织梅州市强企管理咨询有限公司参加2014年度中小企业赛飞创业辅导师培训班;推荐八乡情酒业有限公司参加市新三板上市(投融资)专题研修班。通过培训,进一步提高企业的管理水平和创新能力,推动企业的转型升级和科学发展。

【上级专项资金扶持】 2014年,平远县中小企业局帮助梅州市强企管理咨询有限公司申报2014年国家中小企业发展专项资金135万元,完善中小企业服务体系项目。6月,帮助梅州市八乡情酒业有限公司、梅州五指石科技有限公司和平远县恒明汽车底盘制造有限公司申报2013年度市中小微企业发展专项资金技术创新和技术改造项目120万元。此外,根据平远县《关于扶持中小微企业发展的若干政策措施》,为10家企业申报了技改创新类、节能减排名牌名标类、服务体系类三类专项项目扶持资金共计140万元。

【企业竞争力提升】 2014年,在平远县中小企业局的极力推介和帮助下,梅州市绿鹰高尔夫园林设备有限公司被成功认定为第三批重点帮扶高成长性中小企业(民营企业);梅州五指石科技有限公司的创新产业示范基地和梅州市金穗生态农业发展有限公司的广东省中小企业公共(技术)服务示范平台通过了2014年民营企业(中小企业)创新产业化示范基地的复核。

【中小企业服务中心建设】 2014年,平远县中小企业局加强与相关企业互动共建,整合各类社会优质服务资源,充分利用县行政服务中心平台,继续完善"一中心八平台"建设。年初,强企管理咨询公司、亿聚电商公司入驻县中小企业服务中心,为全县中小企业提供更多更好的服务,包括政策咨询、管理咨询、创业辅导、法律维权、市场开拓、信息咨询等多方面、多层次的社会化服务。

【组织参加第十一届中博会】 2014年10月,平远县中小企业局组织9家企业到广州参加第十一届中国国际中小企业博览会,分别参与了中小企业高峰论坛、中外客商精准对接、投融资论坛及中外企业对接洽谈等活动。通过中博会平台,增进与国内外企业的交流合作,提升县域企业的知名度和影响力。

【政策宣传】 2014年,平远县中小企业局利用政府门户网站、电视广播等公共平台,及时做好政策宣传工作,让企业通过网络便捷地知晓相关政策。同时通过实地走访,上门为企业派送《小型微利企业所得税优惠政策解答》等政策宣传小手册。

【企业调研】 2014年,平远县中小企业局结合第二批党的群众路线教育实践活动,加强企业调研力度,通过走访县域企业,开展平远县民营企业融资需求调查;深入浩洋、鑫博电子厂等企业开展工商登记制度改革以来新设立小微企业情况的调研;深入获赛尔、光明木业等企业开展企业税费负担情况调查;同时开展"如何做大平远酒业"等中小企业系统性调研课题。

【招商引资】 2014年,平远县中小企业局以乡贤回乡创业为突破口,以广州南沙区对口帮扶项目为契机,以产业招商、项目招商为重点,通过走出去、请进来,不断加强招商引资力度。大力促成上年招商项目的建设投产,其中,方鼎环保新材料有限公司塑木复合材料生产项目已投产。同时与县招商局联合开展招商工作,引进纳米水钻石镀膜玻璃暨电子触摸屏项目,计划投资总额18亿元。 (谢美玲)

2014年度平远县中小企业局负责人名录

局　长:陈平南

副局长:吴英辉　张天华　张利梅(女)

扶贫开发

【新一轮扶贫开发"双到"工作】 2014年,平远县新一轮扶贫开发"规划到户、责任到人"工作有省认定贫困村25个,贫困户1309户、4461人(其中有劳动能力贫困户1002户、3912人)。全县有30个帮扶单位开展帮扶工作。其中,广州市南沙区10个单位帮扶5个村;梅州市直8个单位帮扶8个村;县直12个单位帮扶12个村。2013年至2014年12月底,全县累计投入帮扶资金11862.64万元,平均每村474.51万元(其中2014年投入8063.3

万元,平均每村322.53万元);累计实施村项目614个,户项目10392个(户均帮扶项目7.9个,户均资金投入0.72万元);2014年,全面完成全县350户农村低收入住房困难户住房改造任务和315户“两不具备”村庄搬迁任务,25个贫困村村级集体经济收入达230.07万元(村均9.2万元),贫困户家庭年人均纯收入达6780元,比2013年同比增幅52.8%。

【扶贫措施】　2014年,平远县扶贫开发工作主要采取四项措施:(1)落实工作职责,明确工作目标。切实将扶贫开发“双到”工作与党的群众路线教育实践活动有机结合起来,在实际工作中落实各级帮扶责任,县委、县政府主要领导担任县扶贫“双到”工作领导小组组长和第一副组长,县党政领导班子成员全部挂镇到村到户,县委常委扩大会、县政府常务会议多次召开会议专题研究扶贫开发“双到”工作;广州市南沙区委、区政府高度重视对口平远县扶贫开发“双到”工作,区委书记丁红都、区长袁桂杨及区党政领导班子成员先后率团赴平远县调研扶贫开发“双到”工作,并召开工作交流座谈会,为对口平远县扶贫开发“双到”工作提出了方向、创新了思路、提供了动力。(2)加强业务指导,夯实基础工作。①加强业务指导。针对扶贫开发“双到”工作业务性强、信息化要求高的特点,组织了7场次扶贫“双到”业务培训会。同时,深入到全县25个贫困村进行现场业务指导。②开展调查核实。各级帮扶单位逐村逐户核实贫困状况,逐户登记建档,摸清贫困村和贫困户的实际情况,并按上级要求对贫困户进行分类登记、建档立卡,将核实结果进行公示。③加强动态管理。及时将帮扶内容录入省扶贫信息系统并主动更新,建立动态帮扶档案,做到省、市、县、镇数据库实时联网监测,对帮扶对象进行信息化管理。(3)强化源头治贫,科学务实扶贫。①扎实推进基础设施建设。各帮扶单位按照整村推进扶贫开发工作的要求,结合省、市创建幸福村居五年行动计划,制定切实可行的3年帮扶规划和年度工作计划,突出抓好村庄规划,通过综合治理,达到产业布局合理、村容村貌明显改善。②落实贫困村、贫困户有效脱贫措施。按照“一村一策、一户一法”要求,采取产业扶贫、智力扶贫、搬迁扶贫、金融扶贫等有效帮扶措施,成效明显。一是依托平远慈橙、南药、油茶、优质稻“四大”农业产业龙头企业和农村富余劳动力丰富的优势,积极探索产业扶贫模式,充分发挥各村的优势资源,制定切实可行的产业帮扶规划。到年底,全县实施对接企业13个,实施农业产业项目18个。二是各级帮扶单位根据贫困户的实际情况,努力做到既帮助贫困户解决生活困难问题,又扶持贫困户发展生产,解决就业,实现劳动脱贫。按照“培训一人,输出一人,脱贫一户”的目标,培训有意愿外出务工的贫困户家庭劳动力,实施劳务输出式扶贫开发,实现转移就业,增加贫困户家庭非农收入,2014年全县参加各类技能培训4802人次,转移输出劳动力5063人。同时,鼓励有条件的农民自主创业。三是建立贫困户基本生活保障机制。落实社会保障措施,对老、弱、病、残,无劳动和致富能力的贫困户,继续实施救济式扶贫,把60周岁以上的贫困家庭人口全部纳入新型农村社会养老保险体系;全面推广城乡居民医疗保险,使全县贫困户覆盖率达到100%;确保全县农村适龄儿童入学率达到100%;确保贫困家庭子女义务教育阶段不辍学;帮扶考取大中专院校的贫困家庭学生筹集学费;帮扶在读大中专院校的贫困学生完成学业;帮扶有意愿的农村贫困户子女100%免费就读技、职校,全面解决农村贫困户子女“入学难”的问题。③强化资源整合。县直帮扶的12个村由县财政三年安排每村共50万元的引导资金,县财政安排专项资金用于扶贫开发“双到”工作,资金增长依财政收入增幅逐年增加。同时,用好各级帮扶资金,帮扶资金全部用于贫困村、贫困户能够直接受益的项目。此外,充分发挥“广东扶贫济困日”的社会影响力,动员社会力量参与扶贫开发,筹集近1000万元用于扶贫开发。整合“三农”资金,将农业、水利、交通等部门的涉农项目优先安排到25个贫困村。④突出“造血”型项目。统筹发展新一轮贫困村村级集体经济资金每村20万元~100万元,签订10年的资金托管合同,通过固定分红形式使村集体经济实现有稳定的收入,每个贫困村可增加3.08万元。到年底,全县共统筹发展新一轮贫困村村级集体经济资金940万元。为确保帮扶资金的安全管理,发挥最大效益,广州市南沙区帮扶单位建立了由帮扶单位、镇政府和重点帮扶村三方共管的帮扶资金支出审批制度,并实行专账管理,确保专款专用。

【培育扶持扶贫龙头企业】　2014年,平远县扶贫开发工作领导小组办公室做好扶贫龙头企业申报工作。全县有省级扶贫龙头企业1家。企业通过“公司+基地+农户”、企业就业等联结方式,建设农产品加工基地,并通过就地收购农产品进行深加工、保证农产品流通等形式,发挥龙头带动作用。为更好地提升企业市场竞争力和辐射带动贫困户增收,县扶贫办组织两家企业做好省级扶贫龙头企业申报工作,对企业申报材料严格审核,确保企业申报材料和凭证的真实和完整。此外,做好2014年扶贫农业龙头企业贷款贴息专项资金申报和管理工作,发挥了扶贫贴息贷款扶持作用。

【“两不具备”贫困村庄搬迁】　2014年,省下达平远县2014年“不具备生产、生活”条件贫困村庄搬迁任务计划23个村庄,共315户。平远县扶贫开发工作领导小组办公室通过落实相关镇、村、扶贫、国土、林业等部门的搬迁安置责任,实行工作联动,共同推进等有效措施,切实抓好资金筹集、公示、动员、建档、督查、验收等工作。至年底,全面完成315户的搬迁安置,发放省级补助资金940万元。

【“大禹杯”专项资金竞争性分配】　2014年,平远县扶贫开发工作领导小组办公室根据省农业厅、省财政厅《关于印发2014年广东省“大禹杯”专项资金竞争性分配工作实施方案的通知》要求,认真组织做好项目申报工作,通过实行“多中选好,好中选优”的项目优选机制,按照有关程序和申报条件,向省申报项目2个,争取资金100万元,用于乡镇山水田林路综合治理项目。

【存在问题】　帮扶单位重视程度存在差距,帮扶工作进展不平衡,整体投入资金不大,项目推进速度不够快。“两不具备”村庄搬迁安置补助资金和申请省“大禹杯”项目专项资金到位较迟,致使个别项目推进相对滞后。

(张　芳)

2014年度平远县扶贫开发领导小组办公室负责人名录

主　任:吴荣浩

副主任:王　平　张铁山(任至1月)

省属水库移民管理

【基本情况】　平远县省属水库是省属七座水库之一,平远库区所辖省属水库移民分布在平远县泗水镇的6个行政村、25个自然村,共391户、1844人,其中后扶人口314户、1696人。移民居住在广东、福建两省交界100平方公里范围的边远山区,线长面广,人员分散,人多地少。

【主要工作】　2014年,平远县省属水库移民管理办公室主要抓好四项工作。(1)突出工作重点,全面完成移民房改造任务。2006年至2014年,该办以解决移民住房难题为主要工作重点,累计投入移民经费663.84万元,完成移民房改造任务391户,1844人,房屋面积36880平方米,移民人均住房面积达20平方米以上。至2014年,已全面完成移民住房改造任务,移民居住条件得到根本改善。

(2)实事求是,做好移民后期人口核定登记。按照《广东省大中型水库农村移民现状人口核定登记办法》和《关于进一步做好省属水库移民后期扶持人口核定及扶持规划工作的意见》,严格执行移民后期人口登记核定办法,坚持公开、公正、公平的原则,尊重历史,实事求是,在人口核定时做到一户一登记,有户主姓名、家庭成员的姓名和地址等,经反复筛查,最后核定平远县省属水库移民现状人口分布全部在泗水镇,6个行政村,25个自然村,391户,1844人。(3)改善移民生产、生活条件。平远县省属水库库区全部处于偏僻山区,生产和生活极为不便。2014年,该办继续筹资,帮助库区移民解决了出行难、用水难、用电难等系列民生问题。(4)加大扶持移民发展生产的力度,增加移民群众收入。为进一步缩小移民与当地群众的差距,继续重点扶持投资小、见效快的种养、加工等项目的技术培训,帮助移民调整种养结构。　(平远县移民办)

2014年度省属水库移民管理办公室负责人名录

主　任:刘志中

水　　务

【概况】　2014年,平远县水务局全面贯彻平远振兴发展的决策部署,水务工作呈现出发展氛围好、投入力度大、建设步伐快、质量效益高的强劲发展态势。全年累计完成水利建设投资1.92亿元,完成年初制定的各项工作任务。

【水利工程建设】　2014年,平远县水务局突出发展需求,科学治水,依法治水,扎实推进民生水利、生态水利建设。(1)实施完成9宗千亩灌区改造工程。工程涉及4个镇32个行政村,工程总投资4112万元,整治渠道137公里,恢复改善灌溉面积1.57万亩,受益面积3.2万亩,受益人口为4.46万人,解决了项目区农田灌溉"最后一公里"的问题,有效提高了当地农田灌溉水利用系数,为农业发展提供坚实的基础。(2)全面完成县城污水处理厂配套管网工程。到12月,全面完成了总投资5453万元的污水配套工程,在大柘河、岭下河河道敷设管道8.5公里,建设检查井、截污井285座。(3)如期完成污水处理厂二期工程和工业园区污水处理厂一期工程。污水二期工程总投资3500万元,采用A2O微曝氧化沟工艺,在原有污水处理能力为每日1万立方米的基础上扩建为每日2万立方米。工程于9月动工建设,12月底实现通水。工业园区污水处理厂一期工程总投资1910万元,主要是收集处理工业园区生产生活废水,日处理规模为5000立方米,工程于10月动工建设,12月底实现通水试运行。两宗污水处理厂的建设,提高了县城污水处理能力和改善了区域水环境。(4)加快推进中小河流治理工程。东石河治理工程总投资2782万元,新建堤防6.45公里,8月开工建设,年底完成主体工程建设任务,工程建设成后捍卫人口约9500人,保护农

图为县污水处理厂二期工程施工现场

田约6800亩;差干河差干段治理工程总投资2859万元,11月动工建设,年底前完成水下工程部分工程,建成后可捍卫人口约4000人,保护农田约2500亩。(5)农村水电增效扩容改造工程。工程投资1915万元,主要是对水力机械、电器设备及送变输出设备进行更新改造。全县12宗农村水电增效扩容改造工程已全部动工建设,正在订制设备。

【防汛抗旱】　2014年,平远县全年降雨偏

少，降雨量为1208.8毫米，对比多年同期平均降雨量1635毫米少426.2毫米，全县出现不同程度的旱情。平远县水务局“三防”工作坚持防洪抗旱并举，确保水利工程安全度汛，保障群众生产、生活用水需求。（1）强化责任落实。抓实各项防洪责任制度，针对县、镇政府人事变动，及时调整落实41宗水库、28宗蓄水电站和82宗万立方米以上山塘防汛责任人。（2）强化隐患排查治理。积极组织汛前、汛后水利工程防汛安全检查，加强对全县中小型水库、山塘、电站和堤围安全隐患的排查和治理。（3）完善非工程措施。按照“好用、实用，可操作性强”的原则，完善县、镇、村《防洪救灾应急台账》，编制和印发了《平远县山洪灾害防御预案》《平远县抗洪救灾应急预案》和41宗水库的《防洪预案》；加强抢险队伍建设和防汛物料的补充，全县成立抢险队伍14支共5660人及两支应急抢险分队，轻舟应急抢险分队于5月到黄田水库开展抢险培训和演练，提高应急抢险实战能力。（4）抓好省级、县级山洪灾害防治非工程措施建设。建立完善了三防监测预警系统、县级监测预警平台、水库动态视频监控；购置了484个手摇报警器，483套锣、鼓、号、口哨；制作了一批防御山洪灾害宣传画册、宣传牌、明白卡等发放群众手中。山洪灾害防治非工程措施的建设，提高防治山洪灾害的预警、预报水平。

【水务管理】 2014年，平远县水务局切实履行水行政管理职能，强化水利管理，提升管理服务水平。（1）加强水源保护，保障群众饮水安全。按县委、县政府工作部署，开展饮用水源地治理和保护工作，采取生物操纵技术、湿地技术、化学中和技术和清除库面垃圾等措施，对黄田水库、横水水库实行治理和保护。截至12月，已投放鱼苗6万多尾，建立人工湿地5000多平方米，投放生石灰200多吨，打捞漂浮垃圾8000多袋。通过采取各种措施进行治理保护，黄田水库水质达Ⅱ类水质标准，横水水库水质氨氮值呈下降趋势，其余各项指标达到Ⅱ类水质要求，水源治理取得明显成效。（2）加强依法行政，维护水事良好秩序。实行最严格水资源管理制度，依法加强全县水资源管理，水土流失治理、水规费征收和水行政执法力度。全年共批准新办“取水许可证”1宗，更换、延续“取水许可证”18宗，审批水土保持方案2宗；征收水资源费35.64万元、水土保持补偿费15.82万元，堤围防护费493万元；治理水土流失面积1平方公里。（3）加强水电监管，增效扩容提升效益。“四个强化”落实监管职能。强化安全检查，建立起小水电工程安全检查登记、整改、验收、销号动态监管机制；强化安全生产责任制落实，与全县157宗电站签订安全生产责任书；强化应急管理，编制印发了《平远县水务局农村小水电站突发事件应急方案》；强化安全培训，举办了全县小水电行业安全生产培训班。稳步推进农村水电增效扩容项目，已完成维修、更换水轮发电机组17台共10710千瓦，更换S11节能型变压器11台12830千伏安，架设10千伏线路7公里。（4）加强供排管理，一体化进程加快。加强高峰清流制水公司水质检测，强化县城供水管道和排污设施的维护和管理。全年制水量为588万立方米，供水销售总量为452万立方米，保障了县城21345户、7.5万人的用水需求；完成县城新区供水管网扩建工程首期建设任务，敷设管网10.2公里，城区管网覆盖率达75%，缓解城区供水缺压和水质二次污染等问题；启动工业园安全供水应急抢险工程，将主城区的自来水通过加压设施输送到工业园三期，供水管网工程全长约12公里，总投资概算为1633万元。（5）加强基层建设，推进水利体制改革。按照“安全、规范、稳定”的工作思路和“抓班子、带队伍、推发展、促和谐”的工作目标，狠抓队伍管理、安全生产管理、经济管理、项目建设管理，积极推进水利工程管理体制改革试点工作，探索水利工程管理体制改革,合理调配利用水资源,为水利工程、机电设备安全运行提供保障,保持职工队伍的稳定。因2014年降雨量偏少,造成发电量减少,全年销售电量3160万千瓦时,完成年度计划任务的87.51%,对比上年同期减少1124.6万千瓦时。全年总收入1521万元(其中,售电收入1380.5万元,其他收入140.5万元);全年总支出累计2640万元,亏损约1120万元。(6)大力创建"平安水利"。抓好全系统安全生产工作,认真开展安全生产大检查活动,全年共出动安全检查人数136人次,查找隐患25宗,投入整改资金70多万元,确保了水利工程安全度汛和高效运行。

【"三防"灾害】　2014年5月15日,受强降雨云系影响,平远县普降暴雨和大暴雨,北部乡镇雨势集中,造成差干、热柘、大柘、上举等4个镇30个村不同程度受灾。5月21日,受强西南风影响,平远县普降暴雨,局部大暴雨,造成差干、上举、八尺、热柘等4个镇20个村不同程度受灾。两次洪涝灾害,受灾人口1万多人,转移安置人口32人,因灾经济损失约1453万元,其中水利工程损失约700万元。

【存在问题】　水利基础设施薄弱的问题仍需加大力度解决;重建轻管的现象还没有得到根本扭转,特别是涉水事务的社会管理还需加强;水生态环境问题不容忽视,全社会水源水质保护、水土保持工作观念仍需加强;技术和管理人才不足,现有的人力资源满足不了当前大投入、大发展的需要;基层水利单位比较困难,水利管理体制改革仍需进一步深化。

(张学滨)

2014年度平远县水务局负责人名录

局　长:张远忠

副局长:李　明(任到6月)

马小俞(任至6月)

林福平(6月起任)

刘栢盛　张小坚

气　象

【气候评价】　2014年,平远气候属于一般偏差年景,总体气候特征是:平均气温较常年同期偏高,高温日数历史最多;降水较常年同期明显偏少,呈北多南少分布。

降水:2014年全县降雨偏少,县城年降水量为1244.8毫米,比历年平均降水量偏少25.8%。除5月、11月和12月雨量较历年平均偏多外,其余月份均偏少。全年有雨日148天,暴雨日(日降水量≥50毫米)3天。

前汛期(4~6月)县城降水634.5毫米,比历年同期均值偏少15.0%。其中5月降水偏多70.5%,而4月、6月份降水分别偏少73.1%、40.8%。前汛期出现2天暴雨,最大雨量出现在5月22日60.7毫米。

后汛期(7~9月)县城降水296.3毫米,比历年同期均值偏少42.2%。7月至9月降水与历史同期相比分别偏少45.6%、16.5%、77.8%。后汛期出现1天暴雨,为8月13日58.8毫米。

气温:全年平均气温21.2℃,比历年平均值高0.4℃。年最高温度38.7℃,出现在7月22日;年最低温度为-1.6℃,出现在1月23日。全年高温日(日最高温度≥35℃)有57天,是1961年有历史记录以来最多年份;低温日(日最低温度≤5℃)33天,最低温度≤0℃的有1天;有霜日18天,结冰日6天。

日照:年日照时数1709.8小时,比历年均值偏少9.2%。

热带气旋:2014年,西北太平洋和南海海域共有23个热带风暴或台风生成,较常年偏少2.5个。其中,第1号热带风暴"玲玲"生成于1月18日,最后一个热带风暴"蔷薇"生成于12月29日,第9号台风"威马逊"是1949年以来最强台风,登陆时中心附近最大风力17级(60米/秒)。全年无台风登陆或严重影响平远县。

雷暴:年内雷暴日44天,其中3月6天、4月1天、5月7天、6月11天、7月9天、8月8天、9月2天。

大风:8月29日八尺镇出现了18.1米/秒的全县最大的极大风速,其次为差干镇7月12日17.3米/秒和上举镇7月1日16.2米/秒,县城极大风速为13.6米/秒,出现在7月1日。

【气象服务】 2014年,平远天气不稳定,局地强降水、短时雷雨大风、暴雨等强对流天气频发。3月28日午后,受强对流云团影响,县城出现雷雨大风、冰雹等强对流天气。5月21日20时至23日12时,受偏南暖湿气流和高空槽共同影响,平远出现暴雨到大暴雨的降水过程,全县平均雨量达109.4毫米,最大雨量为上举167.3毫米。面对突发性和灾害性天气,平远县气象局牢牢把握"你的冷暖就在我心头"的服务理念,准确预报,及时预警,主动服务,充分发挥气象在防灾减灾工作中的重要保障作用,有效确保人民的生命财产安全。全年共报送《重大气象信息快报》32期,《重大气象信息专报》4期,发布气象各类预警信号76次,发送决策信息和预警短信近25万人次,启动气象应急响应3次。

【气象现代化】 2014年,平远县气象局积极贯彻落实广东省政府和中国气象局联席会议精神,认真落实加快气象现代化试点省建设合作备忘录要求,加快气象体制机制创新,健全气象预警预报应急体系,强化部门间的沟通和协作,不断提高平远气象现代化建设水平。(1)推进政府主导的气象现代化格局,气象局已成为县安委、应急委、减灾委成员,局长已任县三防指挥部副总指挥和县气象防灾减灾工作领导小组副组长。(2)完成《平远县气象灾害应急预案》的修订和发文工作。(3)落实山洪灾害防治县级非工程措施气象项目建设工作,完成4个区域自动气象站和固态降水观测仪器(称重式降水传感器)的安装。(4)推进平远县综合探测基地和平远突发事件预警信息发布体系的建设。(5)与水务局签订合作协议,推动部门间的联动联防机制,解决农村大喇叭传播气象预警信息问题。(6)与农业局联合开展面向新型农业经营主体直通式气象服务,无偿地向服务对象发送灾害性天气预警预报和农用天气预报等手机短信。(7)与教育局协调落实台风、暴雨停课机制。(8)与县"三防"联合印发《关于建设镇级气象服务站的通知》,推进乡镇气象服务站建设。

【气象依法行政与防雷减灾】 2014年,平远县气象局以强化气象社会管理职能为主线,积极提升气象依法行政能力,不断提高防雷减灾管理水平。强化行政执法及行政许可审批工作,严格进行行政审批事项目录清理,保留或下放的行政审批事项均进驻平远县综合政务服务中心,并纳入平远网上办事大厅在线申请办理项目。强化防雷减灾社会管理职能,加强对易燃易爆场所、人口聚集场所及其他建筑物的防雷定期检测,加强建设项目的防雷装置设计审核、雷击风险评估、施工监督和竣工验收等工作,有效地预防和减少雷电灾害事故的发生。强化联合执法行动,与安监、公安、住建、经信、教育等部门组成联合检查组,对全县气象灾害防御暨防雷安全设施"三同时"进行专项执法检查,确保全县危险化学品场所、人员密集场所以及重点工程、大型建设项目施工现场等雷电防御重点区域的防雷安全,实现全县安全生产形势持续稳定好转。 (肖达承)

2014年度平远县气象局负责人名录

局　长:姚建春

副局长:何新雄

工业

工业综述

【主要经济指标完成情况】 2014年,平远县完成工业总产值71.42亿元,同比增长15.6%,其中,规模以上企业完成工业总产值46.84亿元,同比增长9.2%;规模以上企业完成工业增加值12.1亿元,同比增长9.50%(按可比价计)。工业投资总额10.71亿元,同比增长23.3%,其中,技改投资总额7.32亿元与上年持平。

【培育骨干企业】 2014年,平远县加大骨干企业培育力度。(1)制定出台扶持奖励政策。2014年4月,平远县专门制订出台《平远县鼓励工业企业做大做强的扶持奖励实施办法》,对成长性的工业企业进行奖励。同时,对重点行业或重点企业安排500万元的贴息贷款。2014年,全县共39家规模以上企业,其中新增红豆娘等5家规模以上企业。产值超亿元企业12家,超5亿以上企业2家。(2)深入开展“暖企”行动,积极推进重点项目建设。广晟智威投产、稀土产品南交所顺利上线、稀土检测中心完成主体工程,汇胜、友邦、光明等外贸型家具产业附加值逐渐提升。五指石汽配、绿鹰机械、德明金属等机械制造项目进展顺利。

【园区扩容提质】 2014年,平远县抓好园区扩容提质工作。(1)完成园区控制性详细规划编制,远景规划21平方公里。(2)推进基础设施建设。2014年,完成征地2000亩,平整土地1200亩;供水、供电依期完成,确保了污水处理厂顺利运营。(3)园区考核被省政府评为2013年度优秀园区,获得各项扶持资金6570万元和450亩用地指标。(4)成立南沙·平远对口帮扶工作领导小组,就资金帮扶、引进企业落户等方面进行有效对接。

【节能减耗】 2014年,平远县经济与信息化局建立和完善全县公共机构能源资源消费数据平台和能源消费计量工作台账,为今后节能计划和监察工作打下良好的基础。同时,将宁江水泥、富远稀土等四家重点耗能企业的低效电机更换成高效电机,合计已更换低效电机达7500千瓦,顺利完成平远县2014年度单位GDP能耗下降目标。4月,平远县经信局被广东省经信委评为“2013年度省级节能先进集体单位”。

2014年9月15～19日,全县38家规模以上的企业负责人赴广州参加为期5天的学习培训

【存在问题】 (1)全县工业投资和技改投资连续走低。原因是:工业增长动力不足。新建重大工业项目较少,在建重点工业项目建设进度比计划有差距。企业受资金短缺、融资困难的影响,企业转型升级的力度不够,技改创新项目投资少、进度慢。(2)产业转移难度依然很大。虽然省出台了一系列产业转移的好政策,但全县承接的转移企业还不多,缺少高新技术项目。(3)企业投资信心不足。企业普遍存在资金不足等困难,银行“惜贷、怕贷”思想严重,区位优势还没有凸显,运输成本高,

造成生产成本无优势等客观因素影响投资。

（林媛媛）

2014年度平远县经济与信息化局负责人名录

局　长：黄新生

副局长：凌旺珍　廖文香　吴小兵

李利明　张远新

周　进（挂职，4月起任）

东莞塘厦（平远）产业转移工业园

【概况】　2014年，平远县加强对东莞塘厦（平远）产业转移工业园工作的领导，做好控制性详细规划编制工作，用好扩能增效专项资金，出台相关扶持奖励政策，搞好园区基础设施建设，扎实推进企业落户和企业扩能增效工作，园区不断发展壮大。先后获得省政府、省经信委、省工业园协会的表扬和奖励。7月，在广东省人民政府2013年度省产业园建设管理考评中，东莞塘厦（平远）产业转移工业园被评为优秀等级，在全省4个起步园中获得第一名，受到全省通报表扬，获得省奖励资金570万元，土地指标450亩。同时，申报省扩能增效专项资金，竞得招商选资专项1000万元资金，另外，还得到省支持基础设施建设资金5000万元。11月，东莞塘厦（平远）产业转移工业园受到广东省经济和信息化委通报表扬。12月，东莞塘厦（平远）产业转移工业园被广东省工业园区协会授予“十佳会员单位”和“广东省产业转移数据报送先进园区”称号。到2014年底，平远县累计投入园区建设4.5亿元，其中2014年投入约1.12亿元，建成区4000亩；园区共有入园企业52家，其中投产企业29家，新建和续建企业13家，协议企业10家（规模以上企业10家）。2014年，园区实现工业总产值14.3亿元，比增40.2%；工业增加值4.29亿元，比增40.4%；实现税收（全口径）0.87亿元，比增64.2%。2014年，园区完成固定资产投资额9.65亿元（其中技改项目固定资产投资0.58亿元），其中设备投资额2.82亿元（其中技改项目设备投资0.22亿元）。

【控制性详细规划编制工作】　2014年，平远县工业园区办按“高起点规划，高标准建设，高效能管理”的要求，专门聘请广东省建筑设计研究院，科学编制园区21平方公里的控制性详细规划，实现以城带产、以产兴城。经与设计单位多次对接，6月17日，专门召开专家评审会进行了评审。编制单位已完成由园区收集的各相关单位意见的最终修订，待县人代会通过后正式实施。

【对接广州市南沙区】　2014年，平远县高度重视工业园建设，专门成立南沙·平远对口帮扶工作领导小组，并加强双方对接沟通。南沙区安排750万元帮扶建设工业园连接济广高速石正互通公路建设项目和污水处理厂及配套管网建设。6月，广州市南沙区区长袁桂扬率该区相关部门负责人和30多位企业家代表到平远举行签约活动，签订《南沙·平远共建产业转移工业园》框架协议，有10位企业家与平远招商局签订了投资合作意向书。

【征地拆迁与土地平整】　2014年，为全力推进工业园区扩能增效，平远县工业园建设指挥部和工业区办科学制定全年征地工作计划，工作上主动与大柘、石正镇和县相关单位沟通，共同推进征地工作。全年完成征地2000亩。同时，进行土地平整及道路、排水沟等工程，全年平整土地1200亩。

【基础设施建设】　2014年，平远县园区办着力抓好基础设施建设。（1）污水处理厂建设：园区集中式污水处理厂已建成，处理规模为0.5万吨/日。（2）园区水、电、路、绿化等方面：三期高压电线路9月底正式通电；县城自来水直供园区工程，已完成勘查设计，工程预算已交财政审核,正在立项报批;完成主道路两边的绿化工程并重点加强后续绿化管护;全面完成工业园回环道路0.9公里硬底化工程,同时推进亮化工程;宁江连接园区三期道路完成路基工程。

【相关扶持奖励政策出台】 2014年,平远县园区办制订《平远县鼓励工业企业做大做强的扶持奖励实施办法》和《东莞塘厦(平远)产业转移工业园入园项目(企业)管理办法》,激励园区企业做大做强。

【企业落户和企业扩能增效工作】 2014年,平远县园区办抓好企业落户和企业扩能增效推进工作。(1)促在建企业尽早投产见效。2014年新引进落户企业13家;新投产有广晟智威、方鼎塑木、海通静电、宁江混凝土、复兴木业、恒盛宇电子等6家。(2)加强未开工企业及低效能企业管理。督促获赛尔二期、建艺、新大地3家未动工企业进行开工建设,均已按承诺开始动工建设;加强了恒丰木业等11家低效能企业的管理。

【东莞塘厦(平远)产业转移工业园管理委员会成立】 2014年9月12日,平远县机构编制委员会发文《关于东莞塘厦(平远)产业转移工业园管理委员会机构设置的通知》,同意平远县工业区管理办公室更名为东莞塘厦(平远)产业转移工业园管理委员会,升格为平远县人民政府直属正科级事业单位,委托县经济和信息化局管理。10月16日,平远县人民政府发文任命了东莞塘厦(平远)产业转移工业园管理委员会负责人。 (刘可宏)

2014年度平远县工业区管理办公室负责人名录

主　任:姚　雄(任至10月)

2014年度东莞塘厦(平远)产业转移工业园管理委员会负责人名录

主　任:黄新生(10月起任)

副主任:姚　雄(10月起任)

　　　　吴益华(10月起任)

电力工业

【概况】 2014年,平远供电局坚持以南网中长期发展战略为统领,深化创先举措,攻坚克难,圆满完成年度各项目标任务。全年安全生产保持稳定局面,未发生三级以上电力安全事件,安全生产超十四周年。全社会用电量4.32亿千瓦时,比增10.63%;完成购电量4.28亿千瓦时,比增10.57%;售电量4.01亿千瓦时,比增10.59%;上缴税收1612.13万元;综合线损率6.35%,同比减少0.01个百分点;当年电费回收率100%;最高用电负荷83.3兆瓦,比降0.12%;供电可靠率达99.97%,同比提高0.023个百分点;用户年平均停电时间2.48小时/户,同比减少2.21小时/户。企业先后获梅州市"文明单位"、平远县"消防工作先进单位"等荣誉称号。

【安全生产】 2014年,平远供电局突出抓好风险辨识与评估、风险数据库应用和风险管控脉络梳理,切实将风险体系建设与日常安全生产工作、与规范化建设相结合,持续稳步推进,企业安全生产管理水平明显提升,风险得到有效管控,安风体系建设外审考评得68分,比预定目标高出三分,达到"三钻"水平;推行领导现场监督和各级人员到岗到位制度,有效落实安全责任,全年现场督察342处932次,发现并纠正违章行为11起,使安全管理水平在查、说、纠、改的循环中不断提高。加强迎峰度夏、迎峰度冬电网负荷预测和运行分析,强化电网隐患排查治理,建立健全应急管理机制,修编完善14个专项应急预案,开展应急演练17场次。圆满完成迎峰度夏、省委书记胡春华到平视察、"印度尼西之夜"文艺晚会、十八届四中全会、高中考、第十届慈橙文化旅游节等重大节庆活动的供电保障工作,电网运行安全稳定,实现连续安全生产1096天。

【电网建设】 2014年,平远供电局充分发挥规划引领作用，积极对接省公司和地方规划，完成2014年配网前期、"一镇一册"规划收资和2015年配电网项目可研工作。在政府的大力支持下，完成110千伏八尺输变电工程35千伏配套线路铁塔基础占地补偿和青苗赔偿处理工作。全年，完成主网建设投资1560万元；配网建设完成投资2210万元，建成10千伏及以上线路25.06千米，低压线路412千米/单线，容量3100千伏安/32台；完成技改投资597万元，先后完成35千伏中行站综自改造和35千伏平中线、35千伏干仁线等技改项目共20项；全面完成投资2164万元的82个修理项目。

【依法经营】　2014年，平远供电局认真落实中央"八项规定"精神和"一体化管理"的要求，强化"四基管理"理念，规范企业管理，防范各类隐患和风险。企业规范化建设工作顺利通过省公司专家组考评验收，被认定为"规范化县级供电企业"。档案综合管理达标升级工作顺利通过复查，保持综合档案目标管理"国家二级"单位称号。加大营销稽查力度，全年共查获窃电行为119宗、违章用电行为3宗，追补电费及违约金约58.58万元，规范了用电市场秩序。开展内控体系建设，加大对关键环节审计和效能监察，全年配合上级管理部门开展经营管理、固定资产投资、营销效益等专项审计7个，对审计提出的问题制定整改计划并逐一落实，审结率100%。争取平远县委、县政府的大力支持，成功解决为平远县公路局担保的两宗历史担保案件，规避了法律风险。

【优质服务】　2014年，平远供电局围绕平远县委、县政府的工作主线，把落实党的群众路线教育实践活动体现在具体行动上，全力配合做好平兴高速公路、湍溪至普滩旅游公路、人民医院新住院部、热柘华侨中学建设及国道206线大修等重点工程，共迁改35千伏及以上线路28.6千米、10千伏线路82.8千米、0.4千伏线路680多千米，迁移杆塔3600座，新增10千伏线路40.5千米、0.4千伏线路220多千米、台区8个，助推平远交通、公路和市政建设。强化客户综合停电管理，并成功实施3宗带电作业，客户平均停电时间有效控制在1.25小时/年。全力推进民生实事，落实减免全县低保户和五保户共3473户电量86.2万千瓦时的费用；完成14台重过载配变和24个低电压台区升级改造，解决群众用电难等问题，受益用电户5960多户。承担社会责任，筹集扶贫资金60万多元帮助挂钩贫困村饮水工程、农网改造等公共基础设施和12万多元帮扶贫困户发展养殖、种植业，帮助挂钩帮扶贫困村早日实现脱贫。开展"服务好用电企业、当好供电先行兵"主题活动和"以客为尊、和谐共赢"大型用电宣传系列活动及"两个共建"活动，宣传"微节电、大改变"理念，并听取社会各界对供电服务的意见建议，及时掌握客户的需求；推动"学习型企业建设"和"传承平远供电好家风、汇聚和谐发展正能量"主题活动，改变企业员工精神面貌；组织青年员工开展"洁净平远"大行动、送法进校园等志愿者活动，提升企业良好的外部形象。2014年，实现"一站妥"服务比例达96.32%，同比上升了4.27个百分点；第三方客户满意度82分，同比提高1分；县综合考核评定位列D类单位前5名。

（余伟略）

2014年度广东电网梅州平远供电局负责人名录

局　　长：谢伟才（任至4月）
　　　　　庄苑忠（4月起任）
党委书记：谢烈阳
副 局 长：谢烈阳　朱心铭　卓建丰
纪委书记、工会主席：陈国浩

二轻工业

【概况】　2014年，平远县二轻工业公司加强企业管理,抓好安全生产,落实综治、信访、维稳责任,圆满完成各项任务。(1)加强企业管理、联社资产经营管理。严格执行公司出台的关于加强转制企业留守管理的办法和基层企业留守管理岗位责任制考核办法,加强厂房、商店的出租和合同管理,强化监督服务,加强财经纪律和健全完善财务制度,增强为职工服务的意识,确保职工队伍稳定。(2)坚持招管并重,促进企业经济持续健康发展。深圳市侨亿德电子科技有限公司是二轻公司的招商引资企业,公司积极主动做好与该企业的联络、沟通和协调服务工作,营造优良环境使其在原有基础上追加投资,扩大规模,拓展经营领域。(3)抓好安全生产。制订《安全生产工作管理制度》,抓好安全宣传教育和工作责任的落实,签订安全生产责任书8份、安全生产承诺书12份,突出安全生产工作重点,认真排查安全隐患,开展了定期与不定期的安全生产大检查7次,发出整改通知书2份,确保安全隐患消灭在萌芽状态。(4)落实综治、信访、维稳责任。制定法治建设工作计划,调整领导机构,明确工作职责,落实工作任务。年初公司与股室负责人、企业厂长签订了责任书,把责任层层分解,量化到人。将综治维稳工作与经济工作同安排、同检查、同考核、同奖惩,确保了二轻系统的平安稳定。(5)为配合县委、县政府的旧城改造粮所片区房屋拆迁安置工作,公司尽最大努力,终止出租门店合同,收回门店作为县旧城改造指挥部办公用房和大柘镇拆迁户安置用房。10月,将公司原下属企业平远县家用电器厂的土地430平方米,建筑面积839平方米移交给县国资部门。

(陈亚平)

2014年度平远县二轻工业公司负责人名录

经　理:刘雪琦

副经理:罗源祥　吴益华(任至10月)

梅州市八乡情酒业有限公司全景图(第一排办公楼、第二排生产车间、第三排酒窖)

信息产业

政务信息化建设

【概况】 2014年,平远县经济和信息化局加大基础设施建设,完善企业信息数据的采集,推动政务平台、企业运营等方面实现信息化管理。(1)联合电信、移动、联通部门对全县网络进行升级,通过建设覆盖全县集IP化、宽带化、融合化为一体的城市光纤宽带网络,逐步实现"百兆到户、千兆进楼、百万兆出口"的网络能力。(2)组织开展关于企业情况综合数据采集系统的培训,完成229家企业数据采集上报工作。(3)进一步完善移动政务OA系统,实现县内全面办公自动化。(4)配合组织开展《平远智慧城乡建设规划》及《平远智慧城乡技术方案》调研工作,掌握平远县信息化发展现状,切实推进智慧城乡建设,做好顶层设计工作。 (林媛媛)

平远邮政

【概况】 2014年,平远邮政局大力推进企业转型升级,开拓创新,面对社会经济缓中趋稳、下行压力较大等严峻形势,克服利率市场化、互联网金融和邮务类业务市场消费低迷等诸多不利因素的影响,实现了平远邮政"市场化"的可持续发展。全年平远邮政各项业务呈现稳步增长态势,同比增长11.72%。

【企业管理】 2014年,平远邮政局以基础建设为保障,加强安全质量和服务质量管理,提升整体服务能力。基础建设方面,采取"广覆盖、全方位、拓阵地"的普及原则,继续加大平远邮政代理金融业务"助农取款"的普及率和占有率,全县共建立"助农取款"点31个,整治网点2个,新建网点1个和增加存取一体机3台,解决了人员配置不足的问题和分流前台营业压力,网点服务能力进一步提升。内控管理方面,落实案防责任制和强化邮银案防协作机制,逐级签订《2014年邮政金融案件防控责任书》和《邮政金融员工合规履职承诺书》,定期召开"控管会"和"全县案防工作会暨资金安全联席会",努力做到"一个完善,两个落实,三个推进",共同做好案防工作。安保质监方面,制订"安防意识提升年"全年活动方案,明确各层级人员的工作责任、内容、检查方式、频次,机要、投递、邮运工作均实现较好的安全质量和服务质量管理,未出现责任事故。

【业务发展】 2014年,平远邮政局以效益优先为主导,大力推进业务发展,提升市场竞争力。金融业务方面,通过强化项目营销和丰富营销模式,凭借邮政独特的点多面广、服务城乡的渠道优势,由单一的柜台营销、上门营销,扩展到会议营销、路演营销、扫街营销、口碑营销、饥饿营销、节奏营销等多种方式灵活应用,承揽了当地的征地款等多个代发项目权。农资分销方面,通过强化资源整合,推进差异化服务,建立邮政农资用肥"示范基地",促进业务宣传与发展,对农资分销业务销售推广产生了积极作用,为邮政服务"三农"打下了坚实基础。广告传媒方面,平远邮政以广告传媒为函件业务发展的重要抓手,以保存量的模式发展电商小包、日常封片业务,强力推进广告传媒业务。全县安装消防视频机157部,消防牌280块。

【企业改革】 2014年,平远邮政局企业体制机制改革进一步深化。激励考核机制方面,按照省公司“人力资源工作六个指引”的要求,落实“工效挂钩到基层,绩效考核到个人”的原则,推进员工绩效积分制考核办法和完善规范KPI考核管理办法,实行分季度考核的薪酬激励办法,职工生产积极性得到提高,企业实力明显增强。人力资源机制方面,通过建立员工成长积分考核制和进一步加强人才队伍建设,实行晋升、转聘积分制考核,突出指标的可量化、可视化、可公众评定化,突出考核评估的科学合理、公平公正,不断提高员工的综合能力。财务管理机制方面,围绕“三个转变、三个加强”的指导原则,将财务管理重心从做好事后会计核算工作的基础上逐步转移至事前的评估分析,事中的跟踪调查,事后的评价报告,坚持效益导向,加强重点业务和重点环节的投入,提升企业核心竞争力。（王　坚）

2014年度平远邮政局负责人名录

局　长:钟小明

副局长:冯军福　陈红星

中国电信

【概况】　2014年,中国电信平远分公司深化转型战略,牢牢把握“变革创新、优化合作、质效并重”三大关键,加快规模发展,推进企业转型,较好地完成全年各项目标任务。全年向税务部门缴纳税金193.3万元,并连续十年获得“广东省守合同重信用企业”荣誉称号。

【业务发展】　2014年,中国电信平远分公司实施积极进取的进攻型经营策略,通过产品优势、终端引领、应用拉动、精准营销、协同销售以及服务领先,持续提升市场份额和企业效益。实现移动智能3G净增5636户;宽带业务净增2129户;流量经营收入保持快速增长,同比提升29%。

【变革创新】　2014年,中国电信平远分公司推进划小承包及配套改革,划分责任田,初步建立起自主经营体系。县分公司整合部门,设立业务部,形成区域支撑、业务支撑、服务保障扁平化支撑体系;建立总经理分管部门、副总经理分管承包单元,业务专门团队支撑副总经理及承包单元运营模式。划小中心自主经营,健全责、权、利责任制。

【开放合作】　2014年,中国电信平远分公司引进外部资源,开展营业厅改造,建成平远手机城及石正、仁居、八尺3家全网通卖场;投入合作资金80万元,完成平安平远视频监控标清改高清视频共98路;开展驻地网光纤宽带合作,全年完成宽带合作小区节点6个,新增455个端口。

【社会责任】　2014年,中国电信平远分公司充分发挥信息网络、综合信息服务及服务体系方面的优势,优化发展环境,服务地方信息化建设。投入资金324.5万元,圆满完成市政、公路及园区建设的通信设施建设及线路整治、杆线迁移等。服务企业信息化,协助企业提高竞争力。通过“智慧企业”建设,推进企业信息化,提升企业竞争力。服务行业信息化,推进地税局电子办税服务厅、烟草e通、平安e店、智慧WIFI、卫生专网、企智通、远教平台、教育视频网、天翼税通、司法e通、工商e通、校园信息化建设等应用,提升行业信息化水平。全力推进“光网宽带”建设,县城及各乡镇宽带光纤接入覆盖基本完善。（冯宏胜）

2014年度中国电信股份有限公司平远分公司负责人名录

总 经 理:林新云

副总经理:卢庆丰　卓　广

中国移动

【概况】　2014年,中国移动通信集团广东有限公司平远分公司(以下简称“中国移动平远分公司”)以4G建设发展为突破点,打好城市客户、家庭市场和全业务攻坚战,落实存量客户保有和流量经营提升工作,同时扎实推进网络竞争力领先工程,强化全面风险管理,深入推进综合管理提升,团结一心,智慧竞争,狠抓落实,营造了内和外顺的运营环境,进一步巩固了公司的区域市场主导地位。全年完成业务收入比上年增长2个百分点,上缴税收150多万元。平远分公司综合运营业绩考核排在全市第三名。

【业务发展】 2014年,中国移动平远分公司全力扩展业务。(1)全力推进4G发展,市场大势持续巩固。通过整合营销、传播、渠道优势资源,快速抢占4G市场。(2)全力推进“惠民工程”。不断推动资费下降,持续补贴普及智能终端,不断推进“宽带中国”。不断优化全县营业厅布局和服务环境,拓展自助终端电子服务渠道,提升便民、利民服务能力。持续提升服务质量和客户价值,发挥品牌资费升级优惠,有效保持服务质量领先,从而更好地服务客户、吸引客户,打造客户满意工程。(3)加强集团服务,提升信息化服务水平,行业信息化、移动互联网业务取得突破。为40多家单位和企业提供宽带、固话、综合V网等一系列信息化服务,建设开通20多条集团互联网专线、电路租用20多条。至年底,平远县移动客户总用户数达到15万,市场占有率比上年提升1.73%,达到历史新高,保持了区域市场主导地位。

【网络建设】 2014年,中国移动平远分公司加大网络规划建设力度。(1)持续推进网络建设,大力支持当地通信事业,持续加大网络覆盖,提升网络质量,同时加大具有自主知识产权的3G、4G基站建设为客户提供高速无线数据网络。充分发挥4G引领作用和多网协同效应,打造网络绝对领先优势,全面支撑市场发展,在全市率先完成LTE期建设任务,建设开通97个基站,投入项目建设资金9000多万元,4G信号已到达全县各镇。(2)落实“宽带中国”战略,加快光纤入户宽带建设步伐,推进全业务建设力度。高规格、高标准落实国家战略,顺应主流技术发展需要,全面实现光纤入户。完成县城城区100%的全覆盖;“5·17”前完成100%行政镇的镇区覆盖;全面加快农村宽带建设,完成近40个行政村的光纤宽带覆盖建设。至12月底,中国移动光宽带累计覆盖家庭户数3.3万户。注重售后服务质量,加强代维人员考核,按季度进行集团专线和家宽客户装维回访。平远移动家庭宽带实装率居全市第二。(3)全面推进网络全优化工作。对市场热点地区和用户反映覆盖薄弱地区进行网络优化。同时,结合政府重点工程,全力配合做好线路迁改和基站建设,确保工程顺利进行。(4)加大重点旅游景区网络覆盖建设。五指石、仓子下旅游区新建基站4个、光纤直放站4个、WLAN站点7个,为游客提供无线高速上网。(5)加强重点工业园3G、4G网络覆盖及光纤入园,新建3个基站进行无线覆盖,新建11公里管道,100多公里光缆实现光纤入园。(6)配合县委、县政府各项活动,开展应急通信保障工作。提升应急通信保障水平,服务地方社会经济发展。全力做好平远县汛期、各重要节假日及慈橙文化节各个节点的应急通信保障。

【综合管理】 2014年,中国移动平远分公司进一步深化价值管理,着重在“基础管理”和“人本管理”方面开展工作。不断夯实基础管理,深化企业管理变革;开展党的群众路线和作风建设活动,实施员工关爱工程;抓好员工培训和企业文化宣传,提升员工素质;组织开展多种形式的劳动竞赛、文体活动、团队活动;狠抓各项安全生产管理和党团组织及党风廉政建设,进一步强化核心作用。 (姚新红)

2014 年度中国移动通信集团广东有限公司平远分公司负责人名录

总 经 理:温国宗(任至2月)

　　　　　罗辉君(2月起任)

副总经理:严展旺(任至10月)

　　　　　宋文欢(10月起任)

中国联通

【主要经营指标完成情况】　2014 年,中国联合网络通信有限公司平远县分公司(以下简称“中国联通平远县分公司”)全年出账收入累计完成750.3万元,预算完成率98%,比上年增收136万元,增长22.22%,在8个县公司中排名第一。全年平均考核绩效得分97.3分,在8个县公司中排名第二。

【网络建设】　2014 年,中国联通平远县分公司网络建设取得新成绩。移动网络:全年新建3G基站10个,3G信号人口覆盖率提升20%,达到75%,尤其是五指石景区3G信号已实现95%以上覆盖,遥遥领先于中国移动和中国电信两家友商的网络覆盖。宽带网络:全年新增8个接入间,宽带网络覆盖除八尺、泗水和热柘镇外的所有镇区,县城区域覆盖扩展到河岭和超竹,覆盖率提升30%,达到60%。

【主要工作成效】　2014 年,中国联通平远县分公司工作成效突出。(1)渠道建设取得新突破:2014年渠道网点增长率35.8%;全渠道“互联网化”实现突破。(2)营业厅运营成绩明显:3/4G后付费业务发展占据县公司主导地位,其发展量占县公司整体发展量比例由年初的30%提升至最高80%;坚持每月最少一次的“炒店”活动,有效提升营业厅的人流和知名度。(3)宽带业务发展进步明显:重点在自有资源区域开展全员营销工作,有效提升了联通宽带业务在县城区域的宣传渗透率;通过对“三化”宽带资源区域实施点对点服务和宣传,有效提升代理商积极性。(4)信息化业务引领发展:通过省市县三级联动拓展,成功中标“平远县120急救指挥中心调度系统”ICT项目(合同额118万),为全市政府信息化业务树立标杆。(5)3G/固网发展取得新突破:全年共拓展电力公司、高速五标和山水漫画公司等3个集团的3G业务集团组网,成功拿下平远县稀土交易中心、中合稀土有限公司和扶贫办3个单位的互联网专线及固定电话组网。(6)集客业绩全市最突出:2014年全县集客出账收入占大盘收入比例22.56%,收入预算完成率112.7%,收入同比增长增幅31.25%,在8个县公司中均排名第一。

(黄明贤)

2014 年度中国联合网络通信有限公司平远县分公司负责人名录

总 经 理:郭礼威

副总经理:刘伯强

公路与汽车运输

公路建设

【高速公路规划建设】 2014年，平远县突出重点，全力抓好高速公路规划建设。(1)为圆满实现省委、省政府提出在2015年底“县县通高速”的目标，平远县交通运输局全力配合平兴公司推进总投资31亿元、全长39.6公里的济广高速公路平远段建设。同时，强化隐患排查，靠前工作，关口前移，切实解决好相关征地拆迁资金结算、涉及征收国有土地补偿和因工程建设影响群众正常生产生活等问题，保障了济广高速公路平远段全线无障碍施工。开工至2014年底，累计完成投资19.67亿元，路基工程完成93.63%，桥涵工程完成83.38%。(2)总投资约19亿元、全长约17公里的梅平高速公路平远段。截至2014年底，已完成工可报告评审和第二次投资人招标工作。省交通运输厅已委托省交通集团组织开展该项目的前期专题研究和勘察设计招标工作。立项前的专项评估工作大部分已完成。(3)平(远)蕉(岭)大(埔)高速公路，正在争取列入省高速公路网规划；平远至(福建)武平高速公路，正在争取早日列入国家“十三五”交通网规划。

【国、省道建设】 2014年，平远县公路局认真贯彻市、县关于“全力打赢交通建设大会战”的工作部署，牢固树立“大交通促进大发展”的理念，按照“对外快速联通、内部全面畅通”的要求，谋划发展思路，积极抢抓机遇，加快国、省道升级改造，重点推进6个重点公路建设项目，总里程98.6公里，计划总投资3.39亿元，计划建设里程、投资规模均创历史新高。国道206线超南至长庆段路面改造工程，全长14.34公里，总投资4687万元。于9月正式动工，至12月底已完成投资3100万元，占总投资的66%。省道225线大柘至石正上丰段路面改造工程，全长19.34公里，总投资6930万元，完成工程招投标等前期工作，于12月底正式动工。省道331线差干至八尺段旅游大道路基扩宽工程，全长28公里，总投资9721万元，采取BT模式建设，于7月开始启动征地拆迁工作，已投入征地拆迁资金2000万元，全线征地拆迁工作已基本完成，并于12月11日正式动工建设。省道332线茅坪至太阳段路面改造工程，全长6公里，总投资1661万元，于12月底完成工程招投标并正式动工。国道206线牛挟石至大柘段路面改造工程，全长29.8公里，总投资9964万元，项目建设方案已获省交通运输厅审批，已完成施工图设计招标正在进行施工图设计。省道225线园区段改线工程，全长1.12公里，总投资949万元，已基本完成项目前期工作。

【县、乡公路建设】 2014年，平远县交通运输局强化大局、责任、发展意识，克难攻坚，积极筹资，全面做好县乡公路建设。(1)积极抢抓国家促进赣闽粤原中央苏区和省促进粤东西北振兴发展的“两大政策”机遇，竭尽全力向上级争取更多的项目和补助资金，既争取了省提高档次的补助资金，又争取了国家交通运输部车购税资金，为全力打好交通建设大会战提供资金保障。(2)始终坚持群众需求作为第一信号，在征地拆迁过程中，主动跟相关镇和部门一道，做深做实做细群众工作，依法依规依程序征地拆迁，不与民争利，使群众真心实意同意征地拆迁。(3)面对资金缺口大且上级补助资金到位难的情况,想尽千方百计拓宽筹资渠道,以积极争取上级的支持和局内节约等方式集中资金办大事,确保工程的有效推进。(4)严格执行基建程序,加强工程管理,建立健全"政府监督、法人管理、社会监理、企业自检"的四级质量管理体系。同时,健全领导班子成员挂路负责制,经常召开工地会议,按照完工时间倒排时间表,督促确保工程按时完工。配备施工员跟班抓工程质量、进度和安全,确保把每项工程都打造成"优质工程""放心工程"和"阳光工程"。(5)深挖内部潜力,就地取材,同时树立尊重自然的理念,按照在建设中保护,在保护中建设的要求,最大限度地保护生态环境。(6)面对群众需求新农村公路大与上级安排新农村公路计划指标少之间的矛盾,在上级正常安排计划外,主动作为,积极向省交通运输厅额外争取约30公里新农村计划指标,不断满足群众的需求。2014年县乡公路计划投资8110万元,完成投资9410万元,占年度计划116%。完成总投资约6200万元、全长16.8公里的普滩至湍溪旅游公路路基和桥涵工程的95%,已铺筑水泥稳定基层2公里;完成40公里新农村公路建设;总投资2000万元、全长3公里的雷公陂至大佛寺公路,总投资约1800万元、全长6.8公里的县道041线快湖至龙湖改建工程(含济广高速公路河头互通连接线)和总投资6000万元、全长6.8公里的济广高速公路石正互通连接线等三条公路于2014年12月4日同时动工建设,至年底,已完成路基工程的25%左右;总投资1350万元、全长180米(含引桥)、桥宽9米的普滩大桥和总投资700万元、全长5.4公里的热柘热水至石扇嘉庄公路已完成招投标,施工企业正准备进场施工。　　(刘伟东　马绣焰)

2014年9月3日上午,县委书记曾尚忠(右六)、县长刘许川(右三)等调研普滩至湍溪旅游公路建设情况

公路养护管理

【国、省道管养】 2014年，平远县公路局养护国、省道里程142.66公里。其中，国道51.6公里；省道91.06公里。2014年平远县公路局管养国道年末MQI指数为86%，优良路率为86%，与市局下达指标持平；省道年末MQI指数为88%，优良路率为88%，较市局下达指标增加了3个百分点，路况水平保持稳定。(1)全力抓好国、省道公路绿化工作。全年共在国道206线，省道225线、331线、332线等补植秋枫、荫香等乔木1.04万株，双荚槐、大红花等灌木9.2万株，路肩植草7.6平方米，在省道225线县城柘东路段砌结绿化带花池1500米；同时在国道206线长田段建设观景休憩平台1个，共投入绿化景观建设资金500万元。(2)抓好水毁抢险修复工作，全年共修复国省道损毁边沟1300米、挡墙310立方米，清理水毁塌方3200立方米。(3)做好坏烂路面的修复工作，对国道206线平远八尺至大柘段坏烂路面进行3次修补，共铺补沥青罩面路面6800平方米，保障了国道的安全畅通。(4)全力推进"双基"建设，共投入180万元，完成省道331线仁居五福养护中心的建设，进一步改善基层职工的生产生活条件。(5)加强危险路段专项整治和安保工程建设，共投入339万元，完成国道206线平远超南事故易发路段整治工程；共投入1131万元，完成省道225线、S332线安保工程。同时全面完善国、省道的标志、标线、钢护栏等安保设施，在国道206线、省道225线、332线相关路段增设示警柱152根、斑马线和减速线68组，安装及修复钢护栏15处，在国道206线樟田事故多发路段增设安全警示标牌4块，导向标志和反光标志等12块，公路安全运营环境得到进一步改善。

【县、乡道路管养】 2014年，平远县交通运输局弘扬"两路"(川藏、青藏公路)精神，坚持"畅通主导、安全至上、服务为本、创新引领"的发展方针，以"四好"(建好、管好、护好、运营好)公路为目标，全力养好县乡公路，确保全县县乡公路"畅安舒美"。(1)强化公路养护力度，着力改善路容路貌。全年共清扫路面285万平方米，清理水沟1186公里，清除塌方6300立方米，清理涵洞3438延米/215座，处治各种路面病害8900平方米。(2)强力推进"安保工程"的实施，及时消除安全隐患。对县道036线、037线、038线和965线共71.27公里实施安保工程建设，重点完善临沟临崖、长下坡、急转弯、桥梁及事故多发路段的安保设施。总投资约1263万元，2014年完成投资1136.7万元，占总投入的90%。(3)抓好公路绿色廊道建设，不断提升公路品位。2014年共投入230多万元，实施绿色廊道建设里程38.769公里，种植各类乔木11600株、各类灌木37400株、铺贴草皮17500平方米。同时，投入13万元购买双叶槐、杜荫、木槿等苗木用于热柘养护中心苗圃场的更新储备，丰富了苗圃场的绿化品种。(4)加大水毁抢修复力度，提升保通保畅能力。2014年共投入水毁修复资金356.8万元，完成浆砌片石3460立方米，全面完成水毁修复工作。(5)加强路政管理，维护路产路权。2014年共清理公路两旁堆积物92处1358立方米，清理路面障碍物65处600多立方米，发出63份违法、违章通知书，移交路政执法案件9宗，查处损坏公路路产4宗，制止挖掘公路案件21宗，较好地维护了全县农村公路的路产路权。(刘伟东　马绣焰)

综合执法与管理

【综合执法】 2014年，平远县交通运输局坚持源头治理与路面治理相结合，重点治理与长效治理相结合，采取日夜班不定时、重点路段、沿路巡查以及群众举报等形式，加大交通综合执法力度，依法严厉打击超限超载、非法营运、公路及公路两侧有关违法行为,切实维护道路水路运输市场秩序。2014 年共出动执法人员 2700 多人次,检查车辆 700 多辆次,行政处罚案件 190 宗,行政处罚金额 74.98 万元,卸货 1710 吨,查处非法倾倒建筑垃圾案件 1 宗,协助大柘镇拆除违章建筑 1 宗。

【运政管理】 2014 年,平远县交通运输局加强运政管理。(1)以"便民利民,平安春运"为主题,坚持"为民务实、统筹协调、科学组织、平安顺畅"的原则,深入开展"情满旅途"服务活动,全面提升春运服务能力和水平,圆满完成 2014 年春运工作。春运 40 天,发放加班及包车牌 45 张,投入客运车辆 118 台,共发班次 3808 班,旅客发送量 6.65 万人次,保证了旅客走得安全、有序、及时。(2)强化制度管理,严格规范行政审批和许可程序,提高办事效率,为群众提供优质高效的服务。2014 年行政许可审批新增营运车辆共 142 辆,年审营运车辆共 587 台,受理各类运政系统流程 50 宗,办结 48 宗,办结率 96%。(3)加强日常监管,积极推动驾驶员培训 IC 卡计时系统的应用,更加有效管理驾校、教练员和学员,全年培训机动车驾驶员 3000 人。

【平安交通建设】 2014 年,平远县交通运输局以安全发展为主线,坚持"安全第一、预防为主、综合治理"的安全生产方针,认真贯彻党中央、国务院和省、市、县关于安全生产工作的部署,强化红线意识和底线思维,以创建"平安交通"为载体,促进交通运输行业安全生产形势持续稳定向好。(1)认真履行安全生产"党政同责、一岗双责、齐抓共管",按照"管行业必须管安全、管业务必须管安全"的原则,狠抓行业安全管理。严格落实全覆盖、零容忍、严执法、重实效的总要求,以客运站场、渡口渡船、在建工程特别是高速公路施工现场为重点的安全隐患排查,建立隐患台账,下发整改通知书,做到整改措施、责任、资金、时限和预案"五落实"。并督促企业认真履行安全生产主体责任,建立横向到边、纵向到底、细化到每个岗位的隐患排查整改制度,着力提升企业安全保障水平,让隐患和问题得到根本治理。(2)认真开展"平安交通、我担当我尽责"为主题的"安全生产月"活动,强化交通运输系统干部职工安全防范意识、责任危机意识,切实将各项安全工作措施落到实处,关注细节,点滴做起,坚守生命红线。(3)深入开展安全生产"八打八治"打非治违专项行动,专门成立道路运输、水路运输、工程建设等 3 个专项行动小组,并分别制定各专项小组的行动计划,切实加大工作力度,严厉打击交通运输领域非法违法违规违章行为。2014 年共组织 9 次(含市局督查)安全生产大检查督查,尤其是元旦、春节、"五一"、国庆、中秋等节日期间的安全生产督查检查,排查出安全隐患 8 处,落实整改 8 处,整改率 100%。此外,平远县交通运输局还联合安监、海事、旅游等部门组织开展 7 次联合执法检查,排查隐患 9 处,落实整改 9 处,整改率 100%。

【路政管理】 2014 年,平远县公路局路政部门和地方公路管理站坚持依法治路,加强日常巡查,及时发现和制止各类违法违章行为,加强与交通综合行政执法局的协调沟通,切实加强路政案件的查处力度,保护好路产路权。(1)严格依法行政,规范路政许可审批。按照上级关于进一步深化行政审批制度改革的要求,路政业务进驻平远县行政服务中心,设立窗口单独受理路政许可审批事项。同时在网上和前台公开审批事项,路政许可审批行为得到进一步规范。(2)注重前置管理,及时制止控制区内构、建筑物。路政部门加强上路巡查,注重前置管理和事中监督,发现问题及时制止。同时积极争取地方政府支持,加强与国土、交通运输综合行政执法局、城管及沿线镇、村的沟通与联系,加强联合执法力度,对个别不配合执法的违章行为进行严肃查处。(3)加强协调联动,推进路域环境整治。积极争取县政府的支持,制定《平远县公路局普通干线公路路域环境整治实施方案》,成立路域环境综合整治领导小组,在县政府的统一协调下,联合交通、公安、住建、国土、工商、城管、环境保护等部门,强力推进路域环境整治。全年共拆除各线路非公路标牌、横幅588平方米/177块,拆除控制区内铁皮棚450平方米,整治漏散污染公路车辆150辆,清理路肩堆积物780立方米,整治穿城路段3处3.5公里,取缔平面交叉道口8处,清理公路用地内种植作物600平方米,制止各类违法行为活动45宗。在各线路新增公路标志牌12座,整理公路标志牌120座,新画标线350平方米,整治绿化景观80公里,路域环境得到进一步优化。(4)加强施工路段管理,确保公路安全畅通。国道206线平远超南至长田段路面改造工程动工,为确保施工安全和交通畅通,路政部门配合交通综合执法局和交警部门在施工路段设点进行24小时值班指挥疏导,保障国道的安全畅通。 (刘伟东 马绣焰)

汽车运输

【生产指标任务及经营效益】 2014年,平远汽车运输有限公司抓好企业的生产经营、安全生产和各项管理工作,努力提高经济效益,形势良好。客运量40.52万人次,同比增长0.2%;客运周转量1.22亿人公里,同比增长1%。其中自营车客运量16.56万人次、同比增加1.5%。售票营收2348.81万元,同比增长5.32%。其中客运站售票2261万元,农村客运总站售票87.81万元。建制车辆78台,驾驶员164人,其中自营车16台,驾驶员41人。全年行驶里程986.7万公里,安全间隔里程826.6万公里,发生交通安全事故4宗(死亡3人,受伤8人)。四项安全考核指标为:责任事故频率0.15宗/百万车公里、责任事故死亡率0.076人/百万车公里、责任事故受伤率0.125人/百万车公里、经济损失率2.02千元/百万车公里,指标控制在年度计划内。实现营业总收入2693.97万元,同比增加198.77万元,增7.97%;利润总额491.6万元,同比增加121.01万元,增32.65%;净利润411.67万元,同比增加106.87万元,增35.06%。

【汽车春运】 2014年春运,平远汽车运输有限公司积极组织客源和运力,增加加班、包车台次,尽量满足旅客需求,让旅客走得安全、及时、有序、满意。客运站和农村客运站春运共售票516.53万元,发出班车3503班次,输送旅客5.31万人次。其中客运站售票500万元,发出班车2019班次(加班154班),发送旅客3.74万人次。公司投入16台自营车参加春运,营运收入428.53万元,实现了创收增效。

【客运】 2014年,平远客运站和农村客运总站进站经营班车共65台,日发班车94班次,全年共发出班车29484班次,输送旅客32.70万人次,组织长途加班包车314班次。其中公司16台自营车发班7202班次,输送旅客16.56万人次。

【自营车生产经营】 2014年,平远汽车运输有限公司推行自营车精细化管理,以安全、优质的服务吸引客源,以精细的管理控制成本。自营车在春运等重大节假日期间发挥了最大效率,全年营收2393.57万元,实现毛利900.64万元。

【承包车管理】 2014年,平远汽车运输有限公司加强对承包车的管理。车队、安技部、客运站、农客站、财务部等职能部门相互配合,按照各自的工作职责,做好承包车辆的安全、技术、站务管理以及费用结算等工作,保证了承包车安全经营和公司管理费的收取,全年承包车管理费收入136.92万元。

【安全管理】 2014年,平远汽车运输有限公司加强安全管理,扎实开展安全生产标准化建设,保持安全生产形势总体稳定。公司高度重视安全生产,认真落实“一岗双责”,健全安全组织机构,完善安全生产制度。加强安全宣传、学习、教育,加强员工安全意识。强化安全生产基础管理,狠抓安全管理各项措施制度的落实。坚持领导值班及安全生产会议制度,安全生产现场管理制度,驾驶员和营运车辆档案管理制度,车辆回场安检和报班例检制度,车辆定期保养、爱车例保检查、年检审验、技术性能检测制度,驾驶员招聘审验考核制度,“乘客安全互助金”和车辆保险统筹统缴制度。认真吸取交通事故教训,按“四不放过”原则进行处理和整改,对事故责任人作出相应的处理。加强营运车辆及驾驶员的安全监控和管理,组织上路安全检查,进行 GPS 和视频监控,长途班车按规定线路行驶,凌晨 2 点到 5 点停止运行。认真开展安全生产隐患排查治理、“安全生产月”、安全生产大检查、“安全生产年”、安全生产竞赛等专项活动,取得明显的成效,促进了安全生产。层层签订安全生产责任书,将安全生产责任细化到岗位,落实到个人。按安全生产标准化规范要求开展生产经营,按“三不进站、六不出站”的规定管理站场。全年悬挂安全宣传横幅 18 幅,车队组织自营车驾驶员安全业务学习 50 次,承包车驾驶员和承包人安全学习 58 次,召开安全工作例会 21 次,召开了春运动员大会、自营车驾驶员家属座谈会,组织司乘人员 154 人进行为期 2 天的春运安全学习培训。发送手机安全短信 32 次,14500 多条;车辆回场安检 26872 台次;车辆二级维护 420 台次;“爱车例保”“四清例保”检查 20 次,检查车辆 1170 台次;浏览车载视频 1576 台次;考核鉴定驾驶员 23 人,聘用 18 人。公司组织上路检查 51 次,检查车辆 273 台次;“三品”检查 68815 次;组织安全生产大检查 12 次,隐患大排查 6 次,整改一般隐患 6 宗;教育和处罚违规驾驶员 50 人次;组织了 1 次安全生产应急预案演练和消防演练,达到预期的效果。

【存在问题】 (1)全年发生 4 宗道路交通事故,造成人员伤亡和公司较大经济损失,暴露出公司安全生产管理方面存在的严重问题,安全生产形势严峻。(2)自营车生产经营和司机的教育管理工作还存在着薄弱环节,有待加强。企业管理人才、技能人才缺乏,不能满足企业生产经营发展的需要。(3)员工队伍中存在“庸懒散奢”等不良风气,部门劳动组织管理放松,对员工考核的力度不够,不利于生产经营工作。(4)部分回收车辆质量较差,运行过程中故障时有发生,影响旅客运输生产,车辆更新工作需抓紧落实。(5)个别农村公交车承包人不配合安全管理工作,承包管理工作压力较大。 (陈瑞玉)

2014 年度平远县交通运输局负责人名录

局　长:王云飞

副局长:张益均　钟兴平　陈雪梅(女)

2014 年度平远县地方公路管理站负责人名录

站　长:姚力强

2014 年度平远县交通运输局综合行政执法局负责人名录

局　长:姚森平

2014 年度平远县公路局负责人名录

局　长:刘森祥

副局长:杨　亮　林永友　赖向阳　罗　斌

2014 年度平远汽车运输有限公司负责人名录

董事长、总经理:刘平林(任至 6 月)

万佳奇(7 月起任)

副总经理:钟荣浩

工会主席、监事会主席:姚远平

商业·贸易

商　　业

【概况】　2014年,平远县商业总公司结合实际,加强领导班子建设,进一步转变观念,主动改革与创新,服务县域经济发展,落实安全生产责任,做好本职工作,为干部职工和群众谋福利,实现商业的稳定和谐。

【服务县域经济发展】　2014年,平远县商业总公司按县政府的要求,做好老电影院片区门店和平城北路翠拥华庭小区门店的拆迁工作;同时做好干部职工的思想工作,努力完成县国有资产管理改革任务。

【旧城改造遗留问题解决】　2014年,平远县商业总公司经请示县政府批准,撤销县侨友公司并入县食品公司,妥善安置干部职工和离退休人员,解决旧城改造遗留问题,保障商业的稳定和谐。

【电站改造】　2014年,平远县商业总公司下属龙湖坪水电站筹措60多万元,全面完成大坝除险加固工程和电站的竣工验收,解决了多年一直阻碍商业发展的大难题,并投入20多万元对机组、闸门、输变电线路进行全面的检修。观音宫水电站用10多万元更换了发电机组,对损毁圳道进行维修。

【资产监管增收工作】　2014年,平远县商业总公司完成食品公司大楼(新芽幼儿园)修缮工程和总公司门店安全隐患整治,安全隐患得以消除,资产得到保值增值。

【为干部职工和群众谋福利】　2014年,平远县商业总公司制订《干部职工福利制度》,增加在职和离退休人员的福利待遇;妥善处理了下属公司部分员工诉求待遇偏低问题;修缮电站食堂2间,完善电站的生活设施;关心干部职工生活,走访困难党员、困难职工和困难群众,为他们解决实际困难;支持帮助挂钩村做好各项工作;力所能及支持电站周边村庄的公益事业建设。　(陈　霖)

2014年度平远县商业总公司负责人名录

总 经 理:姚　涌

副总经理:卓衍平　谢梅青　周朝阳

贸易市场

【概况】　2014年,平远县经济与信息化局(简称“平远县经信局”)加大流通市场建设力度,做好酒类流通和生猪屠宰监管职能交接工作,盐、民爆物品、典当行等专项商品市场监管到位,有效防范了商贸领域各类生产安全事故的发生。

【生猪屠宰监管职能交接】　2014年,平远县经信局坚持做好生猪定点屠宰联合执法监管工作的组织落实,打击私屠滥宰行为,加强定点屠宰厂(点)的管理,确保肉品质量和肉源可追溯。4月底与畜牧局完成职能交接的相关工作,确保生猪屠宰监管职能平稳过渡。

平远县鲜活肉联有限公司

【酒类流通监管职能交接】　2014年1月至3月，平远县经信局在酒类检查整治行动中，共出动执法人员83人次，对全县各圩镇及县城的超市、商场、娱乐场所等酒类经营单位进行检查，共检查门店220多家。4月初与县食药监局顺利完成酒类流通监管职能交接工作。

【食盐和民爆物品等市场管理】　2014年，平远县经信局加大力度整顿和规范食盐运输、销售经营秩序，加强对重点地区、重点市场的监管，防止私盐和不合格的盐产品冲击市场，确保了人民群众的食盐安全。加大力度对民爆物品企业以重大危险源情况检查为重点的执法监管，大大提高了炸药仓库的安全系数。不定期对典当行加强监督检查，要求其完善安全设备、设施，建立健全业务登记台账，依法依规经营，要求对每一项业务应登录典当行业务电脑系统。5月完成典当行企业年审初审工作。同时对1家"二手车销售企业"进行了初审和备案登记。

【商贸领域安全生产检查】　2014年，平远县经信局坚持安全检查与严格执法相结合，排查隐患与教育警示相结合，开展商贸领域安全生产大检查，推动整改与加强基础建设相结合，不断提升安全生产保障能力。2014年重点检查商场、超市、农(集)贸市场、批发市场56人次，有效防范了商贸领域各类生产安全事故的发生。

【存在问题】　商贸流通业散、乱、小的经营格局仍然突出；传统经营业仍占据主导地位，电商发展相对滞后；安全生产相关各项制度的落实有待进一步加强；执法检查的力度有待进一步加大；商贸流通业信息化建设有待进一步加快。

（林媛媛）

涉外经济

【主要经济指标完成情况】　2014年，平远县全年完成进出口总额17788万美元，同比增长16.70%，完成市下达任务的104.63%。合同利用外资完成4534.2万美元，实际利用外资405万美元。

【服务外向型企业】　2014年，平远县经信局加强对外向型企业的服务。(1)帮助外商投资企业办理网上联合申报手续，外资企业网上申报率100%，顺利迈出了外资工作的第一步。2014年新批三资企业1家，增资企业1家，办理对外贸易经营者备案登记9家。(2)争取地方财政对外贸企业组织本地产品出口给予奖励的政策扶持，从而减轻企业利息支出，降低出口成本，促进了外贸出口。(3)动员企业参加巴西展销会，借助境外展销会平台，争取出口订单，打破以往企业只利用"广交会"等境内展销平台的局限性，加大木制家具、电子产品、汽车配件等产品的营销力度，培育自己的品牌。

（林媛媛）

供　　销

【概况】　2014年，平远县供销社坚持为农服务宗旨，扎实开展各项为农服务工作，取得较好成效。全系统实现销售总额36710万元，比上年同期33259万元增长10.4%。其中，农业生产资料销售8586万元，比上年同期7785万元增长10.3%；农产品销售27000万元，比上年同期24469万元增长10.3%；日用消费品销售1125万元，比上年同期1005万元增长11.9%。实现利润66.1万元，比上年45.2万元增加20.9万元，增幅46.2%。

【为农服务工作】　2014年，平远县供销社新发展农民专业合作社7家，累计牵头组建农民专业合作社71家、农产品流通经纪人协会1个，入社农户1856户，辐射带动农户16440户。积极培育示范专业合作社，新增国家示范社2家、全国总社示范社2家，使该系统国家及总社示范社达到6家，全省供销社系统示范社达到32家。帮助27家全国及省级示范社入驻梅州市社农产品电子商务平台，开展网上交易业务。加强平价商店建设后续指导，从信息、价格、农产品来源渠道等方面进行跟踪服务，推动农民专业合作社与平价商店展开“农超对接”，并以平远县金利贸易公司为依托，进一步拓展粮油平价商店进县入镇工作，在东石、长田、石正等镇设立了直销点。保障农资商品供应工作，以3个农资专业合作社为依托，开展农资配送和农用技术指导服务，把好农资质量关，做好农资商品调运和预约销售、送货上门等为农服务活动，全年供应各种化肥2.8万吨、农药2000多吨，各种农膜、农具、农用器械一批，保障农业生产。

【项目建设】 2014年，平远县供销社加强项目储备，分类建立项目储备库，储备各类型项目25个，其中入录全国总社项目库18个，入录对接原中央苏区振兴发展规划项目3个。成功争取国家农综开发扶持项目1个、中央财政2014年第六批服务业发展扶持项目1个及省级“三农”专项资金扶持项目1个。推进项目建设，督促指导上年获得专项资金扶持的17个项目单位做好项目扩充设计和实施方案，重点推进了八尺九香2650亩慈橙基地滴灌设施扩建项目和海山农资配送中心建设项目实施工作。加强联合共建，与省天润农产品公司及广州市中粮集团进行业务对接，达成合作成立平远公司培育建设优质稻原粮生产基地的意向。

【社有资产管理】 2014年，平远县供销社规范门店、仓库的转租工作，完成了老城区原果菜公司11间门店及其他出租屋的续租转租工作；定期开展安全检查，排查及整改社有资产安全隐患，全年开展安全排查12次，整改安全隐患7宗；配合做好国有资产管理改革，按照县国有资产管理改革文件精神，除站前路办公楼外的社有资产全部移交县国资部门管理，总计清理并移交县社及原社属企业土地面积13084.08平方米，净值2656.5万元；房屋建筑面积为5523.96平方米，净值84.73万元，固定资产总值2741.23万元。

【存在问题】 整个系统发展基础薄弱的现状短期内难以得到根本性改变，为农服务能力不够强，创新发展能力不足；缺少具有控制力的造血型企业，内生动力资源缺乏，可持续发展能力不强；现有人员严重老化，队伍不精，年龄结构、素质结构亟须改善。 （李君文）

2014年度平远县供销合作联社负责人名录

主　任：姚若园

副主任：杨增书　王佐明（任至6月）

　　　　马百元　刘菊珍（女，6月起任）

2014年1月22日，平远县政府副县长陈远航（正面左三）出席县供销社2013年度工作总结会

粮食管理

【粮食安全责任制】 2014年，平远县粮食局认真贯彻执行国家、省、市、县的各项粮食政策，抓好粮食行政管理、粮食工作四项指标考核、粮食供求平衡、粮食安全应急机制、市场粮油价格监测、发展粮食产业等方面的工作。县政府将粮食播种面积、粮食总产量、基本农田保护面积考核指标分解下达到各镇政府，并签订粮食安全生产责任书，落实了粮食工作各级政府负责制。平远县粮食局主动与县财政部门配合，保证粮食风险基金在财政预算中足额

预算,并及时拨付到位,保证储备粮费用、粮食政策性业务费用开支。抓住机遇,拓宽渠道,做好收购,保证县级储备粮规模足额储存,完成市政府下达平远县粮食播种面积、粮食总产量、粮食储备规模及食用油、粮食风险基金规模的任务,粮食工作四项考评指标全面达标。进一步完善和落实县级储备粮管理办法和措施,建立和健全了粮食安全预警和应急机制。加强对粮油市场的价格监测工作,建立和完善粮食信息收集、反馈,实施粮食安全预警。同时,做好全社会粮食流通统计工作和固定农户粮情调查工作。全年没有发生粮食安全方面的突发事件。

【粮食监管】 2014 年,平远县粮食局坚持"以防为主,综合防治"的保粮工作方针,认真贯彻落实国家《粮油仓储管理办法》《广东省储备粮管理办法》,扎实做好粮食仓储保管工作,确保国家粮食安全。(1)适时进行"春、秋"两季储粮安全和全国粮食与食用油库存检查工作。为确保在库粮油储存安全,规范储备粮油管理工作,结合仓储工作实际,及早布置,适时组织,周密安排"春、秋"两季储粮安全及全国粮食与食用植物油库存检查工作。按照"春、秋"两季储粮安全和粮食与食用油库存检查要求,认真、细致、全面检查库存储存粮油安全,查找储粮工作中存在问题并及时进行整改,消除安全隐患,总结成绩,交流经验,明确今后储粮工作的努力方向。(2)抓好仓储管理工作。把仓储管理作为储粮工作的重心,抓住"安全、经济、规范、科学"主线,在取得成绩的基础上,对原有仓储管理制度继续进行完善修改,以新标准、新规范、新制度进行管理,扎实抓好各项制度的落实,使仓储管理工作沿着制度化、规范化、科学化发展。在实际工作中,采取以干带学,以学促干,边学边干的学习业务方式取得很好的效果。(3)推广科学保粮技术,创新储粮技术。把传统的储粮方法和现代的科学保粮技术综合应用,实现绿色储粮,增加企业经济效益。(4)抓好仓储安全生产。针对新建粮仓库容较大、粮堆较高的新情况,始终把安全生产工作摆上重要的议事日程,认真抓好储粮过程中的安全工作,杜绝事故发生。

【粮食收购和各级储备粮轮换】 2014 年,平远县粮食局采取"瞄市场、早下手、讲方法、控节奏"的工作方法收购入库稻谷,至 10 月上旬,按时、按质、按量完成了省、县级储备粮轮换任务,确保全县粮食安全。

【军粮供应】 2014 年,平远县粮食局紧紧围绕"保障供给、规范管理、优质服务"的指导思想,全力保障驻地部队的粮油供应。参加开展省级创建"双拥"模范县活动,认真宣传有关双拥的政策法规,落实双拥的各项工作。严格执行国家军供粮油质量标准和食品卫生标准,军供粮油实行"五统一"(即统一定点、统一质量、统一包装、统一定价、统一配送),有效地保证军供粮油质量。经上级巡查、定期抽查、季度检查等形式质检,军供粮油质量合格率 100%。

【粮食经济管理】 2014 年,平远县粮食局进一步建立和完善财务管理制度,加强内部监督、约束机制,编制费用开支计划,严格控制费用开支;开源节流,做好增收节支工作;加强基层粮库闲置场地、门店、仓库的租赁管理,做好固定资产处置工作;积极筹划粮食收购资金,保证收购不打白条;努力向上争取各项费用,县级粮食风险金全部落实,县级储备费用足额拨付到位。

(蓝林青)

2014 年度平远县粮食局负责人名录

局　长:肖明曦

副局长:姚　勇　林映明　林挺锋

物 资 经 营

【概况】 2014 年,平远县物资总公司结合实际,提出“找准位置、服务中心,保稳定、谋发展,树物资新形象”的年度工作思路,凝心尽力,夯基础、强措施、攻重点,实现队伍有战斗力、国有资产保值增值、经营减亏增效、无安全生产事故等工作目标,取得以党建工作促经济工作开创工作新局面的预期目的。实现经济收入70万元,比上年减亏10万元。

【主要措施】 2014年,平远县物资总公司主要通过如下措施做好各项工作:(1)夯基础,强队伍,强基固本促规范。通过抓龙头、抓基础,强化机关作风建设,着力制度与机制建设,加强与党群、干群的沟通和联系,致力建设一支精干、高效、稳定的干部队伍,建立了一套公开、公平、有序的管理体制。(2)强措施,攻重点,统揽全局促发展。找准位置、理清思路,主攻重点,以党建带经济,实现年度预期目标。①抓定位,明确目标。开展自我认知剖析活动。让党员干部找准自己的位置和肩负的责任,凝心静气尽力谋事。②抓重点,明确责任。抓好党的群众路线教育实践活动,严格程序,严格界限,做实规范动作,做好自选动作,确保活动成效。抓好物业管理,对合同到期物业,一律先进行市场评估,集体决策。2014年新增物业收入3.8万元。抓好气库、油库企业的安全生产工作,强化安全生产主体责任,建立一套“月检查、季督查、半年复查、年终盘查”的“四查”责任防控机制,实现全年无事故隐患的良好业绩。抓好扶贫驻村工作,指导协助挂钩村开展好软弱涣散党支部的整顿工作,拨出4.5万元支持贫困户发展生产、整修农田水利和自然村道路。圆满完成县委、县政府分配的各项工作任务。抓好企业创收,实现净收入增收10万元。抓好“书记项目”和党日主题活动及精神文明活动,组织全体员工积极参与,自觉帮助困难党员和困难退休人员。抓好机关作风建设,健全管理制度,用制度管人管事,彻底纠正“庸、懒、散”作风,营造积极向上好风气。抓好信访维稳,主动作为,重点抓萌芽状态管理,发现苗头及时处置,提前理顺关系,实现物资群体大稳定的和谐目标。③抓约束,明辨是非。切记中央“八项规定”“五个一律”的相关要求,以实际行动反对“四风”。修订公司管理制度,做到令行禁止。从“一把手”到各部门负责人坚持从自律做起,每笔业务开支、每项决策、每做一项工作都谨慎而为,事事与“八项规定”“五个一律”作比对,查验是否合规合约。由于执行制度规定到位,公司“三公消费”支出与2013年同期相比下降37.72%。

【存在问题】 2014年,平远县物资总公司主要存在三方面的问题。(1)由于公司是自收自支单位,非编人员工资和维持运转所需费用唯一来源是物业收入和企业上交的承包款,随着时间推移、政策性刚性支出的增加,缺口资金增大的问题凸显。(2)因税收政策的变化和准入条件的限制,下属的万达旧机动车交易有限公司的业务无法开展,存在看着生意不敢做的问题。(3)员工平均年龄偏大(53岁)、文化程度较低(大部分高中毕业),整体工作热情不够高。 (凌来泉)

2014年度平远县物资总公司负责人名录

经　理:凌来泉

副经理:陈旺宏　杨志良

2014年12月,县常务副县长温助民(右四)到燃料加油站进行安全生产检查

烟 草 专 卖

【概况】 2014 年,平远县烟草专卖局(分公司)坚持稳中求进总基调,以"卷烟上水平"基本方针和战略任务为统领,按照"12253"工作思路,以"两烟"经营为重点,扎实工作,圆满完成年初制定的各项工作任务。实现销售收入 7745.55 万元,其他业务收入 296.97 万元,利润总额 4089.94 万元;实现税收 3030.61 万元,税利 7099.97 万元。

【主要工作指标】 2014 年,平远县烟草专卖局(分公司)主要抓好烟叶收购调拨、卷烟营销和专卖管理三项工作。烟叶收购调拨:全县烟叶种植面积 1.22 万亩,共收购烟叶 3.14 万担,累计收购金额 3955.40 万元,完成调拨 31395 担,新建烤房 45 座,购置各种农机具、烟夹等 400 多套,投入补贴资金 752.04 万元。卷烟营销:全年销售卷烟 42400.95 万支,累计销售收入(不含税)19082.05 万元,实现毛利 4791.31 万元,毛利率为 25.11%。专卖管理:始终保持卷烟打假打私高压态势,综合整治"假、私、非"三烟活动,全年共查处违法案件 68 起,涉案卷烟 40.06 万支,片烟 4722.5 公斤,烟叶 23515 公斤,总案值 143.34 万元。上缴财政罚没款 1.43 万元。

【现代化烟草农业基地建设】 2014 年,平远县烟草专卖局(分公司)加快现代化烟草农业基地建设的步伐。(1)合理规划。勘察划定 6 镇 35 个种烟村,全县签订合同 1421 份,种植面积 1.22 万亩。(2)技术革新。全面推行标准化生产和精益管理,漂浮育苗、平衡施肥、大田标准化管理等技术措施应用比例达到 100%。(3)烟基建设。全年投入补贴资金 755 万元,新建烤房 45 座,购置农机具 53 台套,烟夹 400 套。(4)烟叶优化。烟叶收购检查平均等级合格率和工商交接等级合格率超过全省平均水平,全县共清除和销毁不适用下部鲜烟叶 999.63 吨,平均每亩 81.79 公斤。

【现代卷烟网络零售终端建设】 2014 年,平远县烟草专卖局(分公司)坚持与时俱进,致力构架现代卷烟网络零售终端建设,提升卷烟销售能力。(1)聚焦现代零售终端建设,注重形象提升。全县共发展现代终端签约户 99 户,占总客户 12.42%;扫码销售客户 99 户,占签约户 100%。全县已有 26 户手机终端订货零售客户。(2)聚焦网络建设,突出信息应用。全县电子结算客户有 779 户,结算率 97.74%、成功率 98.99%;结算金额 21921.05 万元,占总金额的 98.19%。全县网上订货户有 719 户,网上订货率占 90.21%。(3)聚焦现代物流,保证到位及时。以"6S"现场管理为指导,加大物流配送力度,实现送货到户率 100%,送货准确率 100%。

【净化市场,为"两烟"经营保驾护航】 2014 年,平远县烟草专卖局(分公司)坚持整治"假、私、非"高压姿态,大力开展卷烟打假宣传,构建联防联治,群防群治的打假工作体系。(1)狠抓市场管理。全年共出动专卖执法检查人数 3500 人(次),组织开展各种联合打假执法专项行动 30 次,出动联合执法人员 360 人次,各环节查处涉烟违法案件 68 起,涉案卷烟 40.06 万支,片烟 4.72 吨,烟叶 23.52 吨,总案值 143.34 万元。上缴财政罚没款 1.43万元。共清理查处无证经营户 30 户,抓获犯罪嫌疑人 4 名,辖区卷烟经营市场净化率 98%。(2)狠抓市场宣传。在"3 · 15"和"科技周活动"期间开展专卖法律法规宣传活动,出动宣传人员 120 人次,宣传车 20 台次,发放宣传单 1500 余份,接受群众咨询 300 人次,为卷烟市场管理营造了良好的氛围。(3)狠抓证件管理。有序推进零售点合理布局,依法推进行政许可,全县持证零售户 827 户;受理烟草专卖零售许可证审领事项 422 件,办结率 100%,未发生一起行政复议和行政诉讼案件。(4)狠抓市场监管。大力开展"APCD"工作法为指引的市场监管模式,共清理无证户30户,市场净化率98%以上。(5)狠抓"非烟"治理。专门成立规范"两烟"生产经营工作领导小组,把"非烟"治理列为2014年规范经营的重点,严格落实"一案双查",对内部违法违规行为从严追责。全年共查处"非烟"39.18万支,外流"非烟"6.95万支,"非烟"降控工作取得一定成效。 (周伟科)

2014年度平远县烟草专卖局(分公司)负责人名录

局长(经理):胡爱红(女)

副　局　长:卓流平

副　经　理:涂　勇　谢志东

石油经营

【概况】 2014年,中石化平远石油分公司采取灵活的营销模式,积极向市场要销量。全年实现销售零售22119吨,比上年增加1802吨,增幅8.9%。非油品销售额215.68万元,比2013年增加82.4万元,增幅61.8%。

【营销模式】 2014年,中石化平远石油分公司采取多种形式进行营销。(1)全员营销。以客户为中心,服务营销为抓手,以三个贴近为原则(贴近客户、贴近员工、贴近经营),构建服务客户为横向、服务员工为纵向的网格化组织框架,并通过流程梳理和流程再造,使管理与经营、机关与基层、服务与客户无缝对接,从而赢得客户,掌控市场。①根据各专业线和岗位特点,组建专项工作组,明确目标和内容,有分有合,定期协调通报,形成合力。②抱团营销,相邻加油站组成团队对目标客户进行连动开发。③区域营销,对5公里半径范围内系统外客户进行开发,实现全覆盖。④竞赛营销,根据区域特点和销售规模,开展同组竞赛。⑤网络营销,以微信、飞信等通讯工具为载体,通过内部微信群、客户微信群、公司公众号,构建全天候、全方位、无区域、无距离的网络营销模式。(2)整体营销。根据高速公路、国道和省道走向及城区市场容量,对同一路线、同一区域的营销进行统一策划,选取八尺站点为中心站进行软硬件升级完善,开展整体营销,分级拦截客户。(3)组合营销。采取挂牌直降、一站两价、加油卡优惠、油非互动、积分兑礼品等多种形式相结合的营销手段,定期评估,动态调整,并根据竞争对手的营销变化,积极跟进竞争,确保客户不流失,同时,主动与竞争对手沟通,引领市场,以竞促合。

【主要措施】 2014年,中石化平远石油分公司采取各种措施,抓好销售。(1)专题梳理,分类抓好客源开发工作。(2)广开门路,挖掘汽油增量空间。着重抓好城区大要站汽油增量和节日营销,同时扩大加油卡覆盖面。(3)深度挖潜,做大小额配送。着重抓好城市建设商机和交通建设商机。(4)主动出击,做大边贸。组建工作组深入福建、江西市场,从源头上寻找和开拓物流车队。(5)分批推进,做好高标号提升工作。县城加油站增设98#汽油。(6)强化现场管理。通过打造样板,典型引路,实行联量考核和开展各项评比活动,提升现场管理水平。 (丘伟明)

2014年度中石化平远石油分公司负责人名录

经　理:丘伟明

旅游开发

平远县旅游局

【概况】 2014年,平远县旅游局积极推进生态休闲文化旅游建设,着力在旅游规划、招商引资、景区提档升级、宣传营销及行业管理等方面下工夫,推动平远旅游美誉度和接待能力的提升。2014年接待游客490万人次,同比增长110.3%,旅游总收入35亿元,同比增长52%。

【景区建设】 2014年,平远县旅游局加大景区建设力度。(1)整体打包吸引投资。坚持"政府引导—市场运作—企业参与"的模式,积极发挥市场配置资源作用,以整体打包开发景区形式,引进广东山水漫画旅游发展股份有限公司、广东合拓投资管理公司、张家界老道湾旅游休闲发展有限公司等企业,投资建设五指石、相思谷、南台卧佛山等景区,引进总投资13.45亿元。(2)景区建设步伐加快。2014年,五指石景区完成投资1.4亿元,游客服务中心、地质博物馆、客运索道、观景电梯、岭东大酒店等项目有序推进。客家相思谷景区完成投资3350万元,新建木屋群,完成仙瀑、亲水栈道、森林欢乐谷等项目。南台卧佛山文化旅游产业园建成了佛光大道、南台山至别具洞天旅游公路,串联了大佛寺、石龙寨、飞龙慈橙产业园、别具洞天景区。客家相思谷景区、相思河景区被评定为国家3A级景区。此外,全县投入150多万元高标准完善全县旅游标牌标识系统。

【行业管理】 2014年,平远县旅游局加强旅游行业的安全生产与市场管理,确保旅游市场安全、有序。认真贯彻落实梅州市人民政府《关于加强旅游市场监管工作的意见》,确保机构、人员到位,市场监管有序开展。成立平远县旅游协会,较好地发挥行业协会自律作用。加强行业培训,至年底已举办农家乐、导游讲解员、智慧旅游等培训班,累计培训700多人次。举办平远十大特色菜肴评选、平远十大手信评选等活动。

【宣传推介】 2014年,平远县旅游局着力抓好宣传推介工作。(1)抓智慧旅游建设。强化智慧旅游管理、服务、宣传的功能,搭建平远旅游官方微信平台,实现导航、导游、导览、导购功能,走在广东智慧旅游建设前列。全年共发布2000多条信息,阅读量达到140万人次。"平远旅游"官方微信跻身全国前列,并荣获"2014年度旅游新媒体总评榜潜力榜十强"称号。(2)用好传统媒体。通过在人民网、旅游卫视等媒体播放宣传片,邀请南方台录制综艺节目,编印《平远导游词》《醉·平远》等宣传资料,多渠道、多形式宣传平远旅游品牌。(3)开展市场推介。2014年投入832万元用于宣传推介,先后组织旅游企业参加广深珠、潮揭汕、厦漳泉等20多场旅游推介会,并邀请珠三角、厦漳泉、河南等地270家旅行社、60家媒体到平踩线、采风。

(县旅游局办公室)

2014年度平远县旅游局负责人名录

局　长:刘冬梅(女)

副局长:王志超　丘慧娟(女)
林南京

平远县五指石省级风景名胜区管理处

【概况】 2014年,平远县五指石省级风景名胜区管理处(简称“五指石管理处”)立足五指石景区丰富的原生态资源和厚重的历史文化资源,以打造平远县的龙头景区为目标,在景区建设、规范管理、宣传营销等方面采取措施,实现景区效益跨越式发展。全年景区接待游客22.85万人次,同比增长122%;实现上缴县财政1105万元,同比增长138%。首次实现旅游年度收入突破千万元大关,景区全年安全无事故。

【景区项目建设】 2014年,五指石管理处加大景区建设力度。(1)2013年平远县与三清山国际旅行社合作投资建设3.1公里的五指石天道后,吸引大批游客。2014年,在天道谷底建设1公里长的由青砖路面、防腐木铺筑的体验式绿道,与天道互通、互动,绿道具备生态廊道、健身小径、在沟谷慢道仰望天道功能,吸引更多游客到五指石观光休闲度假。(2)观光电梯、索道、游客服务中心、地质博物馆等项目2014年末开始动工建设,各项工程都在进行之中。(3)投入80多万元在天道集散平台侧建成日处理能力为450吨/天的生活污水处理站。景区污水经生物降解处理后达到一级水质排放,生态环境得到有效保护。(4)投入9万多元建设饮水工程。从贵妃湖抽水至梅林水池再供给至老景区用水及天道两个卫生间用水,基本解决景区用水难问题。(5)投入100多万元,完善景区标牌标识、安全、服务等配套设施。及时更新破旧标牌标识,补充新建景点游览标识、警示标志、植被保护标识、植物物种介绍牌、温馨提示牌2000多个;完善旅游步道、安全设施,厕所和服务设施,在天道中段新建一个卫生间;新购进燃油观光车5辆,至年底有观光车21辆,运输能力不足的问题得到缓解;新建一间油库,符合安全标准,方便驾驶员加油;完善停车库配套建设,为车辆停放、维护、保洁提供场所。

【规范管理】 2014年,五指石管理处着力规范行业管理。(1)制订岗位责任考核制度。天道的建成开放,给景区管理带来压力,原有的考核机制已不适应,为让员工明确分工,责任到人,五指石管理处认真细化岗位责任考核制度,设立门禁、车队、票务为一类岗,岗亭、停车指挥等部门为二类岗,按岗分类、细化职责,每月与考核金挂钩,要求各部门、各岗位严格按照各自工作职责和考核要求,确保责任落实到位。(2)建立安全巡查责任制。加大巡查力度,每天不定期对景区环境卫生、资源管护、森林防火、地质灾害、库区安全等实行巡逻监管,还专门拨出专项经费,与镇林业站联系,每天安排护林人员进入景区巡防,出现情况及时处理,努力营造干净、整洁、文明、有序的景区游览环境。(3)加强票务管理。为方便旅行社导游购票,增加一个售票窗口,专门服务旅行社团队购票和网络购票设立,缓解票务压力。严格执行票务管理制度,票务做到日清月结。

【宣传营销】 为进一步打响“何必舍近求远,旅游请到平远”特色旅游品牌,2014年,五指石管理处重点对新建景点广东第一高空栈道——五指石天道进行宣传营销。(1)强化网络媒体营销。开通“平远五指石”微信公众平台,链接“平远旅游”微信公众号,及时更新景区动态,吸引大批粉丝,至年底,平远县微信点击率居全国第四,为游客提供全方位、便捷的服务。(2)强化区域合作营销。邀请广东卫视、珠江频道、全国地市报记者、台湾地区媒体等到景区拍摄采风,加大对景区的宣传力度。2014年组织人员参加由梅州市旅游局组织的赴广州、潮揭汕、厦漳泉、珠三角和福建龙岩、三明及广东惠州、河源等地的几十场旅游推介会;参加广东21世纪海上丝绸之路国际博览会。在各推介会及博览会上向各地旅游界、旅行社、媒体发放画册2000份,活页20000份,着重推介广东第一高空栈道——五指石天道。(3)突出主题特色营销,做好接待工作。五指石景区2014年承办了平远县第三届山水漫画幸福桐游活动、梅州市第十三次百人诗会等各类活动。全年接待来自全国各地、台湾地区的旅行社、媒体、作协、诗协、摄协等50多批次到景区踩线、采风,宣传推介五指石景区。全年发放5万多份宣传资料,提高景区的美誉度和知名度。(4)加强与旅行社联系合作。2014年4月,出台奖励政策,与市县7家旅行社签订合作协议,对旅行社组团到景区每季度达到500人次的,全年达到5000人次的分别给予3元/人、5元/人的现金奖励。至12月底,对4家旅行社季度、年度达到人次的发放17.88万元奖励金。

【科普项目申报】 五指石景区自2005年被省批准为"广东省青少年科技教育基地"后,五指石管理处在上级科技和旅游主管部门的支持下,已投入50多万元用于科普平台及设施设备建设,用好科普教育基地。2014年五指石管理处积极向省科技厅申报"广东省青少年科技教育基地建设""地质科普场馆与主题展览建设"项目,力争取得到上级部门的经费补助,更好地发挥青少年科技教育基地平台的作用。

【存在问题】 (1)基础设施严重滞后。游客服务中心尚未落成,购票、检票、候车及休息的配套设施很不完善,给游客带来不便。(2)门禁手工检票方式不适应大游客量要求,工作人员压力大,时间久了易产生人情票,监督难度大。(3)游览线路不合理。先游览栈道、后引导游客经原老路前往聪明泉游览核心景区的游览线路的连接点不是游客集散地。石林寺的原老路路面小而且陡。需进一步优化游览线路。(4)管理处办公用房面积小,仅有60平方米。(5)宣传推介力度不够,对景区的宣传营销挖掘不够,创新意识不强,宣传范围不广,宣传手段有限。

(朱晓晖　蔡小山)

2014年度平远县五指石省级风景名胜区管理处负责人名录

主　任:刘剑辉

副主任:朱晓晖(女)　谢菊传

2014年4月28日,平远县旅游协会成立

财税·金融·保险

财　政

【财政收支情况】　2014年,平远财政全年上划中央"两税"完成27916万元,完成考核基数,上划省"四税"完成8377万元,增长28.99%,获得省"四税"增量返还3282万元。全年公共财政预算总收入177725万元。其中,县级公共财政预算收入53640万元,对比上年增收11815万元,增长28.2%,完成年初预算计划的108.1%,超收4040万元;返还性收入4516万元;一般性转移支付收入42575万元;专项转移支付收入65468万元;市级财力补助收入278万元;国债转贷收入3032万元;调入资金1942万元;上年结余6274万元。全年公共财政预算总支出187176万元。其中,县级公共财政预算支出177404万元,同比增支53667万元,增长43.4%;上解支出及增设预算周转金2309万元;债券还本支出151万元;年终结余支出7312万元。年终公共财政预算结余836万元,实现预算收支平衡。财政基金总收入21783万元。其中,县级基金收入12462万元;省、市基金补助9157万元;上年结余164万元。全年基金预算支出21578万元。年终基金结余205万元。

【财源培植】　2014年,平远财政发挥财政杠杆效应,实施"项目建设年"活动,推进产业发展,夯实财源。设立4300多万元的扶持产业发展基金,促进中小微企业发展和工业企业做大做强,加快精致高效农业和旅游产业发展。重视发展县域民营经济,支持生态工业园区建设和招商引资工作,服务好重点税源企业,推动发展总部经济,培育和壮大稀土新材料、机械制造、家具制造等主导产业。全年累计投入生态工业园区建设资金1.12亿元,扶持产业、企业发展资金3257万元。强化日常征管、部门协作、综合治税,调动乡镇和征收部门积极性,以重点税源管理为着力点,加强对重点行业、重点企业、重点工程(项目)的管理和服务,全面强化税源管理和监控。加强对非税收入的收支两条线管理,挖掘增长潜力,做到应收尽收。抓好国有资源、资产整合利用,加强国有资本运营管理,增强国有资本经营收益。

【服务地方经济】　2014年,平远财政局积极研究原中央苏区县、生态功能县、粤东西北地区振兴发展政策,认真编制申报项目,积极争取上级支持。积极向省财政厅、市财政局汇报资金困难情况,加强沟通协调,加快资金结算进度,基本保证社会各项事业发展资金需求。全年累计争取上级转移支付资金4.72亿元,各项专项资金6.5亿元。按照"保基本、保重点、保民生、压一般"的支出安排要求,集中财力办大事;加强预算单位的资金管理力度,切实管好用好有限的财政资金。加大增收节支力度、推进国有资产处置,优先保证全县的统发工资发放、民生支出和重点领域支出,确保财政开支的正常运行。在保运转、保稳定方面,一般公共服务支出、公共安全支出同比分别增长35.9%和22.2%;在保经济社会发展方面,交通运输、城乡社区事务、资源勘探电力信息等事务支出同比分别增长166%、29.6%和15%。2014年,累计投入2.02亿元用于全县各项重点工程(项目)建设,加大经济社会发展。其中,投入"一城两区"等城市扩容提质建设资金 8848 万元;交通道路基础设施建设资金 3121 万元。

【民生投入】　2014 年,平远财政用于保障民生的支出为 11.1 亿元,占公共财政预算支出的 64.3%,比上年同期 8.15 亿元增支 2.96 亿元,增长 36.3%。其中,教育、社会保障和就业、住房保障、医疗卫生投入同比分别增长 32.9%、5.5%、312.6%和 51.8%;投入 7226 万元推进精致农业发展;投入 2546 万元组织东石河治理工程等水利设施建设;投入 1316 万元完成长田、东石等镇农业综合开发高标准农田建设;投入 1500 多万元加快县幼儿园扩建工程、冬青幼儿园扩建工程、县实验幼儿园建设工程、县实验小学和县实验中学建设;落实底线民生资金 1300 多万元,调整补助标准、扩大覆盖范围,确保低保、五保、养老等六项民生政策落到实处,基本实现"劳有所得、困有所保、学有所教、病有所医"的发展目标。

【财政监管】　2014 年,平远财政局规范内部管理,着力加强财政监管,抓好项目资金支出审核、监管、惠民资金使用、政府采购和农村"三资"管理工作,加大国有资产监管力度,推进财政专项资金绩效评价工作,强化财政专项资金支出责任,提高财政专项资金的使用效益。深化财政体制改革。积极推进全县财政预算编制、非税收入电子管理系统建设、行政事业单位公务卡改革和完善国库集中支付改革,全县 100 多户预算单位的财政资金纳入国库集中支付范围,全年通过国库集中支付系统发生业务 1070 笔,授权支出金额 1.76 亿元。收支两条线、部门预算、国库集中收付、政府采购、绩效评价五个环节在内的相对完整的预算管理体系业已形成。加强财政资金监管。加强对财政投资项目资金拨付、使用情况的监督,推进财政专项资金支出绩效评价工作,有效提高财政资金使用效益。全年对涉及教育、经贸、农业、旅游等单位的重点专项资金进行检查,对农业、经贸口管理使用的省级专项资金项目和 34 个单位 95 个县级项目实行监督检查,对 2013 年省十项民生实事安排资金的使用情况进行监督检查。加强政府投资项目审核和政府采购工作。全年审核基建工程 388 宗,送审工程造价 100995 万元。其中,预算送审投资额为 76284 万元;结算送审投资额为 24711 万元。核减 11156 万元,核减率 11%。全年政府采购预算批复面 100%,组织采购 268 宗,采购金额 6780 万元,比预算金额 7733 万元节约资金 954 万元,资金节约率 12.3%。抓好资产配置、使用、处置全过程的监管工作,推进国有资产管理改革,推进农村财务和"三资"管理工作,完善县、镇、村三级交易平台系统建设,首次采用公开招标形式实行银行代理统发工资,适时调整县直党政机关和事业单位会议费、差旅费、外宾接待费等管理办法,加强规范单位经费支出管理。推进预算信息公开,扎实开展会计信息质量、预算执行及财务管理检查,加强会计基础管理工作,加强对会计从业人员的培训。

【存在问题】　2014 年,平远县财政收入虽然实现稳步增长,但各种困难和增支因素急剧增多,收支矛盾尤为突出,支出压力进一步加大。(1)税源结构不优,财源培植力度不够。平远县税源基础不稳定,对资源型企业特别是稀土行业依赖较大,依赖市场因素过强,产业链短,科技含量低,工业企业受市场冲击严重,财源培植基础不够牢固。随着税收基数的抬高,新的一年财政增收将较为困难,收入持续增长的后劲明显不足。(2)收支矛盾突出,资金调度仍然较为紧张。由于全县可支配收入只有 9.2 亿元,规模小,增量有限,可支配财力不足,而全年刚性支出高达 10.7 亿元,缺口达 1.5 亿元,收支矛盾较为突出,资金调度仍然较为紧张。(3)保障能力较弱,财政支持发展压力较大。2014 年县级公共预算支出高达 17.8 亿元,虽然达到了财力保障的基本要求,但由于财政保障能力仍然较弱,支持发展资金

规模偏小,对发展的引导和促进作用难以较好发挥。 (谢李崧)

2014 年度平远县财政局负责人名录

局　　长:韩　旭

副 局 长:曾　平　黄永华　余永灵　谢　锐

总会计师:郭大忠

2014 年 3 月 26 日,县财政局领导到挂钩村慰问贫困户

国　税

【国税收入】　2014 年,平远县国税收入总数 40912 万元,占市局下达年度任务 40770 万元的 100.35%,同比增收 1042 万元,同比增长 2.61%。其中,增值税 35822 万元;消费税 1531 万元;企业所得税 2713 万元;车辆购置税 846 万元。

【依法治税】　2014 年,平远县国家税务局严格依法治税。(1)规范税收执法行为。平远县国税局系统清理税收规范性文件,规范税收执行行为,保证日常执法程序有法可依、有章可循。(2)发挥稽查尖刀作用。注重日常检查,卓有成效地进行人工选案和分析纳税评估数据。狠抓专项检查。采用实地检查和调账检查相结合的方法,对木材加工等行业实施定向检查。主抓发票检查,联合公安局、地税局,以虚假发票"买方市场"为整治重点,开展有效打击发票违法犯罪活动工作。(3)落实税收优惠政策。落实小型微利企业税收优惠政策,调整小型微利企业减免税管理方式。2014 年全县应享受小型微利政策企业 28 户,已享受 28 户,享受面 100%。

【征收管理】　2014 年,平远县国家税务局加强税收征管。(1)重点抓好征收管理基础。着力风险防控管理、着力重点税源整治、着力税收巡查制度。(2)重点抓好各类税种管理。在增值税管理方面,加强一般纳税人认定、"三小票"抵扣管理、"营改增"扩围等工作。在企业所得税管理方面,抓好汇算清缴,通过征、管、查等手段,客观反映各行业在所得税收入中所占的比例。在出口退(免)税管理方面,积极落实出口退(免)税收优惠政策,做好资料认证审核和上报工作,严格分类管理。(3)重点抓好信息技术支撑。做好"金税三期"的试运行、压力测试等准备工作,确保上线运行后信息系统平稳高效。

2014 年 3 月,梅州市国税局副局长廖瑞标(前左二)到东石分局作征管改革调研

【纳税服务】　2014 年,平远县国家税务局做好纳税服务工作。(1)创新税收宣传。有序开展税收宣传月活动,印制包括盒装纸品、保温杯等宣传品,在政府、企业、超市等场所免费发放;召开资源、木材行业等代表座谈会、举办篮球邀请赛,加强税企沟通。(2)改善服务方式。推广网上办税,增设 2 台户外 24 小时 ARM 自助办税终端机,确保纳税人可全天 24 小时办理纳税申报、发票领用、抄报税、发票认

证等涉税业务。(3)扩展交流渠道。创建纳税人学校,为纳税人提供免费咨询和培训服务,2014年全年举办增值税纳税申报系统、企业所得税"汇算清缴"、增值税网上抄报税等培训3场,培训税务人员96人次,企业会计人员967人次。

【队伍建设和廉政建设】 2014年,平远县国家税务局加强队伍建设和廉政建设。(1)加强班子建设力度。贯彻落实领导工作制度,发扬民主集中制,凝聚集体智慧,提拔充实一批业务骨干,使得干部的年龄和知识结构更加合理。(2)加强教育培训力度。特邀专家解读十八届三中全会精神,提升政治素养;聘请专业老师对干部进行财务会计和会计电算化考试脱产辅导,以此强化干部职工的业务技能。(3)加强绩效管理力度。(4)加强文化建设。以"程乡文化"为主题,推进物态文化建设,创建"程水悠长·税史如河""程山苍翠·税政如春""程风淳朴·税月如歌""程梅高洁·税纪如钟""程园芳菲·税穗如锦"五个篇章,建造别具一格的文化展厅,创作歌曲《税月如歌》,营造出浓厚的文化氛围。(5)加强廉政建设。签订新版《党风廉政建设责任书》;设计打造"平税清风"廉政文化园;聘请10名特邀监察员,对税收征管和廉政建设实行监督;深化"一书一卡"制度,全年收到《税收执法与纳税服务监督卡》62份,未发现违法违纪现象。 (刘蔚琳)

2014年度平远县国家税务局负责人名录

局　长:罗建华

副局长:朱柳平　韩世机　赖建平

地　　税

【地税收入】 2014年,平远县地方税务局全年累计组织税费收入66139万元。其中,地方各级税收收入43295万元,对比上年同期32004万元增收11291万元,增长35.28%,占全年任务的123%;社保费征收入库20205万元,同比增收3168万元,增长18%。其他规费收入2639万元。中央收入4105万元,同比增收1030万元,增长33.53%;省级收入8573万元,同比增收1764万元,增长25.94%;县级收入30617万元,同比增收8495万元,增长38.4%。在县域经济下滑,支柱行业税收贡献率下降的情形下,平远县地方税务局始终把组织收入工作作为主线,加大税收执法力度,加强收入工作的组织领导,开展详细的税源调研,强化纳税评估和督察工作,堵塞征管漏洞,认真落实各阶段目标,提前76天完成市局下达的组织收入任务,收入进度排全市第一位。完成县政府年初任务4亿元的108%。

【税政建设】 2014年,平远县地方税务局抓好税政建设。(1)落实税收优惠政策。提高宣传辅导质量,加强宣传辅导,简化工作流程,充分调动纳税人积极性、主动性。至年底,全县有小型微利企业155家,享受的小型微利企业税收优惠政策的企业有154家,减免企业所得税20.8万元,税收优惠实际受惠面98%。(2)加强税收管理。抓好企业所得税汇算清缴及核查工作。全县有158户企业进行了2013年度企业所得税申报和自行汇算清缴的电子报盘,汇算清缴面98.81%,汇缴应补企业所得税553.18万元,汇缴应退企业所得税403万元;加大对高收入行业企业薪金所得个人所得税的政策宣传和分户管理,完成年所得12万元以上自行纳税申报的纳税人121人,征缴税款274.59万元,全面超额完成了市局的年度目标考核。(3)加大稽查工作力度。开展资本交易项目、饮食等行业的税收专项稽查和检查工作,完结案件3户,查结款项62.56万元;做好打击发票违法犯罪活动工作,清理检查发票用户139户,对6户发票用户14份发票的其他发票违法行为(发票遗失)进行处罚;受理并及时处理举报案件,向征管部门移送各类文书10份，查补入库存金额5.58万元。

【税收征管】 2014年，平远县地方税务局加强税收征管。(1)加大税源监控力度。开展税源调查工作，继续加强日常监控，重点加强对重点企业监控分析，建立健全征收单位收入情况上报制度，及时了解和掌握企业生产经营状况以及市场变化对企业经营带来的影响，摸清税源变化因素，科学分析税收收入增减变化原因，确保税收计划任务的执行。全年纳入监控企业98户，监控税源1.1亿元。(2)深入开展纳税评估工作。针对2014年的收入形势及平远县税收征管实际状况，充分利用第三方涉税信息，通过开展2013年税收专项评估和清理各房地产开发楼盘已销售但尚未申报缴纳契税等方式挖潜堵漏，稳步推进专项纳税评估工作。2014年全年发现疑点纳税户893户次，实现纳税评估收入2428.83万元，较上年同期增长16.99%。(3)切实抓好社保费征缴工作。召开由平远县地方税务局领导班子成员、缴费单位负责人参加的社会保险费费源普查工作会议，安排部署社会保险费费源普查工作；明确责任，分解任务。将县政府的社保费征缴、扩面任务分解落实到各分局，将每个缴费单位的征收管理工作落实到每一个税收管理员，认真落实税费“同征同管同查同服务”工作机制；由县地方税务局和县社保局联合组成两个扩面工作组，对全县60多家企业开展“地毯式”扩面征缴稽查专项行动，积极做好征缴扩面计划，切实开展参保扩面工作；切实加强社保费申报审核管理，严格执行社保费催报催缴制度。2014年全年大约新增企业参保3300人次，社保费13612万元，占年度任务的110%，比上年同期增收2852万元。(4)推进“金三”上线工作。平远县地方税务局建立“一把手”任组长的上线领导小组，全力保障上线工作中人财物等资源，抽调精兵强将优先配置到业务、技术等工作团队；平远县地方税务局“金三”办时刻保持与市局上线办及县局各部门的沟通，协同推进工作进度。及时发现并向市局反馈上线运行过程中出现的问题40多例；对2万余条记录进行逐一甄别、校验补录，校验纳税户9种类型1200多户，为“金三”上线打下基础；选调业务骨干9人到市局跟班培训，并作为师资对全县业务岗位240多人进行培训，确保征管一线人员熟练掌握“金三”操作；各级领导亲自靠前指挥，所有征管一线人员加班加点开展各项业务准备及测试工作。在“金三”上线前，该局进行了160多人次的压力测试及双轨测试，使用“金三”系统功能总次数1026次，对500多类业务进行基线版及生产环境的运行测试，通过率93%。(5)完善存量房交易计税价格评估和税收征管一体化系统。由地税局、房管局、专业房地产评估公司三方专家组人员及软件公司代表参加的房地产纳税评估专家组会议，讨论并通过关于平远县房地产税费一体化管理系统基准价格的调整方案；提请县政府牵头召开房地产权属登记税收管理工作会议，理顺房地产权属交易登记管理。推行先进的存量房交易时实行房产、土地综合计价(税)的征收方式。2014年完成存量房交易387宗。其中，存量房转让333宗涉及税收收入207万元；房产赠与50宗；房产继承4宗。(6)建设涉税信息综合利用平台。平远县地方税务完成了涉税信息综合利用平台的建设及验收工作。平远县涉税信息交换共享平台项目在7月1日正式通过验收。运行后，全县28个涉税单位通过该系统交换共享信息3726条。涉税信息传递共享真正实现信息化、规范化；在县委党校举办28个涉税单位参加的涉税平台操作培训，全面推广涉税信息综合利用平台的应用；充分利用第三方涉税信息指导和督促税源管理分局尤其是重点分局加强日常纳税评估工作。至12月底，各管理分局通过利用建设、规划、公路、交通、水务、国税、审计等部门传递的信息加强对日常税源的跟踪管理，最终核实了17户纳税人的纳税疑点，实现日常评估收入1074.12万元，占评估总收入的28.54%。（7）推广自助办税。在全县范围内推广应用自助办税服务系统。至11月底，平远县地方税务局投放8台自助办税终端，累计受理涉税业务3500多项。自助办税业务量已超过办税服务厅业务量的20%；开展电子办税服务厅智能办税终端免费体验推广工作。通过制定统一方案，充分利用各种媒体和门户网站，向需求最迫切、使用最多的查账征收纳税人和重点户等重点推广对象上门宣传，举办体验式推广活动，将智能办税终端的优点和服务便利宣传辅导到位。并以2014年底前作为免费体验推广期，免费向重点推广对象提供智能办税终端并开通全部功能。至2014年底，全县使用智能办税终端的纳税户115户，用户的满意度不断上升。

【队伍建设】　2014年，平远县地方税务局有机关股室6个，直属单位1个，基层分局5个，全局年末有正式干部职工103人，另有协税员9人，临时工15人；新招录公务员3人，退休1人。针对参差不齐的队伍，2014年，平远县地方税务局大力加强队伍建设。（1）扎实推进党的群众路线教育实践活动。（2）全面推进领导干部队伍建设。（3）加强教育培训工作，注重业务技能教育培训。全年先后组织业务骨干综合素质培训班、“金三”操作系统培训、“绩效管理平台”上线培训、智能办税终端业务操作培训、全县社保业务培训、财会人员业务知识培训等。通过系列的培训，干部队伍业务水平、岗位技能得到进一步提升。全年共组织各类培训21期，1226人次参加培训。（4）开展好干群“连心桥”活动。（5）大力提升地税文化建设水平。重点抓好庆祝平远县地方税务局成立20周年纪念册《如歌税月》的策划和编印工作。该纪念册是梅州地税系统唯一的20周年纪念专集，受到广泛关注。

【纳税服务】　2014年，平远县地方税务局尽力做好纳税服务工作。（1）提升纳税服务质效。平远县地方税务局新制定《平远县地方税务系统首问责任制实施办法》，大力推行“一窗式”服务，切实推进办税服务厅规范化管理，进一步完善预受理服务区的各项规章制度建设，将首问责任制相关工作要求作为绩效考核重点指标纳入纳服工作绩效考评体系，实现涉税涉费业务一窗办理，提升办税服务厅的运转质效。（2）提高纳税服务管理水平。根据省市局推行绩效管理的统一工作部署要求，合理设置纳税服务相关绩效考评工作指标，规范具体工作岗位职责要求，推动各项纳税服务工作高效开展。同时，加强办税服务厅“三位一体”（排队叫号、智能评价、视频监控）管理平台的应用，充分利用视频监控资料和日常掌握的绩效考核数据，深化纳税服务绩效管理。通过监测，及时发现存在问题，提出整改意见，强化管理功能并形成常态化。（3）强化税收宣传工作。结合税收宣传月，组织开展“领导走访企业”“新春纳税大户座谈会”“房地产企业代表座谈会”等税企交流活动，认真倾听纳税人的意见和建议，帮助纳税人更好地了解和支持税收工作。另外，拓宽宣传途径，专门开展一系列“税收知识进校园”特色活动。在学校开设税收宣传栏，举办校园税收知识有奖问答，开办中学生税宣讲座，邀请中学生参观办税大厅，达到“学生得教育、家庭得联动、社会得辐射”的社会效应。　（曾　昶）

2014年度平远县地方税务局负责人名录

局　　长：连丹强

副 局 长：陈别佳（任至5月）　谢向阳

总经济师：张建河

中国人民银行平远县支行

【金融服务】 2014年,中国人民银行平远县支行认真做好金融服务工作。(1)开展金融知识宣传活动。2014年,平远支行先后组织各金融机构开展金融知识进社区、学校、农村等宣传活动,全年各金融机构悬挂各类金融知识宣传横幅150条,参与宣传活动的金融机构网点35个,举办各类大型专题宣传活动10场次,发放宣传资料27970份,为全县4~6年级4670名学生累计授课62次。(2)加快农村诚信体系建设。指导涉农金融机构做好农户信用信息更新工作,开展专业合作社、农业龙头企业信息采集工作。至12月末,已更新农户信用信息2989户,更新率100%。在系统中录入农业专业合作社信息107户、龙头企业信息21户。(3)做好跨境贸易人民币结算业务工作。加强银企协调,推进跨境人民币结算业务。至12月末,平远辖区发生跨境人民币结算业务金额6727万元。(4)加强国库经理管理。至12月末,累计办理一般预算收入73505万元,办理基金收入32498万元,办理一般预算支出182496万元,办理基金支出19312万元,办理退税24749万元。

【金融管理】 2014年,中国人民银行平远县支行加强金融管理。(1)开展银行结算账户核准工作。至12月末,核发账户开户许可证340户,撤销核准类账户131户,变更核准类账户192户。(2)加强征信统计管理。在通过信用报告查询及个人查询信用报告收费等相关事项的调查基础上,建立征信系统数据核对机制,确保入库数据质量。至12月末,新发放贷款卡46户,企业年审128户;受理个人查询业务825笔,企业查询24笔。(3)开展反洗钱活动。组织农村信用社工作人员开展反洗钱知识培训,落实与公安等部门的会商协作制度,加强反洗钱工作协调沟通和金融机构重点可疑交易的管理。(4)开展反假货币工作。组织人员对辖区金融机构反假货币工作进行现场检查,规范金融机构假币收缴、鉴定工作,组织和督促金融机构做好反假培训宣传工作,提高反假业务技能,落实ATM机、点钞机冠字号码查询工作。(5)维护区域金融稳定。落实重大事项合作制度和定期风险监测报告制度,召开平远县金融系统社会管理综合治理暨平安金融创建会议,签订平远县金融系统社会管理综合治理暨平安金融创建目标管理责任书8份,制订《平远县银行类金融机构现金押运业务突发事件应急处置预案》《平远县存款保险制度实施工作安排和应对预案》。

【金融发展】 2014年,平远县金融发展态势良好。(1)存贷款稳步增长。至12月末,全县金融机构各项存款余额589583万元,增长12.95%;各项贷款余额262831万元,增长16.38%。(2)推动贷款抵押创新模式。建立与政府、金融机构的协调机制,探索“信用评级+农业龙头企业+关联农户”的信用融资模式,推动以农村宅基地使用权、农村土地经营承包权、林权作为有效抵押的贷款模式创新,激活农村信贷市场。至12月末,全县办理农村集体土地使用权抵押贷款3笔,余额45万元,林权抵押贷款1笔,余额1090万元。(3)推进金融服务示范村建设。落实平远县创建金融服务示范村工作。至12月末,全县6个金融服务示范村各项贷款余额1456.66万元;采集农户信息2466户,已评级信用户(A-以上)1723户,占比69.87%;金融服务示范村涉农保险投保笔数5984笔,投保金额3370.3万元;6个示范村设有助农取款点11个,累计受理业务372笔,金额90220元;激活加载金融功能社保卡3205张。 (肖春辉)

2014年度中国人民银行平远县支行负责人名录

行　长:陈　超

副行长:陈竹宏　林　军

中国工商银行股份有限公司平远支行

【概况】　2014 年,中国工商银行平远支行围绕分行年盈利 4 亿元目标的中心主题,保持利润持续稳定增长,突出主线,强化标杆,深化理念,巩固和扩大同业市场领先地位,实现主要经营指标同业第一,实现系统内考核位次靠前。10 月,在县城平城中路 125 号(县质监局底层)新设立一间离行式自助银行,是平远支行在县城设立的第二间离行式自助银行。

【业务数据指标】　2014 年,中国工商银行平远支行努力完成各项业务指标。(1)2014 年,中国工商银行平远支行各项存款余额 51384 万元,比年初增加 6829 万元。其中,储蓄存款余额 33329 万元,比年初增加 3117 万元;对公存款余额 17870 元,比年初增加 3596 万元。(2)全行中间业务收入共 728 万元,同业占比第一位。(3)各项贷款余额 27744 万元,比年初增加 2276 万元。其中,一般流动性资金贷款余额 12060 万元,比年初增加 3566 万元;个人消费贷款余额 7559 万元,比年初减少 3114 万元;住房贷款余额 6814 万元,比年初增加 3673 万元;个人经营性贷款余额 1437 万元,比年初减少 1876 万元。(4)实现贷款利息收入、辖内往来收入分别比上年增加 11.04% 和 7.16%,拨备前利润人均超过 80 万元,系统考核位次全辖靠前。

【工作措施】　2014 年,中国工商银行平远支行主要采取八项措施扩展业绩。(1)重视存款营销工作,加大存款营销力度,坚持存款市场领先战略,开拓营销存款工作思路,努力提升存款市场竞争力,协调做好存款日均余额与时点余额良性增长,努力实现各项存款增量同业第一的工作目标。(2)加大拓户力度,落实名单制管理工作,扩大存款客户群体,抓源头、抓信息,重点做好代发工资,征地、拆迁补偿款的营销工作。(3)加大理财产品的营销力度,重点推介、引导客户购买结构性存款、保本型理财产品,努力实现“存款 + 理财”良性循环,努力做大理财产品的“蓄水池”。(4)利用各种资源和渠道,齐心协力,上下联动,加快贷款营销的落地工作,实现早投放、早收益;不断深化资产经营转型,加快信贷业务创新,做大做强个人住房按揭业务,不断提高个人住房按揭贷款在个人贷款品种的占比,充分发挥个人住房贷款的主体和支撑作用;继续拓展收益水平高、风险管理水平高、经济资本占用低的信贷业务品种,实现信贷业务可持续发展。(5)规范发展中间业务,实现中间业务收入持续稳定增长。(6)以“铁的决心、铁的措施、铁的手腕”强化信贷管理,确保资产零不良。(7)开展岗位技能练兵活动和“人民满意银行建设年”主题活动,全面提升服务品质,建设人民满意银行。(8)开展网点“精益”项目建设、大现场管理,固化标准化服务流程,全面提升网点竞争力;为进一步加快离行式自助设备的市场投放率,通过电子渠道优化网点资源网络布局,拓展新的效益增长点,增强同业竞争能力;加强作风建设,改进工作作风,不断深化“共创共健共享”家园文化,进一步提高全行员工的凝聚力、执行力和战斗力。

【内控案防工作】　2014 年,中国工商银行平远支行认真落实“树立三种意识、构筑三道防线”,夯实内控案防基础。(1)强化员工行为规范教育、反腐倡廉和职业安全宣传,筑牢思想防线。(2)加强对重要风险点的防控工作,开展员工行为排查,对员工赌博、商业贿赂、参与非法集资、民间融资、信用卡非法套现及虚假销售理财产品等进行长期治理。(3)加强信息安全和生产安全管理。(4)健全应急管理机制,提升应急处理能力。(5)做好内控评价工作。(6)做好支行党廉案防工作,制订支行案件防范工作计划和警示教育工作计划,落实责任,一级抓一级,层层签订党廉案防工作责任书、综治和消防责任书、案件防范责任书。(7)狠抓业务核算质量,有效减少业务差错率,提高员工执行规章制度的自觉性,切实防范操作风险。

【反洗钱、反假货币和金融知识宣传】 2014年,中国工商银行平远支行认真做好反洗钱、反假货币和金融知识宣传工作。(1)执行监管机构的各项反洗钱规定,加强反洗钱组织机构及制度建设,加大支行反洗钱工作力度,推动反洗钱工作的贯彻落实,完成反洗钱各项工作任务,开展反洗钱和反假货币的各项宣传培训活动。(2)按照上级银监、平远县金融行业协会、平远县人民银行的统一部署,开展"3·15金融消费者权益"主题宣传教育活动、"征信记录关爱日"活动、"金融知识进万家"等活动。(3)健全和完善客户身份识别机制,推动落实金融账户实名制工作,落实机构信用代码在反洗钱领域应用工作。(曹广先)

2014年度中国工商银行股份有限公司平远支行负责人名录

行　长:李发亮

副行长:袁红云

行长助理:徐腾斌(7月起任)

中国建设银行股份有限公司梅州平远支行

【主要业务指标完成情况】 2014年末,中国建设银行股份有限公司梅州平远支行(以下简称"建行平远支行")一般性存款时点余额54063万元,比年初增加3428万元,存款新增计划完成率55.3%,当地三行新增市场占比49.19%,排行第二位。其中,个人储蓄存款时点余额37374万元,比年初增加2418万元,完成年度计划任务的90.2%,当地三行新增市场占比83%,排行第二位。对公存款余额16689万元,比年初新增1010万元,完成年度计划任务的28.7%,完成市分行年末下达的新增确保控制计划,当地三行新增市场占比24.85%,排第二位。

【资产业务】 2014年末,建行平远支行各项贷款余额18501万元(含供电局银团贷款余额2911万元),比年初增加1946万元。其中,当年新发放个人类贷款535万元;推荐发放公司类贷款4750万元,完成全年计划的317%。全年办理国内保理业务7笔1069万元。发放住房公积金贷款54笔970万元。五级分类不良贷款余额666.51万元,不良贷款率4.27%,比年初下降0.65个百分点。

【中间业务】 2014年,建行平远支行全年实现中间业务净收入279万元,完成年度计划87%,排名第8位。其中,对公条线完成94万元,完成年度计划115%,全市分行排名第2位;个人条线完成185万元,完成年度计划77%。

【服务地方经济】 2014年,建行平远支行认真为当地经济发展服务。(1)抓住机遇,寻找商机,争客户抓营销,积极寻找优良客户,充分利用"速贷通""成长之路"的产品优势,加大中小企业贷款的营销力度,2014年先后营销平远县鸿达珍珠岩开发加工厂(普通合伙)、平远县健华实业有限公司、梅州天兴建筑工程有限公司、平远县康贵实业有限公司、梅州五指石山泉水厂等项目,成功发放7笔4750万元。积极向梅州五指石公司办理国内保理业务,累计发放7笔1069万元。取得历年最好成绩。(2)大力发展个人资产业务。加强与当地房地产开发商沟通联系,收集市场信息,重点维护与支行已签约的"宜华·金色华府"楼盘项目,主动上门服务,指导办理业务流程等,扩大影响,提高市场竞争力。发放个人住房类贷款13笔258万元,推荐发放个人消费助业贷款类3笔260万元;发放住房公积金贷款49笔897万元。(陈宏裕)

2014 年度中国建设银行股份有限公司梅州平远支行负责人名录

行　长:刘康平

副行长:罗斌斌(任至 5 月)

罗权胜(5 月起任)

中国农业银行股份有限公司平远县支行

【资产业务】 2014 年末,中国农业银行股份有限公司平远县支行(以下简称“农行平远县支行”)年末本外币各项贷款余额 57576 万元,比年初增 2465 万元,各项贷款在当地国有商业银行中存量占比居第一位。

【负债业务】 2014 年末,农行平远县支行本外币各项存款余额 89474 万元,比年初减 3157 万元,日均增量 5597 万元,完成分行下达全年任务的 55.4%。其中,储蓄存款 70956 万元,比年初减 2698 万元,日均增量 4547 万元,完成分行下达全年任务 53.5%;对公存款余额 18519 万元,比年初减 459 万元,日均增量 1049 万元,完成分行下达全年任务65.6%;各项存款在当地国有商业银行中存量占比居第一位。

【中间业务】 2014 年农行平远县支行全行中间业务收入 573 万元,完成比例排全市第二。

【国际业务】 2014 年,农行平远县支行完成国际业务结算量 10346 万美元,完成分行下达全年计划(10000 万元)的 103.46%,列全市第四;完成结售汇量 10205 万美元,完成分行下达全年计划 9800 万元的 104.13%,列全市第三。

【财务经营指标完成情况】 2014 年,农行平远县支行实现拨备后利润 2497 万元,同比增盈 293 万元,完成全年拨备后利润计划 2400 万元的 104.04%;实现拨备前利润 2409 万元,同比增盈 130 万元,完成全年拨备前利润计划 2150 万元的 112.05%;列全市第二,经营利润逐年增长,成果显现。

【内部控制】 2014 年,农行平远县支行全年实现安全运营无事故、无案件,内控综合评价继续保持一类行。5 月,荣获广东农行“2012 ~ 2013 年度风险和信贷管理先进集体”荣誉称号。

【工作措施】 2014 年,农行平远县支行主要采取四项措施,完成全年工作任务。(1)采取措施,推进“三化三铁”工作。强调三道防线的作用。运营主管要增强履职能力,真正起到第一道防线的作用;监管经理要做好日常监管工作,对发现的问题及时进行督办整改;柜员规范操作行为,消除操作风险隐患。将“三化三铁”考核结果与支行综合考核挂钩,建立工作报告和运营主管例会制度,定期研究遇到的情况和问题,及时为网点解决存在的问题;开展营业机构柜面业务违规操作监管,不断加大运营风险排查、检查频次和力度,揭示潜在风险和操作隐患;以创建“平安农行”为工作主线,开展常态化安全风险排查,重点做好自助设备安全管理专项治理活动,落实制度、严格标准,提高安全防范能力和风险防控水平,强化安全基础设施建设和全员安全教育活动,落实案防责任,做好风险警示,开展预案演练,全行“人防、物防、技防”水平持续提升。(2)强化贷后管理,提高客户管控能力。做到“三个到位”。责任落实到位。支行行长是本级行客户贷后管理的第一责任人,认真落实好管理要求,负责主持贷后管理例会,及时研究本行信贷风险状况及防控措施。要求落实到位。支行客户经理将主要精力放在客户管理和维护上,重点加强对企业的贷后管理,密切跟踪其货物流、资金流和单据流,做到“贴身管理”,确保贷款按期收回。考核落实到位。支行在年初就铺开对客户部及客户经理的绩效考核,逐步完善激励机制,推动全行贷后管理工作落实。(3)严格队伍管理,确保长治久安。发挥支行班子的核心作用,在党建工作、组织建设、内部管理和业务发展上,强化大局观念、全局意识,积极开拓进取,合理配置“人、财、物”,使各项工作上台阶。持之以恒推进员工行为管理,通过多种方式努力营造一种学习工作化、工作学习化的氛围,提升员工素质,强化业务技能;多策并举为员工搭建发展平台,让各类员工找准“坐标”,立足岗位,展现自身,引导全员齐心向上。(4)按照中央“八项规定”和农行28条措施,改进工作作风,严肃财经纪律,强化廉洁自律,加强监督检查,用实际行动将“八项规定”和农行28条措施落到实处。2014年,农行平远县支行获评“梅州市2012~2013年度A级纳税人”称号。该称号是梅州市纳税信用评定的最高等级,是国地税部门对支行依法纳税、诚信纳税工作的高度肯定及认可。平远支行是全市农行唯一一家获评A级纳税人的支行。 (余 忠)

2014年度中国农业银行股份有限公司平远县支行负责人名录

行 长:陈新宇(任至10月)
　　　黄军梁(10月起任)
副行长:王 清(任至4月)
　　　杨伟安(4月起任) 朱钦州

中国邮政储蓄银行股份有限公司平远县支行

【概况】 2014年,中国邮政储蓄银行股份有限公司平远县支行(简称“邮政储蓄银行平远县支行”)加强人才队伍思想作风建设,强化内部管控,优化组织结构,推动各项业务稳序发展。至年底,平远县邮政金融各类存款余额17.1亿元;各类贷款结余额8.8亿元,创历史新高。

【服务“三农”】 融资难、融资贵问题一直制约着平远县“三农”事业的发展,是金融体系中最薄弱的环节。2014年,邮政储蓄银行平远县支行一直坚定不移地把服务“三农”放在发展的首要位置。通过相关的业务培训,打造了一支专业的“三农”金融服务团队,通过充分发挥资金雄厚、物理网路便捷、产品丰富等优势,切实解决农民的资金需求问题。至年底,涉农贷款余额26124万元,较年初增加4743万元。改善服务环境,2014年各网点均配备一名金融引导服务员。该行在7月底前按照《关于开展助农取款示范点建设工作的通知》要求,在各镇完成12个助农取款机示范点的选点、提升补贴费用等相关工作,于8月31日前完成助农取款机便民功能加载及测试、安装助农取款点标识灯箱工作。同时全力推进挂点的金融服务示范村(仁居镇飞龙村、泗水镇泗水村)的各项工作,将服务“三农”、普惠金融的理念落实到日常的工作中去。

【银企合作】 2014年,邮政储蓄银行平远县支行着力与企业交流与合作。(1)贯彻广东省分行切实做好为实体经济服务的总要求,围绕县委、县政府的工作要求,与平远县中小企业局携手合作,2014年5月成功召开“携手邮银,助企腾飞”深化融资服务合作启动仪式,为小企业(主)的发展提供良好的机遇。通过充分利用邮储银行额度充足、网络覆盖面广、信贷产品丰富等优势,该行与县中小企业局搭建的银企融资合作平台,为当地广大中小微企业量身打造了更加便捷优质的融资服务产品,助力解决企业的融资难问题。全年着力在家具制造、机械电子、酒水行业等方面加大贷款投放力度,个人商务贷款、中小企业贷款新增授信1亿多元,累计发放中小微企业(含个体工商户)贷款1.5亿元。(2)该行通过与县工商管理局合作,6月成功召开邮储银行“阳光送贷行动”产品推介会。来自全县各镇140多名个商企业主及30多名单位的相关人员参加了推介会。推介会上,该行向各企业主重点介绍了支行的特色融资产品以及“阳光贷款”的理念,并承诺提供4000万元以上的融资额度,受到个体工商户和企业主的欢迎。

【再就业担保贷款】 2014 年,邮政储蓄银行平远县支行积极与平远县人社局、财政局沟通联系关于再就业贴息贷款的相关合作事宜。成功与平远县人社局成功签订《小额担保贷款担保与贴息合作协议》。该行成为县域内发放再就业贴息贷款唯一指定合作的商业银行。在平远县人社局和财政局的大力配合下,全力推进再就业贴息贷款业务,将该项业务作为回报社会、支持国家再就业政策的重点项目抓好。至年底,该行已受理再就业小额担保贷款申请 137 笔,发放贷款 934.5 万元,带动当地人员就业,进一步激发当地群众的创业热情。 (综合管理部)

2014 年度中国邮政储蓄银行股份有限公司平远县支行负责人名录

行　　长:林海松

行长助理:魏泽雄　李颖华

平远县农村信用合作联社

【概况】 2014 年,平远县农村信用合作联社以深化改革转型升级工作为主线,以经营管理工作为重心,认真贯彻落实国家宏观调控政策,围绕省联社深入贯彻落实转型升级工作的意见以及下达的经营指标任务,结合实际,坚持以服务"三农"、中小微企业和地方经济发展为宗旨,进一步明确发展定位,转变发展模式,创新营销方式,提高风险防范和化解能力,全年各项工作顺利完成。广东银监局于 2014 年 12 月 10 日正式批准平远农商行开业。

【主要业务数据】 至 2014 年底,平远县农村信用合作联社各项存款余额 195733 万元,比年初增加 23143 万元,增长 13.41%,占全县金融机构的 34.9%,市场占有率提高 1.83 百分点;各项贷款余额 132883 万元,比年初增加 22662 万元,增长 20.56%,占全县金融机构的 50.55%,市场占有率提高 1.74 个百分点。全年实现总收入 1.59 亿元,比年初增长 20.83%,其中利息收入突破亿元大关,达 1.2 亿元,与上年同期增长 23.7%,百元收息水平 9.43。实现账面利润 4445 万元,经营利润 6044 万元,同比增长 33.19%。全年缴纳各项税费合计约 1800 万元。

【农商行改制】 转型升级有序推进,改制农商行工作全面完成。2014 年,平远县农村信用合作联社按照"构建资本充足、产权明晰、治理完善、内控严密、财务良好、服务高效的现代特色银行"的转型升级总体要求,经中国银监会批准同意筹建平远农商行后,筹建工作小组有序完成召开职代会和创立大会暨股东大会第一次会议等工作,审议通过平远农商行《章程(草案)》和"三会"议事规则,部门组织架构、基本管理制度等各项议案,选举董事长、监事长,聘任总行行长、副行长等高级管理人员,并于 5 月 13 日正式向广东银监局提交开业请示。广东银监局于 12 月 10 日正式批准平远农商行开业,定于 2015 年 2 月 10 日举行开业挂牌仪式,标志着平远联社改制农商行工作全面完成,平远农信迈进一个新时代。

【业务经营】 2014 年,平远县农村信用合作联社业务经营良性发展。(1)上下联动,保稳存款市场。围绕省联社"求生存、占市场"的总体思路及时调整发展战略,紧跟人民银行存贷款利率调整政策,沉着应对,结合实际灵活运营利率上浮、加大存款考核力度、加大金融服务宣传等方式,有效提高市场竞争力,巩固老客户,发展新客户。通过努力,2014 年在各项存款保持了较为平稳的增长,年底比年初增加 23143 万元,增长 13.41%,占全县金融机构的首位。(2)构建立体营销模式,支持实体经济发展。稳步巩固"三农"服务市场。以"支持农业规模化生产和集约化经营"为中心,立足平远县特色农产品产业链及规模化农业生产基地,找准支农切入点,依托"公司 +

基地+银行+农户”协约贷款及“特色农产品大额授信贷款”“自助循环贷”等信贷产品，稳步推进慈橙宝、南药宝、油茶宝、红色创业贷款、党员创业信誉贷款、妇女创业贷款、林权抵押贷款等信贷产品，抓住特色订单农产品及县以上优质龙头企业，稳步推进支农服务，站稳“三农”市场。至2014年底，平远县农村信用合作联社涉农贷款余额11.56亿元，比年初增加2.38亿元，增长25.97%，增幅超过各类贷款增幅。其中，仅慈橙、油茶两项农产品就发放了贷款147户，授信额度6410万元；发放红色创业贷款、党员创业信誉贷款和妇女创业贷款等三项创业贷款累计户数320户，共1028万元。(3)有序加大对中小微企业等实体经济的信贷支持。2014年初制定以“支持实体经济发展”为主的营销战略，以领导班子、信用社主任及客户经理三个不同层次的营销团体，构建立体交叉式的营销服务网络，结合人民银行利率市场化的推进步伐，分别针对大中型优质企业、小微企业及个体工商户等不同客户群体进行营销和服务，为平远县实体经济的发展提供资金扶持。至2014年底，中小微企业贷款存量60户，余额60848万元。全年新发放中小微企业贷款15851万元。

【风险管理】 2014年，平远县农村信用合作联社加强风险防患管理。(1)强化信贷风险管理。通过不断完善信贷风险管理机制建设，制订完善各类信贷风险管控相关制度；严把信贷投向，巩固小额农户贷款的基础地位，全面压缩“两高一剩”行业贷款；支持中小微企业，稳步推进个人住房按揭贷款，加强对个体工商户的信贷支持，活跃市场经济；严格贯彻执行中长期贷款分期还款要求，抓实贷实付，加强对贷款资金使用的管理和跟踪；切实防范大额贷款风险，建立贷款迁徙动态监测体系，有效监控大额信贷风险；通过强化考核、依法清收和上门逐户清收等方式，全年收回表内外不良贷款413.72万元，不良贷款率控制在2.15%内。(2)强化合规风险管理。对照“梅州市农合机构业务与管理流程项目表”，结合工作实际，逐项对照各个部门岗位职责、规章管理制度、操作流程进行全面清查并进行全面完善，确保流程体系文件和流程图契合实际工作，符合农商行的内控管理要求。同时通过制订《反洗钱工作质量考核评价实施办法(试行)》，开展反洗钱工作专项检查及举办“反洗钱知识培训班”等方式，有效提高员工反洗钱能力，促进合规风险管理水平的不断提高。

【案防安保】 2014年，平远县农村信用合作联社抓好案防安保工作。(1)推进案防治理。通过做好常规稽核、开展各类专项检查和审计工作，有效提高内控制度执行力度，强化主要风险点和重要岗位履职监督，纠正一批违规违纪行为。全年先后开展各类稽核检查23场次，专项检查20多项，各类审计44人次，涵盖信贷、会计运营、人事行政、案防合规和安保等各个条线，纠正并处罚相关责任人员46人次。(2)强化安全保卫工作。通过加强安保队伍建设，增加临聘保安人员、落实持证上岗政策、组织金融护卫人员进行持证上岗考试等方式，有效提高安保队伍整体素质。通过全面落实省联社安全保卫“双百任务”，投入130多万元对泗水社等六个网点不符合标准的业务库门、过期防弹玻璃进行全面改造，有效强化安保基础设施建设。通过全面组织对辖内网点进行火灾隐患排查，积极开展防抢防盗和消防等各类突发事件应急演练，有效加强与提高干部员工的安全意识和应急处置能力。通过更换超龄防弹运钞车、严抓枪支弹药管理，保证全年安全无事故。

【人力资源建设】 2014年，平远县农村信用合作联社按照省联社《关于全面加强教育培训工作的决定》，抓好教育培训，从提升干部员工思想政治觉悟，提高业务知识和强化业务技能着手，组织干部员工认真学习中央“八项规定”、习近平总书记系列重要讲话及中国共产党最新的理论知识和重要论述;组织和开展包括经营管理人员、业务骨干和专业条线人员等在内的大型培训12次,培训员工人数579人次。同时鼓励干部员工参加各类资格证书考试。至年底,有79人次取得“信贷从业资格”“银行业从业资格”和“证券从业资格”等各类证书。另外,围绕构建“务实、勤勉、创新、争先”等企业文化精神的工作要求,抓好文化建设,结合实际制定《2014年企业文化建设活动方案》,组织开展学习型机关单位建设活动、如何做一个合格的员工读书活动、学雷锋志愿活动、参观红军纪念园爱国主义教育等活动。同时联合其他金融机构和单位举办“迎七一展风采”男子篮球友谊赛、全县金融机构乒乓球、羽毛球友谊联赛等赛事活动,进一步弘扬农信企业文化。（张　淮）

2014年度平远县农村信用合作联社负责人名录

理事长:曾庆华
主　任:张桂凤(女)
监事长:王汉兴
副主任:黄尚文
　　　　杨旭华(任至4月)

财　　险

【概况】　2014年,中国人民财产保险股份公司平远支公司累计承保保险金额58亿元,实现保费收入2965万元,与上年同期1795万元比,增加538万元,增长22%;赔款总支出1955万元,综合赔付率66%,全年实现利润286万元。主攻政策性农业保险工作,负责能繁母猪、农房统保、水稻种植保险和生态公益林业保险业务的承保、理赔以及相关工作,全年收取保险费1034.8万元,占业务总额的35%,赔付支出637万元,取得较好的经营效益和社会效益。（张新城）

2014年度中国人民财产保险股份公司平远支公司负责人名录

经　　理:陈焕新
副 经 理:曹坤鹏
经理助理:张伟中(8月起任)

寿　　险

【概况】　2014年,中国人寿保险股份有限公司平远县支公司实现总保费4564万元,其中续期保费3181万元;自营新单保费1673万元;个险渠道5年期交新单保费176万元;10年以上期交新单保费312万元;意外险保费174万元;团险渠道短期险保费135万元;银保渠道趸交首年保费876万元;完成新单期交保费44万元。达成营销员持证人力198人。全年处理人身险赔付、满期给付5000多宗,给付金额1733多万元。3月28日,与县政府联合推广启动了农村小额人身保险项目。

（谢扬霞）

2014年度中国人寿保险股份有限公司平远县支公司负责人名录

副总经理(主持工作):余学平
副 总 经 理:曾庆宏(12月起任)
总经理助理:李昌文(任至12月)

城建·市政管理

城乡规划建设

【城乡规划】 2014年,平远县住房和城乡规划建设局通过修编县城总体规划和规范规划报建审批,进一步完善城乡规划管理。(1)县城总体规划修编基本完成。2014年,平远县住房和城乡规划建设局围绕“休闲胜地、生态慢城”的目标定位,修编《平远县城市总体规划(2012~2020)》,4月9日市规划委员会审议通过规划纲要,县城主体功能区划分为“一心两轴四片区”,规划控制范围由38平方公里扩容至67.12平方公里,人口14万人。至年底,规划成果编制已经完成,下一步报县政府组织审查后报市政府审批。(2)城乡规划编制力度逐步加大。编制新型城镇化示范区概念规划。县委、县政府确定将八尺、仁居、差干、上举四个镇创建为农村新型城镇化示范区,按照“一路、一城、两核、四镇、多村”(即建设一条路,修葺一座城,提升两个景区、联动四个镇,统筹数十村)的总思路,以项目建设为载体,创建农村新型城镇化示范区,探索一条以新型城镇化破解“三农”发展难题的新路。编制村庄整治规划。为进一步配套完善农村公共服务设施,规范农村住房建设,更好地打造“一村一品”特色美丽乡村,按省、市要求需在2014年年底前全面完成村庄规划编制任务,已聘请梅州市规划设计院开展村庄规划编制工作,首期以国、省道和旅游公路沿线的14个行政村为主,依据村庄规划编制规范并结合美丽乡村建设,正在编制以内容深度较细,项目实施操作性较强的要求进行编制村庄建设规划。(3)规划报建审批更加规范。严格“一书两证”的核发。2014年全年办理《建设项目选址意见书》5宗,办理“建设用地规划许可证”179宗(单位8宗、个人171宗),办理“建设工程规划许可证”80宗(单位13宗、个人67宗),办理“乡村建设规划许可证”269宗(单位2宗、个人267宗)。加强规划审批后的管理。严格坚持“无规划不建设、先规划后建设”的原则,加强规划监管和项目批后管理,对建设项目从规划设计、施工、质量监督及竣工验收等环节实行全程监管,不定期对在建、续建工程进行规划巡查与规划执法检查,维护了规划的权威性、严肃性。

【行业管理】 2014年,平远县住房和城乡规划建设局采取九项措施逐步规范行业管理。(1)规范建设项目招投标。严格工程招投标制度,确保工程招投标“公平、公开、公正”。全年受理进场交易项目57宗,投资金额37501.4万元,建筑面积236034平方米。其中,公开招标25宗,投资金额12163.66万元;邀请招标32宗,投资金额25337.74万元。房屋建筑23宗,投资金额21408.96万元;专业工程项目建设34宗,投资金额16092.44万元。(2)严格施工图审查制度。按市审图中心委托权限对平远县建筑工程施工图设计文件进行审查,全年完成34宗,审查面积8.65万平方米,收取施工图审查服务费8.73万元。(3)加强施工许可审批管理。严格要求办理工程施工报建,核发“建设工程施工许可证”21宗(房建19宗,市政2宗),建筑面积28.27万平方米,工程造价2.6亿元;个人建房施工许可证28宗(含补办),建筑面积3.01万平方米,工程造价0.3亿元。(4)加强建设工程质量监管。严把工程质量关,在建工程未出现质量、安全事故。全年办理受监工程48宗27.17万平方米(单位19宗23.87万平方米,私人29宗3.3万平方米),竣工验收监督21宗15万平方米,出具私人建房质量检查报告27份1.91万平方米。(5)加强安全生产监督管理。严格依照《建筑法》等有关法律法规规定,开展建设工程项目的执法监督,开展工程质量、安全生产检查和专项整治。全年组织开展8次建筑工程质量、安全生产检查,下发隐患整改通知64份,扣分通知书93份,并将扣分相关信息录入建筑工程安全生产动态管理系统;接受县政府督查3次,市局检查3次;同时结合工程质量、安全生产检查开展打击建筑施工非法违法行为专项联合行动,下发责令停止违法行为通知书1份,责令改正违法行为通知书1份,停工通知3份。此外,强化燃气市场监管,与县安监局、市政管理中心加强燃气安全管理,将安全生产责任层层落实到各企业,有效防止燃气安全事故的发生。(6)抓好建设工程造价管理。做好建筑工程主要材料价格信息的采集、测算、编制、汇审和发布,强化工程施工合同价审核管理,加强平远县建设工程造价员继续教育培训工作等。全年编制工程(预)结算3宗,工程造价120.92万元。(7)加强建筑节能推广应用。推动建筑节能工程,大部分高层建筑、公共建筑外墙都积极使用加气混凝土砖,内墙使用混煤灰烧结砖,为推动绿色建筑打下基础。已征收新型墙体材料专项基金40宗,征收金额约250万元;散装水泥专项资金40宗,征收金额约17万元。(8)妥善处理民工工资纠纷。由于受国家宏观经济环境等影响,施工企业出现民工工资纠纷现象,导致民工集体上访事件。全年协调处理民工工资纠纷2起,维护社会的稳定。(9)规范房地产业监督管理。做好房地产开发和物业管理工作。认真做好房地产开发企业及物业服务企业的资质管理工作,对县内24家房产开发企业资质进行了年审。加强商品房预售管理,按有关规定核发“商品房预售许可证”19份,预售面积13.6万平方米。严格做好住宅专项维修资金的收缴和使用管理工作,全面实行商品房预售网上审批及网上合同备案,维护业主权益。严格依照房地产登记的有关规定做好房地产权测绘、交易、权属登记发证工作。全年办理房屋登记1991宗,办理房地产交易871宗,办理房地产评估业务1696宗,办理白蚁防治业务247宗。房地产登记、交易、评估均比上年有所增加,圆满完成年初预定目标任务。

【民心工程】 2014年,平远县住房和城乡规划建设局加大民心工程建设力度。(1)加快保障性住房建设。按照县委、县政府要求,切实把住房保障工作作为事关人民群众切身利益的大事摆在重要议事日程,加强组织领导,扎实推进建设,2014年度实际完成195户(套),对比省、市下达的186户(套)年度目标任务,保障房新增开工任务(含租赁补贴)完成率104.8%,居全市之首。(2)加快农村危房户改造。7月,根据省委、省政府的工作部署,农村低收入住房困难户的危房改造工作由扶贫办转由住建局负责,该局高度重视,加强沟通协调,做好农村泥砖房的核查,全县泥砖房总户数有34842户,最急需改造的有2953户(含2014~2015年度农村低收入住房困难户775户),2014年全县农村低收入住房困难住户危房改造任务350户,全面完成并通过验收。

【美丽城乡建设】 2014年,平远县住房和城乡规划建设局大力推进美丽城乡建设,努力改善城乡人居环境。(1)加快农村生活垃圾治理。做好农村生活垃圾收运处理工作,完善管理规定及检查考核标准,与相关部门配合,每月进行不定期明查暗访。全年明查暗访12次,不定期检查多次。同时,指导各镇做好垃圾中转站的验收和农村生活垃圾处理设施建设专项资金的申报工作，各镇的垃圾中转站已全部通过验收。全县农村生活垃圾收运处理工作取得良好效果，村容村貌干净整洁，农村生活环境得到很大改善。(2)做好传统村落保护规划。平远县的东石镇凉亭村、上举镇畲脑村已列入第二批“中国传统村落名录”，按照省、市要求，需继续做好传统村落的补充调查，完善传统村落的信息档案，制作《中国传统村落信息档案》，并需要编制传统村落保护发展规划。至年底，该项工作在筹划中。(3)做好房屋立面装饰改造。按照县委、县政府的部署，对平远县国道沿线和差干、上举镇的现状房屋，按客家民居特色风格进行外立面改造，平远县住房和城乡规划建设局已规划设计出多种方案供各镇参照执行。2014 年，差干镇客家特色风情小镇外立面改造已完成 35 户，正在改造的有 9 户，有意向改造的有 34 户。上举镇已完成特色民居外立面改造 41 户，正在改造的有 9 户，有意向改造的有 8 户。同时，大柘、长田、中行、八尺、东石等镇正在实施改造，有望实现一年见“点”、两年见“线”、三年见“面”的效果。(4)抓好美丽乡村示范建设。推进以县城，仁居古镇、差干旅游镇及长田长安安居村、上举畲脑旅游村和中行快湖特色村为代表的“123”工程及县委、县政府确定的美丽村庄示范点的建设，打造出功能完善、环境优美、各具特色的新村庄、新社区。

【重点工程】 按照县委、县政府确定的 2014 年度全县 110 项重点工作和 10 件民生工程的工作部署，由平远县住房和城乡规划建设局负责牵头协调的重点项目有 10 项，该局加强领导，落实责任，全力推进各项重点工作项目。至年底，平城花园投资 9300 万元，占年度投资的 51.7%，规划电梯房(41#、42#)100 套，已经完成主体砌砖至十二层，建筑面积 13000 平方米，商业 A 区 A1、A2 两栋完成砌砖，商业 B 区 A 栋、B 栋、C 栋、D 栋、E 栋外墙装饰，排栅已拆除、F 栋砌砖至五层，进入外墙装饰阶段。优山美地投资 11000 万元，占年度投资的 135%，E10 栋及地下室外墙贴砖，完成地下室外墙。E10 栋栏杆安装自上而下完成至十七层。E11 栋电梯前室贴砖自上而下完成至八层。三期 G1 至 G6 完成 G2 及 G5 承台开挖。金色华府投资 8000 万元，占年度投资的 80%，B7 栋进行外墙砖施工，地下室底板全部浇砼完成。B4、B6 栋二层梁板完成。B1 至 B3 栋地下室剪力墙、柱钢筋、模板完成。翠拥华庭投资 7200 万元，占年度投资的 76.7%，A 区一期工程 A 区一期项目主体工程进行之中，基本完成梅青路中段(翠拥华庭小区处)及公园的配套建设。城南商业城投资 26500 万元，占年度投资的 88.3%，商业城 A 栋、B 栋已封顶，C 栋进入封顶层施工阶段。平远县百川商业中心投资 4845 万元，占年度投资的 13.8%，加建部分四层层面灌浆完成，外立面施工完成 70%，消防施工、机电施工、装修、空调安装陆续进场，2015 年元旦可投入运营。城北“两园两路”投资 400 万元，占年度投资的57.1%，基本完成水体公园及二路的建设，山体公园观佛台亭、公共卫生间及园路硬地铺砖、路灯、绿化、箱涵延伸段等相关工程进行之中。城中老电影院片区改造投资 2000 万元，相关工程进行之中。老粮所片区涉及县建公司问题，解决了现有职工及退休人员的遗留问题，已完成公司办公大楼近 5000 平方米的拆迁。此外，城南城市综合体及河岭嶂文化商贸区项目前期准备工作进行之中。 (肖国强)

2014 年度平远县住房和城乡规划建设局负责人名录

局　长：凌坤珍

副局长：林福平(任至 6 月)　林金辉

　　　　林崧冠　黎崇发　马小俞(6 月起任)

总工程师：陈先镜

2014 年度平远县房地产管理局负责人名录

局　长：林金辉

市政公用事业管理

【概况】　2014年,平远县市政公用事业管理中心围绕县委、县政府的中心工作,较好地完成各项目标任务,县城综合管理水平不断提升,市容环境得到改善,市政基础设施进一步完善。县城生活垃圾无害化处理率100%,路灯亮灯率99.3%,绿化覆盖率28.1%,人均绿地面积17.12平方米。

【项目建设】　2014年,平远县市政公用事业管理中心重点抓好项目建设。(1)完成平远县山布惊生活垃圾卫生填埋场项目一期工程建设。该项目于2011年4月开工建设,累计完成投资3662万元。该项目的一期工程已全面完成,并已验收;采购安装日处理50吨生活垃圾渗滤液处理设备一套,并投入正常运行,经梅州市环境监测中心站采样监测,出水标准已达到国家一级排放标准。(2)梅青路路面改造工程全面完工,并已验收。解决了影响该路段周边市民和梅青中学师生出行难问题。(3)着力抓好县城亮化工程建设。全面完成县城及国省道旅游线路路灯LED改造。该项目采用合同能源管理模式(EMC),总投资1312.38万元,于2013年8月开工,至2014年3月完工,改造路灯5116盏。其中,县城3689盏;乡镇1427盏。改造前总功率840千瓦,改造后总功率260千瓦,达到较好的节能效果,亮灯率99.3%。在河岭嶂新装路灯41盏、兔子岗一巷新装路灯9盏,方便周边市民夜间出行。

【园林绿化】　2014年,平远县市政公用事业管理中心加强绿化管理,巩固绿化成果。对建设项目严格按照绿化规划和绿化方案实行动态管理,确保绿化率稳步上升。加强损绿、毁绿的检查与补植工作。2014年,补植乔灌木、小苗等约10万株。以植物街景为主,乔、灌、草、花相结合的原则,加快绿化建设步伐,本着“一街一景”的理念,认真搞好园林绿化建设,重视景观效果,提升绿化品位。县城绿化覆盖率28.1%,人均绿地面积为17.12平方米。

【环境卫生】　2014年,平远县市政公用事业管理中心扎实开展县城环境卫生管理工作,基本实现街道干净整洁,生活垃圾日产日清,生活垃圾无害化处理率100%。(1)城区街道清扫保洁质量得到巩固提升。按照市场化承包合同约定,对每天的县城环境卫生工作进行检查督促、落实,做到发现问题及时处理、及时整改、及时反馈,城区街道卫生环境得到较大改善。(2)垃圾清理运输效率提高。在县委、县政府的重视下,运输设备得到新的改进,大大提高生活垃圾日清理运输效率,基本达到城区生活垃圾日产日清。(3)购置一批果皮箱和垃圾桶。为贯彻落实“垃圾不落地”工作,在县城规划区内装置果皮箱、垃圾桶168个,更换27个,有效改善县城环境卫生状况,基本遏制沿街垃圾乱堆现象。(4)清理城区卫生死角,清洗交通隔离护栏等设施。对城郊公路两边进行常态化的清理清运,全年清理建筑垃圾894吨。对城区内的柘东路、建设路、平城中路、关柘路等路段卫生死角进行清理,清理沿街边角的余泥沙石、枯枝落叶等约42吨。对城区的“牛皮癣”广告进行全面的清理、清洗。对县城内的交通隔离护栏等设施进行清洗,出动洒水车16车次,48人次。

【综合管理】　2014年,平远县市政公用事业管理中心加大综合管理力度。(1)违法建设得到有效防控。平远县市政公用事业管理中心把违法建设防控整治列为城管工作的重中之重,切实加强建成区和重点项目的规划执法管理,在规划执法监察过程中,坚持依法行政,突出执法重点,着重加强县城主次干道、临街立面、严控地段的监督检查;认真执行规划验收制度,严格督促建设项目按规划要求进行建设,确保县城规划顺利实施。全年进行施工放线项目13宗,合计5867平方米;进行市政规划核实12宗,合计15532平方米。全年查处93宗违规建设项目,合计13082平方米;全年发放《责令停止违法通知书》93份、发放《责令改正违法行为通知书》111份,先行登记保存水泥、钢筋及工具46批次,并对登记保存的证据进行拍照;全年立案查处违法案件22宗,计3108平方米,罚款金额12.8万元;全年拆除违章建筑4宗,合计631平方米。为进一步巩固上年对违章建筑整治查处成果,县政府成立了由县市政中心、县国土局、大柘镇组成的控制违章违法建筑管理巡查队。经巡查发现县城规划区违章违法建筑70宗,合计11266平方米。其中,有用地审批未报建的22宗,合计5254平方米;无任何手续48宗,合计6012平方米。巡查队对70宗违章违法建筑均已发出《停止违法行为通知书》,制止后已停止施工。(2)市容环境综合整治取得明显成效。平远县市政公用事业管理中心从创新管理机制入手,大力推行精细化管理措施,不断创新管理措施,紧密结合县城管理特点,使县城管理水平得到进一步提高。强化街面市容秩序管控。加大执法力度,维护优良的市容秩序。全年出动执法人员9315人次、执法车辆1321台次、查处商家越门出摊占道6452处次、清理流动摊点6654处次、宣传批评教育12231人次。推行"四三二一"管理模式。完善和落实城市管理目标责任制,做到管理到位不留死角,把管理重心下移,着力解决责任不清、管理不严、成效不持久的问题,规范四定(即定人、定岗、定责任、定标准)、三级督查(即中心领导督查、中心股室市容市貌督查、城监大队督查)、二个结合(即巡查值勤与定点值勤相结合、教育与处罚相结合)、一严格考评(即量化管理目标、日检查、月评比、年考评)的管理模式。

【信访维稳】 2014年,平远县市政公用事业管理中心重视信访维稳工作。(1)做好群众的来信来访工作。全年收到群众来信来访68宗。其中,城管方面来信35宗;园林方面4宗;物业方面1宗;路灯方面2宗;环卫方面13宗;涉及市政工程方面10宗;县领导信箱来信2宗;来人反映情况1宗。全部群众来访信件均已办理及回复,做到件件有落实、事事有回音。(2)做好人大议案和政协提案的办理答复工作。成立以单位"一把手"为组长的领导小组,把办好人大代表议案和政协委员提案作为工作的重中之重,坚持办理前走访,办理中征求意见,办理结束后再回访。特别对涉及民生的议案和提案,由主要领导带队深入一线调研、走访、座谈,将人大代表建议和政协委员提案办成实实在在的实事。全年办理人大议案1宗和政协提案4宗,满意率100%。

【存在问题】 因中心成立时间不长,管理模式、规章制度有待进一步完善,指导和管理下属单位的水平需进一步提高。经费严重不足。因财政管理体制问题,园林所、物业站、环卫所等部门职工福利待遇低。物业站欠职工工资和欠交社保金数额大;园林所因缺乏经费投入,影响县城花草、树木管理和除虫防病工作。单位职能与审批权属尚未理顺。该中心属事业单位不是执法主体,没有行政许可审批权,造成县城管理行政执法和行政许可审批受限制,县城综合管理水平难以提高。

(曾金辉)

2014年度平远县市政公用事业管理中心负责人名录

主　任:黄康彬

副主任:李绿华　黎敦平

综合经济管理

工商行政管理

【服务实体经济】　2014 年,平远县工商行政管理局多管齐下,认真为实体经济服务。(1)推进商事登记制度改革工作。作为商事制度改革工作的牵头单位,工商部门组织实施好全县商事登记制度改革工作,着力从工商登记制度改革抓起,实施“先照后证”“零首付登记”“注册资本认缴制”等一系列降低准入门槛、激活市场活力的新举措,促进市场主体较快增长。至年底,全县有各类市场主体 10188 户,新发展各类市场主体 1491 户,比上年同期增长 28.5%。(2)落实登记注册“两个目录”。围绕“谁负责许可,谁负责监管”的原则,建议平远县委、县政府召开了商事登记制度改革后续监管协调会,进一步明晰实施商改后各职能部门的监管职责;牵头制订《平远县贯彻落实〈广东省工商登记前置审批事项目录〉和〈广东省工商登记前置改后置审批事项目录〉实施意见》,并积极做好部门之间的沟通协调工作,解决好网吧、铁矿水洗选矿、水源头保护区酿酒行业登记难题。(3)做好商事主体年报制工作。向辖区各类市场主体印发《企业信息公示暂行条例》及相关配套规章解读(宣传册子)3000 份和《关于参与个体工商户年度报告的通知》4000 份,通过上门指导服务的方式,指导各类市场主体做好年报信息报送工作,促进工商年检改年报工作的顺利进行,引导 1432 户市场主体报送年报信息。(4)实施商标品牌带动战略。抓好广东省著名商标的培育,支持企业申报省著名商标。至年底,全县有注册商标 526 件,国家地理证明商标 1 件,广东省著名商标 4 件。(5)充分发挥市场合同管理职能,服务企业发展。办理动产抵押登记 10 宗,帮助企业融资 1345 万元;引导 66 家企业申报“守合同重信用”公示,提高企业诚信意识;会同邮政储蓄银行扎实开展阳光送贷活动,引导 130 家企业、个体户做好融资借贷,帮助解决微小企业资金短缺的难题。

【规范市场经济秩序】　2014 年,平远县工商行政管理局下大力气,努力规范市场经济秩序。(1)推进执法办案工作。开展执法办案工作专题调研,仔细分析原因,认真寻找对策,通过召开执法办案工作促进会,动员各办案单位和工商所切实履行好工商监管职能,增强社会责任感,拓宽办案渠道,促进工商监管职能到位。至 12 月底止,查办各类违法违章案件 139 宗,罚没入库 140.29 万元。(2)以规范非煤矿山为重点,抓好无照经营查处。履行安全生产监管职能,配合相关职能部门,开展安全生产领域“八打八治”专项行动,依法查处取缔无证无照经营行为,消除辖区安全生产隐患,确保企业安全生产。在稀土行业整治工作中,切实加强非法经营稀土行为整治,力促稀土产业规范发展,促进稀土发展战略升级,先后依法查处非法经营稀土案件 6 宗,依法取缔无证无照稀土灼烧窑 1 座。(3)围绕工商部门职能重点,加强各类市场监管。严格按照省、市防控禽流感工作要求,做好禽流感防控工作,检查经营门店 336 间次,发出行政告诫书 26 份。加强广告市场监管,严厉查处虚假违法广告,依法查处虚假宣传案件 12 宗;加强商标市场监管,以日用品、服饰、酒类等与人民群众生活密切相关的商品为重点,严厉打击商标侵权行为,依法查处商标侵权案件20宗;加强日用品市场监管,强化农资市场、成品油市场质量抽检工作,依法查处销售假冒伪劣和不合格商品案件16宗。同时做好流通领域食品安全监管工作的移交,4月4日,在平远县人民政府的主持下,与平远县食品药品监督管理局签订流通环节食品监管安全职能移交手续,划出流通领域食品安全监管的职能,划出行政编制14名,划出公务员4名。

【消费维权】 2014年,平远县工商行政管理局以贯彻落实新"消法"为契机,广泛开展"3·15"宣传活动,认真做好消费纠纷调解,与平远县人民法院建立消费纠纷诉求对接工作小组,通过加强部门的协调,加强消费投诉的调解工作,化解消费纠纷矛盾。全年全系统接到消费者投诉举报38件,解决38件,为消费者挽回直接经济损失4.38万元。同时认真做好12315"五进"工作(进商场、进市场、进超市、进景区、进企业),进一步拓宽消费维权网络,方便消费者投诉举报,努力维护消费者的合法权益。

2014年3月15日,平远县工商局会同相关职能部门在县城官田广场开展纪念"3·15"国际消费者权益日活动

【服务地方发展】 2014年,平远县工商行政管理局主动作为,努力为地方发展服务。(1)做好"两建"(建立社会信用体系和建立市场监管体系)工作。按照"两建"工作的部署,进一步明确社会信用体系25项和市场监管体系28项主要工作任务及责任单位,并重点推进行政综合服务中心建设,推行行政职能公示、职责划分公示、服务承诺公示、责任追究制度公示等制度,进一步完善市场监管体系,有效提升社会公信力。在市对县"两建"工作考核中,平远县县考核成绩并列全市第三名。(2)做好"创卫"工作。成立专项领导小组,按照县创建广东省卫生县城的分工,着重从宣传和整治入手,抓好"创卫"工作,向县城经营户发放"创卫"宣传资料2500份,引导73家经营户租用LED屏宣传"创卫"标语;先后抽调10名工作人员做好石材、汽修、废旧品收购等行业规范摆卖,抽调2名专职人员配合公安、交警整治交通秩序,积极投入到县城"六乱"整治工作中。(3)规范酒业、铁矿水洗选矿等工作。会同环保、国土等部门和相关镇党委政府,认真做好规范白酒行业的专业整治行动,依法查处无证无照酿酒小作坊9家。同时,积极会同环保等部门进一步做好铁矿水洗选矿的巡查和监管,严厉打击非法洗矿行为,有效杜绝非法排污现象。

【存在问题】 人员结构断层较明显,存在青黄不接的现象;随着商改后续监管任务的加重,队伍素质还有待提升;随着机构调整改革,部分人员思想有一定波动,工作积极性受到影响。同时,面对工商管理分级管理,如何做好工商工作还没有明确的工作定位,工作重心难以找准。 (陈运添 韩桂琮)

2014年度平远县工商行政管理局负责人名录

局　长:张锡洪

副局长:颜群标　陈以明　姚碧健

发展和改革工作

【概况】 2014年,平远县发展和改革局以省进一步促进粤东西北地区振兴发展和贯彻落实赣闽粤原中央苏区振兴发展规划为契机,扭紧“三大抓手”,认真落实“两大政策”,围绕县委提出的加快振兴发展步伐建设梅州生态文明示范区的工作思路,发挥职能作用,主动作为,在发展规划、投资管理、重点项目建设等方面均取得实效,促进平远县经济社会的振兴发展。年底,根据《中共平远县委、平远县人民政府关于印发〈平远县人民政府职能转变和机构改革方案〉的通知》文件精神,撤销平远县物价局,其职能并入新组建的平远县发展和改革局,为县人民政府工作部门。

【发展规划】 2014 年,平远县发展和改革局在客观总结 2013 年经济和社会发展计划执行情况的基础上,认真开展调查研究,充分分析预测 2014 年经济社会发展中面临的机遇和挑战,结合县委、县政府的要求,在充分综合汇总各有关单位意见的基础上,完成《平远县 2013 年国民经济和社会发展计划执行情况及 2014 年国民经济和社会发展计划草案的报告》《关于平远县 2014 年上半年国民经济和社会发展计划执行情况的报告》《促进平远振兴发展 2014 年重点工作任务》《平远县国家主体功能区建设试点示范方案》,为平远县科学发展描绘蓝图。同时,在认真调研分析的基础上,向县委、县政府提供月度和季度经济运行分析报告,为县委、县政府决策提供数据支持,发挥部门的参谋作用。

【投资体制改革】 2014 年,平远县发展和改革局根据广东省发改委关于《广东省企业投资管理体制改革方案配套文件的通知》《广东省企业投资项目分类改革目录(暂行)》等相关文件精神,做好深化企业投资体制改革工作。对县级权限范围内的企业投资鼓励类、允许类项目,按照“减少前置、并联办理、信息互通、限时办结”的要求,优化审批流程,压缩审批时限,提高审批效率;遵循公开透明、高效统一的原则,按照标准化、客观审查的需要,对企业投资项目报建和验收事项的审查内容进行规范;对企业投资项目实行“宽进严管”,按照“谁审批谁管理”的原则,积极创新监管形式和手段,逐步改变政府对企业投资的管理重心由事前审批向事中、事后监管的转变。全年审批、核准、登记备案 114 宗,按时办结率 100%。同时,抓好工程建设招投标的核准和监督工作,严把项目建设审批关,强化监督管理,促进招标投标工作的有序开展,全年核准工程招投标项目 114 宗,均未发现违规行为。

【政策对接落实】 2014 年,平远县发展和改革局认真学习并吃透中央有关加快原中央苏区振兴发展相关文件和省委、省政府《关于进一步促进粤东西北地区振兴发展的决定》文件精神,结合平远实际,积极对接、主动谋划加快振兴发展项目,于年初制订出台《平远县贯彻落实粤东西北地区振兴发展实施方案》和《平远县 2018 年人均 GDP 赶超全国平均水平目标细化方案》两份贯彻落实文件,建立在 2018 年前需实施的 129 个平远县贯彻落实粤东西北振兴发展项目库,计划投资总额 729 亿元。其中,城镇化建设项目 25 个、计划投资 223.7 亿元;工业园区项目 37 个、计划投资 112 亿元;交通建设项目 35 个、计划投资 199.9亿元。制订《平远县贯彻落实〈赣闽粤原中央苏区振兴发展规划〉实施方案》。同时,编制含 164 个项目、计划总投资 883.98 亿元的原中央苏区振兴发展的重大项目库(2014~2020 年),项目内容包括:稀土“三中心三基地”、广东家具制造业出口基地等 45 个计划投资 215.93 亿元的生态适宜型产业体系建设类项目;鹰梅铁路平远段、济广高速平远段等 44 个计划投资 203.05 亿元的外联内畅交通工程类项目;平城花园、优山美地国际社区等 56 个计划投资 334.73 亿元的特色宜居城乡建设类项目;五指石生态旅游产业园、上举相思谷旅游区项目等 7 个计划投资 121 亿元的生态休闲文化旅游工程类项目;县实验幼儿园建设项目、县医疗养生保健中心—医疗卫生区建设项目等 12 个计划投资 9.28 亿元的基础公共服务均等化工程类项目。利用省、市制订贯彻落实《苏区规划》实施方案的契机，结合实际，提出有利于平远县振兴发展的8个方面35条意见建议。围绕县委、县政府的部署，着力做好生态工业园扩能增效、"四高一铁"等交通基础设施、县城扩容提质等重大建设项目的立项审批和协调管理工作。

【重点项目建设管理】 2014年，平远县发展和改革局抓好重点项目建设管理工作。(1)抓好"项目建设年"工作。2014年，平远县把重点项目建设作为推动平远经济平稳较快增长的一个重要抓手，以"项目建设年"活动为载体，稳步推进重点项目建设。2014年平远县列入省、市重点项目33个，其中列入省重点项目1个[东莞塘厦(平远)产业转移工业园]，年度投资计划29.89亿元，至年底，已超额完成年度计划。县重点项目有110个，(考核项目78个，筹备项目32个)，年度投资计划62亿元。至12月底，完成投资38亿元，占年度投资计划的61.3%。为推动全县重点项目建设，该局充分发挥部门职能作用，把重点项目建设摆在工作的突出位置，积极作为，对项目建设进度实行半月报制度，每月以简报形式进行通报，并将督查工作日常化，重点办坚持每周到项目现场进行跟踪督查，了解和掌握项目建设情况，对项目建设中存在的问题和困难及时向领导报告并向责任单位反馈，全面掌握重点项目的工作进展、资金到位、完成投资额、存在问题及拟采取的措施等情况，提出切实可行的意见建议，推动重点项目建设进程，对平远经济的增长起到积极的推动作用。(2)扎实推进县十件民生实事。为推动县十件民生实事的落实，确保实现全年的工作目标。该局牢固树立"民生的事是大事，百姓的事无小事"的理念，主要领导亲自抓，分管领导具体抓，责任到人，定期督查，跟踪协调。坚持对民生实事的落实进行督促检查，帮助解决实际困难，及时收集并通报每件实事的进展情况和存在问题，同时针对问题想方设法予以协调并提出可行性建议。加强督促责任单位加快工作节奏，提高工作效率，千方百计突破难点和薄弱环节，确保工作落实到位，全力以赴推进县十件民生实事按时完成任务。(3)加快推进鹰梅铁路前期各项工作。鹰梅铁路是粤东西地区北上内陆腹地和东南沿海地区联系的重要通道。建成后形成贯通南北连接东西的铁路网络，建成后将最大限度地发挥带动作用，该局通过加强与铁路设计单位(中铁第四勘察设计院)沟通衔接，协调加快推进项目前期工作，县对站场选址及规划沿线加强土地控制，特别是站场周边地区规划，严控一切建设报批，谋划好粤赣物流集散区，已完成平远段线路走向及站场设置的设计方案和预可研报告。

【项目申报和管理】 平远县发展和改革局把争资金、上项目作为该局的重点工作来抓。2014年，结合国家产业政策的调整，紧紧围绕工业产业、农业农村、社会事业和基础设施等方面的项目，加强国家产业政策研究，挖掘各种关系，利用各种资源，勤跑省市，大力加强沟通联系，抓住时机，多渠道、全方位抓好项目申报工作。全年争取中央和省级资金支持的建设项目3个8宗，合计539万元。该局在努力争取上级资金扶持的基础上，认真做好项目建设的跟踪管理工作，建立项目建设的月报告、旬报告制度，并经常到现场检查，加强对各项目的进度、资金使用和工程质量的监管，确保项目建设的顺利进展。

【物价工作】 2014年，平远县物价主管部门严格履行职责，做好物价管理工作。(1)加强价格监测调控，确保市场价格水平总体稳定。抓好平价商店、蔬菜大棚和冷藏设施管理。加强平价商店管理。全县13家平价商店实现"明码标价""明码实价"和及时上墙公布。平价商店销售的粮油、肉、蔬菜等40多种品种的价格均比市场价格低5%～15%销售。

2014年,平远县有3个蔬菜大棚基地,均与部分平价商店签订产销合作协议书,但实际执行不理想,实际供应平价商店的蔬菜品种少、数量小。平远县先后建成平远县鲜活肉联有限公司、梅州市嘉山农林科技有限公司蔬菜冷藏设施。两个冷藏设施均符合省市的建设要求,正常运作。价格调节基金扶持"三项建设"项目资金及时到位,使用规范合理。强化价格监测预警,确保市场价格稳定。及时掌握价格变化动态,做到预警预报,全年上报监测数据528份。加强价格走势的分析预测工作,撰写价格分析预测专题材料,为上级政府及价格主管部门的价格决策提供参谋作用。开展价格调节基金的征管工作,全年征收价格调节基金29万元。扎实开展春运票价专项整治,广泛宣传价格政策、提醒告诫、联合巡查等工作,收到较好成效,有效遏制平远县春运客运乱涨价行为,有力打击擅自提高客运票价的违法行为,有力保障该县春运期间客运市场价格的基本稳定。(2)加强价格和收费监管工作,营造良好的价费环境。继续清理行政事业性收费。在取消降低行政事业性收费项目的基础上,对全县行政事业性收费项目再次进行清理,公布取消了多项行政事业性收费项目、降低了多项收费标准。抓住企业、农民反映的热点问题,从严控制收费标准。在过往清理规范的基础上,平远县物价管理部门会同县财政重新审核公布平远县保留的行政事业性收费项目和标准。凡未列入"目录"的收费项目或超出"目录"规定限额的收费标准,公民、法人和其他组织有权拒绝缴纳。经清理和重新公布,平远县行政事业性收费项目大幅减少,收费标准更趋合理。根据省、市政府的统一部署,对各类资格类准入收费进行清理,重点清理资格类的工本费、考试费、培训费等收费。规范收费行为,实行集中收费制度,落实票款分离、罚缴分离。禁止强行服务收费、搭车收费。严格查处单位和个人利用职权实行强制服务收费、搭车收费的行为和以保证金、抵押金、储蓄金、保险、赞助等形式变相收费的行为,以及在公务活动中通过中介组织收费的行为。依法开展2013年收费年审工作。平远县物价管理部门与县财政局、审计局组成联合检查组,对全县32个行政事业性收费单位和28个经营服务性收费单位进行了综合年审。2013年全县行政事业性收费总额3566.36万元,比上年减少336.73万元,减幅10%。2013年平远县取消行政事业性收费项目15项。免征的行政事业性收费项目8项,降低的行政事业性收费项目6项,调整的行政事业性收费项目1项。全年减轻企事业单位和群众负担合计150万元。(3)开展价格监督检查,规范市场价格秩序。开展各类价格监督专项检查。按照省、市物价局的统一部署,对全县涉企收费、涉农收费、电力价格、医疗服务和药品价格进行专项检查。在检查中发现有个别单位不按规定公示收费项目和收费标准,或不按规定明码标价的问题,采取警告、责令其立即改正等措施进行处理。通过专项检查,有效地遏制各种乱收费行为,规范市场价格秩序,优化经济发展环境,为推进全县经济社会发展发挥了积极作用。加强节假日市场价格检查。每逢节假日,组织人员对县内各大农贸市场、超市、商场、景点进行巡查,重点关注粮油和肉禽蛋菜奶等副食品价格、商品明码标价的执行情况以及与人民群众生产生活密切相关的商品和服务价格秩序情况,确保节假日期间市场价格秩序稳定。开展教育收费专项检查。春秋季开学时平远县物价管理部门与县纠风办、县教育局联合开展对全县各中小学校和幼儿园进行检查,对收费项目、收费标准、价格举报渠道公示,执行各类教育收费政策和减免的收费政策落实不到位的进行严肃处理。(4)强化服务意识,依法进行价格认证工作。2014年全年为公、检、法等部门机关办理价格鉴定57件,涉案金额73万元。

(姚　强)

2014 年度平远县发展和改革局负责人名录

局　长：林志鹏

副局长：林忠健　严伟荣　韩垂访

　　　　林远辉(12 月起任)　刘国浩(12 月起任)

2014 年度平远县物价局负责人名录

局　长：凌育苑(任至 12 月)

副局长：吴远海(任至 6 月)　林远辉(任至 12 月)

　　　　刘国浩(任至 12 月)

审　　计

【概况】　2014 年，平远县审计局以科学审计理念为指导，围绕县委、县政府工作中心，重点关注重点资金、重点项目和人民群众关心的热点问题，把贯彻落实中央“八项规定”与履行审计职能结合起来，依法行使审计监督职能，强化审计监督，为加快平远振兴发展，全力创建生态文明示范区服务。全年累计完成审计项目 32 个(预算执行情况审计项目 1 个，专项资金审计项目 6 个，经济责任审计项目 25 个)。

【预算执行审计】　2014 年，平远县审计局在县级财政预算执行审计中，对财政预算的执行、财政资金的使用进行全方位的审计，并对涉及财政资金使用的单位进行延伸审计，拓展审计深度和广度，当好公共资金的守护者。在审计中，对发现的预算编制不够细化、预算收支调整方案审批滞后、预算安排资金拨付不到位、专项资金使用不够规范等问题提出具体的整改意见，促进整改拨付预算资金 6479 万元，规范财政预算资金的使用管理，发挥资金的使用效益。

【经济责任审计】　2014 年，平远县审计局积极探索新的历史形势下开展经济责任审计的方式方法，不断加大经济责任审计力度，念好权力运行的“紧箍咒”，实现经济责任审计组织方式的创新。(1)优先安排任中审计项目，根据县经济联席会议意见，开展 7 个任中经济责任审计项目。(2)积极与组织、编制等部门配合，在经济责任审计中全面组织实施“三责联审”(用人责任、编制责任、经济责任)，促进经济责任审计质量的提升。全年开展经济责任审计项目 25 个。其中，任中审计 7 个(上年未审 1 个)；离任审计 18 个。查出违规金额 107 万元，管理不规范金额 1190 万元，针对审计发现问题提出审计整改意见建议 36 条。

【专项资金审计】　2014 年，平远县审计局专项资金审计突出“三农”、社会保障、教育、医疗、救灾、保障性安居工程等关系民生的专项资金和项目的审计，根据项目特点，打破股室界限，对全局的财会、工程、计算机专业人员实行重新配置，实现审计资源配置的最优化，提高专项资金审计质量。全年开展福利彩票、体育彩票公益金、基本农田建设专项资金、农村住房困难户专项资金、“扶贫济困日”专项资金审计等关系民生的审计项目，累计审计各项专项资金总额 3714 万元，纠正专项资金使用中存在的突出问题，保障各级专项资金使用规范和安全。

【重点项目审计】　2014 年，平远县审计局针对县建设项目工程越来越大、项目建设管理、资金使用管理任务越来越重的情况，按照《平远县重点建设工程项目跟踪审计办法》的规定，对县重点建设项目从工程的预算、工程招投标、施工、决算以及资金的使用管理实行全方位的审计监督，改变以往仅在工程竣工后进行决算审计的做法，实现审计监督方式上的创新。5 月初，开展环北路征地拆迁情况审计调查，对环北路建设项目征地拆迁、安置补偿以及资金的筹集、使用和管理情况进行审计调查，全面摸清项目建设情况，对在项目建设过程中存在的问题提出审计整改意见，为县委、县政府领导决策提供科学依据，该项目审计调查报告还得到梅州市审计局领导的肯定。2014 年，对县工业园区污水处理工程、东石河堤围建设项目、国道206线超南至长庆路面大修工程等项目进行全程跟踪审计监督。

【存在问题】　(1)上级审计机关组织的异地交叉审计项目逐年增多,加大了基层审计机关工作压力。2014年,省、市抽调平远县审计局4位审计人员参与全国土地出让金审计项目,历时3个多月;抽调1位审计人员参加全省社会抚养费的审计。审计人员不足与审计任务重的矛盾日益突出。(2)审计队伍结构不合理的现状仍然存在。　(余　伟)

2014年度平远县审计局负责人名录

局　　长:冯　浪

副 局 长:徐灵良(任至6月)　陈运桢

　　　　　曾祥源　温海强(6月起任)

总审计师:李百良

统 计 工 作

【统计基础和业务建设】　2014年,平远县统计局加强统计基础建设,提高统计业务科学化、管理规范化、服务信息化水平,增强统计工作能力,提升统计工作质量。(1)以统计"基层基础建设年"活动为抓手,加强县局机关、镇级统计办、网报企业三个层面的统计基础建设工作,强基础提水平增能力。按照《2014梅州市统计基层基础建设年工作方案(试行)》要求,通过统一建立完善制度,加强督促检查,实行达标考核管理等有效手段,提高局机关、乡镇、网报单位的统计人员业务水平,完善统计组织活动程序,夯实统计基础。围绕乡镇统计"五有"(有机构、有人员、有场所、有设备、有经费)和"六化"(统计管理制度化、统计流程规范化、统计调查合法化、统计手段现代化、统计服务优质化、统计教育常规化)要求,下拨专项工作经费,统一镇村两级统计机构人员落实和工作管理制度并制牌上墙,对各镇统计基础建设情况和统计业务情况进行达标考核管理。对联网直报企业编印《企业一套表联网直报单位统计工作规范》小册子,设计制作上墙制度牌,对企业统计员进行统计法规、统计业务培训和基础建设情况检查,指导企业建立完善电子统计台账等基础工作。(2)以"法制化、信息化、科学化"为手段,加强统计业务建设,提质量树形象促发展。抓统计法律法规的宣传贯彻,开展统计执法检查和专业统计数据质量检查,配合梅州市统计局开展企业"一套表"联网直报执法检查工作,坚持从最基层单位开始抓数据质量,提高依法统计水平。加强统计信息化网络建设,将视频专用网络从10兆提速为20兆,安装统计系统内监管客户端软件进行远程上网监控;完善局网站,提高统计政务信息公开时效性,改进网络统计数据采集、审核和上报水平。实行科学统计单位管理和科学统计方法改革,以"四上企业"(规模以上工业企业、限额以上批发零售贸易业、资质等级以上建筑企业、重点服务企业)一套表联网直报和住户调查城乡一体化改革为抓手,强化基本单位动态管理,做好新常态下统计工作。做好统计新业务培训和统计人员新上岗培训与继续教育,举办统计从业资格培训班,组织新上任统计人员26人参加并通过全省统一的从业资格考试,23人参加继续教育。修订《统计数据质量管理(评估)与责任追究制度》,完善统计工作制度和业务管理制度。

【统计业务调查服务】　2014年,平远县统计局依法开展国家和地方统计调查业务,加强数据质量管理,推进统计方法改革,履行统计信息、咨询、监督服务职能。(1)抓好常规统计调查工作,依时上报统计数据资料。扎实开展"四上企业"一套表联网直报工作,局人员分别挂钩联系服务指导各企业,恪守联网直报"四条红线",专业人员认真审核,促进"四上企业"一套表联网直报工作走上常规化轨道。做好对新上符合"四上企业"标准单位摸底调查和进库上报审批工作,确保符合条件企业及时进入直报统计的“笼子”；至年底，开展联网直报“四上企业”68家，新上报审批“四上企业”10家。做好农村社会经济、农业、建筑房地产、固定资产投资、劳动工资、交通运输、科技、文教卫等年报定报的调查统计工作，创新统计调查内容，完善统计指标体系，改革统计调查方法。开展人口变动抽样调查、企业景气调查、规下工业个体工业抽样调查、非公企业人力资源调查等统计工作。(2)适应民生和全面建成小康社会需求，推进统计改革。按《根据梅州分市县城乡一体化住户调查实施细则》开展“城乡一体化”住户调查，全面推进全县12个点120户城乡住户定点调查工作；继续做好规下工业、个体工业抽样调查、重点服务业调查，能源消耗监测调查，畜禽监测定点调查；开展人口变动抽样调查、企业景气问卷调查，加快推进现代农业、旅游发展调查等统计改革。(3)配合做好有关考核工作，开展统计调查。做好上级对县考核有关指标调查核实上报工作，配合开展各项考核统计调查与联络工作。(4)提供统计信息、咨询和调研分析监测服务。为来人来电提供统计信息咨询服务，做好《平远统计月报》《平远统计年鉴》《平远统计》分析文章的编印工作。围绕各阶段经济发展目标、考核任务要求，对全县经济运行状况进行调研分析，提供月度、季度、半年、全年各时间节点的经济运行状况分析，提出意见建议，为领导进行科学决策提供参考，为促进经济社会持续健康发展提供统计服务。

【国家重点调查普查】 开展第三次全国经济普查工作，完成登记上报任务。2014年，平远县统计局把经济普查工作作为全年重要中心工作任务来抓，于1月1日起正式展开平远县第三次全国经济普查，在各级各部门的配合下，使用信息采录传输现代设备PDA，通过全县400多名普查工作者的扎实工作，完成经济普查登记上报等各项工作。普查初步结果显示至2013年底全县有法人1550个，产业1097个，个体户7363户，取得了相关经济指标等重要数据，摸清了全县家底。

2014年2月26日，省统计局副巡视员叶建新(中)率调研组到平远调研第三次全国经济普查工作开展情况

【存在问题】 镇级统计人员变动频繁，综合素质和业务能力不均衡；“四上企业”单位出于自身利益考虑，对联网直报积极性有待进一步提高；县级统计业务量增加、工作技能要求提高与人员结构老化、自身综合素质能力提高需求不足矛盾逐渐显现。 (沈芹秀)

2014年度平远县统计局负责人名录

局　长：肖维江

副局长：温海强(任至6月)

　　　　李　明(6月起任)

　　　　杜金兰(女)　张兆河

质量技术监督

【广东省质量监督稀土产品检验站建设】 2014年，平远县质量技术监督局按照县委、县政府的部署，继续推进广东省质量监督稀土产品检验站建设。(1)成立筹建工作领导小组，加强对项目建设的组织领导，并抽调两位同志负责项目建设具体工作。(2)县各相关部门达成共识，为项目建设开通快车道。至年底，全面完成施工图设计、地质勘探、环境评估、立项、节能、防震、防雷、用地划拨、工程招投标、

建设工程规划许可、建设施工许可、施工合同签订等大量报建手续及前期准备工作。建筑工程于7月12日正式动工。至年底,已完成大楼主体基础、负1层框架,以及大楼入口拆除花带、铺筑引水涵洞、四周砌筑挡土墙等附属工程,进入第七层(顶层)立柱钢筋焊接阶段。(3)加强与财政部门沟通协调,及时汇报工程进度,及时提交请款报告,向施工单位拨付工程进度款,为项目建设提供经费保障。

2014年10月31日,广东省质量技术监督局党组成员、总工程师林璨到广东富远稀土新材料股份有限公司调研

【特种设备安全监察】 2014年,平远县质量技术监督局围绕上级部署,以景区、商场、大型企业为重点监控单位,开展特种设备安全监察检查工作。全年检查企业148家次,查出安全隐患35处,下达特种设备安全监察指令书19份,移交稽查立案5宗,整改率100%。(1)组织开展节假日特种设备安全监督检查工作。以景区观光车、公共场所电梯为重点,逢年过节,加派人手组织加强安全监督。(2)宣传贯彻《特种设备安全法》,加强使用单位守法意识和安全主体意识。通过各类宣传活动,发放安全宣传资料300多份,取得良好宣传效果。(3)加强危险源安全监察。按照市局统一部署,结合本地液化石油气行业实际,以充装制度制订落实、报废瓶处理、持证上岗等为重点,督促企业落实主体责任,保障气瓶充装安全。(4)注重提高自身隐患排查能力。通过每季度召开安全分析会议和不定期工作会、学习会等,不断提高安全监察能力。(5)继续推动电梯安全监管改革。至年底,全县46家电梯使用单位,111台在用电梯已全部确权、投保并签订维保合同。

【质量监督管理】 2014年,平远县质量技术监督局以贯彻实施《国家质量振兴纲要》为契机,大力实施质量强县战略,加强企业普查建档,加大巡查力度,注重培养名牌企业,树立质量标杆,推广卓越绩效,提高企业核心竞争力。(1)做好不合格产品后处理工作。抽检23家次企业生产的26批次工业产品,其中2批次不合格,不合格产品均为人造板,全县工业产品合格率为92.3%,与上年持平。至年底,不合格产品均通过复查合格,后处理率100%。(2)通过组织参加培训班,加强企业品牌意识。(3)继续开展企业分类监管。按分类开展证后监管,提高有效性,同时督促企业按时开展年审换证工作,有9家企业通过年审,1家企业通过换证。(4)集中开展管理体系认证和食品农产品认证获证企业专项监督检查,检查范围包括质量、环境、职业健康安全等管理体系认证和HACCP、有机、无公害等食品农产品认证,涉及16家企业,32份证书。(5)继续推进质量强县工作。充分发挥质量强县牵头单位的职能作用,推进质量强县建设政策体系日趋完善,印发质量强县工作简报12份。

【标准化工作】 2014年,平远县质量技术监督局继续做好标准化工作。(1)6月9日,梅州市润源实业有限公司承建的“广东省油茶标准化示范区”顺利通过省专家组考核验收,进一步规范和促进全县油茶种植。同时,继续扶持培养平远县新春农业发展有限公司提升完善自身条件,帮助其开展“广东省可口柚标准化示范区”立项工作。(2)免费为企业提供标准目录查询、产品包装标识审查、提供标准文本以及其他有关标准方面的咨询服务15家次,完成企业执行标准登记6家,企业标准备案1家,采标认证通过3家,完成市局下达的工作任务。(3)不断提高组织机构代码服务质量。新办组织机构代码391家,换证(含变更)457家,年检1132家,废置代码数据26条。连续三年获得全省代码数据质量奖,实现代码工作零投诉。

【计量工作】 2014年,平远县质量技术监督局加强对重点领域的计量监督服务,包括眼镜店、餐饮店、集贸市场、加油站、液化石油气站、重大耗能企业以及机动车安检机构,继续开展"'5·20'世界计量日"宣传工作,鼓励企业申报计量体系确认,计量工作的社会认知度和影响力得到提高。全年出动工作人员85人次,检查各类生产经销单位39家次,检查定量包装商品32批次,检查计量器具157台(件),印发宣传资料3000多份,全县10家企业获得三级计量保证体系确认,2家企业获二级计量保证体系申报。

【打假治劣】 2014年,平远县质量技术监督局突出民生热点问题,重点抓好工业产品、特种设备等安全领域的稽查打假工作,开展各项专项行动,取得一定的成绩。全年出动执法人员463人次,检查商家企业185家,立案17宗,查处涉案货值6.54万,结案15宗。(1)部署开展"质检利剑""双打"等行动,先后组织开展儿童用品、假冒手机、胶粘剂等10多项专项执法检查。(2)开展部门联合行动。主动加强与各职能部门的沟通合作,争取形成合力,更好地维护平远县良好的市场环境。

【技术机构建设】 2014年,平远县质量技术监督局以五年一次的技术机构考核工作为契机,对检测实验室的各项检测设备进行维护、更新、换代,并加强对业务骨干的培训再学习,不断提升检测能力。同时,开展集贸市场和各医疗卫生单位计量器具的免费检定,全年免费检定计量器具4277台件。

【存在问题】 县内人造板的抽查检验合格发现率有待提高;打假工作经费不足;标准化科研与创新滞后,联盟标准的制定与发布有待突破。 (朱丽霞)

2014年度平远县质量技术监督局负责人名录

局　长:杨钦旭(任至12月)

副局长:李伟胜(12月起负责全面工作)

　　　张　友

食品药品监督管理

【食品药品监管体制改革】 2014年4月4日,县政府召开平远县食品药品监管体制改革职能交接工作会议。根据《中共平远县委办公室　平远县人民政府办公室〈关于印发平远县食品药品监督管理局主要职责内设机构和人员编制规定的通知〉》精神,原先由县卫生

2014年4月4日,平远县食品安全工作暨职能交接会议场景

局、县工商局、县质监局、县经信局等部门承担的食品安全综合协调、组织查处食品安全重大事故,食品生产、流通环节的监督管理职责,酒类流通监督管理职责和食品、化妆品的强制检验职责等,从2014年4月8日零时起,划转(移交)县食品药品监督管理局承担。"三定"文件规定:平远县食品药品监督管理局承担县

食品安全委员会日常工作,局机关内设9个股室[办公室、综合协调股、政策法规股、稽查股(加挂稽查分局牌子)、食品生产安全监管股、食品流通安全监管股、餐饮安全监管股、药品医疗器械安全监管股、保健食品化妆品安全监管股],4个镇级监管所(石正、东石、仁居、八尺)。

【稽查打假】 2014年,平远县食品药品监督管理局围绕"四品一械"(食品、药品、保健食品、化妆品和医疗器械)和餐饮消费环节存在的问题,全面开展稽查工作,严厉打击各种违法违规行为,使全县"四品一械"市场得到进一步净化,促进全县食品药品经济的健康发展。至年底已立案查处各类案件40宗,结案40宗,罚没金额34万余元。

【食品安全"三打两整治"专项行动】 2014年,平远县食品药品监督管理局成立专项行动领导小组,制定专项行动实施方案,明确整治目标、工作安排和工作要求。全县出动执法人员3138人次,检查食品生产经营单位2651家次,检查农资经营门店、农产品生产销售企业734家次。发放各类宣传资料40766份,张贴宣传画、海报55幅,开展培训5场,培训190人次。监测蔬菜样品1723份,合格样品1706份,合格率99.1%,抽查检测"瘦肉精"310份,结果全部为阴性。立案查处案件16宗,罚没金额2.46万元。

【食品生产企业规范化建设】 2014年,平远县食品药品监督管理局对全县食品生产企业调查摸底,普查建档。对辖区内食品生产加工单位进行调查摸底,及时完善更新食品生产加工单位档案数据,做到底子清,情况明。同时做好食品安全信用档案建设工作,详细记录企业许可颁发、日常监督检查结果、违法行为查处等情况,并根据企业质量安全控制能力动态调整监管级别和检查频次。至年底全县辖区内获得食品生产许可证企业有18家,小作坊34家。

【酒业综合整治】 为提升酒类产品质量和品牌影响力,使全县酒类产品更具有竞争力,2014年,平远县食品药品监督管理局牵头开展酒业综合整治工作,重点整治影响全县酒业发展的无证照生产经营的酒类小作坊。工作组深入辖区内无证照酒类小作坊现场检查,对业主进行法律法规宣传教育,并当场发出《责令改正通知书》,责令小作坊业主立即停止无证照生产经营酒类产品的违法行为。出动工作人员60人次,车辆10车次,检查生产企业71户。通过综合整治,关闭一批酒类小作坊,净化了县内酒业生产经营秩序。

【农村食品市场"四打击四规范"专项行动】

平远县食品药品监督管理局引导和监督食品经营者基本建立和落实进货查验制度、索证索票制度、购销台账制度、质量承诺制度、不合格食品主动退市制度,确保入市食品质量合格。加强对食品经营者自律制度落实情况的监督,督促经营者把质量管理贯穿到内部经营的各个环节,加强与提高自律意识和能力。严把食品监管责任落实关。落实领导责任,按照"属地监管"原则,严格一把手和主管领导的领导责任。实行分片划段,责任到岗到人,根据实际情况全县分为四个基层所和县城辖区,由四名副局长和相关股室分片负责,采取重点督查与日常检查相结合的方式,加强食品安全监管工作,做到在职能交接期间监管工作不间断。

【学校食堂监管和省、市食品安全示范学校食堂创建】 2014年3月和9月,平远县食品药品监督管理局联合县教育局对全县65间中小学校、托幼机构食堂进行全面检查,确保师生饮食安全。10月底,县内4家示范学校食堂(平远中学乐得鲜食堂、平远中学宜源华食堂、平远县幼儿园食堂、平远县实验幼儿园食堂)创建已顺利通过市级验收。12月底,创建平远大道北沿街(潮州饭店、青记饭店、四刘饭店、华顺饭店和万记饭店)为餐饮服务食品安全示范街区。全面开展餐饮服务企业日常监督检查,及时消除隐患,至年底,全县餐饮企业检查覆盖面100%。在高考、中考期间,采取考前督查与考中驻点监督相结合的方法,认真做好各考点学校食堂食品安全监督检查。

【药品流通电子监管】 2014年,平远县食品药品监督管理局把所有经营生物制品、血液制品、中药注射剂、含可待因口服溶液制剂和国家基本药物的药品批发企业纳入药品流通电子监管网络系统,提高药品流通监管的效能。加强对医疗机构阳光采购药品质量的监管。主要是督促辖区内企业按通知要求上传数据,并充分利用平台数据加强对企业的监管,做好资料分析工作,如发现企业销售资料出现预警,能及时核对和检查。建立完整的药品经营企业电子监管诚信档案,及时将药品经营企业日常监管信息录入省局监管系统。督促批发企业对实施电子监管的药品每周定期上报。

【医疗器械不良事件监测】 针对医疗单位、医械经营企业对报告医疗器械不良事件相对淡薄的问题,2014年,平远县食品药品监督管理局与卫生和计划生育局衔接,采取联合发文、召开座谈会、举办培训班、安排合理监测病例数等措施,不断提高医疗器械不良事件监测工作水平。8月,食品药品监督管理局会同县卫生和计划生育局组织县、镇两级医疗机构16家及部分药品经营单位负责医疗器械不良反应报告的工作人员25人进行集中培训,提高监测人员的素质,取得良好的效果。截至11月底,平远县上报医疗器械不良事件例数基本完成任务。

【保健品化妆品安全监管】 根据全省保健食品、化妆品监管工作视频会议精神和省、市食品药监局相关工作部署,2014年,平远县食品药品监督管理局以"打击'四非'、拒绝假劣、净化市场、规范市场、保障安全"为主要目标,扎实开展保健食品、化妆品专项整治行动,采取四项措施加大保健食品、化妆品专项整治力度。至11月底,对7家保健食品经营企业因进货查验、索证索票制度方面违反相关规定,对其作出警告和责令整改的处罚;立案查处4宗化妆品违法案件,没收违法所得人民币1076.5元,罚款人民币3680.5元。

【"四品一械"生产经营企业摸查】 2014年,平远县食品药品监督管理局全面准确、客观真实摸清全县辖区范围内所有从事食品、药品、保健食品、化妆品和医疗器械(简称"四品一械")生产经营企业基本情况,包括持证和无证单位,全面采集信息,逐一登记造册,并建立相应工作台账。通过摸底清查,进一步保证各类生产经营主体数据的真实可靠,为今后加大各相关部门协作力度,充分发挥基层组织协管作用,实现网格化监管,提升食品药品安全监管水平打下良好的基础,加快推进全县食品药品网格化管理及系统内数据信息平台建设,进一步规范全县食品药品市场生产经营秩序,提升食品药品安全监管水平。 (杨　志)

2014年度平远县食品药品监督管理局负责人名录

局　长:王志群(任至3月)
　　　黄庆明(3月起任)
副局长:何远航　谢永兴(3月起任)
　　　沈福坚　杨建华

行政管理

人力资源管理

【公共人事管理】　2014年,平远县人力资源和社会保障局全力做好公共人事管理工作。协助做好公务员招录“阳光招考”工作,完成98名公务员招录并在年底前全部上岗;严格按照《任免条例》做好全县61名股级干部的任免工作;报请人大、政府任免科级干部63名;完成机关事业单位工作人员和中小学、幼儿园教师4982人年度考核工作任务;做好全县9名“三支一扶”大学生的接收管理工作及2012届全县8名服务期满人员考核和鉴定材料的上报及2014新分配服务人员的安排工作;做好2014年度专业技术资格评审(认定)工作,审核申报中级以上职称人员63人,审核认定初级专业技术资格28人;做好农村实用人才职称评审工作,评审农村技师7人、农村技术员11人;做好股级以下干部人事档案专项审核工作,审核认定档案3000多份;接收回平远报到普通高校毕业生945人,就业率98.1%,办理人事代理90人;完成2014年粤东西北地区乡镇事业单位专项公开招聘及平远县事业单位公开招聘工作,缓解平远县乡镇及县直单位专业技术人才紧缺的问题;完成机关事业单位工勤人员计算机初级培训1期40人,专业技术人员继续教育公需科目培训3455人,组织开展行政机关公务员职业道德建设和新招录、调任公务员初任培训共计1700人;提高国家机关工作人员及离退休人员、企事业单位离休干部一次性抚恤金的发放标准,下发《关于进一步规范我县机关事业单位津贴补贴工作的通知》《提高机关事业单位临时聘用人员工资福利待遇暂行办法》,规范津贴补贴项目和标准,并加强津贴补贴工作监督检查。

【公共就业服务】　2014年,平远县人力资源和社会保障局多管齐下,积极做好公共就业服务工作。(1)开展就业服务,解决用工难和就业难问题。加强与珠三角发达地区、市属工业园区的用工企业及县内企业的沟通联系,收集企业用工岗位信息,每月通过网络、显示屏、发布栏、宣传资料等方式定期发布,积极搭建供需见面平台,促进城乡劳动者就业。全年,先后举办“春暖平远”“广州—平远人才劳务对接”“大中专毕业生就业”“广深珠高速公路有限公司专场招聘”及各镇(企业)专场招聘会41场,全年累计参加招聘企业359家,提供招聘岗位14550个,全县城镇新增就业人数2012个,城镇失业人员再就业2015人,就业困难人员再就业277人,城镇登记失业率全年控制在3%以内,有效缓解县内各企业用工难的问题。(2)抓好就业援助,落实各项就业扶持政策。抓好高校毕业生、农民工、城镇就业困难人员等重点群体的就业问题。全年有945名高校毕业生回平远报到,其中已经就业927人,就业率98.1%。积极落实社会保险补贴、岗位补贴、创业培训补贴及大学生创业补助等各项就业扶持政策。落实双困毕业生临时生活补贴3人7272元;落实“4050”人员社保补贴726人186.42万元;公益性岗位社保补贴147人16.36万元。(3)抓好创业扶持政策落实,推动创业带动就业工作。积极为有创业能力和创业意愿的创业者提供项目推介、开业指导、融资服务、跟踪扶持、政策咨询等服务,小额担保贷款政策顺利推进。全年137名创业人士获贷款1210万元,解决了资金瓶颈问题。此外,与中小企业局、团县委、旅游局、差干镇等单位联合举办了电子商务、农家乐等创业培训班20期860人,成功创业202人,带动就业2000多人,效果明显。(4)制订出台保障企业用工政策。为加快推进实施"一园两区"发展战略,切实保障东莞塘厦(平远)产业转移工业园等园区的企业用工,制订印发《关于明确平远县企业用工保障工作领导小组、办公室及成员单位职责分工的通知》文件。此外,按《梅州市中心镇人力资源和社会保障办事大厅建设工作方案》的要求,做好镇办事大厅建设验收和资金清算。加快县职业技能培训基地建设,至年底,基本完成大楼主体工程。

2014年6月18日,平远县人社局与旅游局等到差干镇联合举办旅游服务从业人员培训班

【职业技能培训】 2014年,平远县人力资源和社会保障局多举措加强职业技能培训。(1)明确培训转移就业的重点和方向。围绕县工业园区培训,按照培训主体以企业为主的要求,大力推广"招工、培训、就业"三位一体的培训就业模式,鼓励企业吸纳更多人员就业。全年培训各类劳动力8462人,劳动力转移就业有8805人,其中新增转移农村劳动力6591人。(2)抓培训模式的创新。坚持"输出一人,脱贫一户"服务理念,加强与珠三角发达地区用工企业的沟通联系,扩大转移就业。已在广州、东莞等地创建劳务输出基地10多个。全年劳动力转移就业8805人次,其中输出到珠三角地区就业5316人。同时实施新成长劳动力全员培训、全员推荐就业"两全"工程,47名有意愿参加培训的新成长劳动力全部参加培训,133名有意愿转移就业的新成长劳动力已全部转移就业,对新成长劳动力100%实施免费技能培训和100%实现转移就业。(3)抓好品牌培训。依托平远县与梅州市人社局合作共建平远县旅游人才培训开发示范县这一契机,在差干、上举镇举办以餐饮服务"农家乐"为主题的旅游服务从业人员创业培训班和景区讲解员技能培训班,给百姓带

来实惠,为平远县打响“何必舍近求远、旅游请到平远”的旅游品牌起到积极的作用。全年相继举办了旅游服务从业人员、汽车修理工、维修电工等技能培训班2574人,其中举办了一期有30多人参加的汽车修理工(中级)技能提升培训班。

【劳动维权】 2014年,平远县人力资源和社会保障局强化劳动保障监察,努力调处劳资纠纷,及时处理群众来信来访,有效维护劳动群众的权益。(1)强化劳动保障监察,查处违法用工行为。开展“清理整顿人力资源市场秩序专项行动”“用人单位遵守劳动用工和社会保险法律法规情况专项检查”“企业职工工资支付情况专项检查”等执法检查,检查用人单位210家,涉及职工人数21400多人,督促企业与2223名劳动者补签劳动合同,追发劳动者工资807万多元,督促企业补缴社会保险105万多元。继续完善建筑工程工人工资支付保证金制度,共有15个工程项目缴交500多万元。经县政府同意,从6月5日起对全县120多家用人单位实行重大劳动保障违法行为社会公布制度。制订实施《平远县机关事业单位补充后勤人员实施派遣管理暂行办法》,进一步规范机关事业单位自聘人员管理。(2)开辟绿色通道,及时调处劳资纠纷。全年受理群众申诉案件59宗,立案53宗,仲裁裁决38宗,结案100%。为139名劳动者追回克扣、拖欠工资214.25万元,工伤保险待遇及经济补偿金47.6万元。(3)推进“两网化”建设。在已创建3个和谐劳动关系示范点的基础上,新建立5个示范点,并新增11家企业作为示范企业,参加创建工程的企业67家。示范区内用工企业的劳动合同签订率、参保率、劳动争议调解委员会组建率分别为98%、70%、90%。各类劳资纠纷明显减少,劳动关系相对和谐稳定。(4)及时处理群众来信来访。全年受理各类信访案件121起,涉及人数219人次,在法定时效内均做到件件有落实、事事有结果,结案率100%。另外,加强与企业军转干部的沟通,主动为企业军转干部排忧解难。

【社会保险】 2014年,平远县人力资源和社会保障局扎实做好社会保险工作。(1)加强社保扩面征缴工作。平远县人力资源和社会保障局拟订了《关于加强社会保险扩面征缴工作的意见》,下发《关于机关事业单位自聘人员全部参加社会保险的通知》,加大社保费历史欠费追缴力度;成立社保扩面征缴检查组,分管领导亲自带队到企业进行社会保险执法检查。全年县社会保险费(五险)收入19800万元,完成市下达全年五险社保费征缴总任务19017万元的104%,确保了企业离退休人员养老金和其他社会保险待遇按时足额发放。(2)提高社保待遇水平。从2014年1月开始,调增全县1.2万名企业离退休人员的基本养老金,人平合计230元,全年发放基本养老金待遇22029万元,增幅31.52%;城乡居民医保提高5%住院报销比例,每人每年补助标准提高至320元;7月起,城镇职工医疗最高支付限额(含补充险)提高至33万元;调增工伤保险伤残津贴1~5级人平130元;7月起,提高城乡居民养老保险基础养老金15元/月;实现职工医保和城乡居民医保与广州6家医院联网即时结算,已全面完成市、县“十件惠民实事”工作目标,为保障和改善民生作出贡献。(3)做好企业职工提前退休管理工作。严格档案管理工作,采取实地调查、查阅原始财务凭证等方法,认真做好企业职工提前退休的初审认定工作。全年办理企业职工提前退休79人。其中,特殊工种71人;病退8人。(4)积极实施城乡居民大病保险制度。全县已有365人符合条件,已支付451人次,人次均享受3800元。大病保险制度已全面建立和稳健运行,相关保障待遇已按规定落实到位,进一步减轻了参保居民看病负担。(5)推进二代社保卡的发卡工作。充分利用县电视台等媒体,加强宣传,借助镇村、银行等社会力量,加快21万多张社保卡的发放工作。(6)做好“两定”机构的监测年审工作。组织医疗保险专业人员及会同县卫计局抽调相关人员组成检查小组,对全县定点医疗机构和零售药店进行年审专项检查,对于不合规的机构以及零售药店发出整改通知书,提出整改要求,责令其改正;县城乡居民医保中心还组成日常巡查小组,不定期对全县各定点医疗保险机构进行业务巡查和疑点排查。(7)有序地推进社保信息公开工作。组织相关人员成立平远县社保信息公开工作领导小组,并制订《平远县社会保险信息公开工作专项行动方案》,在政务服务中心和各镇人社中心等办事窗口设立了社会保险信息相关资料取阅处,派发各项宣传资料4.5万份,有条不紊推进社保信息公开工作。

【存在问题】 (1)由于有些行业的工种在该县无法进行技能鉴定,制约技能培训工作的开展,制约该县紧缺技能人才的培养。(2)培训基地建设资金缺口大。大楼建设缺额资金400万,设备费缺额300万。(3)职工养老保险基金收支矛盾突出。(4)扩覆工作有较大难度。由于企业主认识不到位、缺乏社保欠缴制约措施等原因,距离完成市扩面任务仍有较大差距。(5)高层次人才引进难。由于平远县是欠发达地区,经济基础不强,在引进高层次人才方面,存在一定的难度,同时,事业单位干部招聘时,水利、农业、路桥、卫生等专业技术人员难招聘。(6)干部档案管理工作滞后。县人力资源和社会保障局管理的干部人事档案有4000多份,一直未配备专职人员、管理经费,管理难度大。(7)劳资纠纷仍有上升趋势,维稳压力逐年增加。 (陈交汉)

2014年度平远县人力资源和社会保障局负责人名录

局　长:肖洪海

副局长:王　平(任至4月)

杨文豪(任至4月)

刘荣国　刘文钫　张小英(女)

杨志强

民政工作

【社会救助】 2014年,平远县民政局加大社会救助工作力度。(1)提高民生保障水平。根据省、市、县各级要求,平远县人民政府办公室印发《关于提高五保供养、城乡低保标准和城乡低保救助水平的通知》,决定从2014年1月起,平远县城镇低保标准从293元提高到420元,城镇低保月补助水平从250元提高到340元;农村低保标准从207元提高到240元,农村低保月补助水平从120元提高到150元;农村五保供养按上年度农村居民纯收入的60%确定标准,达到每人每月521元,比上年452元增加了69元,使全县底线民生保障水平得到较大提高。(2)从2014年10月起提高20世纪60年代精减退职人员及麻风病患者的救助水平。20世纪60年代精减退职人员救济标准从250元/月提高到350元/月;麻风病患者救济从500元/月提高到600元/月。(3)对城乡低保开展清理核查,真正实现动态管理。通过常年性和突击性工作的有机结合,2014年全县取消低保305户715人,新吸收低保443户1025人,比上年净增138户291人。至年底,全县有低保4494户10180人。全年按时、足额、社会化发放低保金1636.5万元。(4)提高五保供养质量,加强敬老院建设和管理。加强基础设施改建。2014年平远县向上争取各项资金40万元,先后扩建和改造仁居敬老院、中行敬老院、泗水敬老院、河头敬老院的厨房、饭堂和泗水敬老院的加层扩建及外围装修;同时使12间敬老院的厨房炊具全部用上电、气化,告别了煤灶和柴火。大部分用上新式餐桌,告别了八仙桌、四脚凳的老旧设备。

下拨五保户门诊医疗救助资金。该项工作为梅州市首创,较好地解决了五保户患病后在乡村医疗站就诊,或自买成药医治费用得不到报销的难题,五保户再也不用花供养费买药吃,而且手续简便,实行实报实销。2013 年 1 月至 2014 年 10 月发放五保门诊医疗救助金54.34万元。使五保户患病住院治疗有"一站式"结算服务,门诊治疗有门诊救助资金,真正意义上实现医保。开展敬老院法人登记工作。在县编办和各镇民政的密切协作下,全县12 间敬老院的房产证明、住所证明、院长任命、养老机构设立许可证、敬老院章程等资料完整地收集齐全,全部通过县编办审核批准,较高质量地完成了法人登记工作。(5)医疗救助水平不断提高。根据省、市各级要求,结合实际,5 月 13 日,平远县民政局与县财政局、县卫生和计划生育局、县人力资源和社会保障局联合印发《关于开展医疗救助"一站式"结算服务工作的通知》,从 2014 年 6 月 1日起顺利实施。5 月下旬专门邀请软件工程技术人员对全县定点医疗机构的财务结算员和各镇民政干部进行实践操作的演示培训,使全县五保、低保对象信息准确无误地录入结算系统,全县定点医疗机构结算员了解内容,掌握程序、熟悉操作。同时为各定点医疗机构张贴了"五保、低保、医疗救助'一站式'结算窗口"。从6 月实施到9 月底,全县医疗救助"一站式"结算服务 113 人次,救助 9.895 万元,较好地提升了全县医疗救助服务水平。(6)开展基本医疗救助。至 12 月底,全县审批基本医疗救助 1783 例,发放医疗救助金 290.67 万元,人均救助金额 1630 元,是平远县有史以来救助人次最多,发放金额最高的一年。(7)开展重特大疾病医疗救助工作,全年救助 501 人次计 168.3 万元。(8)救助工作相关事务协调发展。根据《广东省民政厅、广东省财政厅关于通过购买服务解决社会救助等民政业务人员的通知》精神,经县政府同意,民政局印发了《平远县聘用社会救助专职工作人员实施方案的通知》。公开招聘了 16 位社会救助专职人员,同时设立"社会救助服务窗口",做到救助政策、工作职责、监督电话"三上墙"。(9)根据省民政厅要求,较好地开展了"一帮一""多帮一"等形式的挂钩帮扶"暖心行动"活动,对全县 149 名失能、半失能分散五保户进行送温暖、献爱心活动。(10)投入 11.7 万元与平远县人寿保险公司合作,为全县 60 周岁以下低保户户主投入小额意外伤害保险,给符合投保条件的对象增设了一张安全网。

【双拥、优抚安置】 2014 年,平远县民政局认真做好双拥、优抚安置工作。(1)加强复员退伍军人服务管理机构工作。2014 年县复员退伍军人服务管理中心、工作站经费 3.4 万元已列入县财政预算,下拨 6 万元用于仁居镇、石正镇完善复员退伍军人之家各项设备、设施;完善各项制度职责,明确成员单位职责、工作人员职责、工作制度、管理制度;根据《梅州市复员退伍军人信息管理系统》,全面完成数据采集工作;切实加强信访维稳工作领导,做好信访维稳工作,全年来信来访 60 件(次),按政策 100% 给予答复。(2)推进烈士纪念设施抢救保护工作。县革命烈士南山纪念园于2013 年 6 月动工,工程已竣工,总投资 290 万元,是梅州市第一个完成散葬烈士墓集中安置的县;筹集资金 40 万元对县革命烈士陵园改造维修,为社会提供良好的瞻仰和教育的场所。(3)落实好优待抚恤工作。平远县民政局与财政局联合印发《关于调整部分优抚对象等人员抚恤和生活补助标准的通知》,按现有各类对象进行财政预算,调整提高了抚恤补助金,全县抚恤补助标准高于省补助标准,抚恤补助金实行社会化发放,进一步完善优抚对象住院"一站式"结算工作;下拨经费 63 万元,用于解决优抚对象"三难"问题,县民政局、县人力资源和社会保障局、县财政局转发文件,调整国家机关工作人员及离退休人员死亡后一次抚恤金标准，全县优抚对象二代身份证信息录入工作已完成；进一步探索优待新路子，根据梅市府〔2010〕64号文件精神，测算全县优待标准、优待金总额，列入县财政预算，重点优抚对象的优待金按月发给，义务兵家庭优待金"八一"前兑现，其中，2013年秋季义务兵家庭优待金9396元，2013年秋季新疆兵家庭优待金28118元，是全市连续十一年最早兑现优待金的县，对部队立功受奖19人进行奖励；对上年入伍的89名新兵，为他们家属挂光荣军属牌。(4)全面完成退役士兵安置工作。2013年冬季全县退役士兵63人、转业士官4人，参加汽车驾驶培训47人，每人补助1200元，总额5.64万元，参加中职培训37人，安置工作4人，自主就业的城乡户籍退役士兵一次性生产生活补助标准13853元，有63人领取一次性生产生活补助金，总额94.4万元。大力开发使用军地两用人力，确保转移就业率100%；同时，100%落实好军休干部"两个待遇"。(5)做好创建双拥模范县工作。调整平远县双拥工作领导小组成员；组织驻平部队、县老战士联谊会代表、部分县离退休老同志代表、县军烈属、复员退伍转业军人代表、中小学生代表和社会各界代表在县革命烈士陵园开展清明祭奠革命先烈和公祭烈士活动；在石正镇广州公园启动"保护母亲河·美丽中国梦"—解放军青年林项目植树仪式；召开双拥办主任会议，研究平远县创建"省双拥模范县"工作，制订创建"省双拥模范县"工作计划，下拨"创模"经费40万元，印发《平远县2014～2015争创"广东省双拥模范县"实施方案》的通知，按考评标准分十大项68条，做好工作任务分解，要求各镇、各单位查漏补缺，逐条落实；召开军民共建单位座谈会，签订军民共建协议书，同时进行授牌仪式；做好春节、"八一"拥军优属工作，走访慰问梅州军分区、96169部队、驻平部队、在乡六级革命伤残军人、军队离退休干部、原国民党抗日老兵等，赠送慰问金和慰问品。同时，积极开展"双百拥军行"活动，发动全县军民共建单位13个参与，筹集资金10多万元，支持驻平部队建设，在县文化广场举办创建"广东省双拥模范县"暨"八一"军民联欢晚会，营造做好双拥工作的良好氛围。

2014年3月30日，平远县革命烈士南山纪念园落成竣工

【救灾救济】 2014年，平远县民政局全力做好救灾救济工作。(1)2014年因受强对流天气及强降雨影响，导致全县12个镇不同程度受灾，损失严重。到11月15日止，启动救灾应急预案四级响应2次，全县18262人受灾，紧急转移安置149人，农作物受灾277.03公顷，其中绝收21公顷。倒塌农房65户134间，严重损坏17户54间，一般损坏65户134间，全倒户9户。直接经济损失1543.2万元，其中农业经济损失431.5万元。灾情发生后，平远县民政局按《平远县自然灾害救助应急预案》要求，坚持"人民至上、生命至上、安全至上"的救灾工作方针，第一时间赶赴现场，全力以赴做好紧急转移安置受灾群众工作，及时调拨、发放救灾款物，确保受灾群众"五有"(有房住、有饭吃、有衣穿、有干净的水喝、有病能得到及时医治)。并将真实、全面、准确的灾情数据，及时通过"自然灾害管理系统"上报上级民政部门。2014年全年下拨救灾款

41.8 万元。其中,冬春救助资金 20 万,救助受灾群众 1333 人;应急生活救助 9 万元,救助受灾群众 600 人;损房维修户 38 户 3.8 万元;重建家园户 9 户 9 万元。(2)建立健全机制。修改完善《平远县自然灾害救助应急预案》。调整充实县减灾委机构,明确县减灾委成员单位职责,形成统一领导、统一指挥、统一协调各司其职,高效运转的自然灾害应急救灾机制。加强自然灾害救助资金的管理。与财政、监察、审计等部门联合制定《平远县自然灾害生活救助资金管理暂行办法》。进一步明确救助对象核定的程序,救助标准,资金发放的时间和方式,以及救助资金使用的监督管理办法。(3)做好灾害信息员培训工作。5 月,组织全县 12 个镇灾害信息员及民政办主任到市局进行"国家自然灾害管理系统"上机操作网上报灾培训。(4)开展防灾减灾日活动。根据上级要求,结合实际,通过广播、电视、张贴悬挂标语、下发宣传教育图片等形式,大力宣传防灾减灾知识,组织中小学生、社区居民开展水灾、火灾、地震等应急逃生自救、互救演练。进一步增强全社会灾害风险防范意识,加强与提高公众防灾减灾意识和避灾自救技能。做好减灾备灾工作。加强救灾物资储备仓库管理。做好平远县文体中心应急避难场所建设规划设计,进行功能区设置分划,配套设施、标牌标识等方面的规划设计。2013 年申报的八尺镇八尺社区居民委员会在 2014 年初通过检查验收,成为平远县第二个全国减灾示范社区。2014 年向上申报检查验收平远县确立建设仁居镇仁居社区居民委员会为防灾减灾示范社区。(5)为全县 51921 户农户的农房进行农村房屋统一投保,投保金额 43.16 万元。全年有 47 户 74 间倒损农房获得县财保公司理赔计 13.45 万元。(6)做好慈善会工作。做好 2013 年度"梅州扶贫济困奖"受表彰单位(个人)材料报送工作;做好"平远县 2014 年广东扶贫济困日活动"捐款接收工作。接收捐款 1105.33 万元。其中,扶贫济困活动捐款 1092.98 万元;日常性捐款 12.3 万元。

【基层民主社区建设】 2014 年,平远县民政局规范做好基层民主社区建设工作。(1)圆满完成村、社区换届选举工作。自 2013 年 12 月全面启动村、社区"两委"换届选举工作后,平远县民政局围绕省市部署要求,以"三个确保"(确保一肩挑、交叉任职率均 90% 以上、确保依法依规、确保零群体性事件)为硬目标、硬任务,平稳有序做好村级换届选举工作。至 2014 年 3 月底,全县村级换届选举顺利完成,选举产生新一届村(居)委会成员 626 人。其中,党员 528 人;妇女干部 185 人。书记、主任一肩挑率和"两委"干部交叉任职率分别为 97.9% 和 93.7%,确保每村(居)至少有 1 名妇女干部;选举产生村(居)务监督委员会成员 504 人。(2)全面规范村务公开。加强村务公开工作的领导。5 月,平远县调整充实了由县纪委书记任组长,县政府分管副县长任副组长,纪检、组织、民政、司法、财政、农业、国土等相关部门主要领导为成员的村务公开工作领导小组。根据《关于印发〈梅州市村务公开领导小组成员单位定点联系镇村务公开工作方案〉的通知》精神,按照"省联系县、市联系镇、县联系村"的工作要求,建立村务公开领导小组领导和成员单位定点联系村务公开工作制度,组建 12 人的联络员队伍,切实提高村务公开民主管理工作水平。全面规范村务公开工作。平远县民政局负责村(居)委会组成及分工、村(居)委会任期目标、村(居)委会年度计划及上年度工作完成情况、村(居)务监督委员会组成及分工、村(居)务监督委员会任期目标、村(居)务监督委员会年度计划及上年工作完成情况、完成上级部门工作情况和低保家庭情况等项目建设的统筹规划、审核项目、实施方案、督查落实。各镇民政办按时录入、审核及发布,平远县民政局加强督查,安排专人负责,每季度首月 15 日前做好网上督查工作,如发现没有按时按要求录入的镇,及时督促相关镇民政办录入。2014年全年没有出现黄牌、红牌记录现象。全面实现村务公开“三化”。①公开载体标准化。争取县委县政府和挂钩单位支持,对受损严重的村务公开栏进行重建。全县143个村(居)在2006年均按省统一规范模式设立橱窗式村务公开栏。②公开内容规范化。按照“真、全、简、新”要求,依照《广东省村务公开条例》规定内容、省统一规范18种表格,结合该县实际和农村改革发展需要,拓展新农村建设、救灾款物、低保五保公示、“一事一议”事项决策等内容,统一印制23种表格样式,下发到镇、村,以最直观的形式规范公开。③公开程序科学化。在程序上重点采取四个步骤,由村委会确定公开的具体内容,提出公开方案;村务监督委员会对方案和内容进行审核,同意后加盖专用章或由村监委主任签字;村“两委”联席会议讨论确定;村委会利用公开栏、信息平台等形式公开。(3)开展示范创建活动,扩大村务公开民主管理覆盖面。(4)社区建设工作进一步发展。社区公共服务站建设有序推进。根据省民政厅等七部门《关于加强广东省城乡社区基础设施“六个一”工程建设的通知》及市民政局《印发〈关于加强梅州市城乡综合服务设施建设的实施方案〉的通知》要求,扎实推进社区公共服务站建设,通过多方筹集资金,至年底,已建设高南村、楼前村、城西城南社区等8个社区公共服务站,建立一站式服务平台,设置劳动保障、消防安全、信访维稳、法律服务、党群组织、民政事务、计划生育、户籍管理8个办事窗口,实行前台一口受理反馈,后台综合协调办理。社区概况、工作人员岗位职责、工作制度、办事程序等上墙公示,提高了服务效率和服务水平。“双强双促”项目建设。按照省、市民政部门《关于实施“强居促和谐、强村促稳定计划”的通知》和《关于加强梅州市城乡综合服务设施建设的实施方案》的文件要求,2014年平远县以东石镇汶水村、泗水镇泗水村、大柘镇城西城南社区、八尺镇笙竹村作为“双强双促”城乡示范社区创建单位,向省申请福利彩票公益金项目建设经费,重点完善村办公场所建设、内部设施,新建文化广场、文化体育活动场所等。(5)区划地名工作有序开展。圆满完成蕉平线和梅平线的联检工作。根据广东省民政厅《关于做好第三轮行政区域界线及行政管辖范围分界线联合检查工作的通知》文件精神,开展蕉平线、梅平线以及平梅蕉三交点的联检工作。梅平线界线全长57.25公里,涉及1号、2号、平梅蕉三交点界桩;蕉平线界线全长72.4公里,涉及1A、1B、2号、3号、平梅蕉三交点界桩。为全面完成联检工作任务,制订了工作方案,明确联检范围、联检内容、联检方式、时间安排等。5月至6月,相继到毗邻泗水、热柘、长田等镇组织民政、林业、国土及相关村委会知情人士召开座谈会,了解到县界相邻镇、村之间都能和睦相处,不存在矛盾纠纷。6月起,分别与梅县区、蕉岭县联检工作组进行实地联检,清除界桩周围的遮挡物,并用红漆重新描绘界桩上的文字,拍摄彩色照片。至9月底全面完成蕉平线和梅平线的联检工作任务。(6)开展平远县第二次全国地名普查前期准备工作。

【社会事务和社会福利】 2014年,平远县民政局全力做好社会事务和社会福利工作。(1)全面推进社会养老服务体系建设。加快民办养老机构发展。通过公建(办)民营、民办公助、政府购买服务等方式,支持各类市场主体、社会主体参与社会养老服务事业发展。积极推动社会专业服务机构开展规模化连锁经营服务或开展承包服务。建立非营利性民办养老机构建设补贴或运营补贴制度。落实税费、土地、医疗、培训、运营等优惠政策。全年新增床位218张,全县养老床位有1030张,每千名老人拥有床位23张,完成市下达任务。推广城乡社区居家养老服务。建立县级居家养老服务指导中心、镇级居家养老服务中心、村(居)居家养老服务站点的三级服务网络体系,推动居家和社区养老服务在城镇普遍展开,在农村逐步发展。重点扶持县、镇居家养老服务示范建设活动,带动和提升全县居家养老服务水平。2014 年申报省级项目扶持资金,拟建石正、长田 2 个镇级居家养老服务中心。启动农村养老服务建设“幸福计划”,结合社会主义新农村建设,依托村民自治和集体经济及乡镇现有的公共服务场所,利用农村闲置房屋、空置学校等设施资源改造建设一批村级主办、互助服务、群众参与、政府支持的养老服务设施,为农村老年人提供精神慰藉、娱乐活动、日间照料及托养服务。2014 年申报省级项目扶持资金,拟建八尺、长田、仁居、东石、热柘、大柘、泗水等 10 个农村居家“幸福计划”站,项目均已在扩建或改造中。(2)全面落实孤儿各项保障政策措施。建立孤儿基本生活保障机制。全面贯彻落实国务院办公厅《关于加强孤儿保障工作的意见》和民政部、财政部《关于发放孤儿基本生活费的通知》及广东省政府《转发国务院办公厅关于加强孤儿保障工作意见的通知》精神,全县建立健全孤儿保障体系,维护孤儿基本权益。2014 年,根据《梅州市民政局印发关于提高底线民生保障水平的实施方案的通知》要求,从 2014 年 1 月 1 日起,社会散居孤儿基本生活保障金从每人每月 600 元提高到每人每月 700 元,福利机构集中供养孤儿从每人每月 1000 元提高到每人每月 1150 元。至年底,全县孤儿、困难儿童有 126 人。其中,社会散居 106 人;集中供养 20 人。全年共发放 120.78 万元。(3)社会组织登记管理工作开展有序。积极培育发展社会组织。对行业类、公益类、社会服务类以及群众生活类的社会组织放宽条件、降低门槛、简化程序,做到既坚持原则性,又把握灵活性,培育发展社会组织。新登记成立社团 86 个,民非企业单位 4 个。做好年检管理工作,主要以《社会团体登记管理条例》和《民办非企业单位登记管理暂行条例》为依据,做好年检工作,3 月 17 日,印发《关于做好 2013 年年度检查工作的通知》,提出做好县属社会组织年检工作的具体要求、做法和时间安排。至年底,全县有 140 个社团,应参加年检的有 54 个,已年检的有 54 个,年检率 100%;全县 29 个民办非企业单位,应参加年检的有 25 个,已年检 25 个,年检率 100%。(4)殡葬管理工作取得明显成效。2014 年,平远县把加强骨灰管理、解决山区群众骨灰存放和出路问题,作为殡葬改革的一项重要措施。为加快镇村公益性骨灰存放设施建设,县政府于 2012 年 11 月印发《关于进一步加快平远县镇村公益性骨灰存放设施建设步伐的意见》,制定平远县骨灰存放设施建设规划,明确县财政扶持骨灰存放设施建设的补助政策。县殡改领导小组办公室印发《平远县公益性生态墓地建设管理基本要求》。全年完成石正镇公益性公墓园建设、上举镇骨灰存放楼建设各 1 座,八尺镇、热柘镇征地申报阶段,其余的镇在选址规划中。至年底,平远县有公益生态树葬园 1 座,公益性公墓园 2 座,骨灰存放楼(堂)5 座。扎实开展殡改宣传月活动。3 月 24 日由县委宣传部、县民政局、县文明办联合印发《关于做好 2014 年殡葬改革宣传月活动工作的通知》,围绕党员干部带头推动殡葬改革和“文明祭扫,生态殡葬”为主题,重点宣传殡改法律法规,积极倡导文明、环保、健康的丧葬方式,引导党员干部带头自觉抵制封建迷信和文化糟粕,文明祭祀。4 月、7 月、10 月进行了三次宣传、印刷县政府通告 1500 份、标语 5000 份、横幅 48 条,明确各级各部门宣传月活动的宣传目标、主题、任务和宣传内容以及宣传方式,占地毁林现象得到有效控制,文明殡葬观念深入人心。进一步贯彻落实省政府《关于强化全省殡葬基本公共服务的意见》精神,免除全县户籍人口殡葬基本公共服务费,执行标准为每具 1180 元。2014 年免收殡葬基本服务费 230 多万元。上年平远县争取上级部门支持,总投入 600 万元进行县殡仪馆升级改造,新建悼念厅、冻库、警务工作室 600 平方米和高档火化炉 1 台,实施除尘设备升级改造,维修业务楼,更新和增配业务用车,安装监控系统,进行绿化改造和停车场改扩建等项目,9 月投入使用,达到省二级殡仪馆标准。力抓专项整治,加大执法力度。按照市部署,平远县殡改领导小组印发《关于进一步加大我县开展占地毁林建坟专项整治工作力度的通知》。县政府召开全县开展占地毁林建坟专项整治工作会议,调整县占地毁林建坟专项整治工作领导小组,制定《平远县进一步开展占地毁林建坟专项整治工作实施方案》。全县依法依规清理整治"五沿"范围内坟墓 111 穴。(5)救助管理和收养登记工作。平远县认真贯彻落实国务院《城市生活无着的流浪乞讨人员救助管理办法》,切实保障流浪人员这类弱势群体救助和保护,特别是对流浪未成年人的基本生活和权益,维护社会稳定。全年接待求助人员 547 人,对符合救助条件的 547 人实施救助,发放救助金 27 万多元。接受群众收养登记咨询服务 8 人,办理依法收养登记 2 人,未出现违规收养。

【婚姻登记和老龄工作】 2014 年,平远县民政局做好婚姻登记和老龄工作等。(1)婚姻登记规范有序。全县全年办理婚姻登记 3049(宗)。其中,结婚登记 2371 对(含补办及涉外婚姻);办理协议离婚 367 对;补领结婚证 311 对;补领离婚证 9 份;另出具婚姻证明 664 宗;依法查阅婚姻档案 132 宗。(2)老龄工作取得新成效。在县政府的重视下,从 2014 年 1 月 1 日起,全县百岁老人"长寿保健金"提高到每人每月 300 元。发放 80 岁以上老人高龄津贴 248.184 万元。拨出专款印刷《平远县老年人法规政策汇编》,发至各涉老单位、各镇及个人,得到社会上的好评。(3)福利彩票发行任务顺利完成。全县 28 间投注站全年福彩销售 1500 多万元,较好地完成市下达该县销售任务。

【存在问题】 (1)经费保障不足。民政工作事务繁杂,任务繁重,配套资金和工作经费保障不足,给民政事业持续发展带来一定的困难。(2)社会养老服务体系建设发展滞后。要完成"十二五"期间每千名老人拥有 30 张养老床位的任务还十分艰巨。(3)公益性骨灰存放设施建设进展缓慢。镇村对公益性骨灰存放设施建设认识不足、重视不够、组织实施乏力。到"十二五"期末要完成市政府下达平远县平均每镇拥有 2 座以上的公益性骨灰存放设施任务还很艰巨。(4)基层民政力量薄弱,人员变动大,业务能力难于提高,不能适应日益繁重的民政工作任务。乡镇民政队伍变动性大,造成业务不熟悉,基层经验少、阅历浅,有些镇民政办无正式干部,无独立的办公场所。局机关公务员队伍老化,后备力量不足。(5)区划地名、民间组织管理无专门的工作机构、无编制、无专职人员。(6)信访压力仍然较重。

(谢岳超)

2014 年度平远县民政局负责人名录

局　长:涂其标

副局长:刘冬芳(女)　李剑文

林清忠　林依坚

国土资源管理

【用地管理和保障发展】 2014 年,平远县国土资源局加强用地管理,科学调整土地规划,保障发展需要。(1)积极与广东省国土资源厅沟通协调,拿下 2013 年三个批次共 939 亩用地批文;2014 年第一批次 238 亩城镇建设用地的报批材料正送省厅审批,第二批次城镇建设用地 203 亩前期准备已完成。(2)盘活建设用地。有序推进"三旧"改造工作。老电影院改造项目已完成一层框架基础;大柘粮所改造已完成原产权单位土地的收回,进入土地平整阶段;永东耐磨、仕达木业等5家165亩自行改造项目已经县政府批准实施。加大闲置土地清理力度。重点对县工业园区已供地块且已到约定动工期限但未开工建设的企业,及时发出动工催告通知书。(3)对重点建设项目,实行项目责任制,做到提前介入,主动跟踪服务及时供地,有力保障梅州金庄科技公司、洪福家具公司、广益游乐设备制造有限公司等10个项目用地300亩。(4)科学调整土地规划。为保障项目用地需求,依据《广东省土地利用总体规划实施管理规定》,开展《平远县大柘镇土地利用总体规划(2010～2020年)》有条件建设区使用方案和涉及三期工业园建设用地置换的调规工作,涉及面积750亩。

【耕地资源保护】　2014年,平远县国土资源局认真做好耕地资源保护工作。(1)落实耕地保护政策措施,确保耕地面积不减少,质量不降低,用途不改变,全县耕地面积25.8万亩;重点加强基本农田保护工作,划定基本农田保护区134个面积18万亩,超出市级下达的任务,各保护区做到有资料、有碑牌。大力开展高标准农田建设,完成2013年高标准基本农田建设规模1.62万亩项目的规划设计预算,待工程招投标后进入施工。(2)加强补充耕地后续管理,对新增耕地种植跟踪监督,要求各开发种植人抓好种植管理。(3)开展耕地后备资源调查,选择作业队伍,对涉及范围内的9815亩土地进行实地调查和指标评价,选择条件较好的4018亩废旧工矿用地及未利用地列入耕地后备资源库。

【矿产资源开发监管】　2014年,平远县国土资源局全力开展矿产资源开发监管。(1)严格矿业权审批管理。切实依照《矿产资源勘查区块登记管理办法》《矿产资源开采登记管理办法》和国家产业政策对属县级审批的探矿权、采矿权依法依规审批,做好探矿权和采矿权申请、延续变更、注销等管理工作。(2)推进矿产资源整合。依靠《平远县矿业发展规划》和《平远县矿产资源规划》两个龙头规划,完成黄畲、仁居稀土矿的资源整合材料上报审批;东石洋背石灰坑石场与碳坑里石场的资源整合工作进入价款评估阶段。(3)严格按照《广东省国土资源厅矿产资源开发利用年度检查工作实施办法》规定,累计出动276人次对全县43个矿山实施年检,发出整改通知书3份。2014年全县持证矿山43个,应检41个,实检41个;探矿权29个,应检24个,实检24个,持证矿山和探矿权年检率均100%。同时,对全县非煤矿山进行综合治理,建立"一企一档"。

【执法监察】　2014年,平远县国土资源局加大执法监察力度。(1)开展年度土地卫片执法检查工作,严肃查处土地违法行为。在开展卫片执法检查中核查图斑14个,查处违法用地21宗(农村私人建房15宗,道路3宗,城镇住宅用地1宗,其他类型2宗),面积53.7亩(耕地面积18.1亩),已立案查处19宗。2014年土地卫片执法监督检查违法用地占用耕地与新增建设用地占用耕地的比例为3.6%,未超过15%的问责红线。(2)坚持预防以主,全面落实国土资源动态巡查制度,实行县、镇、村三级网络式巡查监管,对违法用地和违法开采矿产资源行为,做到发现一宗,制止一宗,查处一宗。全年出动600人次,制止违法用地行为16宗,发出《责令停止国土资源违法行为通知书》16份。

【权益保全】　2014年,平远县国土资源局做好权益保全工作。(1)加强地质灾害应急处置工作。编制《平远县2014年度汛期地质灾害防治方案》,制订《平远县突发地质灾害应急处置预案》,与梅州地质灾害应急抢险技术中心签订《平远县国土资源局突发地质灾害应急响应机制和工作方案》。与气象部门签订合作协议，开展汛期地质灾害气象预警预报，及时启动地质灾害预警。同时，严格落实群测群防责任制和汛期值班制度，加强地质防治宣传、动态监测、险情巡查和地质信息预警预报，保障人民群众生命财产安全。全年未发生因地质灾害导致的人员伤亡事件。(2)依法依规解决好群众合理诉求，切实维护好群众合法权益。全年接待群众来访73起82人次，来访已处理72起，正处理的1起；来信64封，全部已处理。

【基础业务办理】 2014年，平远县国土资源局大力发展国土资源要素市场，严格执行建设用地及矿业权招标、拍卖、挂牌制度，全年公开挂牌出让土地10宗，出让价款17032万元。依法依规办理土地登记发证2330宗。其中，集体306宗；国有2024宗。另外办理他项权利设定登记72宗。依规办理农村私人建房329宗。

【存在问题】 (1)在推进新型城镇化建设进程中，用地粗放浪费现象依然存在，节约集约用地方面的办法的措施不多。(2)建设用地供需矛盾依然突出，保护耕地和保障发展的两难问题依然存在。(3)违法违规用地和矿产资源违法违规行为还时有发生。(4)信访压力与日俱增。 (杨群辉)

2014年度平远县国土资源局负责人名录

局　长：刘　胜

副局长：林立全　王瑞荣　杜　斌　陈　宏

执法监察队队长：杜　斌(兼)

2014年3月14日，广东省国土资源厅副厅长李俊(正面左四)到平远督导数字县地理框架建设工作

安全生产监督

【安全生产形势】 2014年，平远县安全生产监督管理局坚持“安全第一、预防为主、综合治理”方针，牢固树立科学发展和“安全发展”的理念，以“八打八治”打非治违专项行动和隐患排查治理工作为主线，以非煤矿山、危险化学品和烟花爆竹、职业卫生及规模以上工贸企业安全监管为重点，以确保元旦、春节、“五一”、国庆、中秋及十八届四中全会等重点时段、重要时期的安全稳定为目标，扎实抓好安全生产监管各项工作，取得较好的成效。全县工矿商贸企业发生生产安全责任事故1起，死亡1人，同比上年事故起数和死亡人数持平，占市下达控制指标的50%；道路交通、消防安全等重点行业领域安全生产状况逐步好

转,全县安全生产形势总体保持稳定。

【安全生产氛围】　2014 年,平远县安全生产监督管理局坚持从宣传教育抓起,运用多种形式和渠道,宣传安全生产方针政策、法律法规和重大举措,普及安全生产常识,切实抓好“安全生产月”“安康杯”竞赛等重点宣传活动,加强企业安全文化建设,强化生产安全培训,推动安全发展理念、安全法律知识和安全常识进厂矿、进工地、进乡村、进社区、进校园。1 月 15 日,在官田广场专门组织举办安全生产专题文艺晚会;6 月 16 日,举办“安全生产宣传咨询日”活动;组织举办镇级安全监管人员和村级巡查员培训班、非煤矿山和工贸企业安全管理人员培训班 9 期 482 人;开展安全执法警示活动 1 期;组织安全应急演练 3 场;制作安全专题新闻 2 期;发出汛期安全生产预警信息 8 次。同时,采用广播电视和培训班的形式,突出新《安全生产法》的宣贯工作,营造安全发展的良好氛围。

【安全生产“一岗双责”】　2014 年,平远县安全生产监督管理局把落实党政领导干部安全生产“一岗双责”作为安全生产工作的重头戏来抓,认真落实好各镇政府和行业部门的监管责任及企业安全生产主体责任,采用签订责任书的形式,提请县政府与各镇、各行业部门签订安全生产责任书,层层落实安全生产责任制。全县签订安全生产责任书 1500 多份,切实把安全责任落实到各个村、各个单位,落实到每个企业、车间和班组,确保安全管理不出漏洞,不留死角;提请县委、县政府对各镇政府逐月进行考核,对县直单位年终进行考评,并实行“一票否决”;充分发挥安监局、安委办的综合监督职能作用,协调县委、县政府及县直部门做好安全生产工作,组织开展好“八打八治”打非治违专项行动、安全执法联合整治和重点安全隐患排查治理工作,督促各镇、各部门严格落实安全生产责任,抓好安全生产检查督查,加强对平城花园地质灾害、电影院改造工程引发飞龙超市房屋安全隐患等重大安全问题的整改落实,下发安全整改督办函 15 份,促进安全生产工作的深入开展。

【安全生产许可管理】　2014 年,平远县安全生产监督管理局抓好行政审批制度改革承接和行政许可服务进驻各项工作,严格执行安全生产许可证条例,组织对 11 家非煤矿山企业和 17 家加油站完成了许可证延期换证、变更手续;组织对 1 家非煤矿山企业完成“三同时”竣工验收;发放烟花爆竹零售经营(固定)许可证 19 个,安全生产基础建设得到加强。

【事故隐患治理】　2014 年,平远县安全生产监督管理局充分利用安委办这个平台,认真组织开展岁末年初、“12·26”事故后安全大排查、汛期安全生产检查、8～9 月安全生产大检查等重要时段和重点时期的安全生产检查督查工作,采取多种方式,对各镇和县有关部门开展安全生产大检查等安全生产重点工作情况进行督查检查,确保安全生产大检查工作扎实有效。把事故隐患排查治理作为深化安全监管的重要抓手,强化对矿山、建筑施工、道路和水上交通、人员密集场所、旅游、特种设备、建材等重点行业领域的监督检查,每月按要求向市报送 3 条重点安全生产事故隐患,并对每条实行挂牌督办,做到整改资金、整改措施、整改责任、整改时限和应急预案“五落实”。全年上报市重点安全隐患 36 条,全部已按要求依期完成了治理整改。同时,创新安全隐患排查治理方式,与蕉岭、五华、大埔等兄弟县进行 3 次安全生产交叉检查,迎接省、市安全生产飞行检查、专项督查 9 次,促进安全生产各项工作的落实。

【安全执法监察】　2014 年,平远县安全生产监督管理局抓好安全生产执法联合行动,把联合执法行动和“八打八治”专项行动及隐患排查治理工作相结合,扎实开展非煤矿山、危险化学品和烟花爆竹、特种设备、职业卫生、金属制品加工及有限空间作业、渡口渡船、人员密集场所消防、学校安全、卫生场所、建筑施工和燃气安全等联合执法专项行动，出动人力296人次，检查企业及生产经营单位325个，查处非法违法和违规行为为192项，排查治理安全隐患108宗。组织开展好“八打八治”打非治违专项行动，严格落实限期整改、停产整顿、关闭取缔、上限处罚和严厉追责的“五个一律”的执法措施，突出油气管道、非煤矿山、危险化学品和烟花爆竹、交通运输、建筑施工、消防、粉尘爆炸危险、船舶安全等八个重点行业领域，采取多种方式，每月组织开展一次飞行突查，组织开展督查7次，全县出动执法检查人员3216人次，检查企事业单位和场所2031家次，实施明查暗访48次，查处八大行业领域违法违规项目302起，暂扣或吊销有关许可证2件，责令停产整顿4件，追究刑事责任2件。强化执法监管，突出烟花爆竹安全专项整治，严厉查处违法违规行为，出动人力98人次，查处无证非法烟花爆竹经营点5个，没收销毁烟花爆竹25箱又5件，价值9500多元。开展各类执法检查235人次，检查企业103家，行政处罚4起，罚款12.44万元。

2014年1月5日，县安监局领导带队开展重点工程项目安全检查

【夯实安全生产基础】 2014年，平远县安全生产监督管理局把企业安全标准化建设作为安全生产的重点工作，加强组织领导，细化工作方案，加大工作力度，较好地完成了企业安全标准化建设任务；充分发挥政府的引导推动作用和企业的安全生产主体作用，督促企业加大安全生产投入，严格执行安全生产费用提取、风险抵押金、工伤保险费用提取等经济政策；健全安全生产应急救援体系，修订和完善全县安全生产事故综合预案和非煤矿山、危险化学品、烟花爆竹、交通运输等重点行业（领域）安全应急救援预案，建立风险隐患排查和整改制度，组织对重点行业企业进行生产安全事故应急预案评审，2014年开展全县综合应急演练1次和重点行业部门应急救援演练3次，进一步提高安全应急反应能力和救援水平。

【存在问题】 (1)“安全红线”意识不强，重生产、轻安全的现象仍然存在。(2)部分工矿企业安全基础薄弱，安全管理不尽完善，安全防范能力不足。(3)“八打八治”打非治违、隐患排查治理工作力度不够。(4)部分行业安全生产应急救援体系还不健全，对事故应急预案缺乏演练，应急保障能力有待增强。(5)安全生产监管力量不足，安监队伍素质须进一步提高和加强。

（邝光成）

2014年度平远县安全生产监督管理局负责人名录

局　长：徐国平

副局长：姚志勇　丘铭安

环境保护

【概况】 2014年，平远辖区内区域环境质量稳固良好，空气质量达到国家（GB3095—1996）一级标准；水域功能区水质达到区划要求，集中式饮用水源地水质稳定保持在Ⅱ类水质以上；污染减排工作稳步推进，环保设施运行管理规范，在线监测装置运行良好，污水处理厂、垃圾处理场运行正常，污染物达标排放；

顺利通过国家重点生态功能区县域生态环境质量年度考核和环境监测站标准化建设验收考核。

【污染减排】 2014年,平远全县COD减排4.95%,氨氮减排4.6%,二氧化硫减排5.18%,氮氧化物减排26.9%。(1)狠抓工程减排。县城生活污水处理厂二期工程建成投产,城市污水日处理能力达到2万吨,同时,大力推进国控重点源主要污染指标在线监控系统建设,规范中控系统和在线监控系统管理,加强重点源监测、监管和自动监测数据的有效性审核工作。(2)促进农业源减排。平远县环境保护局联合县畜牧局、县农业局等部门共同部署、共同督办,合力推进农业源减排。对年养殖量1000头以上规模化畜禽养殖场(区)进行环境影响评价,要求配套建设固体废物和废水贮存处理设施,污染物处理实现雨污分流+干清粪+废弃物综合利用;联合畜牧局积极挖掘减排潜力,上报500头以上规模化畜禽养殖场(区)减排项目15个,涉及生猪养殖总量5万多头,认真做好减排台账,力争完成农业源畜禽养殖业减排目标任务的同时为养殖户争取"以奖促减"资金改善养殖环境条件。(3)加强大气污染防治。以梅州宁江水泥有限公司4000t/d转窑烟气脱硝工程为重点,扎实推进水泥行业NOX治理工程。将县内25家单位共29座燃料锅炉(10座燃煤,19座使用生物质燃料)列入综合整治项目,开展燃煤锅炉污染综合整治,停用5座,17座已安装水膜除尘或麻石除尘治理设施,治理率75%。开展加油站油气回收改造工作,加强日常监督管理,全县22家加油站全面完成油气回收改造。做好黄标车淘汰、车辆限行、机动车环保检验及环保标志发放等工作,强制注销"黄标车"、老旧车349辆,淘汰营运"黄标车"37辆,免费发放环保标志9323个。(4)深入推进重点企业清洁生产。协助做好平远县广业环保有限公司(平远县污水处理厂)和平远龙云制胶厂两家企业依法实施清洁生产审核工作,已通过专家验收。

【环境执法】 2014年,平远县环境保护局结合专项整治行动、环保专项行动、环境安全百日大检查等,出动执法1361人次,检查企业或个体工商户630家次,发出《环境违法行为限期改正通知书》6份,《责令改正违法行为决定书》5份,《环境保护行政执法责令改正通知书》84份;立案查处两宗,结案两宗,发出《行政处罚决定书》2份,罚款3万元,有效打击环境违法行为。(1)开展环境安全隐患大排查及"未批先建、未验先投"环保专项整治行动。在全面掌握县内"未批先建、未验先投"企业有55家(未批先建31家,未验先投24家)的基础上,开展环境安全隐患大排查及"未批先建、未验先投"环保专项整治行动,出动执法人员360多人次,检查企业或个体工商户120多家,发出《环境保护行政执法责令改正通知书》55份,严厉查处国锋树脂工艺厂未批先建、未验先投的违法行为。(2)巩固铁矿水洗选矿整治成效。结合县政府铁矿水洗选矿督查工作重点,对铁矿水洗选矿进行了污染防治和生态保护情况检查,不定时突击检查大柘镇、东石镇辖区内铁矿水洗选矿点,"零容忍"新无证水洗矿点,发现一起关闭一起。(3)开展畜牧养殖业污染专项整治。为支持配合泗水镇"八村联动"建设美丽乡村,平远县环境保护局联合县畜牧局对泗水镇100条以上的8家养猪场的选址、无害化排放设施设备及环保设施运行情况进行全面的检查。(4)开展中、高考期间环境噪声专项整治。2014年中、高考期间组织执法人员对考场周边进行日、夜间的巡查,同时,发放中高考噪声整治管理通告100多份,确保中高考期间宁静的复习、休息和考试环境。(5)征管并重,强化排污费征收。按照排污申报登记与核定工作要求,对全县污染源和污染物排放种类、数量等情况进行调查摸底,指导101家企业和个体工商户完成排污申报登记工作，为依法、全面、足额征收排污费打下坚实的基础。全年征收排污费35万元。(6)严格执行建设项目验收制度。依法依规严把验收关，认真落实“三同时”制度，对建设项目进行“三同时”跟踪落实，发现问题及时责令整改，规范项目竣工验收。2014年，对10个审批建设项目进行“三同时”环保竣工验收。

【环境项目管理】 2014年，平远县环境保护局切实做好环境项目管理工作。(1)坚守审批红线。按照广东省主体功能区划定位，实施差别化环保准入要求，平远县环境保护局从严从紧环保准入，强化建设项目管理“三同时”制度，维护生态发展区域生态安全。(2)严格遵守审批规定。严格按照有关规定，不降低标准，不拆解项目，不越权审批，进一步规范完善环评审批程序，实行公示会签审批和对重大项目或比较敏感的建设项目局党组讨论审批。2014年全年审批项目36个。其中，报告表21个；登记表15个。(3)规范排污许可证申领程序。严格执行《广东省排污许可证管理办法》，规范排污许可证申领程序。全年共核发排污许可证10个。(4)强化环评机构监管。依法依规对县内7家环评机构进行考核，重点对其环评文件编制质量、服务质量等方面进行评价，考核表明该县7家环评机构能依法依规开展环境影响评价工作，环评文件质量保证。

【环境监测】 2014年，为扎实推进南粤水更清行动计划，平远县环境保护局切实做好环境监测工作。(1)加强水源区水质监测力度。对横水水库、净水厂取水口实行每周监测1次，对黄田水库进行每月1次的取样监测，县各主要河流每2个月监测1次。(2)做好酸雨监测工作，做到逢雨必测，数据按时上报。(3)深入开展县城饮用水水源调查工作。组织环境监测工程技术人员开展县城饮用水源及周边环境现状的调查，根据调查情况撰写调查报告，并提出建议，为平远县水源保护工作提供科学依据。(4)做好污染源监测，对排污企业按每年两次以上的频次进行监测，对国控企业污水处理厂进行每季度监测。(5)开展“两控区”环境质量监测。(6)开展国家重点生态功能区县域生态环境质量监测工作，2014年取得有效监测数据15000多个，开展环评现状调查项目30多个，发出各类监测报告100多份。

【固废管理】 2014年，平远县环境保护局加强固废管理。(1)加强污水处理厂污泥监管。严控废物产生、贮存、转移、处置、利用的全过程，防止二次污染。2014年全年处理污水292.7万吨，产生和规范处置污泥252.0吨，污泥含水率约96.1%。(2)推进医疗废物集中处置。协同卫生部门指导医废处置单位与辖区医疗单位签订处置协议，全县各医疗单位均与金川公司签订了处置协议。(3)加强危险废物的监管。依法将广东富远稀土新材料股份有限公司(危险废物年产1吨以上，3吨以下)列入重点监管单位，强化监管，开展专项检查工作，全面规范危险废物管理。(4)加强进口废物的监管。依法依规，加强对进口废塑料加工利用企业(捷丰公司)的网上试报和日常监管，做好该企业季报、年报工作。

【辐射管理】 2014年，平远县环境保护局会同县卫生部门加强射线装置使用单位监督检查，全面掌握县内射线装置使用情况，督促射线装置使用单位完善环保审批、验收手续，办理相关许可证，规范射线装置使用管理。同时加强辐射污染源日常监督管理。为防止核与辐射污染事故的发生，保障环境安全，按照相关法律、法规，督促梅州鼎盛木业有限公司完善放射源长效管理机制，强化制度执行和保卫措施，认真做好在核技术应用场所悬挂明显的放射性标识和中文警示说明工作。

【环境信访】 2014年，平远县环境保护局积极践行群众路线，坚持环保为民的理念，完善环境信访受理工作机制,环保局局长接访日常态化(每月15日),畅通12369环保热线,切实做好环境信访工作。全年受理环境信访共82宗,其中接待来访群众5批15人次。受理来信来电77件(来信2件、电子邮件51件、电话24件),反映大气污染问题51宗,水污染问题8宗,噪声污染问题的20宗,电磁辐射1件,畜养、农药化肥污染1件,建议类1件,办结率100%。同时,处理人大议案2宗;政协提案3宗(建议1宗)。

【环境宣传】 2014年,平远县环境保护局深化环保法制宣传,着眼环保科普知识普及,提高全民环保素养,营造良好舆论氛围。利用"世界环境日""环境安全宣教月"和环保宣传"五进"活动,采取散发资料,张贴标语、悬挂横幅,设置环境文化宣传橱窗、播放电视专题节目等宣传方式,面向社会开展环保法制和科普宣传,共散发环保知识宣传资料3000多份,宣传挂图58套,张贴标语108条,悬挂横幅28条,积极弘扬生态文明,增强公众环境法律意识。继续做好绿色学校创建工作,全力推进生态环境建设,至年底,平远县已创建有6所省级绿色学校。开展环保法律进机关、进乡村、进社区、进学校、进企业、进单位普法宣传活动,开展国策宣传、咨询活动,扩大环境保护工作社会影响,增强全社会宣传、贯彻落实环境保护国策的意识,营造较为良好的宣传氛围,努力增强公众环保法治意识。

【环保能力建设】 2014年,面对财政资金困难,平远县环境保护局迎难而上,筹措资金160多万元,按照1000平方米的标准,改造环境监测化验大楼,同时,购置一批化验设备设施,并在顶楼安装空气环境自动监测PM2.5设备。3月4日,省国家重点生态功能区县域生态环境质量考核工作现场检查组到平远检查,平远县生态环境获得检查组的好评,并顺利通过省国家重点生态功能区县域生态环境质量考核,获得7661万国家生态补偿经费。

【重点项目建设】 农村连片整治示范县试点建设项目是平远县建立水源保护长效机制及改善农村生活环境的重要基础。全县重点项目总投资1969.27万元,省财政厅已转移支付800万元。2014年已累计投入417.68万元,重点加强农村污水处理设施建设和生活垃圾收集转运处置,平远县环境保护局积极配合做好项目前期准备工作,认真监督项目招投标、签合同等事项。生活垃圾收集转运工程进展较快,已经完成该项目工程量的70%;污水收集管网工程和污水处理设施工程,按照相关规定和程序,已完成招投标,并与中标企业签订了施工合同,于2014年10月全面施工建设,已完成该项目土建工程量的30%。

【存在问题】 (1)由于经费有限,环境监测能力基础薄弱,环境监测工作难于运行。(2)随着经济社会发展,饭店、娱乐场所、建筑工地的油烟废气和噪音扰民问题日益突出,环保压力进一步加大,环保队伍建设与日益繁重的工作任务矛盾更加突出,人员明显不足。(3)水环境污染防治形势依然十分严峻。生态环境的破坏及垃圾、生活污水的任意排放已对农村饮用水源地构成了威胁。当前,较为突出的是养猪畜牧业对县城饮用水源水质的影响和由于生态补偿未到位造成监管难度大。(4)有些企业法律法规意识淡薄,证照不全,存在"未批先建、未验先投"情况。 (邹志强)

2014年度平远县环境保护局负责人名录

局　长:姚春尹

副局长:姚建国　林宜金　陈广林

教育·科技

教　　育

【概况】　2014 年,平远县共有 36 所学校,其中小学 18 所,初级中学 13 所,九年一贯制学校 1 所,高级中学 3 所,教师进修学校、职业技术学校 1 所。全县教职工 2758 人,在校小学生 12857 人,初中学生 5946 人,普通高中 5699 人,职业高中 1118 人。另外,全县共有 33 所幼儿园,其中县示范幼儿园 1 所,实验幼儿园 1 所。在园幼儿 7241 人。

【教育教学工作】　2014 年,平远县教育局扎实做好教育教学工作。(1)编写《平远县中小学素质教育实施细则》,分学段、学科对不同年龄阶段的学生提出素质教育的细化要求,对中小学生每天、每周、每月的活动提出明确的标准,为促进平远县教育教学再上新台阶提供保障。(2)制订平远县《刘宪奖教奖学基金管理办法》。威华集团董事长李建华捐赠 1500 万元,成立平远县刘宪奖教奖学基金,奖励平远县教育事业中成绩突出的师生。(3)开展课题研究活动。2014 年成功申报省教育厅基础教育研究的专项资金 150 万元,还有 6 个课题被确定为省教育研究课题,其中 3 个为省教育研究院科研课题,3 个为省"十二五"规划"强师工程项目"课题。26 个课题获市级结题,28 个课题获县级结题。(4)抓实教学教改工作,开展推门听课、推门查课、区域教研、送教下乡等活动,扎实推动课堂教学改革,提高教学质量,提升平远教育的竞争力。2014 年,全县中考平均分居全市第三。全县上本科线以上人数 679 人,比上年增加 182 人,本科入围率 35.24%,比上年提高 9.12 个百分点;平远中学上重点本科线 40 人(比上年增加 9 人),上本科线 663 人(比上年增加 171 人),本科率 65.8%(比上年增加 25 个百分点),增幅居全市第一;梅青中学上本科线 22 人,比上年增加 17 人(其中上二 A 线 17 人,比上年增加 12 人)。

【教师队伍建设】　2014 年,平远县教育局抓好教师队伍建设。(1)加强教师职业道德建设。9 月开展以"立德树人,立教圆梦"为主题的师德建设主题教育月活动。12 月 30 日晚,在县迎宾馆举行全县教职工"迎新春"歌咏比赛,展现广大教职员工新时期的精神风貌。(2)充实学校领导班子。选拔梅青中学、实验中学、县二小、热柘华侨中学、仁居中学、实验幼儿园校(园)长,调整、补充中小学班子成员和中层管理干部共 65 人次。(3)补充新教师 74 人。其中,"千人计划"引进研究生 11 名;211 工程院校招聘 15 名;招聘到乡镇初级中学任教本科生 28 名;招聘幼儿教师 20 名(其中本科生 4 人,专科 13 人,中专 3 人)。(4)评优评先。凌育双、杨伯平和张彩洪等 3 位校长被评为第二届"嘉应名校长",有 12 位老师被评为第二届"嘉应名教师",有 15 位老师获得 2014 年梅州市"叶剑英基金优秀教师奖",有 7 人被评为市优秀教师。

【教育强镇复评】　2014 年,平远县教育局投入 640 多万元,用于东石、石正、上举、长田四镇的教育强镇复评,并于 11 月顺利通过省督导验收。

【全国义务教育发展基本均衡县工作】
2014 年 7 月,平远县顺利通过全国义务教育发展基本均衡县省级督导验收。12 月 23 日,顺利通过义务教育发展基本均衡县国家级督导验收。

【实验学校建设】　2014年，平远县教育局筹资7200多万元，推进“三个一”实验学校(实验中学、实验小学、实验幼儿园)建设。实验中学选址于平远中学老校区，项目在原有校舍的基础上按照省级规范化学校标准进行改造，占地面积41354平方米，建筑面积17000平方米，设置高中三个年级，每个年级设置10个教学班，可接纳学生约1500人。9月已招高一级新生600多人。平远县实验幼儿园选址于县城城北翠拥华庭开发区，占地面积10500平方米(其中幼儿园建设用地面积6500平方米，儿童公园面积4000平方米)，建筑面积7748平方米，是编制15个班、可容纳在园幼儿500人的省级规范幼儿园。9月已招小班幼儿100多人。采用BT融资模式建设的实验小学工程正在建设中。

2014年9月，平远县实验幼儿园开学场景

【校园安全工作】　2014年，平远县教育局抓好校园安全工作，筑牢安全工作红线意识，把“一岗双责、齐抓共管”的安全责任体系作为学校工作的新常态，以预防事故为目标，以巩固安全基础为重点，以抓铁有痕的有效措施，强化对学生的安全教育，健全安全管理制度，排除校内外安全隐患，全力抓好学生交通安全、游泳安全、食品卫生安全、消防安全、校园周边环境治理和学校内部安全管理等六大方面工作，确保全县教育系统的平安与稳定。

【存在问题】　2014年，平远县教育工作面临的困难与问题：优质教育资源与群众日益增长的教育需求相比仍有差距；师资结构不合理，主要表现为质量性缺编和城乡师资结构不平衡。

(刘义伟)

2014年度平远县教育系统负责人名录

平远县教育局

局　长：王志平

副局长：陈　新(任至6月)
　　潘昌洪　吴文汉　刘兰娇(女)
　　凌征善(12月起任)

平远中学

校　长：余　平

副校长：张　友　姚　健　朱文安
　　刘映红(女)

梅青中学

校　长：丘仁桂(任至12月)
　　杨　平(12月起任)

副校长：杨　平(任至12月)　姚　伟
　　凌育松(任至1月)
　　王汝辉(12月起任)

实验中学

校　长：刘　洪

副校长：凌育浩(12月起任)
　　林淦东(12月起任)
　　沈春梅(女，12月起任)

县职业技术学校、县教师进修学校

校　长：林向阳

副校长：刘正荣　姚万兴　陈宏智　李超贤

田家炳中学

校　长：凌育双

城南中学

校　长：黄志东

石正中学

校　长：李育青

铁民中学

校　长：曾令平

科学技术

【概况】 2014年,平远县科技局贯彻落实“自主创新、重点跨越、支撑发展、引领未来”的科技工作方针,按照“抓创新、强管理、重服务、提质量、促发展”的工作思路,扎实做好科技、知识产权、防震抗震等各项工作,科技综合实力得到较大幅度提高,促进平远经济社会发展。

【科技管理】 2014年,平远县科技局抓好科技管理工作。(1)做好年度科技计划项目的申报和实施工作。为企业提供优质服务,指导、帮助企业申报科技项目,不断提高项目申报质量;加强对科技项目实施指导监督检查,管好用好科技专项资金,不断提高资金的使用效率。(2)科技成果管理得到加强。全年组织市、县科技成果鉴定共8项。其中,市级科技成果鉴定5项;县级科技成果鉴定3项。2014年获得梅州市科学技术奖二等奖2项,三等奖3项。组织2012~2013年度县科学技术奖评审活动,评出一等奖2项,二等奖3项,三等奖6项。奖励金额10万元。(3)开展全社会研发经费R&D(研究与试验发展)统计工作。重点抓好科学发展观考核的科技经费投入指数、专利申请量指数、科技成果产业化指数落实和核实工作,2013年,平远县社会研发经费R&D投入占GDP比重为1.05%。

【科技创新】 2014年,平远县科技局引导扶持有条件的企业组建科技创新平台。至12月,全县共有博士后科研工作站1家,省级工程研发中心4家、市级工程研发中心4家,市级农业科技创新中心1家。推进高新科技企业申报及年审工作,努力培育省高新科技产品。引导企业申报高新技术企业,指导广东富远稀土新材料股份有限公司进行高新技术企业重新认定并通过;指导梅州市汇胜木制品有限公司进行高新技术企业复审并通过。平远县有3家企业三种产品获得省高新技术产品认定。

【科技合作】 2014年,平远县科技局主动为企业牵线搭桥,促成省内外高等院校、科研机构与平远县企业合作,建立产学研示范基地。至12月,有12家企业和5个镇分别与中山大学、华南农业大学、广州中医药大学、北京科技大学、南昌大学、中南大学、仲恺农业工程学院、南京林业学院、广州有色金属研究院等建立了产学研合作关系,派驻企业科技特派员20人,开展技术攻关,为企业解决技术难题。此外,还建立产学研平台7个、产学研示范基地4个;科技特派员工作站2个;研发出拥有知识产权的新产品12项。

【专业镇建设】 2014年11月,平远县差干镇被广东省专业镇发展促进会认定为省级旅游专业镇。至12月,全县拥有专业镇7个。其中,省级专业镇6个;市级专业镇1个。6个省级专业镇均组建专业镇生产力促进中心。

【科技服务】 2014年,平远县科技局做好科技服务工作。(1)与县委宣传部联合举办“四送”活动进基层县“社科普及周”活动,向群众开展送政策、送技术、送书籍、送服务,宣传科技知识,为群众讲解各类实用技术知识。(2)通过组织农业、卫生部门开展送科技下乡,提供科技服务,推广先进实用技术,提高广大农民的科技素质。发放12个种类的宣传资料9000多份,接受群众咨询800多人次,义诊群众100多人。(3)培育果农科技基地,推进农业科技示范园区建设,发展镇村特色产业,推动平远县农业生产发展。

【知识产权工作】 2014年,平远县全县专利申请量50件。其中,发明专利5件;实用新型专利10件;外观设计专利35件。专利授权量28件。其中,发明专利1件;实用新型专利9件;外观设计专利18件。配合市知识产权局进行专利执法活动,对全县经营花洒商店和儿童用品商店进行专利检查,均未发现有假冒专利产品及假冒专利违法行为。邀请市知识产权局专家到平远县举办知识产权业务讲座，重点培训企业技术人员，通过培训，使企业意识到专利保护的重要性，鼓励企业在做好自主创新的同时，及时申请专利保护。

【防震减灾】　2014 年，平远县科技局广泛宣传防震减灾法知识，提高与加强公民的应急避险自救能力和防震减灾意识，进一步做好地震安全性评价工作和地震观测点的管理工作。

【存在问题】　2014 年，平远县科技工作存在一些问题，主要表现在：科技创新能力不够强，高新技术产业发展速度较慢；科研经费投入不足；科技人才匮乏，尤其是缺乏高层次的技术人才；拥有自主知识产权的核心技术和产品少，多数企业技术水平低、研发能力弱，部分产业未形成完整的产业链和研发链等；知识产权专项经费少，知识产权工作基础薄弱。

（县科技局）

2014 年度平远县科技局负责人名录

局　长：林志坚

副局长：李小林（任至 6 月）　沈意中

　　　　钟玉惠（女）　叶振华（6 月起任）

2014 年 4 月 17 日下午，梅州市人大常务委员会副主任韩小林（左四）率市人大科教文卫工委主任曾大群（右二）、市科技局局长廖峭（左三）等领导到平远源丰农业发展有限公司考察、调研，县科技局领导陪同考察、调研

社会科学

党史研究

【党史资料的征集、编辑出版】 2014年,中共平远县委党史研究室按要求做好党史资料的收集和编研出版等工作。(1)编写《广东中央苏区历史》平远卷。根据粤党史〔2014〕21号文件精神,加强广东中央苏区历史的研究和宣传,进一步挖掘红色资源。平远县成立以县委书记和县长为顾问的编委会及以党史部门牵头的编辑工作机构,负责组写《广东中央苏区历史》丛书平远卷工作。到年末,完成初稿(约25万字)的编写,并上交省、市党史室审核。(2)收集《中国共产党平远县地方历史》(第二卷)相关资料。《中国共产党平远县地方历史》(第二卷)是记述1949年10月至1978年12月近30年平远党组织及其领导的斗争和建设的历史书籍,该室通过认真查阅档案文献资料和开展专题调研、采访历史见证人等,收集整理100多万文字资料,撰写10多篇专题研究文章,为编写平远党史二卷打下扎实的基础。(3)做好《平远知识青年上山下乡运动》编辑出版工作。年初,开展党史专题研究,收集平远知青运动的历史照片、文献资料和知青成长的日记、事迹材料等,3月,完成编辑出版《平远知识青年上山下乡运动》任务,该书有着重要的存史价值和励志作用。

【党史宣传】 2014年,中共平远县委党史研究室做好党史宣传工作。(1)做好"广东省党史教育基地"挂牌工作。平远县红军纪念园被广东省委党史研究室确定为"广东省党史教育基地",成为梅州市第二个"广东省党史教育基地"。4月10日,在平远县红军纪念园举行"广东省党史教育基地"挂牌揭幕仪式,省委党史研究室主任杨汉卿、副主任李淼翔,梅州市委常委、组织部长曾祥华和梅州市、

2014年4月10日,省党史研究室主任杨汉卿(左)一行到平远参加广东省党史教育基地挂牌揭幕仪式

河源市、潮州市、韶关市及广东被确认属于原中央苏区范围党史(史志)部门负责人参加揭幕仪式并参观红四军纪念馆。(2)协助做好《红色苏区行》大型系列节目录制。为进一步加强梅州中央苏区革命斗争史的宣传教育,贯彻落实《赣闽粤原中央苏区振兴发展规划》,9月16日,梅州市广播电视台到平远采访拍摄。该室积极配合,提供翔实的史料(包括文字资料、图片录像等)和栏目内容及后续专题的策划,围绕当年红四军三进平远的时间、过程,先后深入到革命斗争事件发生地石正、仁居等地拍摄,并联系好当年见证红军到平的老人进行采访,确保《红色苏区行》拍摄工作顺利进行,并于9月20日20:00时在梅州二套梅州新闻联播栏目播出。(3)做好党史宣传教育工作。结合党的群众路线教育实践活动,坚持送课下乡和在培训班上讲课,宣传地方历史。还到挂

钩村和县委组织部、县直机关工委、县住建局、县财政局、县民政局等10多个单位作《弘扬苏区精神践行群众路线》的专题辅导。(4)做好“著名抗日英烈事迹展”布展脚本编写工作。平远籍的黄梅兴、姚中英、姚子青等被列入民政部公布的第一批著名抗日英烈和英雄群体名录后,中共平远县委决定在2014年9月30日的“烈士纪念日”前举办“纪念黄梅兴、姚中英、姚子青等抗日英烈事迹展”。该室接受任务后,立即收集整理黄梅兴、姚中英、姚子青及其他11名平远籍抗日英烈的主要事迹,写出图文并茂、音像并举的布展脚本,会同县委宣传部做好布展。9月28日至30日,县委办组织县党政领导和县直机关干部职工、中小学生参观学习,并向社会各界人士开放,重温英烈事迹,使参观者深受教育。

【其他工作】 2014年,中共平远县委党史研究室依据中央、省有关规定,加强对涉及党史的宣传标语、文章、出版物等的审核,切实履行党史题材审核把关职责,维护党史的严肃性。同时,为有关单位提供党史支撑。如:协助申报平远县红军纪念园为广东省“爱国主义教育基地”和革命遗址保护项目,以及做好中央苏区红色文物资源统计上报工作。此外,该室还认真对待老同志及老革命后代的来信、来访。

(王建华)

2014年度中共平远县委党史研究室负责人名录

主　任:王远明

副主任:叶俊新

地方志工作

【概况】 2014年,平远县人民政府地方志办公室(简称“平远县方志办”)重点做好年鉴编纂、地方志资料年报、地方志资源开发利用以及开展党的群众路线教育实践活动等工作,取得较好成绩。《平远年鉴·2014》在中国出版协会主办、年鉴工作委员会承办的第五届年鉴编纂出版质量评比中,获综合三等奖、框架设计二等奖、条目编写三等奖、装帧设计三等奖。该次获得的国家级奖项,是平远年鉴编纂出版史上第一次,亦是梅州年鉴编纂出版史上首次。

【《平远年鉴·2014》编纂出版】 2014年,平远县方志办按照上级要求和部署,开拓创新,做好年鉴编纂出版工作。(1)精心组织,认真收集资料。按照年鉴篇目、内容的要求,研究制订年鉴编纂计划,制发收集年鉴资料的通知,召开年鉴组稿工作会议,对供稿单位年鉴通讯员进行业务培训,向供稿单位布置年鉴编写任务。同时,将年鉴资料的收集、编纂任务分解到人,由编辑人员按要求做好资料的收集汇总。(2)开拓创新,落实责任。为确保年鉴按时按质完成编辑,并向精品目标迈进,着重对年鉴的整体框架、版面内容安排进行调整,使其更加科学、合理,对条目的编写提出更规范的要求。2014年,首次编排索引内容,为读者准确、迅速获得资料提供指引;首次在内文增加黑白插图辅助记述年度情况,使图片成为年鉴的重要组成部分,实现图文并茂;首次在“附录”中收录“平远题材歌曲”10首,丰富年鉴内容。(3)认真审校,反复修改。严格执行审校制度,先后多次集中时间召集全体编辑人员对稿件进行逐字逐句、逐段逐页核校,对文字、图片编排进行认真编审,反复修改,还将稿件送广东人民出版社审定,做到语句通顺,体例规范,排版合理。(4)按时出版。10月底,《平远年鉴·2014》由广东人民出版社审定出版发行。全书约60万字,其中彩色插页48版。

【地方志资料年报工作】 2014年,平远县方志办继续做好地方志资料年报工作。召开全县地方志资料年报工作会议,对全县125个单位有关人员进行业务培训,并布置年度年报资料征集工作任务。同时,对收集到的年报资料进行验收、归档,定期对报送单位进行检查督导。

平远年鉴编辑部召开编辑工作会议场景

【地方志资源开发利用】 2014年,平远县方志办配合县委做好平远县“纪念黄梅兴、姚中英、姚子青等抗日英烈事迹展”的策划和筹办工作。配合县政府完成“平远旅游”导游词的编撰工作。抓好地情网站建设。收集整理县志、年鉴等地情书籍资料,为下一步实现地情资料网络电子化做好资料准备。全年全办干部在省级期刊《广东史志》发表地情研究文章3篇。

【加入年鉴协会】 2014年10月20日,平远县方志办(《平远年鉴》)成为中国出版协会年鉴工作委员会团体会员单位。

【其他工作】 2014年,平远县方志办做好2014年卷《广东年鉴》《梅州年鉴》组稿工作,按时完成组稿任务。按照《〈广东地方志纪事〉编写方案》要求,撰写《广东地方志纪事》平远县相关部分内容。做好《平远县水利志(1986~2010)》编修的业务指导工作。

(平远县方志办)

2014年度平远县人民政府地方志办公室负责人名录

主　任:韩园德

副主任:姚文瑾(女,任至4月)　林绪远

档案工作

【档案行政管理】 2014年,平远县档案局(馆)贯彻实施《档案法》等法律法规和《档案管理违法违纪行为处分规定》等部门规章,促进各单位自觉依法开展档案工作;开展机关档案工作宏观指导和跟踪监督,协助二十多个单位整理档案170多卷又8830多件;开展机关档案工作达标升级复查,改革复查的方式方法,参考省有关标准设计考核表印发相关单位对照自查自纠,全年复查15个单位,复查率100%,保级合格率92.3%,落实整改100%;加强重点建设项目档案和民营企业档案工作,跟踪指导5个重点项目单位和7家民营企业的档案工作;加大农村档案工作监督指导力度,加强指导服务,逐步规范镇、村档案室及其工作,完善农村档案信息资源共享网络,全县143个村(居)委会建立健全了档案室,村(居)民在村(居)委会能查阅已上网的档案信息和政府公开信息。

【档案资源建设】 2014年,平远县档案局(馆)把抓好档案资源体系建设作为夯实档案馆业务、提升档案服务能力的基础性工作,切实把档案资源完整收集好、安全保管好,确保党和国家的档案资源不流失、不损毁。修订《平远县档案馆收集档案范围实施细则》,由县人民政府颁布实施(平府发〔2014〕18号);开展档案收集进馆工作,做到应进馆尽进馆,全年接收文书档案368卷又1998件、专门档案317卷,县档案馆馆藏档案总量达到54794卷又20341件;民生档案比增374卷又1053件,总量达到22030卷又12805件,占馆藏总量的42%;加强档案保管保护工作,落实各项防控措施,无档案保管保护工作失误事件。

【档案利用服务】 2014年,平远县档案局(馆)坚持服务为先,以服务大局、服务民生、服务社会作为档案利用的基本准则,全年接待服务1681人次,查阅利用档案4218卷又749

件、资料257册,接受来电、来函查档96人次;开展档案编研出版工作,协作编纂出版《平远知识青年上山下乡运动》一书;加强政府信息公开工作,开展现行文件查阅服务,县档案馆(政府信息查阅中心)有49个单位的1875份现行文件可供查阅,比增218份,全年提供利用现行文件285份228人次,比增67份54人次;加强爱国主义教育基地建设,充实完善基本陈列,全年接待参观者587人次;做好省委党内法规和规范性文件清理工作,从19个全宗单位的进馆档案中清理出1955年至2012年省委发出的相关文件618件。

【档案信息化建设】 2014年,平远县档案局(馆)开展"数字档案馆"建设,编制《平远县数字档案馆项目方案》,启动档案全文数字化设备的政府采购计划;开展档案目录微机录入,全年著录文件级目录9754条,至年底,累计录入530432条,占全部馆藏档案目录的100%,基本实现馆藏档案文件级目录微机检索;加强档案信息网站建设,对原有网页进行改版,全年发布信息27条,IP访问3449次,自2007年11月开办后累计访问量27246次。

【档案安全保密工作】 2014年,平远县档案局(馆)开展档案安全保密教育,贯彻《广东省各级各类档案局(馆)档案安全问责试行办法》,加强安全防范意识;落实档案安全工作责任制,健全各项制度,加强安全设施,克服麻痹思想;加强档案安全利用,做好档案出入库登记,档案借阅利用制度健全,利用未开放档案手续完备;加强档案信息安全工作,严格文件、档案信息上网审查;做好电子数据备份、检查,防止数据丢失和失泄密;健全网络安全制度和措施,防范网络安全风险;加强档案抢救保护工作,落实抢救民国档案计划300卷,完成裱糊147卷,累计抢救档案总数5069卷;加强档案安全工作检查,排查各种安全保密隐患。全年无档案安全保密事故。

【档案宣传工作】 2014年,平远县档案局(馆)以爱国主义教育基地和该单位门户网站为平台,发挥档案文化教育功能作用,开展社会主义核心价值观宣传教育活动;开展"国际档案日"宣传活动,以"走进档案"为主题,在第二届全国性档案日前后集中开展一系列宣传活动,发放宣传手册500多本;开展依法治档宣传,配合《档案管理违法违纪行为处分规定》的贯彻落实,向全县各机关团体、企事业单位、各镇各村(居)发放有关档案法规知识宣传资料近300份;积极向各级档案刊物、网站投稿,宣传平远档案事业发展的最新动态和工作亮点,全年投稿15篇,被《粤档信息》采用2篇、《梅档信息》及梅州档案网站采用5篇。

【存在问题】 2014年,平远县档案工作存在的问题主要表现在:馆舍建筑未达到国家标准要求,差距较大;档案信息化滞后,全文数字化工作尚未开展;人员不够稳定,尤其是镇村档案员变动频繁;档案事业经费尤其是档案保管保护费用不足;国家重点档案的保护抢救任务还没有全面完成。 (杨菊良)

2014年度平远县档案局(馆)负责人名录

局(馆)长:陈东英

副局(馆)长:刘菊珍(女,任至6月)

徐百渊　王佐明(6月起任)

文化·传媒

文　　化

【文化惠民工程】　2014年，平远县文化广电新闻出版局（简称“平远县文广新局”）抓好文化惠民工程。（1）完善县级文化基础设施建设。继续做好图书馆设施提升工程，重点改善少儿图书室整体环境，进一步完善标识和指引，设立亲子阅读区，打造亲子阅读、绘画、手工制作等亲子平台品牌，营造轻松的阅读氛围。全力做好博物馆布展提升工程。做好展览设计方案、财政审核、立项和招投标工作，完成县博物馆“平远史话”展布展工程的80%。（2）增强镇村文化活动场所建设。至年底，全县镇、村（社区）有文化休闲广场91个。全县12个镇均设有文化站，有镇级电子阅览室10个，村级文化室46个，全县建成农家书屋133个，总藏书22万多册。（3）抓好县级图书馆、文化馆和各镇综合文化站的免费开放管理工作。制订免费开放管理工作方案，并不定期派出专门人员分赴各镇（村）进行检查指导，严格按照规章制度执行免费开放管理工作，把免费开放专项补助资金落实到位，真正做到专款专用。（4）抓好农村综合文化社区建设试点工作。全面完成长田镇长安村农村文化俱乐部“三多三促”建设试点工作，5月20日举行现场会以及农村俱乐部挂牌仪式，并获得梅州市第一批“三多三促”农村（社区）文化俱乐部示范奖。2014年，平远县增加三个试点，分别是大柘镇清河村个臣屋、石正镇南台大夫第、热柘镇热水村谢屋“农村（社区）文化俱乐部”。（5）加强农村电影和“户户通”工程的管理工作，全年放映农村电影1632场；加强“户户通”维护，根据实际情况调整个别镇的“户户通”维护人员。（6）开展农家书屋提升工程，开展全民阅读活动。完成全县12个镇20个行政村农家书屋提升工程，每个点配送各类书籍570册，音像制品6种，期刊2种，共送书11400册；在暑期期间开展“我的书屋，我的梦”农村少年儿童阅读活动，并选送活动读后感2篇送市评选。

【群众文化活动】　2014年，平远县文广新局开展群众文化活动。（1）抓好群众性文化活动。1月31日，举行“我们的中国梦·文化进万家”平远县2014年春节群众文艺表演；5月3日，举行“我们的中国梦·文化进万家”平远县2014年庆“五一”暨“文化志愿服务基层行”社区群众文艺表演；7月29日，举办“平远县创建省双拥模范县暨‘八一’军民联欢晚会”；8月22日，举办2014年“广东省群众文化精品巡演活动”；顺利举办“洞藏杯”梅州市民间歌手大赛（平远赛区）海选、初赛、复赛；9月21日，承办“印度尼西亚之夜”大型文艺晚会，让全县人民一睹印尼风情歌舞表演的同时也让平远对外文化交流得到进一步提升；9月29日，举办南粤幸福活动周“幸福我来秀”活动启动仪式文艺演出；11月7～10日，在梅州市院士广场，举办第二届客家文化创意产品博览会，平远展区以“梦里客家，美丽橙乡”为活动主题，突出人文毓秀，秀美山川，平远手信三大板块的内容，平远县获得“优秀组织奖”和“优秀展示奖”两大奖项；11月21日，协助举办“橙意平远”第十届慈橙文化旅游节群众文艺晚会。另外，利用群众业余文艺团队，开展丰富多彩的文化系列活动，并深入各镇、村，开展送戏、送书、送电影等“文化三下乡”活动。文化馆以及各镇文教体育服务中心也利用节庆时间,开展歌咏比赛、书画创作、文艺表演等群众文化活动。(2)抓好群众文艺创作。多次组织召开重点作者和辅导干部会议,发出约稿书函,通报并表彰3位获得省、市级群文创作奖的作者以及19位获得平远县群文创作奖的业余作者。全年收到小戏、小品、快板、山歌对唱、歌曲等作品共48件,其中13件作品送市参评;指导文化馆出版《平远文艺》期刊。

2014年9月21日晚,“印度尼西亚之夜”晚会在县人民广场举行

【文化遗产保护】　2014年,平远县文广新局开展文化遗产保护工作。(1)做好普查工作,夯实文物家底。平远县登记不可移动文物208处。其中,古遗址27处;古墓葬9处;古建筑104处;石窟寺及石刻14处;近现代重要史迹及代表性建筑54处。省级重点文物保护单位7处,市级重点文物保护单位6处,县级重点文物保护单位27处,不可移动文物名录128处。2014年,开展第一次全国可移动文物普查工作,登记调查国有单位213个,有文物单位5个共登记4789件。(2)做好文物保护和文保单位修缮工作。对平远县2013年5月公布的第五批共13个县保单位和6个市保单位进行立碑保护。加强文物安全检查和管理,每月开展两次安全隐患排查,确保全县文物安全无事故;同时秉着“修旧如旧”的原则,投入50多万元,对红四军军需处旧址进行修缮,对亟须抢救的省级文物保护单位东门街谢屋红军标语进行抢修。(3)做好非物质文化遗产的保护和传承工作。推进非物质文化遗产项目的登记、保护、申报工作。全县有25个列为全县重点保护项目进行登记,列入省级非物质文化遗产保护项目1个、市级9个、县级4个。继续推进《平远船灯》列为国家级非物质文化遗产保护项目,《落地花鼓》《落地金钱》列为省级非物质文化遗产保护项目,以及《南台山大佛的传说》列为市级非物质文化遗产保护项目的申报工作,对《平远客家娘酒酿造技艺》和《平远木雕根艺》等传统技艺进行调查建档,争取申报为县级项目。加强宣传,做好非遗项目的传承活动。非保中心结合“世界非遗日”开展系列宣传活动,举办《船灯》《落地金钱》《落地花鼓》等非物质文化遗产保护项目的培训班,培养多名年轻一代的《船灯》《落地金钱》《落地花鼓》表演传承人。做好张珍兰为《平远船灯》省级代表性传承人的申报工作。

【文化市场和广播电视安全播出监管】
2014年,平远县文广新局做好文化市场和广播电视安全播出监管工作。(1)严把文化市场入口关,完善“准入机制”。严格按照法律、法规、条例、规章的要求,把好行政许可项目准入关。在审批过程中严格把好材料、手续、程序关,实地检查、核实,做到场地与材料相符,手续完备,程序合法。对申请行政许可、变更的事项及时放到网上行政审批系统和全国文化市场综合执法办公系统中,同时认真做好行政审批项目的清理和进驻平远县网上办事大厅的相关工作。(2)加强文化市场监管力度,净化文化市场。抓网吧场所监管,从严查处各类违规行为;抓娱乐场所的管理,维护娱乐场所正常经营秩序;抓侵权盗版行为,保护权利人合法权益;抓印刷行业的监督管理,确保印刷行业安全;抓“扫黄打非”工作,净化文化市场环境。(3)多方联动,加强检查和加大执法力度。联合公安、消防等部门,对文化市场几个重点行业进行检查,发现安全隐患32个,发出整改通知32份。至年底已全部整改完毕,并通过有关部门验收。制订《平远县2014年娱乐场所及网吧专项整治行动工作方案》,成立平远县娱乐场所及网吧专项行动整治工作领导小组。加强网吧、娱乐场所的监督管理。2014年检查文化经营场所183家次,现场处罚违规案件12宗,收缴一批盗版图书和音像制品,依法取缔无证经营的娱乐场所2家。(4)加强对广播电视安全播出的监督管理,确保播出安全。成立安全播出领导小组,建立健全规章制度,与广电台签订安全播出责任书,加大督促检查力度,切实保障重大活动期间绝对安全播出,协助做好省新闻出版广电局民生热线的上线工作,全年未出现省局民生投诉问题,未出现安全播出事故。

【招商引资】 2014年,平远县文广新局引进平远县百川资产管理有限公司投资建设平远县百川商业中心项目,签订招商引资服务协议,有序推进项目建设。该项目投资35000万元,占地面积4265平方米,建筑面积15519平方米。 (凌 通)

2014年度平远县文化广电新闻出版局负责人名录

局 长:刘立新

副局长:王元增 谢广传 陈斌扬

2014年度平远县文化市场综合执法队负责人名录

队 长:谢广传

广播电视

【宣传报道】 2014年,平远县广播电视台坚持正确的舆论导向,围绕县委、县政府的中心工作,做好新闻宣传。(1)围绕中心工作,促进内宣。2014年,先后在《平远新闻》中,采写编发“平远重点项目建设已累计完成投资逾10亿元”“广州南沙区来平举行共建产业园项目签约活动”“省委书记胡春华莅平考察调研,强调扭紧‘三大抓手’加快平远发展”等1000余条新闻稿件,营造积极向上的舆论氛围。全年播报本地新闻1460余条,其中在市台播出新闻241.5条,市电台285条。(2)改善软件、硬件条件,提高新闻质量和对外宣传力度。2014年,平远电视台争取广东省电视台各频道记者到平远采访拍摄、取景。5月中旬,省电视台珠江频道大型名人户外亲子真人秀节目《百万宝贝》到上举镇龙文村取景拍摄,6月正式开播,对平远县旅游宣传起到前所未有的作用;8月,继续与省电视台合作,制作并播放宣传推介平远短片2个和全面展示平远县情况的歌曲《相思平远》MTV1首并制作刻录DVD碟2500张。同时,邀请广东电视台新闻中心节目总监、高级记者吴伟光从运用电视元素、寻找新闻切入点、培养新闻敏感意识等多方面为平远电视台新闻采编人员作辅导培训,从而提高政治素养和业务水平。通过软、硬两手抓,新闻质量大幅提升,全年上送市电视台、市电台的新闻用稿排名为历史最优。(3)继续做好固定栏目,打造良好形象。2014年,平远县电视台组织专题部、总编室精心制作《橙乡古韵》《丹山碧水》《相思平远》等电视专题片在市电视台播放,有效地宣传推介平远。继续办好《平远新闻手机报》,使县领导、各单位“一把手”、各镇宣传委员、部分群众能在第一时间了解到平远最新消息,使新闻更具时效性、传播范围更广。(4)贯彻落实“三贴近”原则,将镜头对准基层群众。尽可能多地反映群众的真实生活,反映一些民生问题。根据群众最想了解的问题,邀请县领导、各单位领导录制《民声热线》,全年拍摄播出8期。继续办好《橙乡纪事》《生活汇》两档栏目,全方位、多角度、深层次反映平远的旅游风景、风俗民情、杰出人物等,全年制作播放54期。

【广播电视事业】 2014年，平远县广播电视台抓好广播电视事业。(1)投入80万元购置新播出设备，改善原有电视节目传输过程中图像、声音信号损耗严重问题。(2)继续做好有线数字电视网络的传输维护、服务、改造、发展等工作。完成对县城金色华府第三期接入线路及网络设备、楼宇内外的综合布线、软件集成等全部工作。(3)健全、完善安全播出指挥调度体系，制订并严格执行《宣传管理制度》，全力确保广播电视宣传管理到位和节目的安全优质播出，实现安全播出零事故。

【队伍建设】 2014年，平远县广播电视台抓好干部队伍建设工作。(1)加强机关作风建设，严格执行各项制度，坚决反对“四风”，大力整治“庸懒散奢”现象。(2)利用“五一”“五四”“七一”和记者节时机，开展活力团队活动。(3)公开招聘新闻主持2名、栏目编导1名、节目制作1名、广播电视工程技术人员1人。 (饶 翔)

2014年度平远县广播电视台负责人名录

台　长：王斌豪

副台长：张文良　谢岳芳

杨贵昶(任至11月)　朱双玲(女)

2014年5月2日，广东广播电视台台长张惠建(右三)到平远调研

新 闻 报 道

【概况】 2014年，中共平远县委新闻报道组围绕县委、县政府“项目建设年”的要求，开展一系列专题宣传和动态新闻报道，实现全年在各大媒体上见稿有突破，大版面刊登有分量稿件有突破，全年用稿数量历史上有突破，特别是在《南方日报》《梅州日报》《梅州电视台》等主流媒体上，多次用专版、专题宣传平远县旅游资源、特色文化和第十届慈橙文化旅游节等。全年被市级以上多家新闻单位采用平远新闻稿件1600多篇。

【中心工作宣传】 2014年，中共平远县委新闻报道组根据不同时期的中心工作，用鲜明的报道基调、生动的报道形式，开展新闻宣传报道。重点跟进园区建设、交通基础设施建设和城市扩容提质“三大抓手”取得的新举措及新成效，同时紧密跟进“十件民生实事”进展情况，适时开展宣传报道，展示平远走生态经济之路所取得的成果。

【重点项目报道】 2014年，中共平远县委新闻报道组按照年初制订的新闻宣传方案，重点突出平远县各部门抢抓中央苏区和粤东西北两大振兴政策机遇，实施以“三大抓手”为重点的“项目建设年”活动，及时跟进产业转移工业园区、济广高速平远段等宣传报道，特别是第十届慈橙文化旅游月活动期间，在全国百家网媒及省市主流媒体大力宣传，打响平远慈橙品牌和平远生态旅游线路。

【对外宣传报道】 2014年，中共平远县委新闻报道组根据县委与梅州日报签订的协议，办好办活梅州日报每半月的半版《平远新闻》版面，全年共见报24个半版版面。另外，根据第十届慈橙文化旅游活动月等重大活动提前策划好各类新闻采访报道，分别在《南方日报》《梅州日报》及多个网络媒体的专版、专页宣传。 (朱双玲)

2014年度中共平远县委新闻秘书名录

新闻秘书：朱双玲(女)

卫生·计划生育·体育

卫　　生

【概况】 2014年,平远县有各类医疗卫生机构200间(含村卫生站152间)。医疗机构床位数525张,每万常住人口占有床位19.8张。卫生专业人员数707人。其中,副高职称34人;中级职称191人;初级职称482人。每千人执业(助理)医师1.2人、注册护士1人。全县固定资产12303万元,业务用房面积4.76万平方米。2014年卫生财政补助19751万元,年增长51.8%。全县医疗机构总诊疗人次数41.42万人次、出院1.68万人,比增分别为5.7%、3.7%。全县各医疗卫生单位业务总收入11767万元,比增12.4%。其中,县级医疗卫生单位收入10317万元,比增13.3%;镇级医疗卫生单位收入1450万元,比增6.5%。全县病床使用率55.5%,同比提高1.3个百分点。平均住院日5.8天。

【机构改革】 2014年2月,平远县卫生局与平远县人口和计划生育局进行机构改革,整合设立平远县卫生和计划生育局(以下简称"平远县卫计局"),2014年3月正式挂牌。新成立的平远县卫生和计划生育局内设办公室、计划财务股、人事股、医政股(体制改革股)、疾病预防控制股(卫生应急办公室)、妇幼健康服务股、政策法规股(行政审批股)、宣传教育股和信息统计股9个部门。县爱卫办、县献血办、县流管办、县计生协会和县健康教育所挂靠县卫计局合署办公。

【基础建设】 2014年,平远县卫计局做好以下基础建设工作。(1)建设县医疗养生保健中心。9月19日,投资1.5亿元的医疗卫生区建设工程动工。(2)完善县人民医院新住院大楼建设。投入600多万元,新建层流手术室6间,购进泌尿腔镜系统、肺功能检测仪、彩色B超机等一批先进设备。(3)建设120急救指挥中心。投入170多万元建成120急救指挥中心,12月30日正式启用。

【卫生改革】 2014年,平远县卫计局做好卫生改革工作。(1)深化县级公立医院综合改革。6月23日,吉林省梅河口市人民政府到平远县考察公立医院改革试点工作,交流改革经验。10月,启动县人民医院公立医院改革。(2)拓展平价医疗服务。县人民医院(中医科)、县中医医院(内科)、县妇幼保健院(儿科)设立3个"平价诊室",全县12间卫生院全部开展"平价药包"工作,"平价药包"储备总数约5000个。10月,县中医医院被选定为梅州市第二批平价医院试点单位,全县约1.4万人次(其中平价药包约4300人次、平价诊室约9700人次)受益于平价医疗服务,直接让利群众约6.5万元。(3)启动新一轮对口支援工作。中山大学孙逸仙纪念医院和广州市中西医结合医院分别对口支援县人民医院和县中医医院,在医疗技术指导、人员进修学习、技术推广等方面给予帮扶。(4)实施偏远乡镇卫生院在编人员岗位津贴补贴政策。12月31日前发放乡镇山区卫生院医技人员津补贴约150万元。

【医政管理】 2014年,平远县卫计局投入资金208.5万元,开展经济欠发达地区乡镇卫生院"五个一"设备(1辆救护车、1套全自动生化仪、1台心电图仪、1台500毫安X光射线机或DR机、1台B超仪或彩色B超)装备工作。开展“三好一满意”、医疗质量万里行、抗菌药物临床应用专项整治、优质护理服务等活动,落实“无假日”医院、简化门急诊和入出院服务流程等便民惠民措施,进一步加强内涵管理,规范抗菌药物临床应用管理,提升医疗质量和服务水平,优化服务流程,提高群众看病就医满意度。

【公共卫生】　2014年,平远县卫计局全面推进公共卫生服务均等化。全县居民纸质档案190947人,建档率80%,电子档案录入205381人,电子建档率83%;管理高血压患者14156人,占54%,规范管理人数13110人,规范管理率93%;登记管理65岁以上老年人26249人,管理率85%;管理糖尿病患者3701人,占71%,规范管理人数3461人,规范管理率93.5%;0~6岁儿童健康管理19805人,保健管理率97.3%;孕产妇管理2917人,系统管理率95.17%;重性精神病管理1276人,占109%,规范管理率100%。免费收治42名重性精神患者,实施600名重性精神病免费药物救助。

【疾病防控】　2014年,平远县卫计局加强疾病防控。(1)处置人感染H7N9禽流感、手足口病等传染病疫情。2014年平远县报告1例人感染H7N9禽流感病例,平远疾控中心严格按照国家和省、市有关要求做好防控和救治工作,疫情得到遏制。手足口病防控到位,未出现死亡病例。艾滋病、流感、麻疹、结核病等重点传染病的防控扎实有效。(2)有效防控重大疾病。落实扩大国家免疫规划,全年一类疫苗基础、加强免疫各种疫苗接种率均达到99%以上。

【妇幼保健】　2014年,平远县卫计局落实农村孕产妇住院分娩补助和农村生育妇女免费增补叶酸政策。2014年全县补助农村孕产妇1139人,补助金额94.78万元;受益增补叶酸政策1150人,发放叶酸片6900瓶。全年免费孕前优生健康检查2326名群众,占137.8%,圆满完成省下达的任务。全县住院分娩率100%,新生儿疾病筛查率99.28%,高危产妇管理率100%,全年无孕产妇死亡。开展产前诊断,全县孕妇地贫筛查率88%,新生儿地贫筛查率99.28%,2014年重度地贫儿出生人数2例。在婚姻登记处建立婚检中心,全县婚检率由2013年的9.3%提高至30.7%。

【爱国卫生】　2014年,平远县全面启动“广东省卫生县城”创建工作,全县创建12个省卫生村、16个市卫生村。至年底,全县累计获得1个省级卫生先进镇、2个市级卫生镇、15个省级卫生村、64个市级卫生村的荣誉称号。农村改厕和病媒生物防制等均得到落实。

【无偿献血】　2014年,平远县红十字会规范无偿献血和临床用血管理。全县有1150人次参加无偿献血,献血总量21.2万毫升。

【中医工作】　2014年,平远县卫计局推进基层中医药服务能力提升年活动。5月,县中医医院经省专家组评审达到二级甲等中医医院标准。全县有8间个体中医诊所,11间镇卫生院设有中医诊室(科);11间镇卫生院均设有中药房;有100多间村卫生站设有中药柜,开展中医药业务。

【平安创建】　2014年,平远县卫计局全面开展“平安医院”创建活动,4月,召开全县化解医患纠纷和打击“医闹”工作会议,在县人民医院设立院警务室,借助民生热线、网上信访、来信来访等渠道,处理卫生计生来电、来信、来访等案件561件次,办结率100%。全年无不良舆情发生。

【行政执法】　2014年,平远卫生监督协管服务实现全县全覆盖,全年未发生饮用水污染引起的突发健康危害事件。依法设置审批医疗机构,规范持证医疗机构人员执业行为,对不良执业行为实行记分管理。规范医疗秩序,重点打击非法行医和医疗欺诈行为,立案查处无证行医7宗,罚款金额3.5万元,没收非法药品及器械6箱,折合人民币价值约0.1万元,拆除非法医疗广告招牌4块,销毁医疗器械、药品一批,价值0.4万元。依法强制征收,2014年法院依法征结49宗,拘留2人,征收社会抚养费1265万元。设立有奖举报电话、举报信箱,公布举报奖励标准。

【队伍建设】 2014年,平远县卫计局招考15名大中专毕业生充实到各医疗机构,选派2名县级医院骨干到三级医院进修,组织2名执业医师参加全科医生岗位培训;接收嘉应学院医学院14名学员参加为期1年的轮训;县人民医院分批派出医务人员135人次到省、市级医院进修及参加各类短期学习班、研讨会;县中医医院先后派出8名医护人员分别到广州中医药大学第一附属医院、广州中西医结合医院进修培训。全县通过医药卫生科研课题的立项申请12项、课题阶段性评估9项和结题7项。

计划生育

【概况】 2014年平远人口计生报表显示,平远县年内户籍人口出生3141人,政策生育率91.85%,人口出生率11.55‰,人口自然增长率5.90‰。出生人口性别比105.83:100,其中一孩106.18:100,二孩以上105.32:100。单独两孩申请133例。免费孕前优生健康检查项目目标人群覆盖率137.44%,全面完成市下达的各项工作目标任务。

【计划生育管理】 2014年,平远县卫计局做好计划生育管理工作。(1)党政重视计生工作。为保证机构整合后计生政策的一贯和延续,平远县坚持计划生育基本国策不变,坚持计划生育党政“一把手”负总责不变,坚持“一票否决”制度不变,把人口计生工作纳入全县经济社会发展总体规划。2014年,县委常委(扩大)会、县政府常务会议专题研究部署人口计生工作20次,县委书记、县长带领卫计局长到镇、村调研卫计工作26次,主要领导专项批示9次,解决人口计生人财物等问题。(2)全面落实挂钩帮扶机制。实行县四套班子领导和县有关单位挂钩镇、村制度,明确兼职单位职责。(3)落实领导责任。重新修订县级人口计生工作目标管理责任制考评方案,严格实行目标管理责任制,责任到人、奖惩到位,把各级党政领导落实人口发展目标纳入科学发展综合考评体系。(4)抓信息建设。开展“统计质量信得过单位”活动,重点围绕出生人口、人口信息等基础工作开展清理清查行动,全县出生人口数据异常幅度大幅下降,统计信息数据质量明显提升。(5)抓流动人口管理。制发《加强流动人口计生服务管理工作的实施意见》,成立流动人口计生服务管理沟通协作工作组,与周边20多个县(市、区)签订流动人口计划生育服务管理责任书,初步形成“信息互通、服务互动”的区域协作“一盘棋”格局。加强县域部门的沟通协调,在大型居住小区聘请协管员,对平远县流入和流出人口信息进行认真核查与登记,查验计生证明。

【计划生育优质服务】 2014年,平远县卫计局做好计划生育优质服务工作。(1)落实政策。落实城镇独生子女父母奖励、计生家庭特别扶助奖励、农村部分家庭计生奖励、农村计生节育奖励,2014年全县累计确认各种奖励对象5502人,发放奖励扶助金395.89万元。开展“生育关怀行动”,提高独生子女伤残家庭和失独家庭的扶助标准,独生子女伤残家庭补助金由原来每人每月120元提高到500元,失独家庭补助金由原来每人每月150元提高到1000元。健全完善奖励、保障、帮扶“三位一体”的计生利益导向机制,促进群众生育观念转变。2014年有250名农村独生子女户、纯二女户子女享受升中投档加分优惠政策,投入29.79万元为5957人购买新型农村合作医疗。(2)启动实施“单独两孩”政策,已审批107对夫妻。(3)坚持督查考核。对全县12个镇逐月下达任务、逐月考核,3月否决2个镇,4月否决1个镇,6月否决1个镇党委书记、镇长的计划生育实绩考核。(4)加强计生协会服务。开展青春健康教育、计生“三结合”项目和计生家庭意外伤害保险等“生育关怀”行动,投入22万元为全县7329户23714人购买意外伤害保险。全县现有国家级示范村4个、省级示范村19个。

【健康宣教】 2014年,平远县卫计局创建县镇两级人口文化园、计生国策宣传墙、人口文化广场、婚育文化长廊,在城镇中心人群密集地区、主要交通路段和公路沿线设置宣传屏幕、宣传牌、计生标识220多处,印制便于群众接受的挂历、围裙、日常生活用品等计生宣传品3万多份。实施“幸福家庭促进工程”,进一步提升计生“三栏两室一校”和育龄群众“五期教育”服务水平。利用广播、电视、报刊和电子媒体,完善宣教网络,开设人口计生专栏,利用节假日、“5·29”计生协会会员日和“7·11”世界人口日等节日,开展以“婚育新风进万家”、创建“幸福家庭”为主题的大型计生宣传活动;举办科学育儿讲座两场,为育龄群众普及最科学、最前沿、最实用的科学育儿理念。

【存在问题】 2014年,平远县卫生计生工作存在的不足和差距主要表现在:服务意识有待加强,医德医风有待提高,与群众的期盼仍有差距;医疗设施设备仍然薄弱;医患之间缺乏沟通、理解和信任,医务人员的社会形象有待改善;群众看病难、看病贵问题仍未根本解决;卫生资源总量不足、分布不够合理;稳定低生育水平任务依然艰巨等等。 (冯杰福)

2014年度平远县卫计系统负责人名录

平远县卫生局

局　长:凌征新(任至2月)
副局长:吴起华(任至2月)
　　　　姚玉红(女,任至2月)
　　　　谢永兴(任至2月)

平远县人口和计划生育局

局　长:黄庆明(任至2月)
副局长:谢增扬(任至2月)
　　　　王梅芳(女,任至2月)
　　　　陈任先(任至2月)
　　　　谢传生(任至2月)

平远县卫生和计划生育局

局　长:凌征新(2月起任)
副局长:谢传生(2月起任)
　　　　谢增扬(2月起任)
　　　　王梅芳(女,2月起任)
　　　　姚玉红(女,2月起任)
　　　　陈任先(2月起任)

平远县人民医院

院　长:陈汉奕

平远县中医医院

院　长:卢　斌

平远县妇幼保健院

院　长:林　通(10月起任)

平远县卫生监督所

所　长:黄剑军

平远县疾病预防控制中心

主　任:张学良

体　　育

【基础设施建设】 2014年,平远县体育局抓好体育基础设施建设。(1)推动镇级农民体育健身工程建设。至11月中旬,投入60万元完成上举镇、泗水镇的镇级农民健身工程建设。全面完成全县12个镇级农民体育健身工程建设任务。(2)支持行政村文体广场建设。在争取上级体育部门的支持下拨28张户外乒乓球桌、2条健身路径的基础上,筹集资金9万多元,采购健身器材支持28个村级文体广场建设,完善12个村级活动场所。(3)与平城花园投资实业公司合作,在平城花园后山冈建成一个占地3500平方米,内设2个篮球场,1个5人制足球场,1条健身路径,6张户外乒乓球桌的社区体育公园。

【群众体育】 2014年,平远县体育局组织一系列群众体育活动。(1)组织重大节日文体活动。如“贺岁杯”足球赛,春节文体比赛系列活动,“五一”“五四”“七一”国庆等重大节日文体活动。(2)开展机关体育活动。先后组织“龙腾盛世杯”“梅州碧桂园杯”“健身杯”“金科杯”等足球、篮球、羽毛球、乒乓球友谊赛。(3)组织全民健身日暨第十五届体育活动。8月8日,由市委、市政府主办,市体育局和县政府承办的梅州市第十五届“体育节”启动仪式暨“全民健身日”平远健步行活动在平远县举行,县体育局会同有关单位组织省、市、县各界人士6000多人参加该项活动。(4)开展2014“南粤幸福活动周”活动,使广大市民从体育活动中得到乐趣,提高了幸福感。(5)加强与周边地区体育活动交流。先后与江西省寻乌县、兴宁市、梅江区、市直有关单位在平远县举办足球、羽毛球、篮球友谊赛。(6)为全县1502名干部职工进行体质测试。(7)全面完成全国第六次体育场地普查工作,组织培训社会体育指导员113名。至12月,全县有854名社会体育指导员活跃在群众健身活动中。

【协会组织】 2014年,平远县体育局做好协会组织工作。至年底,平远县成立有平远县体育协会、老年人体育协会、篮球协会、乒乓球协会、羽毛球协会、棋类协会、钓鱼协会、足球协会、游泳协会、自行车运动协会等10个体育类协会组织。县体育局不定期对各协会进行调研、指导,使协会组织能按照职能开展健康的体育活动。10月,平远县老年体协承办“梅州市老年人健身球操、健身秧歌裁判员、教练员培训班”。参加闽粤赣边区五县老年体协第六次联谊会等。

【竞技体育】 平远县体育局抓好竞技体育工作,2014年,平远县参加梅州市第七届运动会的参赛项目有8个:田径、跆拳道、男子足球甲组、举重、羽毛球、乒乓球、男子篮球、三棋。参赛人数有领队、教练、运动员150多人。取得3.5块金牌,其中青少年羽毛球队突破了零金牌的历史,获得丙组男子团体金牌。

【振兴足球工作】 2014年,平远县体育局抓好振兴足球工作。(1)机制建设得到加强。制订《2014年足办主要工作计划》,明确责任领导、责任人、目标、任务和时限。召开振兴足球专项工作会议。印发《2014年平远县振兴足球工作领导小组成员单位主要工作》,并与各成员单位签订责任书。进一步完善足办机构,充实足办人员。2014年底,县足办配备专兼职人员3人。其中,专职2人;兼职1人。(2)场地建设有所改善。县财政投入260多万元对原县体育场进行升级改造,完成1个11人制足球场地的升级改造,2014年正式启用。完善平远中学足球场,对球场平面进行全面整修。镇级足球场建设有新突破,长田镇升级改造一个7人制标准足球场,其他各镇足球场的升级改造工作一并推进。(3)队伍素质明显提高。正式组建县级的业余足球队。镇级球队初步形成。教练员、裁判员水平不断提高。(4)校园足球有新举措。在每个足球示范学校配备1名校园足球指导员,负责校园足球日常工作。与广东明星足球俱乐部达成发展平远校园足球的战略合作协议。

【体育产业】 2014年,平远县体育局通过加大宣传力度、增机布点、节日促销等办法,扩大彩票销售量,提前超额完成市下达的1700万元任务指标,比上年增长10.82%。其中,电脑型彩票销量1395万元;即开型彩票449万元。 (陈娟华)

2014年度平远县体育局负责人名录

局 长:谢志平

副局长:吴 跃 徐东虹(女)

各镇概况

差　干　镇

【概况】　差干镇位于平远县北部,距县城54公里,东邻福建省武平县下坝乡,西接江西省寻乌县项山乡,南与该县仁居、上举接壤,北靠福建省武平县民主乡。镇政府驻该镇加丰村差干圩,位于北纬24°89′,东经115°95′。总面积94.6平方公里,辖新岭、湖洋、三达、差干、文丰、加丰、湍溪等7个村民委员会42个村民小组。差干镇旅游资源丰富,有五指石、相思河等知名景区。2014年末,全镇总户数2216户,8346人。其中,农业人口7040人;非农人口1306人。2014年,差干镇本地生产总值14720万元,同比增长7.1%;农业总产值6615万元,同比增长3.7%;工业总产值16640万元,同比增长15.2%;镇级财政收入220万元;农村居民人均可支配收入11551元,同比增长11.9%;各项经济指标持续稳步增长。

【农业】　2014年,差干镇依托塔子里、邓头坑农业产业基地,加快农业产业提质升级,进一步完善现代农业区域布局,集中发展专业化、区域化、特色化的优势产业。发展慈橙、烤烟、甜玉米、仙人草、灵芝等特色产业,种植仙人草2600亩、烤烟800多亩、甜玉米470多亩、生姜160亩、灵芝200多亩,实现产值2000多万元。塔子里基地慈橙产量550万公斤,实现收入3500多万元。

【生态旅游】　2014年,差干镇围绕创建广东梅州文化旅游特色区、创建全国生态文明示范区、打造差干大景区的总体要求,依靠技术和创新做足做活旅游山水文章,大力发展生态旅游业。成功申报广东省技术创新旅游专业镇,大力完善景区建设,强化旅游品牌。(1)五指石绿道、索道建设。绿道工程全长800多米,总投资额300万元,于6月开始实施,9月顺利完成,10月对外开放;索道工程长(水平距离)997.5米,占地30亩,投资总额5000万元,8月开始动工建设。(2)游客服务中心和地质博物馆工程建设。游客服务中心项目投资总额1600万元,占地面积1800平方米,建筑面积2300平方米。地质博物馆工程投资预算850万元,占地面积2500平方米,建筑面积2500平方米。(3)岭东国际大酒店规划用地面积25409.8平方米,总建筑面积13648.57平方米。其中,办公楼833.04平方米,员工宿舍1230.44平方米。(4)五指石休闲度假山庄位于差干镇差干村八字岃,总体规划按四期完成,总投资约1.2亿元,占地面积1000亩,第一期工程已动工建设,投资额约2000万元,占地面积100亩,已投入500多万元。(5)相思河风景区建设。完善相思河风景区基础设施设备,加强宣传,获评国家3A级旅游景区。

【基础设施建设】　2014年,差干镇完善道路建设。(1)重点推进省道331线差干至八尺段28公里路面改造工程建设,已基本完成差干段内征地拆迁等工作。投入征地资金200多万元,征地面积62亩。其中,林地40亩;水田18亩;旱地4亩。征地拆迁房屋6间,共900多平方米,补偿500多棵果树。(2)配合县公路部门加快推进普滩至湍溪旅游公路建设,解决征地拆迁的遗留问题。工程全长1.8公里,总征地面积50多亩,投入征地资金200万元。(3)筹资完善农村道路建设。投入120万元,完成4公里农村公路建设和改造一座危桥。

【农田水利建设】 2014年,差干镇积极筹资,全力修复受"5·15"和"5·22"洪灾损毁的水利设施,并继续改善水利灌溉和农村饮水安全,投入120万元新建节水灌溉圳道8000米,改善灌溉面积3000多亩。继续推进圩镇自来水厂迁建,并进行扩容扩网改造,设计方案已经完成,正在多方筹措资金。差干河堤建设工程,于11月28日正式开工建设,共投资3000多万元,总长8公里。

【美丽乡村建设】 2014年,差干镇加大美丽乡村建设力度。(1)全力打造客家风情小镇,按照统一风格对民居的外立面改造,投入近150万元,改造完成32户,正在建设推进25户。(2)实施"绿满差干"大行动,投入50多万元从磨石潭开始至圩镇码头进行美化绿化,补种名贵花木、草皮、小丛花草,并完成年度植树任务,做好省道、旅游公路沿线以及景区周边裸露山体复绿补种和林分改造工作。(3)制订《差干镇农村生活垃圾收集、清运、保洁工作考核办法》,完善卫生清洁队,改善镇村卫生环境和加强群众文明意识。(4)科学规划镇村发展,加强土地巡查监管力度,杜绝乱搭乱建、违规建房行为,拆除违章建筑1宗,制止违章建房1宗。(5)继续抓好矿产资源特别是稀土资源的巡查监管,打击私挖盗采稀土等矿产资源和无证灼烧稀土的行为。

【社会保障】 2014年,差干镇做好社会保障体系工作。(1)做好农村养老保险征缴工作和新农保领取资格核查工作,核查人数981人次。其中,健在人数963人次;死亡人数18人次。做好死亡人员家属退保工作。(2)做好城乡居民合作医疗工作。对全镇城镇居民进行摸底核实,发动参保对象按时参加城镇居民医保,参保人数7521人,100%完成上级下达任务。(3)落实就业促进政策。举办就业招聘暨政策咨询会2期,推介差干群众到企业就业,并宣传人力资源和社会保障服务相关的政策。(4)做好转移就业登记工作。登记就近转移就业304人,转移珠三角地区就业176人。

【扶贫"双到"工作】 2014年,差干镇在帮扶单位梅州市人民银行的大力支持下,以改善贫困村基础设施,提高村集体经济,帮助贫困户发展特色种养项目为重点,争取帮扶资金271.2万元用于基础设施、民生事业、生产经营等,各类帮扶措施稳定、有序、有效地推进,顺利完成2014年度的各项帮扶任务,各项考核指标数据全面达标。

【计划生育】 2014年,差干镇以稳定低生育水平,提高出生人口素质为目标,深化"三为主"工作方针,强化依法管理,完善服务体系,以人为本,认真落实人口和计划生育目标管理责任制和综合治理工作方案,较好地完成了上级下达的工作任务。全年开展集中服务月活动两次,全面完成县下达的目标任务。

【综治维稳】 2014年,差干镇进一步夯实三省联防联治基础,创新社会管理方式,积极加强与边界镇、村的沟通联系。9月,在差干镇湖洋村举行"三省边界八村联防工作会议",并签订协议书,约定在边界地区联合治理社会治安、调解群众矛盾纠纷,共同维护边区社会和谐稳定,并逐渐形成长效机制,把各类矛盾化解在基层。

【党建】 2014年,差干镇认真抓好党建工作。(1)抓好"两委"换届工作,以"适民,为民,亲民"为原则,按照县委、县政府的统一部署,选出群众最满意,最拥护的人选,通过组织实施,圆满完成换届选举工作。(2)开展党的群众路线教育活动,推进作风建设,不断优化干部队伍工作状态。(3)做好发展党员工作,通过高标准、高要求的党员选择标准,确保发展党员公平、公正,科学有效,全年培养入党积极分子14名,确定发展对象10名,新发展党员6名。

(差干镇党政办)

2014 年度差干镇领导班子成员名录

党委书记:李　胜
党委副书记:谢沐雄　杨　志　姚志坚
党委委员:李　胜　谢沐雄　杨　志　姚志坚　张文让　陈　文　朱其添　陈慧平(女)　罗　曦
人大主席:李　胜
人大副主席:谢权扬
镇　　长:谢沐雄
副镇长:陈　文　刘益斌　韩辉平　王其亮(挂职至12月)

仁　居　镇

【概况】 仁居镇位于平远县西北部,东邻差干镇、上举镇,西接八尺镇,南连东石镇、河头镇,北毗江西省吉潭镇项山乡,距平远县城36公里。界域面积191平方公里,辖1个社区居民委员会,15个村民委员会,192个村民小组。2014年末,仁居镇总户数6909户,总人口23552人。其中,非农人口3843人;农业人口19709人。2014年,仁居镇本地生产总值3.16亿元,同比增长6.3%;农业总产值1.89亿元,同比增长3.6%;工业总产值3.1亿元,同比增长14.8%;农村居民人均可支配收入10511元,同比增长12.1%;固定资产投资5056万元,同比增长10%,超额完成县财政收入任务。2014年,仁居镇以项目建设为重点,完成镇十五届人大四次会议确定的各项目标任务。

【农业】 2014年,仁居镇大力推广种植慈橙、烤烟、优质稻、仙人草、甜玉米等特色农经作物,新增耕山致富基地面积150亩、烟叶种植面积700亩。柑桔黄龙病防治工作取得初步成效,砍伐黄龙病株8.6万株,发放补贴80多万元。

【工业】 2014年,仁居镇加强对重点企业的帮扶力度,落实"暖企"服务行动;加强对稀土生产企业的巡查监管,推进废弃稀土矿区的环境综合整治工作。

【生态旅游】 2014年,仁居镇建设客家特色古镇示范点安居房工程,完成小区道路平整和水、电架设等公共基础设施建设,29套安居房完成主体结构封顶9套。推进生态文明建设,完成碳汇林改造1500多亩,绿化省道331线上远至五福段和主要镇村道路景观林带20多公里。

【重点工程建设】 2014年,仁居镇"三个一"工程建设(抓好一个文化广场建设、打造一个耕山致富基地、建好一个美丽乡村)初见成效。(1)文化广场建设。投入28万元,改造镇级文化广场红军纪念园休闲观光区山坡地180多亩,栽种檀树、罗汉松、桂花等名贵苗木;投资近20万元,新建文化长廊。(2)耕山致富基地。扶持鸿泰生态山庄农旅结合示范点建设,建成游客住房4间,举办慈橙开园采摘活动。(3)麻楼美丽乡村建设。在南沙区榄核镇的帮扶下,投入资金120多万元,完成翁屋村至帽下村长2公里宽3.5米和圳塘村民小组长0.8公里的道路硬底化工程,兴建香花畲片区小型灌溉陂头4座,村址加建二层顺利封顶,村道加装路灯39盏,文化广场完成征地和"三通一平"建设。

【基础设施建设】 2014年,仁居镇推进省道331线征地拆迁,确保项目建设无障碍施工。投入100多万元,完成六吉村流坑径村道水泥硬底化建设2.4公里,完成麻楼、社南、邹坊、飞龙等村道水泥硬底化建设4.5公里。争取资金265.5万元,完成邹坊、黄畲、凤仪、古丁等村饮水安全工程建设,解决2000多人饮水安全问题;建成磜头、井下、飞龙、凤仪、仁居村的农田灌溉圳道"三面光"工程7300米;投入资金45万元,在六吉、凤仪、古丁等村实施农村亮化工程,安装路灯170盏。

【美丽乡村建设】 2014年,仁居镇抓好麻楼美丽乡村建设工程。开展农村生活垃圾处理收费工作，加强环卫清洁，封闭填埋场，实行“户投放、村收集、镇转运、县处理”的农村生活垃圾处理机制。规范农村建房秩序，严格按照规划，引导村民建房，加大对省道沿线和村主干道农村建房的巡查力度，定期上报违规建房情况，强制拆除省道331线违规建房1宗。开展林业秩序整顿，强化护林员责任考核，开展森林防火工作，森林防火责任制进一步落实，未发生森林火灾。

【文化】 2014年，仁居镇开展寻找“最美孝心少年”活动，弘扬社会主义核心价值观和孝文化，五福村潘静被授予梅州市“最美孝心少年”称号。

【社会保障】 2014年，仁居镇共发放低保金100多万元，五保老人集中供养16人，分散供养28人。投入6万多元，帮助群众重建家园3户。城乡居民医疗保险参保人数21572人。超额完成农村社会养老保险任务，60岁以上老人实现人人参保。

【扶贫“双到”工作】 2014年，仁居镇农村低收入住房困难户危房改造任务44户，全部竣工验收。麻楼、六吉两村扶贫项目已动工建设。

【综治维稳】 2014年，仁居镇开展创建“平安仁居”宣传活动，在政府网站设立平安建设专栏，张贴宣传标语320条，发放宣传单3500份，加强对《广东省信访条例》及相关法律法规的宣传。建立健全领导干部挂村包片联系群众制度，推行干部下沉至村（居）一线，实行网格化管理，共受理信访案件28宗，信访办结率100%，接待群众办事咨询21批86人次，解决群众纠纷9宗。落实安全生产“一岗双责”工作制度，重点抓好稀土、石场矿山的监管工作，未发生安全生产事故。按照省、市、县关于土地确权登记颁证的工作要求，完成上远村农村土地承包经营权确权登记颁证试点工作任务。

【计划生育】 2014年，仁居镇计划生育工作执行镇村干部包村包片包户制度，人口出生率11.67‰，计划生育率91.72%，征收社会抚养费78.8万元，申请法院强制征收5宗，顺利通过市计生考核，完成县下达的各项计生任务。

【党建】 2014年，仁居镇坚持按照“党要管党，从严治党”要求，培养入党积极分子17名，确定发展对象26名，新发展党员22名。围绕“为民务实清廉”主题，开展党的群众路线教育实践活动。党员干部的作风建设取得较好的成效，修订制定各项规章制度15个，有效解决一批群众反映突出的问题，有效解决联系服务群众“最后一公里”问题。完成村“两委”换届选举，调整村支部书记4人，16个村（居）百分百实现书记、主任一肩挑，“两委”干部交叉任职率97%。整顿软弱涣散基层党组织，筹集资金40多万元，通过实施村址修缮、村道亮化、文化广场等基础设施建设，帮助偿还债务，提高村级集体收入，引导鼓励村干部精诚协作等方式，较好地完成整改任务。落实党风廉政建设责任制，与镇属各部门、各村（居）分别签订党风廉政建设责任书，深入推进党风廉政建设和廉洁镇村创建，深化农村集体“三资”清理监管工作；完成镇纪委规范化建设任务，立案查处违法违纪党员2名。 （王锦洲）

2014年度仁居镇领导班子成员名录

党委书记：陈超光
党委副书记：王　敏　杨子勋
李超贤（挂职）
党委委员：陈超光　王　敏　杨子勋
李超贤（挂职）　何东生
卓衍斌（任至3月）
陈志珍（女）　钟云强　杨　毅
林晓玉（女）　刘振忠　凌征聪
何海桂（挂职至11月正式任职）
人大主席：陈超光
人大副主席：陈永源

镇　　长:王　敏(3月起任)
副 镇 长:何东生　潘伟华　卢雄昌

八　尺　镇

【概况】　八尺镇地处平远县西北部,东邻仁居镇、河头镇,南连中行镇,西北分别与江西省寻乌县留车镇、南桥镇接壤,国道206线及在建的济广高速公路贯穿其间,是平远县的北大门。八尺镇界域面积108平方公里,辖1个社区居民委员会,11个村民委员会,118个村民小组。2014年末,八尺镇总户数4498户,总人口15220人。其中,农业人口11784人;非农人口3436人。2014年,八尺镇本地生产总值23840万元,同比增长6.6%;农业总产值15815万元,同比增长3.6%;工业总产值18595万元,同比增长14.8%;农村居民人均可支配收入9693元,同比增长11.6%;完成全年财税包干总数167万元,占全年任务的117.7%。

【农业】　2014年,八尺镇慈橙种植面积10062亩,产量14610吨,产值5844万元;优质稻种植面积6235亩,产量2961吨,产值740万元;烤烟种植面积2335亩,产量303吨,产值850万元;南药种植面积2229亩,产量3342吨,产值1336万元;油茶种植面积353亩,产量7.2吨,产值65万元。平远县春兴食品有限公司带动50多户农户共同养殖白玉蜗牛,产值500多万元;引导梅州绿盛林业科技有限公司在八尺村罗塘搭建大棚100亩种植铁皮石斛,打造梅州市最大的铁皮石斛基地;指导平远县万好种养专业合作社建设室内控温蛇类养殖场,采用木箱养殖眼镜蛇等,产量1万多条。

2014年11月18日,广东省山地水果生产农业机械化技术示范推广现场会在八尺镇黄沙村九香果业合作社举行。

【酒业】　2014年,八尺镇米香型白酒产量3900多吨,产值6500多万元;娘酒产量980多吨,产值920多万元。梅州市八珍娘酒业有限公司(原平远县红豆娘实业有限公司)新建一栋生产综合楼,投产3000吨娘酒生产线一条,并致力发展集餐饮、游乐于一体的农家乐;平远县好八方酒业有限公司新建一栋生产综合楼,调试成功300吨山稔子红酒生产线。

【重点工程建设】　2014年,八尺镇推进济广高速八尺段建设,做好在建过程中的矛盾纠纷排查和化解工作,协调解决饮水改路、补征地、房屋受损、水土流失等问题,拆迁户集中安置房主体工程全面完成建设。完成省道331线八尺段征拆工作,项目全长约6公里,涉及八尺镇3个村,征地157户。其中,水田39.3亩;旱地10.1亩;林地21.3亩。高标准农田水利建设工程在角坑、石峰、肥田、南塘、笙竹等村实施,筹资投入550多万元,新建圳道21.25公里,陂头7座,整修机耕道路3.9公里。推进平远县环境连片整治示范县试点项目,暨实施生活垃圾收集转运、生活污水收集管网和污水处理建设工程,项目总投资约1969万元,涉及八尺镇8个村,已完成项目设计、招投标和征地工作,并已开工建设。

【基础设施建设】　2014年,八尺镇投入219.8万元,实施角坑、凤头、八尺、肥田、石峰、楼前等村村道硬底化工程6.32公里。投入约700万元,实施高标准农田水利项目、移民新村圳道工程24公里、移民新村机耕路工程9.7公里等。投入15万元,开展火灾隐患重点地区整治工作,铺设市政消火栓管网

2000余米,新建市政消火栓11个,购置一批消防器材,组织对各类场所检查50余人次,整治搬离违规住宿人员26人,安装防火门11扇,增配灭火器70余具,清理疏散通道40余处。

【美丽乡村建设】 2014年,八尺镇投入60多万元,规范农村生活垃圾处理,实行"户分类、村收集、镇转运"的生活垃圾处理机制,重点加强对国、省道沿线及河道等的清理,加强对水源地生态环境的巡查监管。对影响村容村貌的"六乱"现象进行集中整治,联合县级部门,对2户违章建筑依法依规进行拆除。投入20多万元,在国道206线樟田村到八尺圩镇段建设"绿色廊道"。在南塘村植树造林实施"矿山复绿"项目。在八尺村、樟田村实施"套种补植"项目130多亩,并加强森林防火巡山护林和宣传力度。

【文体广场建设】 2014年,八尺镇投入130多万元,在楼前村、笙竹村各新建一个文化体育广场,凤头村文化体育广场已开工建设。

【扶贫"双到"工作】 2014年,八尺镇开展扶贫工作,至第三季度末,八尺、楼前、凤头三个重点扶贫村共投入扶持资金506万元,帮村项目70个,扶持项目1646个。

【平安建设】 2014年,八尺镇依托综治信访维稳中心平台,建立集计生、农业、国土、林业等窗口部门为一体的社会治理服务中心,每工作日安排不少于3名工作人员受理群众诉求和导办群众事项,为群众办事提供"一站式"服务,并在楼前村试点建立社会治理服务站。中心自7月运行后,共接待群众96人次,导办26件实事,办结率100%。同时,建立联系群众制度推动干部下村,镇干部每星期安排1天的时间下村至少联系3户群众,村干部每星期安排2天的时间至少联系8户群众,对收集的情况定期主持召开研办会,落实责任人和部门处理,及时解决群众纠纷28宗,摸排出信访隐患8宗并及时得到调处。

【计划生育】 2014年,八尺镇扎实推进计划生育工作。年度出生人口183人,政策生育率91.26%,人口出生率11.75‰,孕前健康检查162人。

【党建】 2014年,八尺镇开展党的群众路线教育实践活动,通过"基层走亲连心""进户上门"等活动,广泛收集群众意见建议;开展"谈心交心""问题会诊"等活动,查摆"四风"突出问题。期间,共查摆党委、政府班子"四风"问题各16条,班子成员个人"四风"问题132条,群众反映的突出问题6类25条,服务群众方面问题5条,民主生活会上互相批评问题220条,对每项问题均明确了整改责任人和整改时限,并新建完善制度15项,形成《八尺镇机关制度汇编》,建立作风建设长效机制。另外,对3个软弱涣散基层党组织积极进行整改。进一步完善党建宣传栏、公开栏,实施村道硬底化、农村水利建设等一批群众期盼解决的问题。

(八尺镇党政办)

2014年度八尺镇领导班子成员名录

党委书记:赖光亮
党委副书记:林 松 卓 巩
党委委员:赖光亮 林 松 卓 巩
吴钦福 凌文珍 余 赞
古秋珍(女) 韩芳丁 韩芳明
曾 悠(任至3月)
人大主席:赖光亮
人大副主席:丘金华
镇 长:林 松
副 镇 长:凌文珍 姚新义(任至3月)
曾 悠(3月起任,任至7月)
张 天(3月起任) 肖 三(挂职)

河头镇

【概况】 河头镇位于平远县中部,东邻东石镇,西接八尺镇、中行镇,北靠仁居镇,南连大柘镇。地形呈长形块状,界域面积82.42平方公里,辖9个村民委员会,80个村民小组。2014年末,河头镇总户数2780户,总人口10931人。其中,农业人口9353人;非农人口1578人。2014年,河头镇本地生产总值、农业总产值、工业总产值分别为1.36亿元、9743万元和6462万元,同比增长6.4%、3.7%和14.7%;农村居民人均可支配收入10545元,同比增长11.2%;镇级财政收入165万元,同比增长10.7%;村级集体经济收入同比增长8.5%。

【农业】 2014年,河头镇推进以三华李、油茶、山苍子、杉木、黑皮冬瓜、甜玉米、杂优水稻、名贵花木种植和竹鼠、蜜蜂养殖工程。新增三华李种植面积300多亩、油茶100多亩、名贵花木200多亩,新增加蜜蜂养殖80多箱、竹鼠50多对,特色种养年产值4000多万元。河头镇推进耕山致富,重点抓好河清村达成苗圃耕山致富基地建设,已开发种植面积400多亩,种植各类名贵花木80多万株。

【重点工程建设】 2014年,河头镇完成济广高速河头段征地拆迁工作,段内主干线长近1公里,延伸线近3公里,涉及河头村和田心村,主干线的征地拆迁工作全面完成,延伸线的征地拆迁工作基本完成,实现无障碍施工。完成龙湖景区3公里步道征地。

【基础设施建设】 2014年,河头镇投入50多万元完成田心村栢树塘陂堤工程,解决田心村和向阳村300多亩农田灌溉困难问题。实施8060亩农业综合开发土地治理项目,涉及除象牙村外的8个村,主要改善排灌圳道、陂堤和涵道;投入350多万元,建设铁甲陂东干圳灌溉系统工程,黄田村下游新增灌溉面积200亩,改善灌溉面积2100亩。投入40多万元,实施原丙畲小学至泉水塔道路硬底化约1.7公里。推进双溪村柞树径路面改造工程1000多米和部分村灾毁道路、边沟修复工程。完成黄溪桥维修加固工程。启动河头村寨下桥、向阳杞树坝桥维修改造。启动天河公路(大柘镇天褒楼至河清村)建设工程。

【美丽乡村建设】 2014年,河头镇开展生态保护与发展、环境综合整治、镇村规划建设和圩镇建设系列工程等工作。(1)深入开展“绿满平远”大行动,种植各类花木7万多株,新增生态公益林面积3643.5亩。(2)制订和完善农村生活垃圾清运和保洁员绩效考核制度;投入资金3万元,整修垃圾中转池和垃圾存放点;加大垃圾治理有偿服务费用的收取,费用收取率85%;完善田心村污水处理池建设,加强禁、限养区巡查监管力度。(3)加强用地管理和巡查监管,及时制止违建行为,动员和鼓励群众建设具有客家元素的民居。(4)完善圩镇新区配套设施,圩镇北区综合开发基本完成土地转让;圩镇休闲文化广场正在施工;河头村中旬新装路灯31盏;投资250多万元的圩镇排污管网配套工程和污水处理工程已启动招标程序。

【文体教育】 2014年,河头镇积极创建“广东省卫生镇”和“广东省生态镇”,完善河清、珠坑等村广场文化体育设施,向阳、象牙、河头、黄田、田心等五个村级广场已开工建设。同时,做好创建广东省教育强镇复评准备工作。

【社会保障】 2014年,河头镇创业培训42人次,输送农村劳动力605人。城乡居民养老保险实现60周岁以上人员100%参保,城乡居民医疗保险参保人数覆盖率90%。落实城乡低保、五保、救灾资金100多万元,发放80周岁以上老年人津贴355人,发放抚恤对象临时困难补助和现役军人家属优待金88555元。

【扶贫“双到”工作】 2014年,河头镇落实省市县扶贫工作部署,推进各项扶贫工作向前发展。全年完成17户农村低收入住房困难户改造和25户“两不具备”贫困村庄搬迁任务,改善了群众的居住条件。河头村新一轮扶贫开发“双到”工作有序开展,在帮扶单位梅州市卫计局及社会各界人士共同努力下，筹集帮扶资金425万，新建了文成广场、黄溪桥、坳下和中旬2公里村道硬底化，安装路灯31盏，正有序推进圩镇休闲公园、寨下桥等工程建设。同时，该村大力实施产业帮扶，发展规模农业，种植大菜150亩，使全村31户贫困户实现人均纯收入5992元，已稳定脱贫。

【综治维稳】 2014年，河头镇受理各类矛盾纠纷及上级交办信访案件共27宗，调处率100%，安置帮教对象18人。同时，完成社会治理服务中心(站)的建设。开展“八打八治”和生产性场所消防安全排查整治工作，每月不定期进行巡查监管，及时查处和整改存在问题，实现全年无安全生产事故的责任目标。

【计划生育】 截至2014年9月30日，河头镇人口自然增长率6.4‰，符合政策生育率92.25%，其余各项指标均控制在目标值内。

【党建】 2014年，河头镇党建工作有序推进。(1)加强领导班子和干部队伍建设。坚持党委中心组学习和每月镇干部集中学习日制度，共开展镇村干部培训会6场次；组织部分党员干部到梅县区“十村联动”示范点和叶剑英纪念园参观学习；完成村“两委”换届选举工作，交叉任职率和书记、主任一肩挑率接近90%；通过民主推荐、竞争演讲、组织考察等程序选拔1名正股级干部、5名副股级干部；确定建党对象14名，吸收预备党员16名，预备党员转正15名。(2)推进党风廉政建设。落实“一岗双责”，规范农村“三资”管理，严格执行“三重一大”集体研究决定制度，开展纪律教育学习月和岗位廉政风险防范管理活动。(3)开展群众路线教育实践活动。认真查摆“四风”问题，通过群众提、自己找、上级点、互相帮、集体议等方式，广泛征求各类意见5类25条，并建立相应措施整改落实；开展软弱涣散村整顿工作，通过班子建设、完善制度和民生实事落实等措施，加快软弱涣散党组织的转化提升。 (河头镇党政办)

2014年8月，河头镇开展党的群众路线民主生活会场景

2014年度河头镇领导班子成员名录

党 委 书 记：韩世敬
党委副书记：姚 蓝 杨健书
党 委 委 员：韩世敬 姚 蓝 杨健书
林 岳 张广寿 黎志斌
凌远强 陈洪华 李惠霞(女)
人 大 主 席：韩世敬
人大副主席：廖晓阳
镇 长：姚 蓝
副 镇 长：张广寿 王贵昌 凌宏文
吴 波(挂职)

中行镇

【概况】 中行镇位于平远县西部，距平远县城14公里，国道206线贯穿其间，东邻河头镇，西接江西省寻乌县丹溪乡，北靠八尺镇，南连大柘镇。界域面积74平方公里，森林覆盖率85%，是天然绿色的“氧吧”，是县城饮用水源保护区，有“县城后花园”的美誉，辖良畲、仲石、儒地、中行、官坑、快湖等6个村民委员会，51个村民小组。2014年末，中行镇总户数2634户，总人口8872人。其中，农业人口6430人；非农人口2442人。2014年，中行镇本地生产总值14552万元，同比增长6.9%；农业总产值7306万元，同比增长3.7%；工业

总产值14153万元,同比增长14.7%;农村居民人均可支配收入13391元,同比增长11.4%;镇级自筹财政收入96万元,同比增长2.1%;完成财税183.6万元,占县下达财税包干任务的114.7%。

【农业】 2014年,中行镇扶持四大农业产业园发展,示范带动周边群众发展种养殖业,保证农业增效、农民增收。调整农业产业结构,将良畲、仲石、中行、快湖等村连片400亩农田规划为种植烤烟区。完善科技体系建设,让18户科技示范户发挥示范带动作用,辐射带动周边300多户群众发展种养业。促进精致高效农业发展,种植无籽西瓜400亩,黑米4200亩,黑皮冬瓜200亩,灵芝150亩,仙人草900亩。其中,无籽西瓜亩产2500公斤,总产值200多万元;黑米亩产375公斤,产值725多万元;灵芝亩产1750公斤,产值370多万元;其余高值经济作物产值350多万元。

【工业】 2014年,中行镇加强镇属水电企业的内部经营管理,完善财务制度,保证水电企业的正常运作和发展。投入280万元,实施镇水电所二级电站改造,增加发电量,提升电站效益。支持梅州市八乡情酒业有限公司实施技术改造,建设现代化多功能酒窖,扩大生产线和丰富产品种类,增加企业效益。贯彻落实市委、市政府关于做大做强矿业经济的战略部署,支持发展瓷土资源的精深加工,延长产业链,提高瓷土矿产品附加值。

【生态旅游】 2014年,中行镇完善别具洞天基础设施建设,推动景区进一步提升改造。投入20多万元,完善码头安全设施和景区停车坪建设。把生态农业和特色旅游文化相融合,提升乡村旅游的规模和档次。做好耕山致富示范点金穗有机生态园二期工程建设,投资5400多万元,建设九景五区的粤赣盐米古驿道。其中,养生谷木屋别墅群21幢全部完工并投入使用;会所接待中心投入运营;完善6个游园游艺活动体验区。将精致高效农业、观光农业、农耕文化展示教育、休闲旅游、住宿融为一体,吸引更多的游客。

【重点工程建设】 2014年,中行镇推进济广高速公路拆迁户集中安置工作,完成平整土地工作,可移交给拆迁户使用。解决济广高速公路补充征地及后续遗留问题,改善济广高速公路两旁的水利设施,解决村民饮水安全及农田灌溉问题。完成仲石村对背全长1.3公里的路基建设、快湖村务子地1公里的村道水泥硬底化建设、良畲村梧良畲甲下坝机耕道水泥硬底化建设、中行村三级站300米的道路硬底化建设、小学路口维修工程和儒地村村道裁弯取直项目,改善群众出行交通条件。

【美丽乡村建设】 2014年,中行镇组织镇村干部对国道沿线及圩镇“六乱”行为(特别是乱搭乱建、乱堆乱放、乱贴乱画)进行整治,城乡环境得到有效的改善。完成良畲村新茶亭600亩残次林改造,并无偿提供1000多棵苗木和种植技术给村民。投入10多万元,完成垃圾中转站道路硬底化建设,购置垃圾桶200多个,将国道沿线及圩镇的垃圾池全部换成垃圾桶。垃圾车投入使用,确保生活垃圾日产日清。良畲村、官坑村被评为省级卫生村。做好农村无序建房和违规建房整治,落实“一户一宅”制度和农民建房面积省级标准,规范农村建房报批管理。按客家特色民居修建标准进行外立面改造,完成第一期20户的外立面改造,其中筹资10多万元完成良畲村委会的外立面改造。

【教育】 2014年,中行镇引荐乡贤出资注册资金50万元,成立中行镇《植基奖教奖学基金》,用于奖教、奖学、资助困难学生,教师节之际共发放奖教奖学金11.6万元。发动企业老板投入10多万元资金,完善中心幼儿园教学设施,教学环境得到提升。中行中学获得“平远县初中教学工作先进单位”荣誉称号。

【社会保障】 2014年,中行镇把农村养老保险和城乡医疗保险工作作为惠民工程。全镇有4806人参加养老保险,8270人参加城乡医疗保险,完成县下达的任务;完成创业培训55人,输送农村劳动力就近就地就业301人,珠三角地区就业151人;二代社保卡持卡人数8641人;开展失地农民情况调查摸底工作1200多户;完成劳动力资源状况入户调查2533户。

【扶贫“双到”工作】 2014年,中行镇加强与挂钩帮扶单位的沟通协调,落实扶贫“双到”工作。中行村投入帮扶资金70万元,实施安全饮水、亮化、路面整修等民生工程。其中,给61户贫困户发放帮扶款10.3万元;筹资0.3万元帮扶困难党员发展生产;筹资0.22万元帮助困难家庭解决子女入学难问题。上下联动,促进广东扶贫济困日暨教育资金募捐活动开展,发动镇干部职工、村“两委”干部及广大群众参与捐款,共筹集扶贫济困款10.9万元,其中5万元作为中行雅丽思中心小学奖教奖学金。

【平安建设】 2014年,中行镇落实社会管理综合治理各项措施,落实领导包案责任,明确领导接访制度,深入开展“六五”普法工作,开展矛盾纠纷大排查。受理各类民事纠纷25起,调处25起,调处率100%;受理信访案件47宗,已办结47宗,办结率100%。依托镇综治信访维稳平台,打造集社会服务、社会管理、平安建设、信访维稳等功能于一体的社会治理服务中心,实现“一站式”办公和“一条龙”服务的社会治理服务模式。

【卫生和计划生育】 2014年,中行镇多方筹资8万多元,对镇卫生院进行改造,新增多功能病床3张、输液椅10把、电视机3台以及消防设备一批,并对门诊楼前的绿化带进行复绿种植。同时推进农村医疗卫生工作,邀请县中医医院到官坑村、儒地村开展送医送药活动,邀请县妇幼保健院开展“服务百姓健康行动”义诊活动。2014年,中行镇出生110人,人口出生率11.96‰,人口自增率5.66‰,计划生育率91.82%,参加免费孕前优生健康检查90人。

【党建】 2014年,中行镇完成第六届村“两委”换届选举工作,村“两委”干部交叉率88.8%,有5个村实现书记、主任一肩挑。探索基层民主建设模式,完善“四民主工作法”,健全村委会、村民议事制度。全年共吸收预备党员6人,建党对象8人。通过党的群众路线教育实践活动,党员干部的思想认识与宗旨意识得到强化、工作作风与精神风貌得到提升,解决一批群众反映突出的热点难点问题。以党的群众路线教育实践活动为契机,团结和带领干部群众抢抓机遇,求真务实,艰苦创业,排难求进,抓重点,攻难点,树亮点,全镇呈现出经济运行良好,重点工作任务有序推进,社会各项事业健康发展,干部作风明显好转的良好态势。

(凌宏晓)

2014年度中行镇领导班子成员名录

党委书记:韩洵轩
党委副书记:钟伟锋 林伟峰
党委委员:韩洵轩 钟伟锋 林伟峰
林晓(女) 李晓文 王永光
冯概福 谢春红(女) 凌育松
人大主席:韩洵轩
人大副主席:张添珍
镇长:钟伟锋
副镇长:李晓文 陈运广(3月起任)
杨志强(3月起任)
王高进(挂职)

上 举 镇

【概况】 上举镇位于平远县东北部粤闽交界处,东邻泗水镇,南接东石镇,西与差干镇、仁居镇相连,北与差干镇、福建省武平县下坝乡交界,上举镇距平远县城33公里。界域面积98.6平方公里,耕地面积5152亩,山林面积 13 万亩,其中龙文省级自然保护区 3.3 万多亩,是省级龙文—黄田自然保护区核心区域,辖 6 个村民委员会,53 个村民小组。2014 年末,上举镇总户数 1926 户,总人口 7589 人。其中,农业人口 6059 人;非农业保证 1530 人。2014 年,上举镇本地生产总值 13459 万元,同比增长 6.9%;农业总产值 7791 万元,同比增长 3.6%;工业总产值 8313 万元,同比增长 14.7%;农村居民人均可支配收入 14364 元,同比增长 9.4%;固定资产投资 780 万元,同比增长 10.8%。

【农业】　2014 年,上举镇发展精致高效农业,夯实特色农业发展基础,推进农田基础设施建设。按照"因地制宜、相对集中、高产高效、突出特色"的原则,利用"公司 + 基地 + 农户"的模式,发展特色农业,种植烟草、南药、优质稻、慈橙、梅菜等经济作物。乡村生态旅游发展带动农产品销售,农业总产值和农民收入稳步增长,主要农产品的种植面积和产量稳中有增,带动了农业增效农民增收。

【生态旅游】　2014 年,上举镇从完善设施与打造景点入手,继续打造峡谷精品旅游线路。投入 90 万元优化观光路网,建成相思瀑停车场、百丈瀑布横排路 230 米以及百丈瀑布至相思瀑栈道 100 米,正在拓宽 720 米五福松至湖托里道路。以亲水栈道为重点,突出"相思"与"休闲"主题打造,筹资 100 多万元,建设爱心双鹅以及心型雕塑、水帘洞、观景台、休息平台等以及仙瀑、森林欢乐谷等。紧紧围绕引客到农家"吃、住、玩",引导村民积极参与到乡村旅游中去,保护和挖掘古法榨油、石磨豆腐、原味糍粑等原始手工工艺,建立以原生态无公害客家菜主打的农家乐,与周边油茶、梅菜种植基地、养蜂基地、慈橙园等串珠成链,打造"亲近自然 · 快乐采摘"休闲度假旅游,促进了慈橙、梅菜、蜂蜜、柿饼、山茶油等特色农产品销售;出台建设农家旅店奖补政策,鼓励村民建设青山排民俗区,同时,督促梅州尚品坊有限公司建成闲云木屋酒店青春驿馆木屋 11 栋。推出"听瀑相思谷""徒步穿越相思谷""回乡大学生露营节""秋赏黄金梯田""红叶节"等旅游主题活动,满足不同层次、不同类型游客休闲度假的需求,丰富生态旅游的内涵,景区作为徒步及山地自行车运动基地、生态摄影基地、画家写生创作基地的品牌日益凸显。承接拍摄《百万宝贝》等节目,借助景区门户网站、微信和"美在广东网"等网络平台,采取"走出去、引进来"方式到珠三角等召开 50 多场旅游宣传推介会,与 15 家旅行社、旅游公司建立合作关系等,联合推介打响了"天然大氧吧 · 岭东第一瀑 · 客家迷你村 · 浪漫爱情地"的特色旅游品牌,擦亮了"健康休闲养生、浪漫森林观光、客家风情体验"旅游胜地招牌。通过进行多层次、多渠道、多类别宣传推介,全方位、多角度提升了景区知名度和美誉度。2014 年实现景区接待游客人数、旅游收入同比上年皆翻一番。投入 25 万元在峡谷两端建设值班岗亭,治理景区危险路段等安全隐患,探索改革票务管理、实行观光车单向循环运营等,完善景区标牌标识等,景区通过国家 3A 景区复评。

【基础设施建设】　2014 年,上举镇投入 39.5 万元,实施畲脑村中心、龙文等亮化工程,并搞好镇村主干道沿线绿化。投入约 60 万元,完成圩镇沿河公路路面平整、桥梁建设等工程。投入约 30 万元,推动上举烟站建设用地房屋征收,修复了因"5 · 19""5 · 23"水灾受损的文裕河东河西河堤等,完成 2.2 公里文裕至差干罗车公路土石方以及 3.5 公里泗水普滩至差干五指石旅游公路上举段的征地,建成常青园存放楼等。

【美丽乡村建设】　2014 年,上举镇聘请专业设计团队完成上举镇、龙文村、畲脑村客家小镇等镇村规划修编,设计《客家民居建设样式》,按照《城乡规划法》《土地管理法》等法律法规,严禁县乡道路和景区规划控制线内的违法用地行为，收到23宗建房申请，批准11宗，不符合规划要求退回12宗，拆除1宗违章建房。以畲脑村为示范点，采取以奖代补方式，引导群众把“火柴盒”式新房修整出客家民居特色，已奖补63万元、贴息贷款25万元，完成畲脑村民居外立面改建47栋，客家特色村居初步形成。投入15万元，将全镇农村生活垃圾处理打包承包处理，细化收运设施的布局和覆盖，加大力度收取卫生费，强化对各村的督促检查考核，常态化保持镇村主干道清洁卫生，清理卫生死角。2014年，上举镇获评“岭南魅力名镇”，畲脑村被农业部评为“中国最美休闲乡村”之一。

【文体教育】 2014年，上举镇推动文明镇村创建活动，兴建农民健身工程，推进上举村、畲脑村文化广场建设征地前期工作。完成“广东省教育强镇”复评工作。

【社会保障】 2014年，上举镇以“三就一保”为着力点，落实好社会救助、农村合作医疗、农村养老保险等惠民政策，全年共发放民政资金95万元，报销合作医疗费用约150万元，工会、妇联、团委等筹资12万元关爱贫困妇女、大学生、职工等。抓好“农村劳动力素质培训”工程，培训工匠等美丽乡村建设人才以及农家乐经营业主等乡村旅游从业人员，组织镇村干部到江西婺源篁岭等地学习考察，启动幸福村居、“五小”等工程建设。

【扶贫“双到”工作】 2014年，上举镇在县扶贫办及挂钩单位的支持下，筹集159.5万元，帮助25户低收入农户住房改造和24户“两不具备”村庄农户搬迁，扩建修缮畲脑村委会以及建设大畲、店前农饮工程等，帮扶贫困户改善生活和发展生产。

【平安建设】 2014年，上举镇抓好安全生产和综治信访维稳，保障全镇和谐稳定的局面。通过“八打八治”等专项安全生产治理与日常巡查监管，监管好烟花爆竹销售点、小水电、木制企业以及相思谷景区等重点领域和行业，全年没有安全生产事故发生。完善社会治理平台，做好隐患排查，特别是重大节假日、节庆活动的隐患排查，及时妥善调解各类矛盾纠纷和群众关心的热点难点问题。全年组织山林纠纷等各类矛盾纠纷排查121次，排查出矛盾纠纷及纠纷隐患65宗，累计受理案件116宗，全部得到解决，维护社会的和谐稳定。

【卫生和计划生育】 2014年，上举镇完成上级下达的献血任务和人口计生指标。2014年末，上举镇户籍人口出生91人，政策生育率91.21%，人口出生率10.99‰，人口自然增长率为3.38‰。

【党建】 2014年，上举镇积极开展党的群众路线教育实践活动，以开展换届选举、党代会、群众路线、生态党建、美丽乡村、书记项目活动等为契机，扎实推进党建工作。(1)开展“创先争优比奉献”主题实践活动、纪律教育学习月等，强化为民服务意识，努力提高服务水平、服务质量和办事效率。(2)加强党风廉政建设，专门成立相思谷景区建设和扶贫资金审核小组，借助党风廉政信息平台和规范村务监督委员会运作，加强对村级财务的管理，做好农村“三资”清理清查工作，提高镇村工作的透明度和公信度，较好地发挥了群众监督作用。(3)深入开展群众路线教育实践活动，强化干部责任意识，改进工作作风，着力解决基层联系服务群众问题。认真查处违反党纪法规案件，查处党员违纪案件1宗，处理党员1人，党风政风保持良好，干群关系和谐融洽。(4)开展“书记项目”，着力解决基层党建难题，严格按照“改善结构，慎重发展”的原则发展党员，全年发展党员3名，培养入党积极分子10名，采取多种方式对各村“两委”干部及后备干部、农村党员进行集中培训。

(上举镇党政办)

2014年度上举镇领导班子成员名录

党 委 书 记：张教东

党委副书记:王平梅(女) 王云峰

党 委 委 员:张教东 王平梅(女) 王云峰 林利旺 张国栋 王伟胜 张小明 曹锋玫(女) 张智华(11月起任)

人 大 主 席:张教东

人大副主席:曾思平

镇　　长:王平梅(女)

副 镇 长:林利旺 谢长亮 张任锋 王东成(挂职)

泗 水 镇

【概况】 泗水镇位于平远县东北部山区,东邻蕉岭县,西接上举镇,南连东石镇,北毗福建省武平县。界域面积133.8平方公里,辖8个村民委员会,140个村民小组,耕地面积9106亩,山林面积17万亩,是平远县的重要林区。2014年末,泗水镇总户数2868户,总人口10524人。其中,农业人口8313人;非农业人口2211人。2014年,泗水镇本地生产总值17001万元,同比增长6.7%;农业总产值9984万元,同比增长3.6%;工业总产值13675万元,同比增长14.7%;农村居民人均可支配收入14007元,同比增长9.3%;镇级一般预算收入160万元;增值税48.2万元,省县共享税26.2万元,所得税1.4万元,地方各税20万元,税收总额95.8万元,占县下达任务数133.1%。

【生态旅游】 2014年,泗水镇旅游公路建设顺利实施,普滩至湍溪旅游公路泗水段征地约11万平方米,拆迁房屋12座,发放征地拆迁款630万元,已完成征地拆迁工作,并已开工建设。随着越来越多游客到泗水游玩,农家乐饭店生意红火,黄粄、凉粉、鱼干、蜂蜜、茶油等土特产销量增加,并带动农村经济的发展,提高农民的收入。

【基础设施建设】 2014年,泗水镇基础设施建设稳步推进,积极筹集资金,实施扩容提质“六个一”工程(即修缮一座镇福利院、建设一个休闲文化广场、美化一条圩镇河道、打造一个安置商住小区、实施一项亮化工程、设置一个观景休憩平台)。(1)福利院改造方面。投入33万元,修缮改造、购置设备设施,提升硬件环境水平和承载能力,工程已完成。(2)休闲文化广场建设方面。将梅畲村的原梅畲小学操场改建成广场,工程已完成。(3)圩镇河道美化方面。在圩镇河道两边,种植花草、安装路灯和河堤绿道硬底化,工程已完成。(4)安置商住小区工程建设方面。安置商住小区是县重点项目,泗水镇主动与住建、国土、水务、供电等县直部门沟通,就该工程规划报建、平整土地、招投标、供水供电等方面进行协调,经省国土厅批准,该地块转为建设用地,工程大部分征地工作已完成,县财政已缴交税费,下拨了1.9万平方米的建设用地指标。(5)亮化工程建设方面。筹资60万元,在圩镇至泗水村上礤道路实施路灯亮化工程,方便群众出行,美化泗水圩镇。(6)观景休憩平台建设方面。对平台进行完善,建设护栏,铺设步道,正在进行绿化、美化。此外,2014年,泗水镇投入120多万元,完成成文村梅子角至枧头南皇角道路硬底化、大畲村朱仔神、李屋道路硬底化、木联村大角坳至豆坪村道路基工程。

【美丽乡村建设】 2014年,泗水镇“三个一”工程有序开展。(1)镇级文化广场建设项目,选址在梅畲村的原梅畲小学操场,种植了花草树木,铺设了广场砖,安装了体育器材等。(2)耕山致富基地打造项目,泗水村上礤种植金丝楠木等经济效益较高的农林作物。(3)美丽乡村示范点创建工作,梅畲村有序整合和开发“梅畲山寨人家——体验客家风情”景点,原梅畲小学至梨树岗长2000米的小溪完成河道清理,并在两岸进行了绿化,种植有当地特色的野姜等花草。2014年,泗水镇利用“五张牌”(生态牌、农家牌、长寿牌、特产牌、古迹牌)的资源优势,在普滩休闲渔家、西山深山探秘、梅畲山寨人家、金田千年古檀等四个特色旅游景点基础上,制订一村一景点的规划,开展“八村联动”建设。泗水镇美丽乡村建设项目有27个,涉及13个单位,基本完成的项目有11个,正在实施的项目有10个。泗水镇举办“山水烂漫·醉美泗水”摄影大赛,展示了泗水优美的生态环境和传统民俗风情,梅州日报、中新社等媒体刊登相关情况。泗水镇环境整治工作取得成效,投入100多万元,建成垃圾中转站、购置垃圾桶、清运工具等,完善村干部及保洁员考核制度,使农村生活垃圾治理进入常态化管理。加强农村建房的管控力度,制订《泗水镇农村建房管理办法》,进行各村新建房按客家民居设计建设的试点工作。

【文化】 2014年,泗水镇完善文化设施,净化文化市场。通过了创建梅州市文化先进镇工作的检查验收。开展送戏下乡、广场体育活动等群众性文化活动。

【扶贫“双到”工作】 2014年,泗水镇扶贫开发不断深入,向各贫困户发放各种经济发展金。涉及8个村69户的“两不具备”整村搬迁工作和30户危房改造工作基本完成。

【平安建设】 2014年,泗水镇落实安全生产“一岗双责”制,排查和治理安全隐患,强化日常安全监管;建立集中排查调处和经常性排查调处相结合的工作制度,加大信访隐患的排查力度。抓好信访案件的调处化解工作,特别是做好重点案件的化解工作。针对出现较多的山林纠纷,本着实事求是、尊重历史的原则,在认定事实存在的情况下,采取多种化解措施,保障群众利益。全年,接访群众16批28人次,办结各类信访案件28宗。

【计划生育】 2014年,泗水镇调整充实计生队伍,建章立制,加大经费投入,镇村联动抓好计划生育工作。全年户籍人口出生129人,政策内119人,政策生育率92.25%,自然增长率5.67‰,政策外多孩率1.55‰,完成孕前检查106人,完成上级下达的各项指标。

【党建】 2014年,泗水镇党建工作深入开展,基层组织不断夯实。(1)教育实践活动深入开展。通过领导带头学习、广泛听取意见建议,对比剖析检查,落实整改等措施,完成34条整改项目和6项专项整改项目,建立和完善9个方面15条制度。探索建立“干部驻村,党员挂户”的驻村联系群众制度,镇机关66位干部,51位党员分别驻村挂户,固定联系时间、地点、成员现场办公。(2)党组织管理更加规范。完成党员的清理清查工作,建立外出党员台账,发展7名党员,党员数增至499名。(3)村“两委”换届工作完成。8个村全部实现一肩挑,村“两委”交叉兼职率92%。(4)落实党风廉政建设责任制,建立健全反映党员和群众意愿的党内民主制度,开展纪律教育学习月活动,提高执行力和公信力。落实“四民主两公开”制度,做好“阳光村务”“党风廉政信息公开”等工作,政务、财务、村务公开工作逐步走上规范化轨道。 (泗水镇党政办)

2014年度泗水镇领导班子成员名录

党委书记:林岳胜
党委副书记:杨炳伟 谢辉斌
党委委员:林岳胜 杨炳伟 谢辉斌
王波旋 刘达平 陈志广
陈可颂 余国运
涂鹏峰(挂职至11月正式任职)
人大主席:林岳胜
副主席:邝才娇(女)
镇长:杨炳伟
副镇长:王波旋 陈连祺 钟佛招(女)
谢恺(挂职)

东石镇

【概况】 东石镇位于平远县中部,东邻蕉岭县,西接河头镇,南与大柘镇、热柘镇接壤,北靠仁居镇、上举镇、泗水镇。界域面积163.1平方公里,耕地面积1.5万亩,森林覆盖率74%,辖1个社区居民委员会,17个村民委员会,223个村民小组,其中,灵水、白岭、太阳村是革命老区。2014年末,东石镇总户数8438户,总人口34002人。其中,农业人口29114人;非农人口4888人。2014年,东石镇本地生产总值5.9亿元,同比增长7.2%;农业总产值2.68亿元,同比增长3.6%;工业总产值6.3亿元,同比增长14.8%;农村居民人均可支配收入13408元,同比增长12.6%;镇级一般收入794.76万元,同比增长11%。

【农业】　2014年,东石镇大力发展精致高效农业,提升优质稻、东石花生、有机茶、长窝金柚等生态产出型产业发展水平。(1)重点管理好"长窝金柚"品牌,全年产量30万公斤。(2)锡水村、双石村集约种植槟榔芋,亩产1500多公斤,种植面积扩大至450亩。引进广州轩远公司在锡水村种植竹荪菇159.5亩。(3)扩大嘉山蔬菜基地规模,总面积530亩,钢结构温室大棚28座,年产蔬菜1200吨。(4)黄地、灵水、白岭、洋背等村种植仙人草1537亩,黄地村种植葛根75亩。(5)引进平远县鸿基生态园和飞龙实业公司建设锅叾茶精深加工基地,扩大锅叾茶种植面积,对原有锅叾茶进行深加工,丰富茶叶种类,提高锅叾茶的质量。(6)农田参保面积27228亩,参保率93.8%。干旱失收农田面积1015亩均获得理赔。

【工业】　2014年,东石镇坚持工业强镇战略,狠抓实体经济,努力促进镇域经济再上新台阶。巩固矿区生态环境整治工作成果,科学开采,提高矿产资源的利用率和附加值,加强监管引导。加强与南昌大学、广东仲恺农业工程学院、广东嘉应学院等科研单位的产、学、研合作,引进先进技术和设备,提高企业科研水平。重点培育远南实业、五指石科技、金科新业等龙头企业,以先进技艺生产制动鼓、轮毂、底盘、车轴及其他汽车零配件等多种产品。联合广东省工业技术研究院金属加工与成型技术研究所、梅州五指石科技有限公司,推动汽车部件产业的升级,擦亮"省级汽车部件铸造专业镇"的招牌。

【基础设施建设】　2014年,东石镇新增路面硬底化有茅坪村道1.1公里、东石村观音宫村道1.3公里、东汶村黄行村道1.4公里、太阳村南蛇岗村道0.6公里、白水寨村道2.4公里。完善高标农田建设,配合县农业局做好茅坪、太阳、东汶、汶水、凉庭、锡水等6个村的高标农田整治项目建设,水田受益面积7021亩。兴修水利,增强抗灾能力。维修陂头28座、砌结三面光圳道15公里、清理河床约5公里,改善农田灌溉面积2000多亩。

【美丽乡村建设】　2014年,东石镇制订《东石镇农村生活垃圾收运处理工作考核办法》等一系列垃圾处理机制与考核奖惩办法,筹措经费,完善镇、村垃圾处理设施,实现垃圾日产日清。投入20万元,完善锡水村、太阳村及三角花园的"四旁"绿化;做好矿山复绿,在太阳村、茅坪村矿区开采断面点播松子30公斤,种植樟树50亩;完成约2500亩碳汇林工程。综合整治圩镇环境,成立东石镇城管执法队,针对圩镇街道、门店存在的乱停、乱放、乱摆、乱卖、乱搭、乱建问题进行管理,并与各门店签订责任书,维护圩镇秩序。

【文体教育】　2014年,东石镇实施文化惠民工程,加强基层文化阵地和队伍建设。完善东石镇文体广场建设,占地面积约2000平方米,设有标准篮球场和健身活动场所,新增乒乓球桌12张,健身器材10套。落成茅坪村文体广场,投入使用。加大教育基础投入,着力解决中小学设施设备不够充足,尤其是信息化配备仍不高的问题,进一步加强学校内涵建设,加强教师培训,提高教育软实力,于11月顺利通过"广东省教育强镇"复评督导验收。

【社会保障】　2014年,东石镇推进城乡居民基本养老保险工作,已参加农村养老保险17150人,超额完成任务。做好城乡居民医疗保险宣传发动工作,城乡居民医疗保险参保人数33473人,基本实现城乡居民医疗保险的全覆盖。加强医保工作的规范化管理,做到报销工作日常化。做好社会保障卡的发放工作,已制卡人数31000人左右,并全部发放。组织就业招聘会,广泛宣传就业政策,新增就业岗位92人。规范村级赡养"五保"工作,为67位老人办理"五保",提高供养标准,发放"五保"供养资金40多万元,免费为五保户办理了新型农村合作医疗。规范办理农村低保,落实最低生活保障,发放低保金近400万元。为重度残疾人免费发放部分救助金、残疾人轮椅等补贴。对1000多位80周岁至90周岁老人每人每年发放360元补助金,并及时足额发放百岁老人保健金。

【扶贫"双到"工作】 2014年,东石镇有2个重点帮扶村,分别为梅州市林业局帮扶的太阳村和平远县农业局帮扶的灵水村,贫困户104户,贫困人口347人,有劳动能力户97户,贫困人口329人。至年底,帮扶单位对贫困村投入帮扶资金900万元(含财政投入资金和社会筹集资金)。其中,太阳村投入资金508万元;灵水村投入资金392万元。在帮扶单位的支持下,太阳村完善下锅石村道1.1公里,获得助学金5.9万元,新增村集体收入9万元;灵水村完善毓秀书院村道682米,坑尾村道405米,新增村集体收入5.4万元。

【综治维稳】 2014年,东石镇受理信访案件49宗,接访群众次数225人次,接待群众办事咨询74批264人次,解决群众纠纷47宗。十八届四中全会期间,排查化解矛盾纠纷18例,没有发生因排查调处不及时而引发的群体性事件。9月至12月底,集中开展以安全生产"八打八治"为重点的打非治违专项行动,突出整治非煤矿山、危险化学品、烟花爆竹、交通运输、建筑施工等重点行业领域。

【计划生育】 2014年,东石镇开展计生优质服务,落实人口与计划生育目标管理责任制,加强孕前健康检查宣传工作,常住人口自然增长率3.9‰,出生率10.3‰,政策生育率92.26%。

【党建】 2014年,东石镇开展党的群众路线教育实践活动期间,党委、政府班子14位成员查摆"四风"问题157条,提出批评意见364条;同时开展"马上就改"活动,镇党委制订"两方案一计划",提出党委15项、政府12项整改落实措施,承接县委5项专项整治任务,完成涉及"四风"、民生问题的10个整改项目。重视村、社区"两委"换届选举工作,实现书记、主任一肩挑,交叉任职率达到98.03%。推进"书记项目",开展"加强与老区群众的联系,抓党建促扶贫攻坚"主题活动,组织党员干部深入基层开展调研,有效加强农村基层组织建设。强化管理,进一步公开党务政务工作,完善镇机关干部考核办法及村"两委"干部绩效考核实施意见,加强镇村干部作风建设。

(东石镇党政办)

2014年度东石镇领导班子成员名录

党委书记:黎志勇
党委副书记:何维耀 陈俊平
党委委员:黎志勇 何维耀 陈俊平
凌伟强 危彬文 邝文兵
林珊(女) 古兰标 姚志广
王运奇 韩益平
人大主席:黎志勇
人大副主席:刘宗泉
镇长:何维耀
副镇长:危彬文 曹巨锋
赖婉红(女) 谢文晖(挂职)

大柘镇

【概况】 大柘镇地处平远县城,属城关镇,东邻东石镇和热柘镇,西接江西省寻乌县,南连石正镇和长田镇,北毗中行镇、河头镇。界域面积154.41平方公里,耕地面积18093亩,山地面积10716.4亩。辖3个社区居民委员会,25个村民委员会,266个村民小组。2014年末,大柘镇总户数33392户,总人口89154人。其中,非农人口50981人;农业人口38173人。2014年,大柘镇本地生产总值11.03亿元,同比增长7.5%;农业总产值3.62亿元,同比增长3.6%;工业总产值11.34亿元,同比增长14.9%;农村居民人均可支配收入11368元,同比增长11.7%;固定资产投资7059万元,同比增长10.3%;财政可支配收入1495.94万元,同比增长5.3%;税收收入1670.23万元,同比增长17.3%。

【农业】　2014年,大柘镇推动慈橙、优质稻、南药、油茶等四大农业产业的发展,种植面积分别为2530亩、12250亩、1200亩、1450亩。开展柑桔黄龙病防控工作,普查做到不漏园不漏户,砍除柑桔黄龙病果树4305株。东片村的大蒜、生姜,坝头村的金柚、贡柑,梅二村的金桔,超竹村的灵芝等“一村一品”精致特色农业稳固发展。与梅州市家利农业开发有限公司开展《秀珍菇反季节栽培技术的研究与应用》项目,获梅州市科学技术进步奖认可验收。共登记注册53个农民专业合作社,农民成员691人,影响和带动2408户非成员户发展小型庄园。

【重点工程建设】　2014年,大柘镇以“一园四路”(工业园、济广高速、石正连接线、大佛寺旅游公路、机关路)和县城扩容提质项目建设为重点,充分发挥服务“三大抓手”、主攻“一城两区”的主力军作用,完成土地征收面积2000多亩,坚持新开征项目征地任务与以往项目的收尾攻坚任务“两手抓”,使征地拆迁工作平稳运行。其中,解决济广高速主线补征和历史遗留问题;完成石正连接线和平城花园至大佛寺旅游公路征拆和调规扩征任务;推进机关路硬底化改造;推进工业园区荣源山庄和省道225线园区段改建用地征收工作。

【美丽乡村建设】　2014年,大柘镇垃圾卫生整治不断总结、提升县“以奖代补”制度,力求长效机制,加大资金投入,扩大卫生保洁员覆盖面,完善卫生基础设施,加大卫生巡查的力度和密度,建立村级保洁费按总额的20%追加奖励制度。规范农村建房制度,制订《大柘镇城乡环境综合整治工作实施方案》,并及时召开全镇的城乡环境综合治理动员大会,成立四个工作组分片分线治理。投入20多万元,推进客家元素外立面改造,开展客家元素外立面改造59户,完成36户;新建客家元素民居108户,其中已建成66户。推进绿满平远的生态建设,完成各项林木抚育、种植任务,鼓励发展名贵花木种植,加强森林资源管护,落实森林防火责任制。扶持总投资2500万元的盘牙石精致农庄建设。

【社会保障】　2014年,大柘镇累计发放低保金364.3万元,医疗救助金58.6万元,优待金60.9万元,高龄老人津贴58.55万元,春荒冬令救助款11.6万元,“5·22”暴雨灾害救助资金3.7万元。城镇居民医疗保险参保人数58070人。完成两期共196人的创业培训,完成秋冬两季就业招聘会,吸引500多人次现场咨询应聘。对农民发放种粮直补面积35867.14亩,种粮直补资金16.14万元,良种补贴53.8万元,农资综合补贴265.41万元,农机补贴100户共10.65万元,生态公益林补贴8.08万亩共115.12万元。

【扶贫“双到”工作】　2014年,大柘镇做好新一轮扶贫“双到”工作,加强与广州市南沙区国土局和南沙街道办、市邮政局、县财政局等帮扶单位的沟通联系,加大对东兴、梅二、杉坑等3个贫困村的帮扶投入力度,共投入1261万元扶贫专项资金,完成道路桥梁、水圳陂头、安全饮水、电网改造等农村基础设施建设以及农家书屋、文化休闲广场等文化设施建设,推行长效致富脱贫措施,兴建大米加工厂、入股工业园区、建设特色农业种植基地和其他种养殖业等帮扶措施。完成扶贫济困捐款40多万元,完成农村低收入住房困难户危房改造任务40户,共改造旧房建筑面积2542.4平方米,改造后房屋面积3880平方米。

【综治维稳】 2014年,大柘镇投入20多万元,完成社会综合治理服务中心和政务服务中心建设,开办镇村网上办事大厅,实现"一站式"和"一条龙"服务。受理信访案件207宗,同比下降22.76%。其中,县转案件71宗;网上受理42宗;镇受理94宗。办结198宗,办结率96%。化解爆破损毁民居、粉尘污染、征地补偿、水土流失、集体山林权属等问题,特别是河岭村上访案件,启动了平远县20年来首例信访案件三级终结程序。为困难群体提供法律援助,为187人提供142次法律咨询。

【计划生育】 2014年,大柘镇有已婚育龄妇女20139人,出生人口980人,出生率11.02‰,政策生育率91.73%,自然增长率6.31‰。

【党建】 2014年,大柘镇推进村级党组织队伍建设,采取分片包干、分类指导、逐村推进等措施,完成28个村(居)委第六届"两委"班子换届选举工作,实现"两委"干部交叉率95.24%;支部书记兼村(居)委主任一肩挑率96.43%。探索镇纪委规范化建设,采取职能定位、制度体系、办案规程、配套保障、队伍建设等"五个规范"措施,达到"强化队伍建设、强化制度保障、强化业务操作、强化硬件配套"的目标。推进群众路线教育实践活动,认真学习"八必学"内容和习近平同志系列重要讲话精神,查摆整改"四风"问题13条,落实群众反映突出问题6项,大力开展办公用房清查清理,规范公务用车,"三公"经费持续下降。 (大柘镇党政办)

2014年度大柘镇领导班子成员名录

党委书记:李洪涛

党委副书记:颜德华 陈瑞平 马志军 张森泉(挂职,任至4月)

党委委员:李洪涛 颜德华 陈瑞平 马志军 张森泉(挂职,任至4月) 杨玉平(女) 何志宏 肖爱兰(女) 易敬甜 王淦宏 姚亮平 凌征贤 王兴健 杜楷辉

人大主席:李洪涛

人大副主席:姚浩明

镇长:颜德华

副镇长:何志宏 肖爱兰(女) 凌礼宏 陈国忠 丘晓钦(挂职) 岳崇国(挂职,5月起任)

石正镇

【概况】 石正镇位于平远县西南部,东连大柘镇,西、南、北分别与兴宁市、梅县区和江西省寻乌县相连,距平远县城12公里。界域面积98平方公里,辖1个社区居民委员会,17个村民委员会,173个村民小组。2014年,石正镇总户数9671户,总人口33818人。其中,非农人口5391人;农业人口28427人。2014年,石正镇本地生产总值4.26亿元,同比增长7.2%;农业总产值1.79亿元,同比增长3.6%;工业总产值2.79亿元,同比增长14.8%;农村居民人均可支配收入11873元,同比增长11.6%;固定资产投资5172万元,同比增长10.4%;上缴各项税收314万元,占县下达任务数的106%。

【农业】 2014年,石正镇大力发展精致高效农业。(1)对农户进行茶叶生产技术培训,引导和发动农户发展茶叶种植加工,带动南台茶、牛肉干、柿饼等农产品加工业的发展。(2)发展优质稻种植基地、有机蔬菜种植基地和无公害养殖基地建设。(3)利用中东村丰富的地下温泉资源,引进福建公司合作,发展

鳗鱼特色养殖，扩大出口日本雪花鳗鱼市场，带动周边群众就业。(4)发展名贵花木、梅片树、南药、慈橙、有机茶等种植，做好耕山致富文章。

【工业】　2014 年，石正镇按照县委、县政府的部署和要求，做好园区扩征 1000 亩土地及工业园区污水处理厂征地拆迁工作，加强园区周边治安，协调群众利益问题。加大对先锋环保砖厂、先锋电子厂、纸箱厂、东台复兴木业等企业的支持力度，促使乡镇企业转型升级，带动周边剩余劳动力就业。引进嘉应制药梅片树深加工项目落户县工业园区三期，并依托项目 5000 亩梅片树种植，发展农户种植梅片树。

【生态旅游】　2014 年，石正镇鼓励农户建设庄园，依托南台山国家森林公园、中东温泉、荣源山庄、富石水库、源丰茶场等资源，做活乡村游，繁荣服务业，提升旅游经济。

【生态环境建设】　2014 年，石正镇实施"百千万"绿满公园工程，种植大树 100 棵、名贵花木 3000 棵、小树 1 万棵、爬山虎和鞭炮花等若干。聘请专职管理人员 1 名，负责对公园卫生、防火、绿化、公物等的日常管理和维护。结合石正(广州)公园建设，以"解放军青年林"项目建设为契机，种植大小树木 20 万棵。加强与江西丹溪乡的联系，做好对富石水库上游的巡查监管工作，打击非法开采稀土污染水源行为，配合水务部门对富石水库进行水质净化工程，配合富石水库东西中灌圳改造工程。

【重点工程建设】　2014 年，石正镇重点项目建设稳步推进。(1)配合济广高速公路石正段工程建设，沟通第五标段中铁十四局，协调解决群众诉求，确保工程顺利进行。(2)配合省道 225 线改造工作，基本完成征地拆迁任务。(3)完成广州(南沙)省级产业转移园 1000 亩的扩征任务，工业园区水质净化厂建设顺利推进。(4)推进石正(广州)公园建设，投入 550 多万元，完成水景观、引水上山、公共卫生间、山体导流槽、广场平整等建设。

【基础设施建设】　2014 年，石正镇结合群众路线教育实践活动，多方筹资 30 多万元，对群众反映强烈的镇政府背戏院北路进行升级改造。投入 20 多万元，在南台村安装路灯 170 多盏。投入 30 万元，对南台村址引水工程、石正村下水管道等进行改造。

【美丽乡村建设】　2014 年，石正镇美丽乡村建设成效显著。(1)采取"以奖代补"的方式，抓好村级垃圾卫生收费工作，推动"户投放、村收集、镇转运、县填埋"的农村生活垃圾处理模式，全年完成农村生活垃圾收取费用 36.8 万元，收费率 97%；投入近 5 万元，聘请专业队伍对圩镇公共场所化粪池、排水管网进行全面清淤整治，对圩镇规划区范围内的下水管网、圳道、市场、垃圾池等进行全面消杀。(2)建好坪湖村文化广场、创建南台村美丽乡村示范点，抓好马山村梅片树耕山致富基地建设，全面完成"三个一"工程。(3)加强圩镇规划，推进圩镇改造，强化农村建房管理，抓好"六乱整治"后续工作，建立城乡环境整治长效管理机制。进一步规范农村建房报批管理，加强耕地保护工作，严格规划控制和管理，严把土地审批关，充分利用和节约土地资源，重点整治违规建房行为。(4)推广客家民居建筑风格，引进资金，盘活资产，高标准建设客家特色民居，出台鼓励政策与高速公路安置相结合，融入客家元素，引导群众建设客家新民居。

【教育、卫生和计划生育】　2014 年，石正镇抓好教育卫生工作。加大教育投入，进一步优化教育资源配置，充实师资力量，提升教育教学水平。计划生育工作顺利通过省考核验收。发展农村基本医疗保健事业，完善卫生院及各村卫生站建设，提升乡村医疗质量和服务水平，保障人民群众身体健康。

【社会保障】　2014 年，石正镇抓好社会保障工作。(1)以镇人力资源和社会保障办事大厅为平台，为群众提供一站式的就业咨询及办证服务，通过与南台酒厂、南台温泉度假村及工业园区各企业挂钩对接，搜集就业需求，为下岗失业人员和农村富余劳动力提供充足的就业岗位，并做好农村劳动力转移培训，解决群众的就业问题。（2）开展“双拥”活动，在全县率先成立镇级军人之家，在春节、“八一”等节日里对优抚对象、义务兵家属、复退伍军人进行走访慰问等活动。（3）做好民政民生保障工作，规范认定各类优抚对象，不定期对全镇范围内的五保户、低保户进行回访，确保全镇范围的优抚对象老有所养，病有所医。

【扶贫“双到”工作】 石正镇扶贫“双到”工作抓出实效。新一轮扶贫“双到”工作开展两年来，累计投入帮扶资金891万元，2个贫困村的村集体经济收入均10万元以上，贫困户人均纯收入5500元以上。2014年，取得帮扶单位的大力支持，多方筹集资金150多万元，对南台村“断头”路、主村道和石正村赤岭、樟头坳机耕路进行贯通及升级改造；争取梅州市人力资源和社会保障局、梅州市经济和信息化局的资金和政策支持，完善对石正村、南台村的长效帮扶机制。

【平安建设】 2014年，石正镇社会秩序平安稳定。（1）严格执行新信访条例，落实信访工作责任制，做好综治信访维稳工作，实现无重大群体性事件等工作目标。（2）抓好安全生产工作，切实贯彻执行安全生产“党政同责、一岗双责、齐抓共管”的工作制度，确保全年未发生重特大安全生产事故，安全生产形势持续稳定向好。（3）开展形式多样的应急宣传和培训，增强工作人员对台风、暴雨、洪涝等各种自然灾害和森林防火的应急意识，制定防风、防汛、防火应急机制，做到信息及时、组织有序、分工明确、保障有力。

【党建】 2014年，石正镇党建工作扎实开展，在科学发展观考核中被县委、县政府评为“先进镇”。（1）围绕“为民务实清廉”主题，深入开展党的群众路线教育实践活动，投入52.6万元，解决群众反映的镇政府背戏院北路等问题18个，落实“马上就改”项目9个，2个软弱涣散党组织得到不同程度转化提升，党群关系进一步密切，干部作风明显好转。（2）高标准完成村级“两委”换届选举，选优配强村级班子。（3）不断加强党风廉政建设，完成镇纪委规范化建设任务。严格执行“八项规定”，落实反“四风”要求，严格遵守公务接待、办公用房等有关制度。（4）加强党员干部教育管理工作，严肃查处违纪违法行为，党员干部的不良作风和不正之风得到有效整顿和纠正。

（石正镇党政办）

2014年度石正镇领导班子成员名录

党委书记：吴远平
党委副书记：黄小芬（女） 沈燎原
党委委员：吴远平 黄小芬（女）
沈燎原 王传麟 谢展开
钟小平 谢远崧 曾泉
谢伟生 丘耀仁
张秋兰（女，挂职至11月正式任职）
人大主席：吴远平
人大副主席：王兴连
镇长：黄小芬（女）
副镇长：谢展开 谢岳远 李冬利（女）
姚东升（挂职）

长田镇

【概况】 长田镇是平远县南大门，东、西、南与梅县区的石扇镇、梅西镇及大坪镇接壤，北与热柘镇、大柘镇相连。国道206线南北贯穿全镇，距梅州市区30公里，离平远县城14公里。长田镇界域面积69平方公里，辖7个村民委员会，59个村民小组。2014年末，长田镇总户数2886户，总人口9535人。其中，农业人口6378人；非农人口3157人。2014年，长田镇本地生产总值16202万元，同比增长6.4%；工业总产值19394万元，农业总产值

8229万元,分别同比增长14.8%和3.6%;农村居民人均可支配收入8309元,同比增长11.7%;社会固定资产投资2693万元,同比增长10%。

【农业】 2014年,长田镇进一步夯实农业基础地位,发展精致高效农业,包括金柚、慈橙、南药、油茶、优质稻和瘦肉型猪、山羊、黑鸡等特色种养殖业。在各大专业合作社引导下,优质稻新增种植面积80多亩。投入200多万元,新建耕山致富基地珍树园农场,金茶花、罗汉松等名贵苗木种植面积100多亩,并完善周边附属设施。推进"尚品·山水田园生态农庄"项目建设,各类名贵苗木种植100多亩。引进梅州和信达农牧公司发展肉牛养殖项目,已完成征地和规划用地。

【工业】 2014年,长田镇完善国道生态经济线,引导新大地、友邦、健跃、元芯、华宇等企业发展。协助新大地公司扩宽销售渠道,引导发展电子商务,使"曼佗神露"牌山茶油市场占有率增至5.7%。服务健跃公司完善第三期工业园厂区建设,完成第一期生产车间和员工宿舍楼建设。服务友邦公司、元芯公司和华宇公司扩大生产,新增就业岗位500多个。推进客家情酒业园区建设,生产车间大楼、地下酒窖、办公大楼等基础建设完成,完善周边"三通一平"等工程。

【生态旅游】 2014年,长田镇投入80多万元,建成占地1600平方米的平远县南大门休闲驿站,具有旅游资源推介、自驾游休息、客家特产销售、群众休闲娱乐等功能。指导新大地公司等7家企业举办以"醉美茶花·慢游长田"为主题的平远县第五届茶花节。制成平远县首个镇域手绘旅游地图,建立平远县首个镇级微信公众号"平远长田"。指导围屋农庄、庄园酒楼、明美饭店、枫树山农场饭店等农家乐完善服务设施。打造长田镇"赏茶花、观围屋、品客肴、住农家"特色乡村旅游线路。

【基础设施建设】 2014年,长田镇投入100多万元,完成长庆村耙岗、官仁神前村道硬底化3.3公里建设工程。完成农业综合开发项目和5000亩高标准农田建设前期勘界丈量工作。完成国道206线长庆至超南段路面改造工程前期征地补偿工作,严控梅平高速沿线"三抢"(抢栽、抢种、抢建)行为。

【美丽乡村建设】 2014年,长田镇投入150多万元,完成圩镇55间客家元素外立面示范性改造。投入20多万元,开展植树绿化活动,重点实施国道206沿线及圩镇花池绿化工作,种植各类花木4000多株。投入35万元,开展村垃圾治理,购置新设施和聘请专职清运队,完成垃圾中转站升级改造工程,实现垃圾"日产日清"。通过"四村联动"打造全县首个农村文化俱乐部,创建全省首批"广东省农村儿童友好社区"。投入50多万元,新装长庆、官仁村道路灯300多盏。

【文体教育】 2014年,长田镇通过群声乐队、广场舞团队引导群众参与业余文化活动,开展新春文体活动。投入40多万元完善学校教育教学基础设施,通过广东省教育强镇复评督导验收。长田学校连续三年被评为"平远县教学质量优胜单位",小学部毕业班学业水平测试获得全县第六。

【社会保障】 2014年,长田镇开展实用技能和创业培训班2期,培训人员150多人次。举办就业招聘活动,帮助100多名群众达成就业意向。落实新农保、医保、低保等制度,全镇参加城乡居民医保8893人,农村社会养老保险4886人,全年受益9000多人次,医疗补助90多万元。加强老龄、低保、五保、残疾人和孤儿等救助工作,成立长田镇社区康园工疗中心。

【扶贫"双到"工作】 2014年,长田镇推进长田、长庆、官仁、高南等4个村新一轮扶贫"双到"工作,筹集帮扶资金640多万元,抓好智力扶贫活动、基础设施完善、发展种养殖业等工作。完成低收入住房困难户危房改造17

户。高南村瓜坪老人活动中心建成投入使用。

【平安建设】 2014 年,长田镇共受理矛盾纠纷案件 69 宗。其中,派出所受理 27 宗,办结 27 宗,办结率 100%;综治维稳中心受理 22 宗,办结 22 宗,办结率 100%;村级工作站受理 20 宗,办结 19 宗,办结率 95%。

【卫生和计划生育】 2014 年,长田镇人口出生 123 人,人口出生率 12.85‰;自然增长 53 人,自然增长率 5.54‰;政策内出生人口 113 人,政策生育率 91.87%。完成上级下达的各项人口计划控制指标。全年享受省奖励政策的有 54 人、县奖励政策的有 227 人,享受新型农村合作医疗的有 347 人。全年流出人口 1701 人,流入 14 人。

【党建】 2014 年,长田镇通过开展党的群众路线教育实践活动,扎实抓好党建工作。(1)践行“三进三同”活动和解决服务群众“最后一公里”问题活动,征求到意见建议 23 条,并整改落实。(2)“书记项目”和“七村联动”党建品牌有序推进。(3)服务型基层组织建设有成效,开展 20 多次便民活动,妥善处理水毁道路、水圳修复和休闲广场建设等民生实事。(4)加强党风廉政建设,落实党风廉政责任制,开展纪律教育学习月和机关作风建设活动,加强党员领导干部党性党风党纪教育,推进廉洁镇村建设。(5)完成村“两委”换届选举,实现一肩挑和交叉任职均达 100%。(6)推行乡镇党代会年会制,召开了镇十三届党代表第三次会议。(7)通过“三查三帮三提高”措施,巩固党建“百日攻坚行动”成果。

(长田镇党政办)

2014 年度长田镇领导班子成员名录

党 委 书 记:李文锋
党委副书记:姚文顺 谢冠生
党 委 委 员:李文锋 姚文顺 谢冠生 王子发 钟浩平 颜奇真 李志伟 陈伟雄 林依娜(女)
人 大 主 席:李文锋
人大副主席:黄松兴
镇 长:姚文顺
副 镇 长:钟浩平 陈雄英 谢 翔 李远宏(挂职)

平远县第五届茶花节暨“醉美茶花·慢游长田”活动

热 柘 镇

【概况】 热柘镇位于平远县东南部,东与蕉岭县新铺镇、梅县区石扇镇接壤,西与大柘镇为邻,南连长田镇,北接东石镇,距平远县城13.9公里。界域面积108平方公里,山林面积13.1万亩,占总面积的80.9%,森林覆盖率78%左右;耕地面积1.06万亩,占总面积的6.2%。辖热柘、热水、上山、升平、下黄地、小柘、磜上、韩坑等8个村民委员会,74个村民小组。2014年末,热柘镇总户数3445户,总人口13034人。其中,农业人口9562人;非农人口3472人。2014年,热柘镇本地生产总值12153万元,同比增长6.5%;农业总产值8611万元,同比增长3.6%;工业总产值6074万元,同比增长14.7%;农村居民人均可支配收入8480元,同比增长9.8%;固定资产投资850万元,同比增长20.6%。热柘镇是革命老区、"华侨之乡",有海外侨胞7000多人。"热柘豆干"是平远县知名土特产。热柘镇水系发达,柚树河是平远县境内最大的河流,有水力发电站11座,年发电量占全县小水电的33.68%。柚树河小胆滩海拔89米,是平远县海拔最低点。热柘镇矿产资源丰富,主要有耐火石和温泉。

【农业】 2014年,热柘镇引导群众发展优质稻、仙人草、砂糖桔、名贵花木、茶叶、沙田柚、养蜂等生态富民特色产业,通过县名贵花木基地验收670多亩,名贵花木补助款12万多元。加大农业龙头企业扶持力度,梅州市曹字蜂蜜实业有限公司投入400多万元进行技术升级改造,通过QS认证初审。强化示范效应,着力打造下黄地村砂糖桔耕山致富基地,其他农业稳步发展。2014年,粮食种植面积15035亩,总产量5227吨;水果种植面积4817亩,总产量4412吨;生猪出栏12903头;家禽130210羽;水产品总产量237.5吨。

【重点工程建设】 2014年,热柘镇规划建设客家特色商住区,投入资金5000万元,规划面积约1万平方米,建筑占地面积0.5万平方米,建筑面积2万平方米,配套地下停车场、集贸市场和休闲文化广场。2014年末,已建成3栋21套商住房、28间商铺。打造精品教育示范基地,计划投入3000多万元,建设九年一贯制学校。5月,建筑面积约1800平方米的三层中学教学楼开工建设;年末,完成主体工程建设,并进行外立面装修和室内装饰。完成总面积近3000平方米的三层幼儿园主体工程建设。以热柘华侨中学百年校庆为契机,广泛发动海内外侨胞、校友、乡贤以及社会各界人士捐资助学,已收到认捐款1400多万元。

【生态旅游】 2014年,热柘镇按照县委、县政府的决策部署,依托热柘温泉资源优势,加强温泉旅游招商,整体开发温泉旅游项目。已与投资方(佛山市能成投资有限公司)签署投资意向书,计划投资30亿元,分期分阶段开发热柘温泉,打造集旅游、观光、休闲、养生为一体的温泉酒店。已完成1:500地形图的测绘和温泉资源详细勘察工作。

【基础设施建设】 2014年,热柘镇投入50多万元,完成磜上村、上山村主干道路灯亮化工程,新安装路灯140多盏,实现全镇村村有路灯。投入100多万元,完成圳道"三面光"工程4.2公里,新建桥梁2座,河道清淤4.5公里。投入80多万元,完成农村水泥硬底化2.9公里、道路维修6.3公里。投入50多万元,完成热嘉公路第一阶段征地拆迁工作。投入40多万元,完成环镇路第一阶段征地拆迁工作。投入70多万元,完成小柘村村委办公楼改建和村址休闲健身文化广场建设工程。投入30多万元,基本完成升平村村委办公楼改建工程。

【美丽乡村建设】 2014年,热柘镇制订《热柘镇圩镇管理规定》,促进圩镇管理常态化、制度化。实现垃圾清运整体打包,公开招投标,建立和健全村保洁员绩效考核制度。投入

50多万元，垃圾桶增至720个，实现全镇各村道路沿线全覆盖，投入使用垃圾收集车4辆，新聘村级保洁员10名，定时定点收集垃圾。审批新建房用地面积1000平方米。在热水村营造碳汇林800亩，抚育管护热柘、热水、下黄地等村新造林地1300多亩。开展农村“四旁”绿化，发动干部群众种植各类苗木4万多株，种植名贵花木香樟、秋枫红桂花、黄花梨等300多亩。完成废弃耐火石开采场复绿30亩，界定新增省级生态公益林1006.5亩。

【教育、卫生和计划生育】 2014年，热柘镇为优秀教师、学生发放奖励金4万多元。开展H7N9防控工作。加强民兵武装和征兵工作，为人民解放军输送合格新兵一批。落实人口与计划生育工作责任制，加强流动人口的管理及计划生育工作队伍建设，提高依法行政水平和服务水平。人口出生率12.3‰，人口自然增长率4.2‰。

【社会保障】 2014年，热柘镇开展农技培训班2期，培训农村劳动力135人，创业就业带动人数270人。城乡居民医保参保人数12117人，参合率100%，发放城乡医保补助金350多万元，受益人数1500多人次。逐步提高五保供养标准，低保户343户639人，五保户59人，发放低保金124.21万元，医疗救助金19.46万元，优抚对象临时补助3.16万元，高龄补贴16.99万元。

【扶贫“双到”工作】 2014年，热柘镇加强与帮扶单位沟通，制订切实可行的帮扶方案，落实各项帮扶措施，全镇贫困户均与帮扶单位干部职工建立了“一对一”帮扶联系。落实帮扶资金860多万元。其中，“两不具备”贫困村庄搬迁6户；贫困户发展生产投入161万多元；基础设施建设投入639万多元；民生投入26万多元；其他投入30多万元。

【平安建设】 2014年，热柘镇投入10多万元，完成镇(村)社会治理服务中心(站)建设。加强镇村联动，落实治安“防控一体化”建设，打击麻将、六合彩、钓虾公等赌博活动。落实信访维稳工作领导责任制，及时解决群众合理诉求。共接待群众来访31批次50多人次，受理群众各类信访案件22件次，同比下降28.5%和15.4%。落实安全生产“一岗双责，党政同责”工作责任，加强对建筑、消防、危化物品、烟花爆竹、非煤矿山、劳动密集型场所、校车安全等重点领域的安全检查。

【党建】 2014年，热柘镇以党的群众路线教育实践活动为切入点，加强“学习型组织”建设，提高领导班子科学决策的能力。以第六届村“两委”换届选举为契机，开展干部队伍建设，实现一肩挑比例100%，村“两委”交叉率95.8%。以村级党建阵地规范化建设为推手，提升为民服务水平。凝聚乡贤力量筹资150多万元，改建4个村支部办公楼和村级文化广场。投入40多万元，确保软弱涣散党组织整顿取得实效。强化党建经费保障，确保村级组织运转经费年均7万元以上。新发展党员7名。

（刘柏鹏）

2014年度热柘镇领导班子成员名录

党 委 书 记：林　欣

党委副书记：谢石海　李新兰（女）

党 委 委 员：林　欣　谢石海　李新兰（女）
张永光　曾繁寿　韩　建
刘梓鏃（女）　黄　涛　姚广海

人 大 主 席：林　欣

人大副主席：林红星（任至10月）

镇　　　长：谢石海

副　镇　长：曾繁寿　凌　峰　陈碧英（女）
谢　锋（挂职）

光荣榜

先进集体　先进个人名录

荣获2014年度副厅级及以上单位表彰的先进集体

单位名称	授称时间	授予单位	荣誉称号
平远县人民政府地方志办公室	2015.04	中国出版协会	《平远年鉴》(2014年卷)获第五届年鉴编纂出版质量评比综合三等奖
平远县社科联	2014.10	全国大中城市社科联工作会议主席团	全国先进社科组织
平远盛鑫农业发展有限公司	2014.01	中华人民共和国农业部	农业部水产健康养殖示范场
广东平远县畲脑村	2014.10	中华人民共和国农业部	中国最美休闲乡村
李程家庭	2014.04	国家新闻出版广电总局	首届全国“书香之家”称号
平远县人民武装部	2014.12	广东省军区	标兵人武部
平远县广播电视大学	2014.12	广东开放大学	2014年度广东电大系统教材管理工作先进集体三等奖
平远县地税局城区分局办税服务厅	2014.02	广东省地方税务局	纳税人满意的办税服务厅
平远县	2015.02	广东省社会管理综合治理委员会	2014年度全省未发生命案县
平远县广播电视台	2014.01	广东南方广播影视传媒集团	2013年度广播电视“安全播出优秀单位”

（续上表）

单位名称	授称时间	授予单位	荣誉称号
平远源丰农业发展有限公司	2014.11	广东省农业厅、广东省十大名牌系列农产品评选委员会	石正云雾绿茶被评为广东名茶
平远县经济和信息化局	2014.11	广东省经济和信息化委员会	通报表扬单位
平远县经济和信息化局	2014.12	广东省经济和信息化委员会	2013 年度广东省节能先进集体
东莞塘厦（平远）产业转移工业园管理委员会	2014.11	广东省经济和信息化委员会	2013 年度省产业园建设管理考核评价优秀
平远县烟草专卖局（分公司）	2015.04	广东省总工会	女职工工作先进集体
广东电网梅州平远供电局工会市场竞销部工会小组	2014.12	广东省总工会	广东省模范职工小家
中国移动通信集团广东有限公司平远分公司	2014.06	广东省工商行政管理局	广东省守合同重信用企业（连续十年）
平远县信访局	2014.12	中共梅州市委员会 梅州市人民政府	先进集体
平远县人民政府驻广州办事处	2015.01	中共广州市协作办公室委员会 广州市协作办公室	2014 年度全国各地驻穗机构先进单位
平远县水产技术推广站	2014.11	梅州市人民政府	“先科巨鲫的引种试验与示范推广”项目获梅州市科学技术奖三等奖
东石镇人民政府	2014.02	中共梅州市委员会 梅州市人民政府	2013 年度人口与计划生育工作先进单位

荣获 2014 年度副厅级及以上单位表彰的先进个人

姓　名	授称时间	授予单位	荣誉称号	授称时所在单位职务
涂　勇	2013.08	全国总工会	全国优秀工会积极分子	广东烟草梅州市有限公司平远县分公司副经理
李　翔	2014.12	广东省梅州军分区	优秀机关干部	平远县人民武装部军事科副营职参谋
黎康平	2014.12	广东省梅州军分区	优秀职工	平远县人武部后勤科职工
陈友权	2014.12	广东省梅州军分区	军分区嘉奖	平远县人武部政委
景昌龙	2014.12	广东省梅州军分区	军分区嘉奖	平远县人武部军事科正营职参谋
洪瑞梅	2014.07	广东省妇女联合会	《烤烟丰收》荣获“最美瞬间”摄影比赛入围奖	县委老干部局副主任科员、人秘股股长
郭玉峰	2014.01	中共广东省委宣传部、广东省文化厅、广东省新闻出版广电局	广东省基层先进宣传文化工作者	县文明办副主任
冯锡权	2014.03	羊城晚报社	积极通讯员	平远县摄影家协会副主席
冯锡权	2015.03	羊城晚报社	积极通讯员	平远县摄影家协会副主席
洪树湘	2014.04	广东省文化厅	洪树湘作曲的歌曲《山歌作嫁妆》获广东省群众文艺作品音乐类铜奖	平远县文化馆副馆长
林庭佳	2014.04	广东省总工会	广东省五一劳动奖章	平远县人民医院妇产科主任
李元辉	2014.08	广东省气象局	前汛期重大气象服务先进个人	平远县气象局预报股科员

（续上表）

姓　名	授称时间	授予单位	荣誉称号	授称时所在单位职务
姚丹敏	2015.04	广东省交通工会委员会	优秀女职工	平远县交通运输局财审股负责人
涂　勇	2014.06	广东省总工会	全国“安康杯”竞赛广东省优秀组织者	广东烟草梅州市有限公司平远县分公司副经理
陈秀琼	2015.02	广东电网有限责任公司	广东电网有限责任公司2014年度财务工作先进个人	广东电网梅州平远供电局局长助理兼财务部主任
林艾明	2015.03	中国移动广东公司	中国移动广东公司先进工作者	中国移动广东公司平远分公司市场部经理
赖兰香	2015.03	中国移动广东公司	中国移动广东公司先进工作者	中国移动广东公司平远分公司店面经理
姚　易	2015.03	中国移动广东公司	中国移动广东公司先进工作者	中国移动广东公司平远分公司营销代表
黄　欢	2015.03	中国移动广东公司	中国移动广东公司先进工作者	中国移动广东公司平远分公司营销代表
林　辉	2015.03	中国移动广东公司	中国移动广东公司先进工作者	中国移动广东公司平远分公司网络部经理
黄　猛	2015.03	中国移动广东公司	中国移动广东公司先进工作者	中国移动广东公司平远分公司渠道经理
李桂郁	2014.09	中国人民银行广州分行	广东省中央银行会计核算数据集中系统推广上线工作先进个人	中国人民银行平远县支行副股长
黄玉芬	2014.11	广东省总工会 广东省卫生和计划生育委员会	计划生育技术服务专业三等奖	河头镇计生服务中心副主任

表彰通报

中共平远县委员会　平远县人民政府关于2013年度人口与计划生育目标管理责任制考评结果的通报

(2014年4月14日　平委〔2014〕5号)

各镇党委和人民政府,县直副局以上和省、市属驻平各单位:

2013年,我县人口与计划生育工作取得较大成绩,全面完成了省、市下达的人口与计划生育指标任务。根据《平远县人口与计划生育工作目标管理责任制及考评办法》(平委办〔2013〕30号)的有关规定,县人口和计划生育领导小组对全县2013年度人口与计划生育目标管理责任制落实情况进行了综合考评。现将考评结果通报如下:

一、通报表彰单位

(一)大柘镇、东石镇2013年度接受省考核达标,给予"通报表彰";大柘镇墩背村、大柘镇岭下村、大柘镇梅东村、东石镇锡水村、东石镇凉庭村、东石镇汶水村、东石镇东汶村、东石镇东石村2013年度接受省考核达标,给予"通报表彰"。

(二)县卫生和计划生育局,2013年度接受省考核达标,给予"通报表彰"。

(三)上举镇经县综合考评得分第一名,授予"人口与计划生育工作先进镇"称号;河头镇、长田镇经县综合考评得分分别排第二、三名,被评为"人口与计划生育工作表扬镇"。

(四)县人民法院、县民政局、县公安局等3个单位,年度人口和计划生育综合治理职责落实较好,给予"通报表彰"。

(五)仁居镇五福村、八尺镇凤头村、河头镇河头村、中行镇官坑村、泗水镇大畲村、东石镇凉庭村、大柘镇乔庄村、石正镇南台村、长田镇高南村、热柘镇升平村等10个村,年度人口与计划生育工作成绩突出,经县综合考评,被评为"人口与计划生育工作先进村",给予"通报表彰"。

二、通报表彰个人

根据平委办〔2013〕30号文第十二条规定,下列人员2013年度人口与计划生育工作成绩突出,给予"通报表彰"。名单如下:

大柘镇:李洪涛、凌征贤、丘锦霖、姚栋平、刘小运、韩秀芳、姚佛寿、朱淑华、林芳、马志军、姚永才、陈高桢、杨妙凤、陈献英、巫小炉、何志宏、林向平、林立平、谢春秀、林缓娥、杜秀云、张亦玲、姚远辉、林玉康、姚良胜、林金玉、林力文、林云宏、林佳慧、姚东权、姚运财、姚小明、姚新民、姚梅华、姚继文、姚静梅、林福升、林秀红、林佛生、林东阳、姚添尹、林玉泉。

东石镇:黎志勇、陈俊平、危彬文、曹巨峰、凌伟强、李南平、何根贵、吴先云、林海红、林瑜、吴先让、张伟权、林恒胜、林京锋、林升明、李茹、朱玉华、谢旷为、林小春、李存龙、林利梅、林利昭、林远华、陈文辉、余旺腾、吴伟强、林利加、吴杰平、朱玉美、陈志雄、刘维蓉、朱斯方、凌梅香、曾天福、吴金焕、凌碧珍、曾祥甲、林松青、林日绪、林东生、林志全、林高远、林战强、林成绪、余桂凤、林清祥、张春云、林定、林绪超、李奇辉、李兴洪、林春燕、张学金、林荣杰、李展宴、林泉绪、赖桂英、朱开仁、朱建新、林嵩。

三、通报批评单位及个人

仁居镇木溪村、八尺镇南塘村、河头镇樟坑村、中行镇儒地村、泗水镇金田村、东石镇蕉留村、大柘镇超南村、石正镇上丰村、长田镇官仁村、热柘镇韩坑村，2013 年度人口与计划生育工作落后，被列为全县人口与计划生育工作后进村，给予"通报批评"，取消村委会及村委书记、主任、计划生育管理员、挂该村的镇领导、工作组成员和县直单位及单位一把手的评先评优资格。

除上述通报表彰和批评的单位外，其余镇和县有关单位 2013 年度人口与计划生育目标管理责任制考核达标。

希望受表彰的单位和个人，继续发扬成绩，再接再厉，做出更优异的成绩，为我县人口计生事业作出更大贡献。被通报批评的单位及个人要认真反思，正视存在问题，采取有力措施，尽快扭转被动落后局面，努力完成今后的人口与计划生育目标管理责任制工作任务。

中共平远县委员会　平远县人民政府关于2013年度全县农业产业化经营和精致高效农业发展项目考评情况的通报

（2014年4月14日　平委〔2014〕6号）

各镇党委和人民政府，县直副局以上和省、市属驻平各单位：

2013年，全县各镇各单位切实按照市委、市政府"一园两特带动一精"产业发展战略，大力发展生态经济，主攻"一城两区"，农业产业化经营和精致高效农业发展取得显著成绩，涌现了一批市场开拓能力强、辐射带动能力大的农业产业化经济实体，促进了农业增效、农民增收。为推动农业产业化经营，提升发展我县精致高效农业，根据《关于继续推进农业产业化和加快精致高效农业发展的决定》（平委发〔2012〕32号）等文件精神，县委、县政府决定，对2013年度全县农业产业化经营和精致高效农业发展项目考评成绩靠前的农业产业园、龙头企业、农民专业合作组织等予以通报。

希望受表彰的企业和个人发扬成绩，再接再厉，加强管理，不断提高农业整体效益，为提升全县农业产业化水平，推进精致高效农业的发展和促进农民增收发挥更大的辐射带头作用。各镇各单位要进一步优化发展环境，提供优质服务，为推进平远农业的发展，建设"富实休闲幸福平远"作出更大的贡献！

附件：

2013年度全县农业产业化经营和精致高效农业发展项目考评情况

一、市场拓展政策类

（一）龙头企业类（9个）

1. 市级农业龙头企业（5个）。

梅州市南台山温泉水产养殖有限公司、广东茗丰茶业有限公司、平远县新春农业发展有限公司、梅州市森海林业发展有限公司、平远县荣源发展有限公司。

2. 县级农业龙头企业（4个）。

广东南领药业有限公司、平远县益和实业有限公司、梅州市家利农业开发有限公司、广东华清园生物科技有限公司。

（二）县级农民专业合作社示范（先进）单位类（9个）

平远县仁居女子畜牧专业合作社、平远县差干五指石果业专业合作社、平远县云雾小叶茶业专业合作社、平远县鹿溪生态农业专业合作社、平远县八乡情种植专业合作社、平远县六吉果业专业合作社、平远县程丰果业专业合作社、平远县拥军养殖专业合作社、平远县益民水稻专业合作社。

（三）农产品认证类（13 个）

1. 梅州市嘉山农林科技有限公司的茄子、丝瓜，平远盛鑫农业发展有限公司的草鱼获国家无公害农产品认证；

2. 平远县差干五指石果业专业合作社的平远慈橙、梅州南台果业有限公司的平远慈橙、广东新大地生物科技股份有限公司的油茶籽油获绿色食品认证；

3. 广东新大地生物科技股份有限公司的食用植物油、广东新大地生物科技股份有限公司的茶籽、平远源丰农业发展有限公司的茶鲜叶、梅州市金穗生态农业发展有限公司的稻谷、梅州市大河背农业综合开发有限公司的慈橙获有机认证；

4. 平远县慈橙果业协会获国家地理标志保护产品专用标志认证；

5. 平远县慈橙果业协会获《绿色食品平远慈橙生产技术规程》良好农业规范认定；

6. 平远县源丰农业发展有限公司的石正云雾（绿茶）获广东省名牌产品认证。

（四）农产品流通大户类（6 个）

1. 年销售收入超 2000 万元：广东新大地生物科技股份有限公司、广东南领药业有限公司、平远县艳阳天农业发展有限公司；

2. 年销售收入超 1000 万元：梅州市金穗生态农业发展有限公司、平远县春兴甜玉米专业合作社、平远县威大地种植专业合作社。

（五）示范家庭农场（3 个）

平远县兴旺家庭农场、平远县长田镇长庆村碧绿家庭农场、平远县南湖橙香家庭农场。

二、深加工扶持政策类

广东新大地生物科技股份有限公司获得国家农业产品质量安全（QS）认证。

三、精致高效农业示范园区类

（一）标准化种植示范园（1 个）

平远县源丰农业发展有限公司的有机茶示范园。

（二）生态健康养殖示范场（2 个）

平远县春兴食品有限公司、平远凤溪生态养殖有限公司。

（三）复评 2012 年标准化种植示范园、生态健康养殖示范场（2 个）

平远县八尺九香果业专业合作社上远枫树湾慈橙示范园、平远县鸿泰生态农庄飞龙白泥径慈橙示范园。

四、种养基地扶持政策类

（一）基地基础设施建设（3 个）

1. 大柘镇乔庄村吴应平乔庄慈橙种植基地，种植面积 682 亩；

2. 大柘镇凤二村陈国栋茶叶种植基地，种植面积 271 亩；

3. 石正镇马山、潭头广东华清园生物科技有限公司梅片树种植基地，种植面积 1155 亩。

（二）特色农作物

1. 慈橙（7 户，1537 亩）。

（1）差干镇：谢可清（三达村）188 亩；谢金扬（湍溪村）565 亩；谢创申（差干村）22 亩；谢锦扬（新岭村）25 亩；

（2）仁居镇：李金伟（仁居村）30 亩；李金平（仁居村）25 亩；

(3)大柘镇:吴应平(乔庄村)682 亩。

2. 其他果树(3 户,94 亩)。

(1)河头镇:潘昌鑫(双溪村)特早柑 30 亩;

(2)热柘镇:张菊珍(磜上村)三红蜜柚 32 亩;

(3)中行镇:张国安(快湖村)三红蜜柚 32 亩。

3. 油茶(4 户,280 亩)。

(1)仁居镇:林祖传(五福村)40 亩;张时财(凤仪村)60 亩;

(2)长田镇:钟声悦(官仁村)52.5 亩;广东新大地生物科技股份有限公司 127.5 亩。

4. 南药(13 户,3422.4 亩)。

(1)上举镇:肖淼兴(符坑村)81 亩;杨玉华(畲脑村)78 亩;吴南定(畲脑村)65 亩;

(2)东石镇:黄东寿(黄地村)160 亩;林锋华(东汶村)51 亩;黄海如(大屋村)58.9 亩;

(3)大柘镇:谢传亮(凤二村)53 亩;陈利华(凤二村)85 亩;刘志达(程西村)61.2 亩;

(4)石正镇:易槐彬(中东村)250 亩;广东华清园生物科技有限公司(马山、潭头)梅片树 1786.6 亩;

(5)河头镇:谢雪英(河头村)岗梅 112.7 亩;

(6)中行镇:平远县永兴果业专业合作社(官坑村)岗梅 580 亩。

5. 茶叶(10 户,619 亩)。

(1)东石镇:林远东(太阳村)40 亩;林敦胜(太阳村)40 亩;林昭奇(太阳村)30 亩;林昭贤(太阳村)40 亩;林强(太阳村)30 亩;林勇能(太阳村)30 亩;林昭金(太阳村)40 亩;姚汉荣(太阳村)33 亩;

(2)石正镇:涂作炬(安南村)65 亩;

(3)大柘镇:陈国栋(凤二村)271 亩。

(三)蔬菜基地(7 户,437.4 亩,钢管大棚 18.11 亩)

1. 长田镇:姚善祥(长安村)钢管大棚 9.01 亩;

2. 东石镇:陈增湘(明洋村)60 亩,钢管大棚 1 亩;赖方桂(双石村)105 亩;曾天福(锡水村)88 亩;

3. 大柘镇:卓坚(程北村)67 亩;徐杰先(程北村)57.4 亩,钢管大棚 5 亩;

4. 梅州市金穗生态农业发展有限公司(快湖村)60 亩(新发展),钢管大棚 3.1 亩(新建)。

(四)名贵花木(153 户,2333.254 亩)

1. 仁居镇:韩宏(黄畲村)2 亩;韩垂炳(黄畲村)2 亩;韩国轩(黄畲村)2 亩;韩世坚(黄畲村)4 亩;韩旺春(黄畲村)2 亩;赖光新(黄畲村)5.2 亩;赖正有(黄畲村)3 亩;赖光宏(黄畲村)2 亩;赖国烘(黄畲村)4 亩;赖远坤(黄畲村)2 亩;杨坚义(黄畲村)3.5 亩;杨忠良(凤仪村)2 亩;王碧凤(仁居村)6 亩;曹思光(仁居村)4 亩;罗京(畲溪村)2 亩;陈怀云(麻楼村)2 亩;刘文明(邹坊村)10 亩;黎冬生(仁居村)32 亩;

2. 八尺镇:李远平(八尺村)135.1 亩;杨欣(八尺村)4.5 亩;李云辉(八尺村)5.1 亩;谢宪通(樟田村)3.5 亩;潘卫东(排下村)46.5 亩;韩来添(排下村)2 亩;张文柱(石峰村)11 亩;张裕礼(石峰村)2 亩;韩泉香(石峰村)2 亩;张庆远(石峰村)2 亩;张远中(肥田村)8 亩;张远华(肥田村)2 亩;肖昭业(肥田村)2 亩;肖承(肥田村)2.5 亩;肖凯(肥田村)2.3 亩;肖毅(肥田村)15 亩;

肖金辉(肥田村)5 亩;韩启军(笙竹村)4.5 亩;韩远炽(笙竹村)12.75 亩;张镇中(楼前村)27.4 亩;肖钦巧(楼前村)15.5 亩;韩小寨(南塘村)36.57 亩;冯浩波(南塘村)2.6 亩;

3. 河头镇:张英(田心村)24.5 亩;陈垚(向阳村)9.5 亩;张小青(樟坑村)8 亩;刘康建(樟坑村)4.5 亩;姚君(河清村)4 亩;刘兴隆(河清村)2 亩;姚承宇(河清村)125.5 亩;

4. 中行镇:肖钦巧(中行村)44.5 亩;姚君(中行村)3.95 亩;

5. 泗水镇:黄永敬(大新村)3 亩;林玉英(金田村)3 亩;

6. 东石镇:王福强(中村)24 亩;王克尹(中村)2 亩;马春能(茅坪村)10.2 亩;王友枚(黄地村)52 亩;赖济威(太阳村)15 亩;李芬兰(东汶村)3 亩;刘连发(东汶村)2 亩;林安华(汶水村)2 亩;林晓忠(汶水村)2.5 亩;刘繁桂(东石村)6 亩;林瑞波(东石村)9 亩;余银华(双石村)11 亩;林义峰(白岭村)27 亩;林铭洪、林文洪兄弟(白岭村)13 亩;林亮生(白岭村)3.5 亩;林竹招(白岭村)20 亩;刘柏清(白岭村)2 亩;林文洁(白岭村)3 亩;林维民(白岭村)10.5 亩;林昭清(白岭村)2 亩;林志清(白岭村)3 亩;林敦勇(灵水村)5 亩;吴承光(洋背村)2 亩;吴先云(洋背村)2 亩;林平荣(洋背村)3 亩;李佛生(洋背村)2.2 亩;李建伟(洋背村)3.3 亩;林远生(凉庭村)2 亩;刘辉东(凉庭村)2 亩;吴亚梅(凉庭村)2 亩;刘志忠(凉庭村)2 亩;刘志强(凉庭村)2 亩;黄义华(大屋村)4 亩;刘文才(大屋村)3 亩;黄通华(大屋村)4 亩;张春英(大屋村)2 亩;陈增湘(明洋村)40 亩;

7. 大柘镇:陈良平(超竹村)14.3 亩;陈福云(岭下村)6.2 亩;李爱华(岭下村)2 亩;丘秀琼(岭下村)2 亩;张镇彬(岭下村)6.3 亩;姚桂民(岭下村)2 亩;刘念平(东片村)2 亩;刘新权(东片村)3 亩;刘正权(东片村)3 亩;飞龙果业有限公司 62 亩;陈建森(丰光村)9.6 亩;蓝财洪(河岭村)钢架结构荫棚 0.7 亩;姚良运(西河村)2 亩;陈伟全(西河村)10 亩;吴喜凤(西河村)3.5 亩;姚成伟(西河村)2 亩;姚史煌(黄沙村)2 亩;林金花(黄沙村)2 亩;姚若云(黄沙村)2 亩;罗映华(棉二村)2 亩;凌梅三(棉二村)3.5 亩;姚杰凤(棉二村)32.8 亩;钟琼生(超南村)5 亩;钟堃(超南村)3.5 亩;姚森胜(田兴村)5 亩;黄银凤(田兴村)6 亩;姚木盛(老圩)2 亩;绿景园林种植专业合作社 5.5 亩;黄永敬(梅东村)4 亩;裕兴万年水泥实业有限公司 100 亩;

8. 长田镇:王德州(长安村)26.47 亩;丘远文(高南村)10 亩;黄运江(官仁村)钢架结构荫棚 1.99 亩;

9. 热柘镇:赖焕珍(热柘村)2.1 亩,钢架结构荫棚 0.844 亩;黄禄权(热柘村)12 亩,钢架结构荫棚 1.99 亩;吴玉珍(热柘村)8 亩;曹标汉(热柘村)8.3 亩;曹良珍(热柘村)4.3 亩;曹维灵(热柘村)4.5 亩;曹宏荣(热柘村)10.5 亩;曹义华(热柘村)4 亩;吴丙桂(热柘村)4 亩;张镇彬(热柘村)4.5 亩;曹九华(热柘村)4 亩;刘楷均(热柘村)40.5 亩;赖政凡(热柘村)15.02 亩;赖君标(热柘村)2.92 亩;钟金(热水村)2 亩;刘洪生(小柘村)2 亩;张兰凤(韩坑村)11.2 亩;刘平(升平村)2.08 亩;

10. 石正镇:凌国达(石正村)3.5 亩;谢岳武(安仁村)9.48 亩;凌宏标(下丰村)2 亩;凌远世(下丰村)2.5 亩;王友来(上丰村)12.2 亩;凌淦财(马山村)2.5 亩;陈建森(马山村)29.84 亩;村委会(先锋村)2 亩;凌戊祥(正和村)2 亩;黎敦林(正和村)9.1 亩;凌育训(潭头村)90 亩;广东华清园生物科技有限公司钢架结构荫棚 3.85 亩;

11. 差干镇:罗玉梅(差干村)689.1 亩,钢架结构荫棚 10.9 亩。

(五)特种水产养殖(8 户,21.8 亩)

1. 热柘镇:刘平(升平村)甲鱼1亩;

2. 长田镇:丘敬军(长安村)甲鱼1亩;

3. 仁居镇:杨春福(社南村)甲鱼8.5亩、林建辉(寨头村)甲鱼2.7亩;

4. 东石镇:黄竹英(大屋村)甲鱼2亩;

5. 河头镇:刘俊(黄田村)甲鱼3亩;

6. 大柘镇:姚亮生(黄沙村)甲鱼2亩;余顺祥(坝头村)甲鱼1.6亩。

(六)畜牧养殖(39户)

1. 长田镇:黄志(官仁村)牛30头;

2. 热柘镇:曹秋明(热柘村)羊105头;

3. 石正镇:凌义征(马山村)鸽子5000羽;谢海涛(先锋村)鸡5000羽;何云许(周畲村)牛25头;

4. 八尺镇:张春生(角坑村)牛20头;沈富尧(樟田村)羊103头;韩日山(凤头村)羊110头;冯伟东(凤头村)羊107头;

5. 中行镇:张文平(快湖村)野猪130头;易饶平(中行村)豪猪105头;

6. 大柘镇:刘昌荣(樟演村)牛23头;七海生态农业有限公司鸽子10000羽;王兴添(樟演村)鸡5200羽;黄银凤(田兴村)香猪50头;

7. 上举镇:郭梅安(畲脑村)羊103头;谢文伟(文裕村)羊106头;

8. 泗水镇:谢林祥(金田村)羊108头;

9. 东石镇:卓湘君(洋背村)鸡6000羽;朱永华(石寨村)鸡8000羽;王森峰(中村)牛21头;

10. 差干镇:谢远洪(文丰村)野猪51头;谢超顺(文丰村)羊105头;谢贤圣(文丰村)羊103头;谢益春(三达村)羊107头;

11. 仁居镇:潘叶均(木溪村)羊105头;潘叶煊(木溪村)羊120头;潘叶兵(木溪村)羊128头、牛22头;曾繁礼(木溪村)牛25头;严玉森(木溪村)牛25头;潘其新(木溪村)牛27头;张运辉(木溪村)野猪113头;潘昌接(五福村)羊110头、牛21头;刘富贤(古丁村)牛38头;刘富举(古丁村)牛23头;杨端良(古丁村)牛31头;潘其坤(礤头村)牛45头;韩德强(黄畲村)野猪60头;陈洪德(麻楼村)鸡6300羽。

中共平远县委员会　平远县人民政府关于2014年度落实科学发展观考评情况的通报

（2015年1月17日　平委〔2015〕1号）

各镇党委和人民政府，县直副局以上和省、市属驻平各单位：

2014年，全县各镇各部门认真贯彻省、市和县委、县政府的工作部署，抢抓国家和省促进振兴发展“两个政策”机遇，积极应对国内经济下行压力，坚持主攻“一城两区”，扭紧“三大抓手”，聚集产业和项目，全面深化改革，深入开展党的群众路线教育实践活动，全力改善山区振兴发展基础条件，促进了全县经济社会平稳较快发展。

根据《平远县镇级领导班子和领导干部落实科学发展观评价指标考核评价办法》（平委办〔2011〕62号）和《平远县县直领导班子和领导干部落实科学发展观评价指标考核评价办法》（平委办发〔2014〕2号）的要求，通过县考核领导小组的综合考核评定并经县委、县政府同意，现将2014年度考评结果靠前的集体予以通报。

1. 综合考评靠前的乡镇（4个）：八尺镇、热柘镇、石正镇、上举镇。

2. 综合考评靠前的A类单位（12个）：县政府办公室、县财政局、县民政局、县农业局、县人力资源和社会保障局、县经济和信息化局、县教育局、县发展和改革局、县统计局、县旅游局、县水务局、县公路局。

3. 综合考评靠前的B类单位（10个）：县委办公室、县委宣传部、县政协机关、县委组织部、县人大机关、县纪委监察局、县直机关工委、县委政法委、县妇联、县委党校。

4. 综合考评靠前的C类单位（3个）：田家炳中学、城南中学、县房管局。

5. 综合考评靠前的D类单位（5个）：县地方税务局、县工商行政管理局、县国家税务局、广东电网梅州平远供电局、人民银行平远县支行。

希望各镇各部门切实按照县委、县政府的工作部署，发扬成绩，再接再厉，狠抓落实，开拓进取，为取得“一城两区”建设新突破、加快平远振兴发展步伐作出新贡献。

中共平远县委员会　平远县人民政府 关于2014年度平安建设暨社会管理综合治理工作先进单位和先进个人的通报

(2015年2月2日　平委〔2015〕2号)

各镇党委和人民政府,县直副局以上和省、市属驻平各单位:

2014年,全县各级各部门认真贯彻落实县委、县政府工作部署,大力加强平安建设及社会管理综合治理工作,为"一城两区"建设作出了积极贡献,涌现出一批先进单位和先进个人。为激励先进、树立典型,县委、县政府决定对2014年度平安建设暨社会管理综合治理工作先进单位和先进个人进行表彰通报。

1. 平安建设暨社会管理综合治理工作先进单位(6个)

仁居镇、差干镇、长田镇、县政府办、县农业局、县旅游局。

2. 平安建设暨社会管理综合治理工作先进个人(6名)

姚广海　(热柘镇党委委员、镇综治信访维稳中心专职副主任)

卓　巩　(八尺镇党委副书记)

杨健书　(河头镇党委副书记)

余均权　(县司法局副局长)

陈胜斌　(县综治办副主任)

谢　锐　(县财政局副局长)

希望受表彰的先进单位和个人珍惜荣誉,发扬成绩,狠抓落实,开拓进取,为取得"一城两区"建设新突破、加快平远振兴发展步伐作出新贡献。

中共平远县委员会　平远县人民政府关于2014年度全县农业产业化经营和精致高效农业发展项目考评情况的通报

（2015年4月22日　平委〔2015〕3号）

各镇党委和人民政府，县直副局以上和省、市属驻平各单位：

2014年，各镇、各单位紧紧围绕我县振兴发展目标，主动适应新常态，积极抢抓国家和省实施“两大振兴政策”带来的历史机遇，农业产业化经营和精致高效农业发展取得显著成绩，涌现了一批市场开拓能力强、辐射带动能力大的农业产业化经济实体，促进了我县农业增效、农民增收。为推动农业产业化经营，提升发展我县精致高效农业，根据《关于做好推进农业产业化和加快精致高效农业发展工作的通知》（平委发〔2014〕7号）等文件精神，县农业产业化验收组对2014年度全县农业产业化经营和精致高效农业发展项目进行了考评。现将考评结果予以通报。

希望受通报的单位和个人继续发扬成绩，再接再厉，加强管理，不断提高农业整体效益，为提升全县农业产业化水平，推进精致高效农业的发展和促进农民增收发挥更大的辐射带头作用。各镇、各单位要进一步优化发展环境提供优质服务，为加快平远振兴发展作出更大的贡献！

附件：

2014年度全县农业产业化经营和精致高效农业发展项目考评情况

一、市场拓展政策类：（58个）

（一）龙头企业类：（14个）

1.省（部）重点农业龙头企业：（2个）。

平远县鸿基生态园有限公司、广东新大地生物科技股份有限公司（国家林业重点龙头企业）。

2.市重点农业龙头企业：（7个）。

广东华清园生物科技有限公司、广东南领药业有限公司、平远县威大地有限公司、梅州程乡农牧有限公司、平远县善吉实业有限公司。

省林业重点龙头企业：广东华清园生物科技有限公司、平远县善吉实业有限公司。

3.县级农业龙头企业：（5个）。

梅州绿盛林业科技有限公司、平远县盛鑫农业发展有限公司、平远县坝头正发食品厂、梅州市水泉豆制食品厂、平远县芳村养殖场。

（二）农民专业合作社示范（先进）单位类：（23个）

1.国家级农民专业合作社示范社：（5个）。

平远县八尺九香果业专业合作社、平远县新春水果专业合作社、平远县长田镇长庆金柚专业合作社、平远县上举新福地果业专业合作社、平远县八尺橙香果业专业合作社。

2. 省级农民专业合作社示范社:(10个)。

平远县牙子寨种养专业合作社、平远县威大地种植专业合作社、平远县仁居女子畜牧专业合作社、平远县差干五指石果业专业合作社、平远县八乡情种植专业合作社、平远县程丰果业专业合作社、平远县益民水稻专业合作社、平远县项山甑种养专业合作社、平远县东信种养专业合作社、平远县成文养蜂专业合作社。

3. 县级农民专业合作社示范社:(8个)。

平远县雄丰种植专业合作社、平远县东石盛业农产品专业合作社、平远县嘉山蔬菜种植专业合作社、平远县贵盛养蜂专业合作社、平远县泗水镇梅畲油茶种植专业合作社、梅州市嘉益梅片树种植专业合作社、梅州市本草四季油茶专业合作社、平远县盛荣水产养殖专业合作社。

(三)农产品认证类:(8个)

1. 梅州市金穗生态农业发展有限公司的稻谷、梅州市金穗生态农业发展有限公司的大米,梅州市金穗有机农业开发有限公司的萝卜、菠菜、茄子、结球甘蓝,平远县益民水稻专业合作社的稻谷,梅州市家利农业开发有限公司的平菇、凤尾菇,梅州市南台山温泉水产养殖有限公司的鳗鱼均获国家无公害农产品认证。

2. 平远县源丰农业发展有限公司的石正云雾绿茶获广东省十大名牌系列农产品证书。

3. 平远县源丰农业发展有限公司的石正金红有机红茶获第十届国际名茶金奖。

(四)农产品流通大户类:(9个)

1. 年销售收入超2000万元:梅州市飞龙果业有限公司、广东新大地生物科技股份有限公司、广东南领药业有限公司、平远县艳阳天农业发展有限公司、平远县威大地种植专业合作社、梅州市金穗生态农业发展有限公司。

2. 年销售收入超1000万元:平远县鸿基生态园有限公司、梅州市南台果业开发有限公司、梅州市金谷农业开发有限公司。

(五)示范家庭农场:(4个)

平远县家利家庭农场、平远县忠实家庭农场、平远县顺意家庭农场、平远县黄建新家庭农场。

二、深加工扶持政策类:(8个)

(一)贷款贴息方面:(3个)

平远县新春农业发展有限公司、广东新大地生物科技股份有限公司、平远县鸿基生态园有限公司。

(二)深加工方面:(5个)

梅州市金穗生态农业发展有限公司(大米)、梅州市金穗生态农业发展有限公司(其他粮食加工品)、平远县源丰农业发展有限公司(茶叶)、平远县威大地有限公司(方便食品)、广东茗丰茶业有限公司(茶叶)获得国家农业产品质量安全(QS)认证。

三、精致高效农业示范园区类:(6个)

(一)标准化种植示范园:(4个)

广东华清园生物科技有限公司的梅片树种植示范园、梅州市大河背农业综合开发有限公司的慈橙标准化种植示范园、梅州绿盛林业科技有限公司的铁皮石斛标准化种植示范园、平远县龙湖生态农场三华李标准化种植示范园。

(二)生态健康养殖示范场:(2个)

梅州市南台山温泉水产养殖有限公司、平远县康达果殖场所属的生态健康养殖场。

四、种养基地扶持政策类:(140 个)

(一)基地基础设施建设:(7 个)

1. 八尺镇梅州绿盛林业科技有限公司铁皮石斛种植基地,开发面积 101 亩(耕山致富示范基地);

2. 长田镇高南村黄新文葛根种植基地,开发面积 157 亩(耕山致富示范基地);

3. 中行镇快湖村肖伟胜三红蜜柚种植基地,开发面积 348 亩;

4. 差干镇差干村平远县五指石休闲度假有限公司黄金梨、杨梅等种植基地,开发面积 128 亩;

5. 仁居镇木溪村张运辉茶叶种植基地,开发面积 105 亩;

6. 河头镇向阳村谢雪英岗梅种植基地,开发面积 112 亩;

7. 东石镇锅叾村平远县鸿基生态园有限公司茶叶种植基地,开发面积 210 亩。

(二)特色农作物:(共 133 户)

1. 慈橙方面:(2 户,合 55 亩)。

(1)差干镇:谢圣扬(新岭村)30 亩;

(2)大柘镇:姚亮云(梅二村)25 亩。

2. 其他果树方面:(共 12 户,合 1169 亩)。

(1)八尺镇:吴春兰(黄沙村)鹰嘴桃、三华李 353 亩;

(2)长田镇:丘仕明(长庆村)金柚 30 亩;黄彦(长庆村)金柚 30 亩;钟平(官仁村)金柚 30 亩;

(3)中行镇:陈曲文(官坑村)红肉柚 42 亩;肖伟胜(快湖村)三红蜜柚 348 亩;

(4)差干镇:平远县五指石休闲度假有限公司(差干村)黄金梨、杨梅等 128 亩;

(5)仁居镇:李桂明(仁居村)金柚 48 亩;潘昌炎(社南村)杨梅 30 亩;陈汉伟(麻楼村)金柚 39 亩;

(6)热柘镇:蓝颂谋(下黄地村)沙糖桔 60 亩;张高明(磜上村)蜜柚 31 亩。

3. 油茶方面:(1 户)。

石正镇:凌征胜(潭头村)油茶 32.5 亩。

4. 南药方面:(共 26 户,合 2056 亩,其中钢管大棚 58.5 亩)。

(1)仁居镇:黄新文(飞龙村)葛根 63 亩;黎海(黄畲村)33.5 亩;

(2)东石镇:黄东寿(黄地村)仙草 118 亩;黄新文(黄地村)葛根 63 亩;

(3)大柘镇:刘连忠(樟演村)仙草 36 亩;陈利华(凤二村)仙草 109 亩;姚金兴(岭下村)仙草 30 亩;刘宪(岭下村)仙草 53 亩;余洪才(程北村)仙草 30 亩;

(4)石正镇:王洪林(中东村)仙草 39 亩;易槐彬(中东村)仙草 197 亩;肖志(中东村)仙草 35 亩;凌东方(潭头村)仙草 30 亩;赖名锋(马山村)仙草 70 亩;张寿荣(周畲村)鸡血藤 195 亩;张寿荣(周正村)两面针 147 亩;

(5)长田镇:黄新文(高南村、长庆村)葛根 187 亩;黄利珍(长田村)仙草 80 亩;

(6)中行镇:黄新文(快湖村)葛根 45 亩;张洪胜(中行村)仙草 108 亩;易道高(中行村)岗梅 52 亩;易敬华(官坑村)岗梅 42 亩;刘文胜(官坑村)岗梅 35 亩;

(7)上举镇:谢运扬(文裕村)仙草38亩;

(8)八尺镇:梅州绿盛林业科技有限公司(八尺村)铁皮石斛钢架大棚58.5亩;

(9)河头镇:谢雪英(向阳村、河头村)岗梅162亩。

5.茶叶方面:(共3户,合856亩)。

(1)石正镇:凌健(下丰村)541亩;

(2)仁居镇:张运辉(木溪村)105亩;

(3)东石镇:平远县鸿基生态园有限公司(锅叾村)210亩。

6.蔬菜方面:(共11户,合871.5亩,其中钢管大棚16.5亩)。

(1)东石镇:陈增湘(明洋村)25亩(其中钢管大棚5亩);黄集强(明洋村)竹架大棚5亩;吴奇(县农科所)竹架大棚5亩;吴金焕(锡水村)竹荪菇竹架大棚159亩;梅州市金宝树农业发展公司(明洋村)白菜、包菜、莴笋等196亩;曾天福(锡水村)香芋69亩;丘珊兰(锡水村)香芋106亩;林松青(锡水村)香芋159亩(香芋种植参照仙人草种植种苗补贴);

(2)大柘镇:卓坚(程北村)食用菌钢管大棚6.5亩;刘琼(坝头村)豆角、冬瓜等136亩;

(3)泗水镇:刘泰祥(泗水村)钢管大棚5亩。

7.名贵花木方面:(共39户,合1367亩)。

(1)差干镇:平远县亿展种养专业合作社(湍溪村)红桂花、金丝楠木313亩;谢淼扬(差干村)桂花、香樟21亩;谢传文(差干村)桂花、香樟、杏花、野雅椿45亩;

(2)仁居镇:杨明(黄畲村)桂花、竹柏7亩;

(3)八尺镇:肖钦巧(楼前村)茶花21.8亩;

(4)中行镇:易怀彬(中行村)茶花48亩;张文进(中行村)红桂花12.3亩;

(5)河头镇:姚承宇(河清村)桂花、竹柏356亩;姚永(双溪村)桂花5.3亩;张小青(樟坑村)红豆杉、竹柏5.1亩;

(6)泗水镇:谢远锋(金田村)竹柏、桂花5亩;吴裕安(金田村)桂花、竹柏5亩;刘迎国(木联村)金丝楠木15亩;林远清(泗水村)金丝楠木5亩;林淼平(泗水村)金丝楠木22亩;

(7)大柘镇:丘达居(程北村)香樟23亩;刘正权(东片村)桂花、茶花6.2亩;张彬(超南村)红花檵木6亩;余锋(坝头村)桂花、香樟5亩;姚小红(西河村)香樟5亩;林良云(盛世农林公司,黄沙村)红花檵木16亩;张容水(黄沙村)桂花、茶花5亩;

(8)东石镇:林日绪(凉庭村)樟树5亩;林潘绪(白岭村)香樟10亩;林铭洪(白岭村)香樟16亩;李仙如(东汶村)香樟、红桂花5亩;陈玉传(双石村)香樟5亩;赖钦亮(双石村)香樟5亩;林清(双石村)樟树6亩;吴冬凤(锡水村)樟树5亩;曾勇康(锡水村)香樟10亩;王福强(中村村)桂花18亩;王录华(中村村)香樟10亩;

(9)长田镇:林庄(官仁村)桂花、樱花50.5亩;王德州(长安村)樟树6.1亩;

(10)热柘镇:钟杳城(热水村)樱花、竹柏43.5亩;曹义华(热柘村布心坪)金茶花、红豆杉12.3亩;曹义华(热柘村夹沙坑)竹柏、金茶花9.5亩;李定春(下黄地村屋背)红桂花、楠木121.4亩;李定春(下黄地村大坑里)红桂花、楠木30.5亩;李定春(下黄地村坎头)红桂花、楠木33.2亩;曹宏荣(热柘村)红豆杉、樟树10.9亩。

8.特种水产养殖方面:(共5户,合37.6亩)。

(1)八尺镇:平远县红豆娘实业公司(八尺村)甲鱼10.5亩;

(2)长田镇:丘敬军(长安村)甲鱼2亩;丘垂生(长安村)甲鱼2亩;

(3)大柘镇:陈腾亮(县示范农场)甲鱼9.4亩;谢造基(县示范农场)甲鱼13.7亩。

9.传统畜牧业方面:(34户)。

(1)差干镇:谢浩平(文丰村)羊103头;

(2)仁居镇:刘汉香(六吉村)羊102头;王建平(五福村)羊104头;卓鑫成(木溪村)新西兰兔1100只;严忠才(木溪村)牛27头;卓碧成(木溪村)牛23头;卓逸廉(木溪村)牛21头;陈运祥(木溪村)牛20头;谢桂华(木溪村)牛21头;马名俊(木溪村)牛22头;张仁军(木溪村)牛22头;张仁峰(木溪村)牛22头;曾繁彩(木溪村)牛21头;陈佰良(木溪村)羊103头;张仁海(木溪村)羊107头;刘运桂(古丁村)牛22头;刘良桂(古丁村)牛22头;刘富杞(古丁村)羊109头;杨碧书(古丁村)羊103头;潘其亮(磜头村)牛22头;潘其业(磜头村)牛22头;余其汉(磜头村)羊104头;

(3)上举镇:林春桂(畲脑村)牛22头;肖小平(符坑村)牛23头;邱达元(龙文村)羊103头;

(4)东石镇:熊建堂(东汶村)牛24头;林伟廉(凉庭村)牛24头;朱兴健(双石村)羊108头;王安辉(中村村)牛21头;黄拾欣(大屋村)牛20头;

(5)大柘镇:姚亮生(黄沙村)牛20头;姚勇(贤关村)牛22头;刘胜忠(樟演村)羊108头;

(6)长田镇:凌玉兰(长安村)新西兰兔600只。

平远县人民政府
关于2013年度全县促进旅游产业发展情况的通报
(2014年7月25日　平府发〔2014〕14号)

各镇人民政府,县府直属和省、市属驻平各单位:

2013年,各镇、各单位、各旅游企业切实按照市委、市政府创建广东梅州文化旅游特色区和县委、县政府主攻“一城两区”、创建梅州生态文明示范区的决策部署,积极推进旅游基础设施和服务设施建设,旅游产业发展取得显著成绩,进一步打响了“何必舍近求远,旅游请到平远”的旅游品牌,提高了平远旅游的美誉度和知名度。为促进我县旅游产业发展,根据县府办《关于修订平远县促进旅游产业发展扶持奖励办法(试行)的通知》(平府办发〔2013〕32号)文件精神,县旅工委对2013年度全县促进旅游产业情况进行了综合考核评定,并经县人民政府同意,现将考评成绩靠前的单位、企业予以通报。

希望各单位、企业发扬成绩,再接再厉,不断提升管理和经营水平,为提高我县旅游产业化水平、拉动经济发展、促进群众增收发挥更大的带动作用。各镇、各单位要抢抓机遇、创新思路、真抓实干,共同营造优质的发展环境,提升旅游服务水平,为推进平远旅游的发展、建设美丽平远做出更大贡献!

附件:

2013年度全县促进旅游产业发展考评情况

一、“引客入平”旅游项目

1. 梅县中国旅行社有限公司(华银旅游)。

二、乡村旅游设施建设项目

2. 差干镇人民政府;
3. 平远相思河风景区发展有限公司;
4. 仁居镇人民政府;
5. 红豆娘实业有限公司;
6. 河头镇人民政府;
7. 中行镇人民政府;
8. 梅州市金穗生态农业发展有限公司;
9. 平远县金斗岩旅游开发有限公司;
10. 上举镇人民政府。

三、农家乐项目

11. 平远县五境山庄实业有限公司;
12. 平远县新香饭店;
13. 瑶池十八湾驿站;

14. 相思瀑农家乐；
15. 香江饭店；
16. 平远县合意农家菜馆；
17. 平远县刘接运河鲜饭店；
18. 平远县五指石嘉丰农家餐馆；
19. 红叶农家乐。

四、标准化农业观光园建设项目

20. 梅州市飞龙果业有限公司；
21. 平远源丰农业发展有限公司。

五、旅游商品经营和产品开发项目

22. 梅州市红豆林旅游产业发展有限公司。

公开方式：主动公开。

平远县人民政府
关于2013~2014学年度优秀教师、教育工作者及尊师重教先进单位的通报

(2014年9月3日　平府发〔2014〕15号)

各镇人民政府,县府直属和省、市属驻平各单位:

在2013~2014学年度中,全县中小学校长和广大教师、教育工作者在各级党委、政府的领导下,认真实践"三个代表"重要思想,树立和落实科学发展观,开展党的群众路线教育,全面贯彻党的教育方针,坚持社会主义办学方向,开拓进取、爱岗敬业、扎实工作、精心教书、勤于育人,对发展我县教育事业,提升我县教育水平,办好人民满意的教育,推动县委、县政府主攻"一城两区"、建设"美丽平远"的战略部署作出了积极贡献,涌现了一批优秀教师、教育工作者。与此同时,全县各镇、各单位尊师重教,积极为巩固教育强县成果做实事、办好事,涌现了一批尊师重教先进单位。为进一步弘扬尊师重教的优良作风,激励全县中小学校长和广大教师、教育工作者以及各单位各部门和广大干部、群众共同为我县教育事业作出更大贡献,县人民政府决定对2013~2014学年度优秀教师、教育工作者及尊师重教先进单位进行通报。

希望各优秀教师、教育工作者及尊师重教先进单位戒骄戒躁,开拓进取,再创佳绩,为开创我县教育新局面,推动我县经济社会又好又快发展作出新的更大贡献。

附件:

2013~2014学年度优秀教师、教育工作者、尊师重教先进单位

一、优秀教师、教育工作者

平远中学:陈继文、林雪娥、张美兰、凌其光、李鉴、姚芳、李富春、刘翠芳、王环局、黄利琼

梅青中学:汪明娜、陈孝廉、李娴玉、张捷、卓昊虹

县职校、教师进修学校:刘姝、廖凯

田家炳中学:凌燕香、刘连桂、谢运梅、徐利香、许莲燕

城南中学:廖义根、张文中、谢桂红、张小惠、马小燕

石正中学:谢秀梅、王万仁、姚兰芳

热柘华侨中学:丘巧院

铁民中学:李文光、丘志婷、王玉娜

泗水学校:刘春平、王春香

差干学校:谢振华、谢文东

仁居中学:马栢胜、韩世玉

八尺中学:潘昌福、沈仕珍

河头中学:钟建冲、林敦伟、林祝凤

中行中学:韩益、陈淼文

坝头学校:余亦其、谢桂珍、谢兰珍
长田学校:吴秋英、李秋兰、刘利霞
冬青实验学校:陈胜辉、陈伟城、杜素平
县第一小学:张学洪、刘国辉、李巧珍、林丰兰、刘梦华
县第二小学:林秀妮、肖秋桂、钟文映
县第三小学:林寒珍、王桂香、凌谢应
石正中心小学:刘均、何岸平、凌安征
热柘中心小学:蓝丹
大柘中心小学:吴立新、曾姗
东石中心小学:林丽娟、林昭立、曾志文
茅坪中心小学:林先华、刘志勇
上举中心小学:林丽英
仁居中心小学:卓玉香、潘锡梅、丘志明
黄畲中心小学:卓秋英
八尺中心小学:丘桂秋、肖桂玲
河头中心小学:徐健
中行中心小学:易道航、张军荣
县幼儿园:凌春红、凌映珍
平远电大:李新
县教育局:黄立、凌瑞洪、邓小香

二、尊师重教先进单位

县林业局
长田镇人民政府
东石镇人民政府

平远县人民政府
关于颁发2012~2013年度
平远县科学技术奖的通报

(2014年12月5日　平府发〔2014〕19号)

各镇人民政府,县府直属和省、市属驻平各单位:

根据《关于印发平远县科学技术奖励办法的通知》(平府发〔2012〕21号)规定,经平远县科学技术奖评审委员会评审,县科技局审核,县人民政府决定授予"船舶用柴油机关键部件制备技术"等2个项目为县科学技术奖一等奖,授予"一种轻稀土萃取分离的方法"等3个项目为县科学技术奖二等奖,授予"草坪喷药车的研发与应用"等6个项目为县科学技术奖三等奖(获奖名单见附件)。

希望全县广大科技工作者向获奖者学习,以奋发有为的精神和求真务实的作风,解放思想,锐意创新,攻坚克难,争创更多科研成果,促进科技成果向现实生产力转化,为加快平远的振兴发展作出积极贡献。

附件:

2012~2013年度平远县科学技术奖获奖名单

一等奖(2项)

1.成果名称:船舶用柴油机关键部件制备技术

主要完成单位:广东获赛尔机械铸造股份有限公司

主要完成人:余德忠、张征义、朱艳华、李建辉

2.成果名称:果岭剪草机

主要完成单位:梅州市绿鹰高尔夫园林设备有限公司

主要完成人:韩欢、潘其照、韩鑫、韩越

二等奖(3项)

1.成果名称:一种轻稀土萃取分离的方法

主要完成单位:广东富远稀土新材料股份有限公司

主要完成人:杨金华、凌诚、韩旗英、韩新福、钟德强

2.成果名称:先科巨鲫的引种试验与示范推广

完成单位:平远县水产技术推广站、平远县鱼苗场、平远县盛鑫农业发展有限公司

主要完成人:李侃权、林波、孙苑娜、刘基正、李兴伟、韩垂文、杜军平、刘荣祥、张阳生、罗运仙

3.成果名称:小切口橇拔复位异体骨植骨治疗跟骨骨折临床疗效观察

主要完成单位:平远县中医医院

主要完成人:张龙、林强、颜洪亮、凌云、姚子升、邱树苹

三等奖(6项)

1. 成果名称:草坪喷药车的研发与应用

主要完成单位:梅州市绿鹰高尔夫园林设备有限公司

主要完成人:韩欢、姚琼尹、韩梅招、姚秋文、姚新云、潘其照、韩鑫、韩越

2. 成果名称:中草药综合防控鸡大肠杆菌病的研究与应用

主要完成单位:梅州程乡农牧有限公司、平远县畜牧兽医局、平远县畜牧兽医技术推广站、平远县中行镇畜牧兽医站

主要完成人:张耀东、谢渊、林广洪、朱伟山、凌征廉、肖伟燕、张干明、刘荣业、丘志明

3. 成果名称:脐橙病虫综合防控技术研究与推广

主要完成单位:广东省平远县农作物病虫测报站

主要完成人:林捷新、陈猛、陈玉远、刘高新、蔡冬梅、林桂双、黄建辉、黄生发、刘忠耀

4. 成果名称:腹腔镜微创手术在普通外科的应用

主要完成单位:平远县人民医院

主要完成人:江驰、凌云、王国友、吴志强、汤王贵、蓝弼文

5. 成果名称:烤烟套种仙草栽培技术研究与推广

主要完成单位:平远县农业技术推广中心、平远县上举镇农业服务中心

主要完成人:凌坤龙、王昌喜、吴世梅、凌宏昌、黎军发、林锋、林桂双、韩国栋、刘碧林、钟春梅

6. 成果名称:包皮环套在治疗包茎及包皮过长中的应用及推广

主要完成单位:平远县人民医院

主要完成人:吴志强、凌云、王国友、江驰、汤王贵、蓝弼文

平远县人民政府
关于2014年度全县促进旅游产业发展情况的通报
(2015年6月10日 平府发〔2015〕10号)

各镇人民政府,县府直属和省、市属驻平各单位:

2014年,各镇、各单位、各旅游企业切实按照市委、市政府创建广东梅州文化旅游特色区和县委、县政府主攻“一城两区”、创建梅州生态文明示范区的决策部署,积极推进旅游基础设施和服务设施建设,旅游产业发展取得显著成绩,提高了平远旅游的美誉度和知名度。为促进我县旅游产业发展,根据县府办《关于修订平远县促进旅游产业发展扶持奖励办法(试行)的通知》(平府办发〔2013〕32号)文件精神,县旅工委对2014年度全县促进旅游产业情况进行了综合考核评定,并经县人民政府同意,现将考评成绩靠前的单位、企业予以通报。

希望各单位、企业发扬成绩,再接再厉,不断提升管理和经营水平,为提高我县旅游产业化水平、拉动经济发展、促进群众增收发挥更大的带动作用。各镇、各单位要抢抓机遇、创新思路、真抓实干,共同营造优质的发展环境,提升旅游服务水平,为推进平远旅游的发展、建设美丽平远做出更大贡献!

附件:

2014年度全县促进旅游产业发展考评情况

一、“引客入平”旅游项目

1. 平远县五指石旅行社有限公司;
2. 梅县中国旅行社有限公司(华银旅游);
3. 梅州市假日国际旅行社平远分公司。

二、创建国家A级景区项目

4. 平远相思河风景区发展有限公司;
5. 上举镇人民政府。

三、旅游建设项目

6. 平远县五指石索道发展有限公司。

四、旅游项目投资

7. 红豆娘实业有限公司;
8. 梅州市金穗生态农业发展有限公司。

五、乡村旅游设施建设项目

9. 平远县五指石休闲度假山庄有限公司;
10. 差干镇人民政府;
11. 仁居镇人民政府;

12. 八尺镇人民政府；
13. 中行镇人民政府；
14. 平远县黄田水库管养所；
15. 河头镇人民政府；
16. 上举镇人民政府；
17. 梅州客家文化锦绣园；
18. 泗水镇人民政府；
19. 梅州市飞龙果业有限公司；
20. 长田镇人民政府；
21. 广东新大地生物科技股份有限公司；
22. 石正镇人民政府；
23. 热柘镇人民政府（热柘温泉）；
24. 热柘镇人民政府（红色旅游）。

六、农家乐项目

25. 平远县庄园酒楼；
26. 柏记饭店；
27. 平远县春天酒家。

七、标准化农业观光园建设项目

28. 平远县鸿泰生态农庄。

八、旅游纪念品产品开发项目

29. 梅州木瓜文化旅游发展有限公司。

九、一日游直通车项目

30. 梅县中国旅行社有限公司（华银旅游）。

政协平远县委员会
关于评选2013年度优秀政协委员和
优秀提案及承办提案先进单位的情况通报

(2014年1月22日　政协第九届平远县委员会第二十次主席会议审议通过)

政协第九届平远县委员会第三次会议以来,全体政协委员紧紧围绕县委、县政府的中心工作和人民群众关注的社会热点难点问题,积极响应县政协的号召,踊跃参与搞一次调查,献一个良策,写一份提案,反映一件社情民意,办一件实事(或引进一个项目)的"五个一"活动,展现了政协委员艰苦创业、回报社会、无私奉献的风采。与此同时,坚持履职为民,高度关注民生,深入调查研究,积极撰写提案,踊跃建言献策;提案承办单位对委员提案高度重视,克服困难,采取有效措施,切实抓好提案的办理落实,收到了明显实效。

为激励先进、推广典型,根据县政协《关于在县政协委员中开展"五个一"活动的通知》和《政协平远县委员会关于评选表彰优秀提案、承办提案先进单位的暂行办法》的规定,经县政协主席会议审议决定,对王志群等40位优秀政协委员;《关于推进济广高速公路平远段征地拆迁工作的建设》等9件优秀提案;县交通运输局等6个承办提案先进单位以予表彰,以资鼓励。希望优秀政协委员和先进单位珍惜荣誉、戒骄戒躁、再接再厉,为创建梅州生态文明示范区和平远振兴发展作出新的贡献!

附件:

2013年度优秀政协委员和优秀提案
及承办提案先进单位名单

一、优秀政协委员(共40人,按姓氏笔画排序)

王志群、刘雄、刘良基、刘忠平、刘鹏举、肖维江、吴文胜、吴永辉、吴荣德、吴秉浪、何华东、何锦清、杜永灵、邱召云、张利新、张榆培、陈超、陈云飞、林真、林立全、林向东、林志坚、林钢平、姚天保、姚宝华、姚建国、凌宏斌、凌育双、凌坤珍、黄平、黄生平、黄仕坤、黄丽霞、黄海波、韩德化、温伟珍、谢立群、谢裕荣、谢集标、颜宜华

二、优秀提案(共9件)

1.《关于推进济广高速公路平远段征地拆迁工作的建议》(提案者:林向东)

2.《设企业综合窗口、享全程贴心服务》(提案者:陈平南)

3.《关于扶持新能源生产行业加快发展的建议》(提案者:林真)

4.《推动南台卧佛山旅游文化产业园建设的建议》(提案者:释弘化)

5.《关于残疾人免费乘坐公交车的建议》(提案者:姚义华)

6.《关于成立"广东省平远商会"的建议》(提案者:刘忠平)

7.《关于尽快整修柘东路车上桥头路口至环北路口路段的建议》(提案者:刘立新)

8.《关于增设206国道平远大道中段行人横过马路的设施的建议》(提案者:陈云飞)

9.《关于加强县城市容和环境卫生管理的建议》(提案者:张燕)

三、承办提案先进单位(共6个)

1. 县交通运输局
2. 县政府办公室
3. 县财政局
4. 县公路局
5. 县林业局
6. 县经济和信息化局

政协平远县委员会
关于2014年度优秀政协委员和
优秀提案及承办提案先进单位的情况通报

(2015年1月22日　政协第九届平远县委员会
第三十二次主席会议审议通过)

政协第九届平远县委员会第四次会议以来,全体政协委员紧紧围绕县委、县政府中心工作和人民群众关注的社会热点难点问题,切实转变工作作风,积极响应县政协的号召,踊跃参与搞一次调查,献一个良策,写一份提案,反映一件社情民意,办一件实事(或引进一个项目)的"五个一"活动,扎实开展"走访委员、走进基层、走入群众,服务中心、服务委员、服务群众"的"三走三服务"转作风活动,展现了政协委员坚持履职为民、高度关注民生、踊跃建言献策、服务振兴发展、乐于回报社会的风采。提案承办单位对委员提案高度重视,克服困难,采取有效措施,狠抓提案的办理落实,收到了明显实效。

为激励先进、推广典型,根据县政协《关于在县政协委员中开展"五个一"活动的通知》和《政协平远县委员会关于评选表彰优秀提案、承办提案先进单位的暂行办法》的规定,经县政协主席会议审议决定,对马胜能等42位优秀政协委员;《关于确保县城饮用水安全的建议》等10件优秀提案;县水务局等6个承办提案先进单位予以表彰,以资鼓励。

希望优秀政协委员和先进单位珍惜荣誉、戒骄戒躁、再接再厉,为"一城两区"建设和加快平远振兴发展作出新贡献!

附件:

2014年度优秀政协委员和优秀提案
及承办提案先进单位名单

一、优秀政协委员(共42人)

马胜能、王永联、王足华、丘秋荣、刘雄、刘忠平、刘桂华、刘梅峰、余平、陈冰、陈瑞金、吴永辉、吴铎欣、李程、张云生、张锡洪、肖明曦、卓勋、林敦清、杨旭辉、姚涌、姚映仿、姚宝华、姚福良、姚文瑾、姚国平、徐国平、黄平、黄生平、黄海波、曹斌、曹艳山、谢建忠、谢伟锋、谢渊、谢传生、谢志平、谢裕荣、韩垂文、释弘化、温伟珍、颜宜华

二、优秀提案(共10件)

1.《关于确保县城饮用水安全的建议》(提案者:姚建国)

2.《关于加强县城公共设施建设维护和环境管理的建议》(提案者:林真)

3.《关于尽快解决大佛寺征地拆迁工作的问题》(提案者:释弘化)

4.《关于加强我县旅游景区污水处理规划和建设的建议》(提案者:黄平)

5.《关于加强餐饮酒店从业人员培训,提升服务水平的建议》(提案者:姚宝华)

6.《关于加强对液化石油气零售、运输、代充点市场管理的建议》(提案者:凌来泉)

7.《关于发展无公害蔬菜种植基地的建议》(提案者:民营经济专委会)

8.《关于打造上举镇山地户外运动基地的建议》(提案者:邱召云)

9.《关于打造平远旅游中心镇重塑仁居“古镇”新形象的建议》(提案者:张锡洪)

10.《关于在平远县政府公务活动中推广和应用企业和个人信用报告的建议》(提案者:陈超)

三、承办提案先进单位

1. 县水务局
2. 县市政公用事业管理中心
3. 大柘镇政府
4. 县旅游局
5. 县人社局
6. 县住建局

文献法规选编

关于印发平远县鼓励工业企业做大做强的扶持奖励实施办法的通知

(2014年4月2日　平府发〔2014〕7号)

各镇人民政府,县府直属和省、市属驻平各单位:

现将《平远县鼓励工业企业做大做强的扶持奖励实施办法》印发给你们,希认真组织实施。

平远县鼓励工业企业做大做强的扶持奖励实施办法

为贯彻落实中共广东省委、广东省人民政府《关于鼓励和支持我省大型骨干企业壮大规模增强实力的指导意见》(粤发〔2013〕6号)、梅州市人民政府《关于促进中小企业平稳健康发展实施办法》(梅市府〔2009〕23号)文件精神,进一步加大对工业企业的扶持力度,培育我县大型骨干企业,充分调动工业企业做大做强的积极性,特制订本实施办法。

一、扶持奖励对象

(一)新上规模以上工业企业;

(二)规模以上工业企业年度主营业务收入上台阶;

(三)大型骨干工业企业;

(四)工业重点产业企业扶持贴息。

二、设立工业企业做大做强扶持专项资金

根据梅州市人民政府《关于促进中小企业平稳健康发展实施办法》(梅市府〔2009〕23号)精神,县财政每年安排扶持奖励专项资金1000万元,鼓励工业企业做大做强。以下各项奖励资金原则以预算额度为限。

三、扶持奖项及标准

(一)新上规模以上工业企业奖

对上年度主营业务收入2000万元以上,符合国家产业政策和环保政策,依法纳税,进入新年度统计的规模以上工业企业,给予每户企业一次性奖励5万元。

(二)规模以上工业企业年度主营业务收入上台阶奖

1. 年度主营业务收入2000万元至5000万元的规模以上企业,次年年产值增幅30%以上(含30%)给予奖励2万元,增幅50%以上(含50%)给予奖励5万元;

2. 年度主营业务收入5000万元至10000万元的规模以上企业,次年年产值增幅30%以上(含30%)给予奖励5万元,增幅50%以上(含50%)给予奖励10万元;

3. 年度主营业务收入10000万元至30000万元的规模以上企业,次年年产值增幅30%以上(含30%)给予奖励10万元,增幅50%以上(含50%)给予奖励15万元;

4. 年度主营业务收入30000万元至50000万元的规模以上企业,次年年产值增幅30%以上(含30%)给予奖励15万元,增幅50%以上(含50%)给予奖励20万元;

5. 年度主营业务收入 50000 万元以上的规模以上企业，次年年产值增幅 30% 以上（含 30%）给予奖励 20 万元，增幅 50% 以上（含 50%）给予奖励 25 万元。

（三）大型骨干工业企业奖

1. 工业年主营业务收入实现 3 亿元给予一次性奖励 5 万元；

2. 工业年主营业务收入实现 5 亿元给予一次性奖励 10 万元；

3. 工业年主营业务收入实现 10 亿元给予一次性奖励 20 万元；

4. 工业年主营业务收入实现 15 亿元给予一次性奖励 30 万元；

5. 工业年主营业务收入实现 20 亿元给予一次性奖励 40 万元；

6. 工业年主营业务收入实现 25 亿元给予一次性奖励 50 万元；

7. 工业年主营业务收入实现 30 亿元给予一次性奖励 60 万元；

8. 工业年主营业务收入实现 35 亿元给予一次性奖励 70 万元；

9. 工业年主营业务收入实现 40 亿元给予一次性奖励 80 万元；

10. 工业年主营业务收入实现 45 亿元给予一次性奖励 90 万元；

11. 工业年主营业务收入实现 50 亿元给予一次性奖励 100 万元；

12. 工业年主营业务收入实现 100 亿元以上给予一次性奖励 200 万元。

（四）工业重点产业企业扶持贴息

1. 扶持贴息的范围：坚持扶优扶强、做大做强的原则，县财政每年安排 500 万元资金重点扶持投资规模大、效益好、纳税多、贡献大和辐射能力强、前景看好的稀土新材料、机械铸造、电子信息、酒水、家具制造业等重点行业或重点企业。

2. 扶持贴息的条件：（1）新上项目从启动建设年度起不超过连续 3 个年度内固定资产投资额累计达 2000 万元以上（含 2000 万元，入工业园企业不含土地投资额），且设备投资额不低于项目总投资的 50%；（2）银信部门贷款专项用于新上项目固定资产投资；（3）新上项目属增资扩产或技术改造项目的，企业上年缴税总额需达 50 万元以上（含 50 万元），且上年未欠税。

3. 扶持贴息的标准：按照银信部门贷款实际额度，以当年人民银行公布的同期贷款基准利率，在安排的专项贴息资金 500 万元额度内计算贴息金额，每个项目的贴息补助期限不超过两年，贴息资金补助额同一企业不超过 200 万元。

（五）规模以上工业企业给予优先申报上级扶持资金项目

四、申报要求

（一）申报时间

1. 每年度的考核，于次年上半年完成申报和奖励工作；

2. 符合扶持贴息条件的企业应于项目完成当年 12 月 31 日前向县经信局提交书面申请和相关材料。

（二）申报材料

1. 年度工业企业上规模奖励申请表；

2. 贴息资金补助申请报告书；

3. 企业法人营业执照副本复印件；

4. 税务部门纳税证照，已生产企业同时提交上年度上交税金税票复印件；

5. 银信部门贷款合同、借据和利息清单复印件；

6. 企业固定资产投资财务合法凭证复印件。

五、考核程序

（一）当年实际新增规模以上工业企业数量，由县统计局填报相关申报表格；新上规模的工业企业由各企业申报，填报《年度工业企业上规模奖励申请表》（详见附件）并附完税证明，经县统计、经信、财政部门提出审核意见。上述两项奖励申报材料一式两份，县经信局会同县财政局、县统计局等单位共同研究考核，上报县人民政府批准后，由县经信局、县财政局联合发布奖励通知，由县财政局拨付奖励资金。奖励资金奖给企业生产经营管理班子。

（二）成立贴息项目评审小组。由县人民政府分管领导担任组长，成员由县府办、县经信局、县财政局、县统计局、县审计局、县中小企业局、县国税局、县地税局、县招商局、县工业区办、县监察局、县工商联等单位的负责人组成，主要负责贴息补助项目的评审，确定及制定贴息补助数额方案。并在适当范围内公示后，提交县政府常务会议研究、批准，由县财政局、县经信局联合下达项目贴息补助资金文件。

（三）具体考核工作由县经信局牵头，会同县财政、审计、统计等有关部门共同参与。

六、资金的监督管理

（一）资金的拨付方式：由县财政局按文件规定，将补助资金拨付到相关企业。

（二）任何单位不得以任何形式和理由骗取和截留企业贴息或补助资金，对违反规定的由县财政局将资金收回并取消其享受贴息补助资格，且依法依规追究有关人员的责任。企业应对贴息补助资金实行专账管理，做到专款专用，保证用于相关项目投资或发展生产，自觉接受有关部门的监督检查，确保项目贴息补助资金发挥应有的杠杆效应。

（三）企业当年发生下列事件或行为的，取消该企业当年获奖资格：

1. 发生较大环保事故；

2. 发生重大产品质量事故并造成不良影响；

3. 发生重大安全生产事故；

4. 有违反国家法律法规行为；

5. 有严重越级上访事件。

七、本办法由县经信局、县财政局负责解释

八、本办法自印发之日起施行

附 录

平远县2015年中考成绩前十名学生名录

姓 名	性别	毕业学校	中考成绩	考入学校	名次
钟淑娴	女	田家炳中学	762.5	华师附中	1
张 璟	女	田家炳中学	755	东山中学	2
蔡 渝	女	田家炳中学	751.5	东山中学	3
吴紫英	女	城南中学	747.5	东山中学	4
陈 利	女	田家炳中学	746	东山中学	5
刘嘉雯	女	田家炳中学	745	东山中学	6
林依璐	女	田家炳中学	742	东山中学	7
罗文浩	男	田家炳中学	741.8	东山中学	8
马雁秋	女	田家炳中学	741.5	东山中学	9
凌江帆	男	平远中学	741	平远中学	10

注:1. 平远县中考考生1870人,考生数比上年减少693人,缺考3人,实际参考1867人。据统计,平远县中考实考考生总分和各科平均分均居全市第三,整体水平处于全市前列。进入平远中学正取录取分数线(573分)以上781人。

2. 资料来源于平远县教育局(下两表同源)。

平远县 2015 年高考成绩理科前十名学生名录

姓　名	性别	毕业学校	总分	考入学校	名次
吴嘉源	男	平远中学	645	中山大学	1
许纬闽	男	平远中学	643	中山大学	2
陈仲逸	男	平远中学	642	中山大学	3
凌　坤	男	平远中学	635	华南理工大学	4
张晓婷	女	平远中学	620	南方医科大学	5
韩远楠	男	平远中学	615	长沙理工大学	6 ~ 7
翁坤蓉	女	平远中学	615	广东外语外贸大学	6 ~ 7
林丹平	女	平远中学	611	中山大学	8 ~ 9
凌德盛	男	平远中学	611	空军航空大学	8 ~ 9
韩新秀	女	平远中学	606	上海理工大学	10

注:1. 全县普通高考报考人数 1623 人,其中平远中学 904 人、梅青中学 397 人、社会青年 322 人;理科类 954 人,文科类 669 人,体育类 85 人,音乐类 30 人,美术类 44 人,普通单考单招 3 人。

2. 考入重点本科 65 人,考入本科(2B 以上)分数线的有 605 人。

3. 考入专科(3B 以上)分数线的有 1435 人。

平远县2015年高考成绩文科前十名学生名录

姓　名	性别	毕业学校	总分	考入学校	名次
张银燕	女	平远中学	612	华南理工大学	1
陈文琴	女	平远中学	596	华南师范大学	2
余彬	男	平远中学	585	华南农业大学	3~4
姚金炜	男	平远中学	585	深圳大学	3~4
林　茹	女	平远中学	571	广东财经大学	5
谢一晖	男	平远中学	569	广东财经大学	6
黄佳鸣	男	平远中学	568	广州中医药大学	7
姚秋云	女	平远中学	565	广东财经大学	8~9
王小静	女	平远中学	565	广东财经大学	8~9
林怡婷	女	平远中学	563	广东财经大学	10

主题索引

☆☆☆

说明

一、本索引采用主题分析方法,款目按汉语拼音字母(同音字按声调)顺序排列。

二、索引款目后的数字表示内容所在的页码,数字后面的拉丁字母(a、b)表示栏别(即版面的左右栏)。

三、同一主题的内容在文中多次出现的,在其款目后用不同的页码标明。

四、本索引对特载、大事记、光荣榜、表彰通报及附录等篇不做内容主题分析。

☆☆☆

A

B

C

G

K

Q

R

W

X